Der Grundsatz ne ultra petita im deutschen Schiedsverfahrensrecht

# Schriftenreihe der August Maria Berges Stiftung für Arbitrales Recht

Herausgegeben von Hubertus W. Labes

33

*Zur Qualitätssicherung und Peer Review der vorliegenden Publikation*

Die Qualität der in dieser Reihe erscheinenden Arbeiten wird vor der Publikation durch den Herausgeber der Reihe geprüft.

*Notes on the quality assurance and peer review of this publication*

Prior to publication, the quality of the work published in this series is reviewed by the editor of the series.

Ariam Jäger

# Der Grundsatz ne ultra petita im deutschen Schiedsverfahrensrecht

PETER LANG

**Bibliografische Information der Deutschen Nationalbibliothek**
Die Deutsche Nationalbibliothek verzeichnet diese Publikation in der Deutschen Nationalbibliografie; detaillierte bibliografische Daten sind im Internet über http://dnb.d-nb.de abrufbar.

Gefördert von der August Maria Berges Stiftung für Arbitrales Recht.

ISSN 1435-4748
ISBN 978-3-631-87599-5 (Print)
E-ISBN 978-3-631-87706-7 (E-PDF)
E-ISBN 978-3-631-87707-4 (EPUB)
DOI 10.3726/b19653



Peter Lang – Berlin · Bern · Bruxelles · New York ·
Oxford · Warszawa · Wien



Diese Publikation wurde begutachtet.

www.peterlang.com

# Vorwort

Die vorliegende Arbeit wurde von der Bucerius Law School - Hochschule für Rechtswissenschaft - als Dissertation angenommen. Die mündliche Prüfung fand am 30.06.2021 statt.

Bedanken möchte ich mich bei meinem Doktorvater Herrn Prof. Dr. Stefan Kröll LL.M für die umsichtige Betreuung der Arbeit und seine beständige Forderung und Förderung. Außerdem möchte ich Herrn Prof. Dr. Jens Prütting, LL.M.oec. für die Erstellung des Zweitgutachtens danken.

Mein besonderer Dank gilt meinem Vorgesetzten Herrn Dr. Richard Happ, der durch die Gewährung eines flexiblen Arbeitszeitmodells die Erstellung der Arbeit ermöglicht hat; und Herrn Dr. Ulrich Theune, der durch seine unermüdliche Diskussionsbereitschaft zum Erfolg der Arbeit beigetragen hat.

Ich widme diese Arbeit meinen Söhnen Samuel und Jakob.

Hamburg,
Ariam Jäger

# Inhaltsverzeichnis


**Vorwort** ..... 5

**A. Einleitung** ..... 15

I. Gang der Untersuchung ..... 17

II. Allgemeine Ausführungen zum Grundsatz ne ultra petita ..... 18

1. Sinn und Zweck des Grundsatzes ..... 18

2. Die privatrechtliche Kodifizierung des Grundsatzes ne ultra petita im internationalen Vergleich ..... 20

III. Wechselwirkung mit anderen Prinzipien und Rechtsinstituten in privatrechtlichen Verfahren ..... 22

1. Dispositionsmaxime und Verhandlungsgrundsatz (Beibringungsgrundsatz) ..... 23

a) Die Dispositionsmaxime ..... 23

b) Verhandlungsgrundsatz ..... 24

c) Das Verhältnis von Dispositionsmaxime und Verhandlungsgrundsatz zum Grundsatz ne ultra petita ..... 26

2. Anspruch auf rechtliches Gehör ..... 26

a) Allgemeines zum Anspruch auf rechtliches Gehör ..... 27

b) Das Verbot von Überraschungsentscheidungen ..... 28

c) Das Verhältnis zwischen dem Grundsatz ne ultra petita und dem Verbot von Überraschungsentscheidungen ..... 29

3. Iura novit curia ..... 29

IV. Fallgruppen, bei deren Vorliegen ultra petita-Verstöße zumindest möglich erscheinen ..... 32

1. Fallgruppe 1: Das Gericht spricht mehr zu, als geltend gemacht worden ist ..... 32

2. Fallgruppe 2: Das Gericht spricht etwas anderes zu, als geltend gemacht worden ist ..... 34

a) Unterkategorie 1: Das Gericht weicht vom vorgetragenen Sachverhalt ab ..... 35

b) Unterkategorie 2: Das Gericht stellt auf eine abweichende Rechtsgrundlage ab ..... 35
c) Das Gericht spricht eine andere Rechtsfolge als beantragt zu ..... 36
3. Fazit ..... 37

**B. Die Reichweite des Grundsatzes ne ultra petita** ..... 39

I. Ne ultra petita im deutschen Zivilprozessrecht ..... 39
1. Der Antrag als zentrales Element des § 308 Abs. 1 ZPO ..... 40
a) Der Begriff des Streitgegenstands ..... 41
b) Auswirkung des Streitgegenstandsbegriffs auf die Handhabung des Grundsatzes ne ultra petita ..... 46
2. Die Anforderungen an die Klageschrift gemäß § 253 Abs. 2 Nr. 2 ZPO ..... 47
a) Gegenstand und Grund des erhobenen Anspruchs im Sinne von § 253 Abs. 2 Nr. 2 ZPO ..... 47
b) Das Antragserfordernis des § 253 Abs. 2 Nr. 2 ZPO ..... 48
c) Wechselwirkung zwischen § 308 Abs. 1 S. 1 ZPO und § 253 Abs. 2 Nr. 2 ZPO ..... 49
3. Auslegung des Klagebegehrens und richterliche Hinweise ..... 50
a) Gerichtliche Einflussnahme durch Antragsauslegung ..... 50
b) Korrespondierende Hinweispflichten aus § 139 Abs. 1 S. 2 ZPO ..... 53
c) Das Verhältnis der richterlichen Hinweispflicht zur Antragsauslegung ..... 59
4. Das Abweichen vom Klagebegehren ..... 61
a) Abgrenzung zwischen Aliud und Minus ..... 61
b) Abweichende rechtliche Qualifikation des geltend gemachten Anspruchs ..... 63
5. Fallbeispiele aus der Praxis ..... 69
6. Zum Vergleich: der Grundsatz ne ultra petita in anderen deutschen Prozessgesetzen ..... 71
a) Ne ultra petita im Verwaltungsprozessrecht ..... 72
b) Ne ultra petita im finanzgerichtlichen Verfahren ..... 73

c) Ne ultra petita im sozialgerichtlichen Verfahren ........................ 74
d) Zwischenergebnis ........................ 74
7. Ergebnis ........................ 75
II. Ne ultra petita in Schiedsverfahren ........................ 76
1. Begriffsbestimmung: Inländische Handelsschiedsverfahren ........................ 76
a) Abgrenzung: Handelsschiedsgerichtsbarkeit von Investitionsschiedsgerichtsbarkeit ........................ 76
b) Inländische Schiedsverfahren ........................ 77
c) Nationale und internationale Schiedsverfahren ........................ 78
d) Inländische Schiedsverfahren in einer internationalen Dimension ........................ 79
2. Allgemeine Ausführungen zu Schiedsverfahren und ihren Besonderheiten ........................ 80
3. Der Meinungsstand zur Geltung des Grundsatzes ne ultra petita in inländischen Schiedsverfahren ........................ 83
a) Die Meinungen in der Literatur ........................ 83
b) Die Rechtsprechung ........................ 85
c) Fazit ........................ 88
4. Abgrenzung von ultra petita-Entscheidungen zu Billigkeitsentscheidungen ........................ 88
5. Die Bestimmung des Streitgegenstands eines inländischen Schiedsverfahrens ........................ 91
a) Die Schiedsvereinbarung ........................ 92
b) Die Ermittlung der Klagegründe ........................ 97
c) Die Anforderungen an die Antragstellung in inländischen Schiedsverfahren ........................ 106
d) Auffanganträgen („catch-all clauses") ........................ 118
e) Fazit ........................ 122
6. Die internationale Praxis zur Bestimmung des Streitgegenstands von Schiedsverfahren ........................ 122
a) Die Handhabung in der Schweiz ........................ 124
b) Die Handhabung in den Vereinigten Staaten von Amerika ........................ 127
c) Zwischenergebnis ........................ 131
d) Die DIS-Schiedsgerichtsordnung ........................ 131

e) Die UNCITRAL Schiedsordnung ........ 132
f) Die ICC-Schiedsordnung ........ 134
g) Die American Arbitration Association (Commercial Arbitration Rules und International Arbitration Rules) ........ 138
h) Fazit ........ 140
7. Die Ermittlung des Antragsinhalts in inländischen Schiedsverfahren ........ 141
a) Die schiedsrichterliche Befugnis zur Antragsauslegung in inländischen Schiedsverfahren ........ 142
b) Richterliche Hinweise in inländischen Schiedsverfahren zur sachdienlichen Antragsstellung ........ 145
c) Fazit ........ 148
8. Die normativen Grundlagen im deutschen Schiedsverfahrensrecht ........ 148
a) Die Einteilung des Schiedsverfahrensrechts als zwingend oder dispositiv ........ 149
b) Ungeschriebenes Recht als Schiedsverfahrensrecht im Sinne der ZPO ........ 151
c) Der Grundsatz ne ultra petita als zwingendes Schiedsverfahrensrecht ........ 152
d) Ne ultra petita als dispositives Recht ........ 158
e) Fazit ........ 159
9. Die Anwendbarkeit von § 308 Abs. 1 ZPO in inländischen Schiedsverfahren ........ 160
a) Analoge Anwendung von § 308 Abs. 1 ZPO in inländischen Schiedsverfahren ........ 160
b) Die in der Literatur und Rechtsprechung vertretenen Meinungen zur Anwendbarkeit von § 308 Abs.1 S. 1 ZPO in inländischen Schiedsverfahren ........ 164
c) Fazit ........ 165
10. Exkurs: Der Antrag auf Erlass einstweiliger Anordnungen als Ausnahme von der Geltung des Grundsatzes ne ultra petita in inländischen Schiedsverfahren ........ 166
a) Die Anforderungen an den Antrag auf Erlass einer einstweiligen Anordnung ........ 167

b) Das (schieds-)gerichtliche Ermessen bei der Auswahl der zu treffenden Maßnahme ... 168
c) Fazit ... 170
11. Zum Vergleich: Ausgewählte Regelwerke zur Geltung des Grundsatzes ne ultra petita in internationalen Schiedsverfahren ... 170
a) Das französische Schiedsverfahrensrecht ... 171
b) Die Schiedsverfahrensordnung der DIS ... 172
c) Die American Arbitration Association ... 173
12. Der Grundsatz iura novit curia und seine Anwendbarkeit in Schiedsverfahren ... 174
a) Der Grundsatz iura novit curia in der staatlichen Zivilgerichtspraxis ... 175
b) Der Grundsatz iura novit curia im Lichte der Besonderheiten von Schiedsverfahren ... 182
c) Die Meinungen in der Literatur zur Geltung des Grundsatzes iura novit curia in internationalen Schiedsverfahren ... 186
d) Die Rechtsprechung der verschiedenen staatlichen Kontrollgerichte zur Geltung des Grundsatzes iura novit curia in Schiedsverfahren ... 189
e) Zwischenergebnis ... 196
f) Möglichkeiten zur Beschränkung des Grundsatzes iura novit curia ... 197
g) Ergebnis ... 199
13. Der Anspruch auf rechtliches Gehör und das Verbot von Überraschungsentscheidungen in Schiedsverfahren ... 200
a) Der Anspruch auf rechtliches Gehör in Schiedsverfahren ... 201
b) Das Verbot Überraschungsentscheidungen zu erlassen ... 206
c) Ergebnis ... 219
14. Fazit ... 220
III. Der Umgang mit ultra petita-Verstößen im Rahmen von Rechtsbehelfen gegen den Schiedsspruch ... 221
1. Allgemeines zur Kontrolle von Schiedssprüchen durch deutsche Kontrollgerichte ... 222

2. Die Folgen eines ultra petita-Verstoßes bei ausländischen Schiedssprüchen ... 224
a) Die verschiedenen Varianten von Art. V New York Convention ... 226
b) Ultra petita-Verstöße und Präklusion im Vollstreckbarerklärungsverfahren ... 247
c) Ultra petita-Verstöße und das Kausalitätserfordernis im Vollstreckbarerklärungsverfahren ... 259
d) Kann der ultra petita-Verstoß durch die Betreibung der Vollstreckung des Schiedsspruchs nachträglich genehmigt werden? ... 261
e) Ultra petita-Verstöße und Ermessen im Vollstreckbarerklärungsverfahren ... 263
f) Ergebnis ... 264
3. Die Folgen eines ultra petita-Verstoßes bei inländischen Schiedssprüchen ... 266
a) Die in § 1059 Abs. 2 ZPO genannten Aufhebungsgründe ... 266
b) Ultra petita-Verstöße in inländischen Schiedsverfahren im Lichte der Präklusionsregelungen des § 1059 Abs. 3 ZPO und des § 1060 Abs. 2 S. 2 u. S. 3 ZPO ... 279
c) Kein freies Ermessen im Aufhebungs- oder Vollstreckbarerklärungsverfahren ... 281
d) Ergebnis ... 282
4. Fallgruppen, in denen deutsche Kontrollgerichte ultra petita-Verstöße bejaht, bzw. verneint haben ... 284
a) Das Schiedsgericht spricht eine andere als die beantragte Rechtsfolge zu ... 284
b) Das Schiedsgericht nimmt eine andere rechtliche Würdigung als der Antragsteller vor ... 286
c) Fazit ... 287
5. Die Fallgruppen möglicher ultra petita-Verstöße im internationalen Vergleich ... 288
a) Die Handhabung in Frankreich ... 288
b) Die Handhabung in der Schweiz ... 292

c) Ergebnis ..... 294

**C. Schluss** ..... 295

I. Die Herleitung und der Schutzbereich des Grundsatzes ne ultra petita ..... 296

II. Der Anknüpfungspunkt für die schiedsgerichtliche Bindung ..... 297

1. Die Bedeutung des ausdrücklich gestellten Antrags im Rahmen des Grundsatzes ne ultra petita ..... 297
2. Teilweise sind Schiedsgerichte auch an die Rechtsausführungen der Parteien gebunden ..... 299

III. Mögliche einschlägige Aufhebungs- oder Vollstreckungsversagungsgründe ..... 300

1. Ausländische Schiedssprüche ..... 300
2. Inländische Schiedssprüche ..... 302

IV. Fazit ..... 303

**Literaturverzeichnis** ..... 305

# A. Einleitung

Diese Arbeit befasst sich mit dem Grundsatz ne ultra petita und dessen Geltung in Schiedsverfahren, wobei der Schwerpunkt auf der Geltung des Grundsatzes im Rahmen von inländischen Schiedsverfahren[1] liegt.

Durch den Grundsatz ne ultra petita wird der Entscheidungsspielraum des Gerichts sowohl in qualitativer als auch in quantitativer Hinsicht beschränkt. Als Folge darf das Gericht dem Kläger[2] weder mehr noch etwas anderes als das zusprechen, was von ihm geltend gemacht worden ist.[3] Der Grundsatz ne ultra petita hat seinen Ursprung im römischen Zivilprozessrecht und ist heute in einer Vielzahl römisch-germanisch geprägter Rechtsordnungen zu finden.[4] Diese historische Entwicklung und die sich über Jahrhunderte in den verschiedenen Rechtsordnungen verfestigten Anwendungspraktiken des Grundsatzes sind einerseits die Basis für seine weitreichende und rechtsordnungsübergreifende Anerkennung; sie lassen aber andererseits auch vermuten, dass es keinen global einheitlichen Umgang mit dem Grundsatz ne ultra petita gibt, sondern dass sich in der jeweiligen staatlichen Anwendungspraxis spezifische nationale Eigenheiten widerspiegeln.

In der deutschen Zivilprozessordung („**ZPO**") ist der Grundsatz für deutsche Zivilverfahren in § 308 Abs. 1 S. 1 normiert. § 308 Abs. 1 S. 1 ZPO lautet wie folgt:

> *„Das Gericht ist nicht befugt, einer Partei etwas zuzusprechen, was nicht beantragt ist."*

Durch diese Kodifizierung scheint der Anwendungsbereich des Grundsatzes ne ultra petita auf den ersten Blick recht klar zu sein. Allerdings können sich in einigen Fallkonstellationen relevante Auslegungs- und Anwendungsfragen stellen.

Schon die genaue Übersetzung des Wortes „petita" bereitet einige Schwierigkeiten. So kann mit dem Ausdruck petita sowohl das klägerische Begehren[5] als auch der ausdrücklich gestellte Klageantrag[6] gemeint sein. Auf den ersten Blick mag der Unterschied zwischen Begehren einerseits und Klageantrag andererseits

---

1 Ausführungen zu der Terminologie folgen sogleich.

2 Dasselbe gilt auch in Bezug auf den Widerkläger.

3 *Vollkommer* in Zöller, Kommentar zur ZPO, § 308, Rn. 2.

4 *Wiegand*, Iura novit curia vs. ne ultra petita, in FS-Kellerhals, S. 127(131).

5 Übersetzung gemäß Benke/Meissel, Juristenlatein, S. 242.

6 Übersetzung nach Liebs, Lateinische Rechtsregeln und Rechtssprichwörter, S. 142.

marginal erscheinen. In der Praxis ist er es jedoch dann nicht, wenn sich ergibt, dass der gestellte Antrag das tatsächliche (oder vermeintliche) Begehren nicht hinreichend widerspiegelt. Es geht hier um die Frage, ob ein Kläger oder Widerkläger an seinem ausdrücklich gestellten Antrag festzuhalten ist oder ob – und wenn ja, in welchem Maße – das Gericht berechtigt oder sogar verpflichtet ist, das wirkliche Klagebegehren zu ermitteln, wenn es zu dem Ergebnis gelangt, dass dieses dem ausdrücklich gestellten Klageantrag nicht oder nicht hinreichend entspricht. Die Antwort auf diese Frage hängt auch davon ab, welche Rolle dem Gericht und welche Rolle den Parteien im Rahmen des Verfahrensverlaufs zukommt. Dabei gilt grundsätzlich: Je größer die Fürsorgepflicht des Gerichts gegenüber den Parteien ist, desto weniger ist das Gericht an den ausdrücklich gestellten Antrag gebunden, sondern vielmehr dazu berechtigt und möglicherweise angehalten, den wirklichen Willen des Klägers durch eigene Auslegung zu ermitteln.

Der deutsche Gesetzgeber hat die Geltung des Grundsatzes nicht nur für deutsche Zivilverfahren (in § 308 Abs. 1 ZPO) normiert, sondern auch für Verfahren vor den Verwaltungsgerichten. Hier herrscht grundsätzlich eine gesteigerte gerichtliche Fürsorgepflicht,[7] was sich auch in der Normierung des Grundsatzes ne ultra petita widerspiegelt. So lautet § 88 der deutschen Verwaltungsgerichtsordnung („**VwGO**") wie folgt:

> *„Das Gericht darf über das Klagebegehren nicht hinausgehen, ist aber an die Fassung der Anträge nicht gebunden."*

Obgleich also auch § 88 VwGO die Geltung des Grundsatzes ne ultra petita normiert, unterscheidet sich der Wortlaut der Vorschrift deutlich von § 308 Abs. 1 ZPO, indem er für die Bindung des Gerichts auf das Klage**begehren** und nicht auf den ausdrücklich gestellten Antrag abstellt.

Internationale Schiedsverfahren unterscheiden sich naturgemäß in verschiedener Hinsicht von staatlichen Gerichtsverfahren. Einer dieser Unterschiede besteht darin, dass häufig Rechtsanwender aufeinandertreffen, die aus unterschiedlichen Rechtskulturen stammen und folglich unterschiedliche Auffassungen von der Geltung und der Reichweite des Grundsatzes ne ultra petita haben. Deshalb kann es nach dem Erlass eines Schiedsspruchs zu Streit darüber kommen, ob der Grundsatz ne ultra petita in Schiedsverfahren überhaupt Anwendung findet und ob das Schiedsgericht gegen den Grundsatz verstoßen hat. Zu Missverständnissen kann es insbesondere deshalb kommen, weil in der

7 *Schmid* in Sodan/Ziekow, Verwaltungsgerichtsordnung, § 88, Rn.2 m.w.N.

internationalen Praxis recht einheitlich von dem Grundsatz „ne ultra petita" gesprochen wird, obwohl gegebenenfalls nicht jeder Rechtsanwender dieselben Assoziationen mit dieser Begrifflichkeit verbindet.

Der zweite Themenkomplex, der bei der Anwendung und Auslegung des Grundsatzes ne ultra petita in Schiedsverfahren häufig zu Missverständnissen und Problemen führt, betrifft die Frage, inwieweit die Parteien das Schiedsgericht durch ihre Anträge und ihren Vortrag in rechtlicher Hinsicht binden (können). Diese Fragestellung soll anhand eines kurzen Beispielfalles, mit dem sich das OLG Jena[8] zu befassen hatte, illustriert werden. Hier beantragte die Schiedsklägerin festzustellen, dass ihr gegen die Schiedsbeklagte ein Schadensersatzanspruch zusteht, über dessen Höhe in der zweiten Phase des Schiedsverfahrens entschieden werden sollte. Das Schiedsgericht sprach der Schiedsklägerin daraufhin zwar keinen Schadensersatzanspruch, wohl aber einen Entschädigungsanspruch zu. Hiergegen wendete sich die Schiedsbeklagte im Vollstreckbarerklärungsverfahren vor dem OLG Jena mit dem Argument, dass ein Entschädigungsanspruch eine andere Rechtsfolge darstelle, als der beantragte Schadensersatzanspruch und dass das Schiedsgericht folglich gegen den Grundsatz ne ultra petita verstoßen habe. Das OLG Jena sah in dem Vorgehen des Schiedsgerichts indes keinen Verstoß gegen den Grundsatz ne ultra petita. Zur Begründung führte es aus, dass das Schiedsgericht der Schiedsklägerin weder mehr noch etwas anderes zugesprochen habe, als diese zuvor beantragt hatte, denn der zugesprochene Anspruch auf Entschädigung sei qualitativ nichts anderes, als der von der Schiedsklägerin mit ihrem Antrag geltend gemachte Schadensersatz. Der Entschädigungsanspruch sei allenfalls ein Weniger.[9]

## I. Gang der Untersuchung

Nach einigen allgemeinen Ausführungen zum Grundsatz ne ultra petita (hierzu unter A. II.) und dessen Verhältnis zu anderen grundlegenden Verfahrensprinzipien und Instituten (hierzu unter A. III.) soll der Frage nachgegangen werden, wie der Grundsatz ne ultra petita und seine Kodifizierung in § 308 Abs. 1 ZPO durch die deutsche Rechtspraxis ausgelegt und angewendet wird (hierzu unter B. I.). Dabei soll der Grundsatz stets im Zusammenhang mit anderen verfahrensrechtlichen Instituten und Grundsätzen gesehen werden, da sich diese oft wechselseitig bedingen oder begrenzen. Anschließend wird untersucht, ob – und wenn

8 OLG Jena, Beschluss vom 25.04.2016 – 1 Sch 1/16 – BeckRS 2016, 118517.

9 OLG Jena, Beschluss vom 25.04.2016 – 1 Sch 1/16 – BeckRS 2016, 118517, Rn. 22.

ja in welchem Maße – der Grundsatz auch im Rahmen von Schiedsverfahren gilt (hierzu unter B. II.). Dabei sollen Schiedsverfahren, bei denen das Schiedsgericht seinen Sitz in Deutschland hat (also inländische Schiedsverfahren im Sinne von § 1025 Abs. 1 ZPO i.V.m. § 1043 Abs. 1 ZPO), den Ausgangspunkt der Prüfung und auch ihren Schwerpunkt bilden. Hinsichtlich bestimmter Aspekte soll aber auch immer wieder ein Blick auf die internationale Praxis geworfen werden, um den deutschen Umgang mit dem Grundsatz ne ultra petita in einem internationalen Kontext sehen und bewerten zu können. Der letzte Abschnitt der Arbeit befasst sich einerseits mit der Frage, ob inländische Schiedssprüche aufzuheben sind, bzw. aufgehoben werden können, wenn ihnen ein Verstoß gegen den Grundsatz zugrunde liegt. Andererseits beschäftigt sich dieser Abschnitt mit der Frage, inwieweit sich ein Verstoß gegen den Grundsatz ne ultra petita auf die Vollstreckbarkeit eines (inländischen oder ausländischen) Schiedsspruchs in Deutschland auswirkt (hierzu unter B. III.).

## II. Allgemeine Ausführungen zum Grundsatz ne ultra petita

### 1. Sinn und Zweck des Grundsatzes

In der Literatur wird die Existenz des Grundsatzes ne ultra petita zumeist über die geschichtliche Entwicklung als logische Konsequenz aus der Parteiautonomie im Rahmen des Zivilprozesses hergeleitet.[10] Danach soll der Grundsatz bewirken, dass richterliche Entscheidungsmacht begrenzt und vom Willen der Parteien abhängig gemacht wird.[11] Ziel sei es, den Bürger vor einer Benachteiligung durch Richterspruch zu schützen.[12] Auf diesem Weg wird eine der Kernfragen eines jeden privatrechtlichen Verfahrens, nämlich das Verhältnis von Richter- zu Parteimacht, in Bezug auf das „Ob" und das „Wie" der Rechtsausübung zugunsten der Parteiautonomie entschieden. Angesichts dieser Zielrichtung des Grundsatzes ist es nicht weiter verwunderlich, dass der deutsche Gesetzgeber ihn 1877 in die Zivilprozessordnung inkorporiert hat. Er deckt sich

---

10 *Elzer* im Beck'schen Onlinekommentar zur ZPO, § 308, Rn. 1.

11 *Vollkommer* in Zöller, Kommentar zur ZPO, § 308, Rn. 1, die Ausführungen beziehen sich auf die in § 308 Abs. 1 ZPO enthaltene Normierung des Grundsatzes ne ultra petita, gelten aber auch für den Grundsatz selbst; *Fenge* in AK-ZPO, § 308, Rn.1.

12 *Musielak* im Münchener Kommentar zur ZPO, § 308, Rn. 1, die Ausführungen beziehen sich auf die in § 308 Abs. 1 ZPO enthaltene Normierung des Grundsatzes ne ultra petita, gelten aber auch für den Grundsatz selbst.

mit dem damaligen Geist der Zivilprozessordnung, der durch liberale Leitbilder und Wertvorstellungen geprägt war.[13]

Vor dem Hintergrund dieser Zielrichtung dürfte man erwarten, dass Verletzungen des Grundsatzes ne ultra petita – sei es durch ein staatliches Zivil- oder durch ein Schiedsgericht – insbesondere durch den Kläger des jeweiligen Verfahrens gerügt werden. Schließlich ist es der Kläger, der wegen des Eingriffs in seine Rechte mit seiner Klage möglicherweise nicht das erreicht hat, was er ursprünglich erreichen wollte. In der Praxis ist es aber selten der Kläger, der eine Verletzung des Grundsatzes rügt, sondern der Beklagte. Welchen Grund könnte ein Kläger auch haben, sich auf eine Verletzung des Grundsatzes ne ultra petita zu berufen? Denn spricht das Gericht ihm mehr zu, als er geltend gemacht hat, gäbe es für einen Protest keinen nachvollziehbaren Grund; spricht es ihm dagegen etwas anderes als geltend gemacht zu, bedeutet dies in der Regel, dass sein ursprüngliches Begehren aus der Sicht des Gerichts unbegründet gewesen ist, er aber zumindest einen Anspruch auf das Zugesprochenen hat. Warum sollte der Kläger dieses „andere" dann verschmähen? Schließlich dürfte es in der Regel besser sein, etwas anderes als gar nichts zugesprochen zu bekommen.

Die Wechselwirkung zwischen dem Grundsatz ne ultra petita und dem Prinzip der Parteiautonomie spiegelt sich in der Praxis deshalb nur selten wider. Vielmehr trägt der Grundsatz insbesondere dazu bei, den Beklagten vor Überraschungsentscheidungen des Gerichts zu schützen.[14] Denn wenn der Grundsatz ne ultra petita in einem Verfahren nicht gilt, besteht die Gefahr, dass das Gericht eine andere als die geltend gemachte Rechtsfolge zuspricht und dabei seine Entscheidung auf Aspekte stützt, zu denen die Parteien nicht vortragen konnten. Wie soeben erläutert, dürfte sich eine derartige Entscheidung selten negativ für den Kläger auswirken: er erlangt entweder mehr oder etwas anderes als ursprünglich gewollt – letzteres in der Regel nur deshalb, weil ihm das ursprünglich Gewollte nicht zusteht. Der Beklagte befindet sich allerdings in einer anderen Situation. Gegebenenfalls hätte er zum Zwecke der Rechtsverteidigung zu tatsächlichen oder rechtlichen Aspekten, die für die Entscheidung des Gerichts relevant waren, noch weiter vortragen können, wenn er die Entscheidung des Gerichts antizipiert hätte. In Anbetracht dieser Tatsache wird der Sinn und Zweck des Grundsatzes ne ultra petita vom Schweizerischen Bundesgericht

13 Wassermann, „Der soziale Zivilprozess", 1987, S. 27; zur liberalen Grundhaltung der ZPO: *Musielak* in Musielak/Voit, Kommentar zur ZPO, Einleitung, Rn. 38.

14 BGH, Urteil vom 3.04.2003 – I ZR 1/01 – NJW 2003, 2317(2318).

in einer Entscheidung aus dem Jahr 2001 sehr treffend formuliert. Dort führte das Gericht Folgendes aus:

> *„L'interdiction faite à l'arbitre de statuer ultra petita (cf. art. 190 al. 2 let. C LDIP) a pour but de protéger le justiciable contre le risque qu'il soit statué sur un point inattendu, au sujet duquel il n'a pas pu faire valoir ses moyens; la règle a aussi pour but d'éviter que l'arbitre n'accorde à la partie demanderesse davantage qu'elle ne demande, compte tenu de sa liberté de disposer de son patrimoine.“*[15]

Frei übersetzt:

> *„Das Verbot von ultra petita-Entscheidungen (Art. 190 Abs. 2 lit. c) IPRG*[16] *hat es zum Ziel, den Rechtssuchenden vor unerwarteten Entscheidungen zu schützen, da er andernfalls daran gehindert werden könnte, seine Verteidigungsmittel vorzubringen. Der Grundsatz hat außerdem das Ziel zu verhindern, dass ein Schiedsgericht einem Schiedskläger etwas zuspricht, was dieser nicht beantragt hat und dadurch in die Dispositionsbefugnis des Schiedsklägers eingreift.“*

## 2. Die privatrechtliche Kodifizierung des Grundsatzes ne ultra petita im internationalen Vergleich

In der deutschen Zivilprozessordnung ist der Grundsatz seit ihrer Entstehung im Jahr 1877 fest verankert. Der Wortlaut dieser Vorschrift blieb über die Jahrzehnte unverändert, nur die Position innerhalb der ZPO änderte sich (von § 279 Civilprozessordnung („**CPO**“) zu § 308 ZPO). Auch in vielen anderen Zivilprozessordnungen römisch-germanisch geprägter Rechtsordnungen ist der Grundsatz ne ultra petita verankert, so zum Beispiel in Artikel 58 der schweizerischen Zivilprozessordnung,[17] in § 405 der österreichischen Zivilprozessordnung[18] sowie in Artikel 5[19] des französischen *Code de procédure civile*.

Im Gegensatz dazu sehen Rechtsordnungen, die durch das Common Law geprägt sind, in der Regel keine ausdrückliche Antragsbindung der Gerichte vor.

---

15 Schweizer Bundesgericht, Entscheidung vom 18.09.2001, 4P.143/2001.

16 Schweizerisches Bundesgesetz über das Internationale Privatrecht.

17 Artikel 58 Abs.1: „*Das Gericht darf einer Partei nicht mehr und nichts anderes zusprechen, als sie verlangt, und nicht weniger, als die Gegenpartei anerkannt hat.*“; Artikel 58 Abs. 2: „*Vorbehalten bleiben gesetzliche Bestimmungen, nach denen das Gericht nicht an die Parteianträge gebunden ist.*“

18 § 405: “*Das Gericht ist nicht befugt, einer Partei etwas zuzusprechen, was nicht beantragt ist. Dies gilt insbesondere von Früchten, Zinsen und anderen Nebenforderungen.*”

19 Artikel 5: “*Le juge doit se prononcer sur tout ce qui est demandé et seulement sur ce qui est demandé.*“

Teilweise gestatten sie aus Gerechtigkeitserwägungen sogar, dass eine Rechtsfolge zugesprochen wird, die nicht ausdrücklich beantragt worden ist.[20] Für Zivilverfahren in den USA schließt beispielsweise Rule 54 c Satz 2 der USA Federal Rules of Civil Procedure eine Antragsbindung ausdrücklich aus. So heißt es in dieser Vorschrift:

> *„Every other final judgment should grant the relief to which each party is entitled, even if the party has not demanded that relief in its pleadings."*

Auch die verschiedenen nationalen und internationalen staatlichen und nichtstaatlichen Verfahrensordnungen, die sich mit dem Ablauf von Schiedsverfahren befassen, sehen eine Antragsbindung von Schiedsgerichten nur selten ausdrücklich vor. So enthält der Großteil der Schiedsverfahrensordnungen von internationalen Schiedsinstitutionen keine entsprechende Vorschrift. Das gilt beispielsweise für die Schiedsgerichtsordnung der Internationalen Handelskammer („**ICC**"), für die Schiedsordnung des London Court of International Arbitration („**LCIA**") oder für die Schiedsordnung der American Arbitration Association („**AAA**").

Interessant ist, dass die Schiedsgerichtsordnung der Deutschen Institution für Schiedsgerichtsbarkeit („**DIS**") bis zu ihrer Novellierung im März 2018 eine Antragsbindung sehr wohl ausdrücklich vorsah. So hieß es in der alten Fassung von § 33.2 der DIS Schiedsgerichtsordnung 1998:

> *„Das Schiedsgericht ist bei Erlass des Schiedsspruchs an die Anträge der Parteien gebunden."*

Dieser Passus wurde mit der Novellierung ersatzlos gestrichen. Ein (ausdrückliches) Gebot zur Antragsbindung ist in der DIS Schiedsgerichtsordnung nun nicht mehr enthalten. Nach der Auffassung von *Theune* würde das an der Fortgeltung des Grundsatzes ne ultra petita in DIS-Schiedsverfahren allerdings nichts ändern.[21]

Ein ähnliches Bild wie bei den Schiedsinstitutionen bietet sich, wenn man das nationale Schiedsverfahrensrecht verschiedener Staaten betrachtet. Auch in den nationalen Schiedsverfahrensgesetzen ist nur in seltenen Fällen eine Antragsbindung von Schiedsgerichten normiert. Das 10. Buch der (deutschen) ZPO enthält keine Regelung in Bezug auf eine mögliche Antragsbindung von

---

20 Cappelletti/Garth, International Encyclopedia of Comparative Law, S. 18 f.

21 *Theune* in Schütze, Institutionelle Schiedsgerichtsbarkeit, III. Kapitel: DIS-Schiedsgerichtsordnung, Art. 39, Rn. 11.

Schiedsgerichten. Sie ist darüber hinaus weder in der österreichischen Zivilprozessordnung in dem für Schiedsverfahren geltenden Abschnitt[22] noch im englischen *Arbitration Act* von 1996[23] und auch nicht im *United States Arbitration Act* (oder auch Federal Arbitration Act, „**FAA**") vorgesehen. Gleiches gilt für das schweizerische Schiedsverfahrensrecht. In Bezug auf das schweizerische Schiedsverfahrensrecht sieht weder der dritte Teil der schweizerischen Zivilprozessordnung, der für inländische Schiedssprüche gilt, eine Antragsbindung des Schiedsgerichts vor noch ist diese im Bundesgesetz über das Internationale Privatrecht („**IPRG**") zu finden, welches auf internationale Schiedsverfahren Anwendung findet. Anders sieht es jedoch für das französischen Schiedsverfahrensrecht aus. Für inländische Schiedssprüche verweist hier Artikel 1464 Abs. 2 des französischen *Code de procédure civile* auf Artikel 5 des gleichen Gesetzes. Dieser Artikel sieht wiederum eine Antragsbindung des Gerichts vor:

> *„Le juge doit se prononcer sur tout ce qui est demandé et **seulement sur ce qui est demandé**." (Hervorhebungen durch die Verfasserin)*

Frei übersetzt:

> *„Der Richter soll über alles und nur das entscheiden, was beantragt worden ist."*

## III. Wechselwirkung mit anderen Prinzipien und Rechtsinstituten in privatrechtlichen Verfahren

Der Grundsatz ne ultra petita ist eingebettet in einen Kanon verschiedener Grundprinzipien und Rechtsinstitute, die sowohl im Rahmen von nationalen Gerichtsverfahren als auch Rahmen von Schiedsverfahren eine Rolle spielen. Hierzu zählen insbesondere die Dispositionsmaxime, der Anspruch auf rechtliches Gehör und der Grundsatz iura novit curia. Diese Prinzipien und Rechtsinstitute bedingen und ergänzen einander, was dazu führt, dass die Grenzen zwischen ihnen oftmals fließend sind. Eine Untersuchung der Reichweite des Grundsatzes ne ultra petita hat stets im Lichte der genannten Grundsätze und Maximen zu erfolgen, denn teilweise wird der Geltungsbereich des Grundsatzes durch sie präzisiert, teilweise wird er durch sie beschränkt. Da die genannten Maximen und Prinzipien an verschiedenen Stellen dieser Arbeit noch näher

22 Der für Schiedsverfahren geltende Abschnitt ist der 6. Teil, 4. Abschnitt der österreichischen Zivilprozessordnung.

23 Der *Arbitration Act* findet für Verfahren Anwendung deren Schiedsort in England, Wales oder Nordirland liegt.

behandelt werden, sollen sie und ihr Verhältnis zum Grundsatz ne ultra petita im Folgenden nur kursorisch erläutert werden.

### 1. Dispositionsmaxime und Verhandlungsgrundsatz (Beibringungsgrundsatz)

Sowohl im schiedsrichterlichen Verfahren als auch im Zivilprozess vor deutschen Gerichten ist vorgesehen, dass die Parteien Herren des Verfahrens sind.[24] Daraus folgt, dass die Verfahrensgestaltung nach dem Prinzip der Parteifreiheit und der Parteiverantwortung ausgerichtet ist, auf das sowohl die Dispositionsmaxime als auch der Verhandlungsgrundsatz zurückzuführen sind.[25] Letzterer wird auch Beibringungsgrundsatz genannt.[26]

#### *a) Die Dispositionsmaxime*

Nach der herrschenden Meinung in der deutschen Rechtsprechung und Literatur ist die Dispositionsmaxime das Fundament des Grundsatzes ne ultra petita.[27] Die Dispositionsmaxime stellt das verfahrensrechtliche Spiegelbild zu der im materiellen Recht geltenden Parteiautonomie dar[28] und besagt, dass das Verfügungsrecht über den Prozess im Ganzen den Parteien zusteht.[29] In diesem Sinne wird Rechtsschutz vom Staat nur gewährt, wenn, soweit und solange er verlangt wird.[30] Der Dispositionsgrundsatz zieht sich daher wie ein roter Faden durch die gesamte deutsche Zivilprozessordnung. So hängt schon der Beginn eines zivilrechtlichen Prozesses davon ab, dass eine Partei (der Kläger) einen entsprechenden Antrag stellt (§ 253 ZPO). Anschließend haben es die Parteien durch

24 Für Verfahren nach der ZPO siehe beispielsweise: Coester-Waltjen, Die Parteien als Herren des Verfahrens und der Richter im deutschen Zivilprozeß, Jura 1998, 661; für Schiedsverfahren: BGH, Urteil vom 15. 05.1986 – III ZR 192/84 – NJW 1986, 3027(3028); *Münch* im Münchener Kommentar zur ZPO, § 1042, Rn. 3 f.

25 *Musielak* in Musielak/Voit, Kommentar zur ZPO, Einleitung, Rn. 38.

26 *Elzer* im Beck'schen Onlinekommentar WEG, § 43, Rn. 5.

27 BGH Urteil vom 26.09.2000 – VI ZR 279/99 – JuS 2001, 401(402); *Musielak*, Die Bindung des Gerichts an die Anträge der Parteien im Zivilprozeß, S. 349; *Saenger* in Saenger, Kommentar zur ZPO, § 308, Rn. 1; *Elzer* im Beck'schen Online-Kommentar zur ZPO, § 308, Rn. 1, Melissinos, Die Bindung des Gerichts an die Parteianträge nach § 308 I ZPO, S. 97, *Klette*, Die rechtliche Behandlung von Verstößen gegen das Verbot „ne ultra petita", ZZP 82, S. 93(105).

28 *Musielak* in Musielak/Voit, Kommentar zur ZPO, Einleitung, Rn. 35.

29 *Greger* in Zöller Kommentar zur ZPO, Vorbemerkungen zu den §§ 128-252, Rn. 9.

30 *Lüke*, Grundsätze des Verwaltungsprozesses, in JuS 1961, 41(42).

Institute wie beispielsweise die Klageänderung (§ 263 ZPO), den Verzicht (§ 306 ZPO) oder das Anerkenntnis (§ 307 ZPO) in der Hand, sowohl den Umfang als auch den Gang des Verfahrens zu ändern oder dieses ohne eine Entscheidung des Gerichts in der Sache zu beenden. Das Gericht ist an Anerkenntnis und Verzicht gebunden. Folglich ist jede Nachprüfung, auch in rechtlicher Hinsicht, ausgeschlossen. Davon ausgenommen ist allerdings die Prüfung der Sachurteilsvoraussetzungen.[31] Die Parteien können schließlich einvernehmlich über den Anspruch disponieren, indem sie einen Prozessvergleich schließen (§ 794 Abs. 1 Nr. 1 ZPO) oder die Hauptsache übereinstimmend für erledigt erklären (§ 91a ZPO). In diesen Fällen endet das Verfahren ohne Urteil allein durch Dispositionsakte der Parteien.

Ähnliches gilt im Rahmen von Schiedsverfahren. Auch ein Schiedsgericht wird nicht tätig, bevor es nicht zu einer Streitigkeit zwischen den Parteien und einem entsprechenden Antrag gekommen ist. Zudem hängen der Fortgang und die Art der Beendigung des Schiedsverfahrens (Schiedsspruch, Vergleich, Anerkenntnis etc.) wegen der herausragenden Bedeutung der Parteiautonomie vom Willen der Parteien ab.[32]

### *b) Verhandlungsgrundsatz*

Parallel zur Geltung des Dispositionsgrundsatzes gilt in Verfahren vor deutschen Zivilgerichten überwiegend der Verhandlungsgrundsatz.[33] Der Verhandlungsgrundsatz betrifft die Aufgabenverteilung zwischen dem Gericht und den Parteien bei der "Stoffsammlung" für den Rechtsstreit. Danach darf das Gericht seiner Entscheidung ausschließlich jene Tatsachen zugrunde legen, die von den Parteien vorgetragen worden sind,[34] sodass es die Aufgabe der Parteien ist, den tatsächlichen Prozessstoff und die Beweismittel beizubringen. Der Richter verstößt damit gegen den Verhandlungsgrundsatz, wenn er in einem Prozess Material verwendet, das ihm von dritter Seite übermittelt worden ist, wenn er nicht behauptete Tatsachen selbst recherchiert oder wenn er für eine vorgetragene Behauptung nicht angetretene Beweise erhebt.[35] Im Zivilprozess gilt damit das

---

31 *Elzer* im Beck'schen Onlinekommentar zur ZPO, § 307, Rn. 41.

32 *Lörcher/Lörcher*, Organisation eines Ad-hoc- Schiedsverfahrens, SchiedsVZ 2005, 179(180).

33 Der Verhandlungsgrundsatz gilt nicht Kindschaftssachen (§§ 151 ff. FamFG), in Aufgebotssachen (§§ 433 ff. FamFG) und mit gewissen Einschränkungen in Ehesachen (§§ 121 ff. FamFG).

34 *Schreiber*, Der Dispositionsgrundsatz im Zivilprozeß, Jura 1988, 190(191).

35 Brüggemann, Judex statutor und judex investigator, S. 452 f.

Prinzip der „formellen Wahrheit“.[36] Dieses Prinzip besagt, dass der Sachverhalt, den das Gericht im Laufe eines Prozesses aufgrund des Parteivortrags festgestellt hat, nicht zwingend mit dem wirklichem Sachverhalt identisch sein muss.

Da die Dispositionsmaxime und der Verhandlungsgrundsatz den zuvor angesprochenen Grundsatz der Parteifreiheit und Parteiverantwortung abbilden, treten sie oft in einer Verfahrensart gemeinsam auf. Sie sind aber nicht notwendig aneinandergekoppelt.[37] Beispielsweise gilt im Verwaltungsprozess die Dispositionsmaxime, nicht jedoch der Verhandlungs-, sondern der Untersuchungsgrundsatz (§ 86 VwGO).

Der Untersuchungsgrundsatz stellt das Gegenstück zum Verhandlungsgrundsatz dar. Bei Verfahren mit Untersuchungsgrundsatz ist es Aufgabe des Gerichts für die Ermittlung der entscheidungserheblichen Tatsachen und deren Beweis zu sorgen; die Klärung des Sachverhalts wird dem Gericht also von Amts wegen aufgegeben.[38]

Nach der herrschenden Meinung gilt in Schiedsverfahren nicht uneingeschränkt der Verhandlungsgrundsatz. Vielmehr soll ein beschränkter Untersuchungsgrundsatz anwendbar sein.[39] Die Geltung des beschränkten Untersuchungsgrundsatzes in Schiedsverfahren hat insbesondere zur Folge, dass das Schiedsgericht nicht strikt an den Sachvortrag oder an Beweisanträge der Parteien gebunden ist, sondern dass es eine zur Aufklärung des Sachverhalts erforderliche Beweisaufnahme auch dann durchführen kann, wenn die Parteien keine entsprechenden Beweisanträge gestellt haben.[40] Außerdem bewirkt die Geltung des beschränkten Untersuchungsgrundsatzes, dass das Schiedsgericht auch unbestrittene Tatsachen ermitteln kann.[41] Insgesamt kann man wohl festhalten, dass aufgrund der Geltung des beschränkten Untersuchungsgrundsatzes bei der Sachverhaltsermittlung an die Stelle des Prinzips der „formellen Wahrheit“ – wenn auch nicht grenzenlos – das Bestreben des Schiedsgerichts tritt, die materielle Wahrheit aufzudecken.[42]

---

36 *Rauscher* im Münchener Kommentar zur ZPO, Einleitung, Rn. 336; *Brand*, Grenzen zivilprozessualer Wahrheit und Gerechtigkeit, NJW 2017, 3558(3560).

37 *Rauscher* im Münchener Kommentar zur ZPO, Rn. 229.

38 Kopp/Schenke, Kommentar zur VwGO, § 86, Rn. 1.

39 Näher hierzu im Abschnitt B. II. 5.

40 *Münch* im Münchener Kommentar zur ZPO, § 1042, Rn. 109.

41 Bosch, Rechtskraft und Rechtshängigkeit im Schiedsverfahren, S.105 f.

42 *Münch* im Münchener Kommentar zur ZPO, § 1042, Rn. 108 f.

### *c) Das Verhältnis von Dispositionsmaxime und Verhandlungsgrundsatz zum Grundsatz ne ultra petita*

Soweit die Dispositionsmaxime und/oder der Verhandlungsgrundsatz in Schiedsverfahren Anwendung finden, könnte ihre Anwendbarkeit Auswirkungen auf die Geltung des Grundsatzes ne ultra petita haben.

Man kann zwar einerseits argumentieren, dass die Art und Weise der Sachverhaltsermittlung (Verhandlungs- oder Untersuchungsgrundsatz) für die Geltung des Grundsatzes ne ultra petita in Schiedsverfahren irrelevant ist, weil sie keinen Einfluss auf das klägerische Begehren hat. Man kann aber auch argumentieren, dass ein Schiedsgericht, das die entscheidungserheblichen Tatsachen aufgrund des beschränkten Untersuchungsgrundsatzes eigenständig ermitteln darf, auch dazu berechtigt sein müsste, die so ermittelten Tatsachen frei zu würdigen und den Rechtsstreit so zu entscheiden, wie es dies – unabhängig von dem gestellten Antrag – als richtig und gerecht empfindet. In diesem Fall könnte es dann beispielsweise nicht die beantragte, sondern eine andere Rechtsfolge zusprechen, wenn es dies für erforderlich halten würde. Dadurch würde das Schiedsgericht in die Lage versetzt, den Rechtsstreit einer aus seiner Sicht wirtschaftlich zweckmäßigen Lösung zuzuführen.

Im Laufe der Arbeit ist deshalb zu prüfen, welche Anforderungen an die Sachverhaltsermittlung in Schiedsverfahren gestellt werden und welchen Einfluss die Art und Weise der Sachverhaltsermittlung auf die Geltung des Grundsatzes ne ultra petita hat. Wäre ein Vorgehen wie vorstehend geschildert zulässig, könnte das im Ergebnis dazu führen, dass der Grundsatz ne ultra petita in Schiedsverfahren keine oder nur eine begrenzte Anwendung fände.

## 2. Anspruch auf rechtliches Gehör

Auch der Anspruch auf rechtliches Gehör weist in einigen Fällen Berührungspunkte zu dem Grundsatz ne ultra petita auf, da sich nach dem Erlass eines Schiedsspruchs gelegentlich die Frage stellt, ob ein Schiedsgericht gegen den Grundsatz ne ultra petita verstoßen und den Beklagten dadurch überrascht hat.[43] Derartige Überraschungsentscheidungen können gegebenenfalls Verletzungen

---

43 Ein derartiger Zusammenhang zwischen dem Grundsatz ne ultra petita und dem Anspruch auf rechtliches Gehör war beispielsweise in den folgenden Fällen von Relevanz: OLG München, Beschluss vom 09.11.2015 – 34 Sch 27/14 – SchiedsVZ 2015, 303(304); OLG Frankfurt, Beschluss vom 05.06.2014 – 26 Sch 1/14, S. 5, veröffentlicht in der Datenbank der DIS, abrufbar unter: http://www.disarb.org/de/47/datenbanken/

des Anspruchs auf rechtliches Gehör darstellen. Der Anspruch auf rechtliches Gehör hat viele Facetten, eine davon sind derartige Überraschungsentscheidungen. Bevor die spezielle Fallgruppe der Überraschungsentscheidungen dargestellt wird, sollen hier zunächst einige allgemeine Ausführungen zum Anspruch auf rechtliches Gehör gemacht werden.

### a) *Allgemeines zum Anspruch auf rechtliches Gehör*

Der Anspruch auf rechtliches Gehör ist ein elementares Prozessgrundrecht[44] und gilt sowohl in staatlichen Gerichtsverfahren als auch im Rahmen von Schiedsverfahren.[45] Er hat in Deutschland gemäß Art. 103 Abs. 1 GG Verfassungsrang und ist eine Folgerung aus dem Rechtsstaatsgedanken, sodass der Einzelne nicht bloßes Objekt eines gerichtlichen Verfahrens sein soll. Vielmehr soll er vor dem Erlass einer Entscheidung, die seine Rechte betrifft, die Gelegenheit zur Äußerung bekommen, um Einfluss auf das Verfahren und dessen Ergebnis nehmen zu können.[46]

Die deutsche Rechtsprechung hat für den Zivilprozess verschiedene Fallgruppen gebildet, bei deren Vorliegen eine Verletzung des Gehörsanspruchs in Betracht kommt. Eine dieser Fallgruppen wird als „Informationspflicht" des Gerichts bezeichnet.[47] Danach muss das Gericht den Parteien den aus seiner Sicht wesentlichen Verfahrensstoff mitteilen. Das gilt einerseits für die entscheidungsrelevanten Tatsachenerkenntnisse des Gerichts[48] aber auch für entscheidungsrelevante Rechtsfragen.[49] Dabei kann es in besonderen Fällen auch geboten sein, dass das Gericht die Verfahrensbeteiligten auf eine Rechtsauffassung hinweist, die es der Entscheidung zugrunde legen will. Eine dem verfassungsrechtlichen Anspruch genügende Gewährung rechtlichen Gehörs setzt nämlich voraus, dass die Verfahrensbeteiligten bei Anwendung der von ihnen

---

rspr/olg-frankfurt-am-main-case-no-26-sch-1-14-date-2014-06-05-id1645; OLG Köln, Beschluss vom 28.06.2011 – 19 Sch 11/10 – SchiedsVZ 2012, 161(166).

44 BGH, Beschluss vom 03.11.2011 – V ZR 63/11 – BeckRS 2011, 27181; BGH, Beschluss vom 22.10.2015 – V ZR 146/14 – NJW-RR 2016, 210.

45 Lachmann, Handbuch für die Schiedsgerichtspraxis, Rn. 1295 ff; BGH, Urteil vom 8.10.1959 – VII ZR 87/58 – NJW 1959, 2213(2214); BGH, Urteil vom 14.05.1992 – III ZR 169/90 – NJW1992,2299; hierzu im Einzelnen im Abschnitt B. II. 13.

46 BVerfG, Beschluss vom 25. 10. 2001 – 1 BvR 1079/96 – NJW 2002, 1334.

47 *Rauscher* im Münchener Kommentar zur ZPO, Einleitung, Rn. 244 f.; *Bacher* im Beck'schen Online-Kommentar zur ZPO, § 321 a, Rn. 37.

48 BVerfG, Beschluss vom 04.06.2003 – 1 BvR 2114/02 – FPR 2003, 488.

49 BVerfG, Beschluss vom 19.05.1992 – 1 BvR 986/91 – DtZ 1992, 327(328).

zu verlangenden Sorgfalt zu erkennen vermögen, auf welche Gesichtspunkte es für die Entscheidung ankommen könnte. Eine Ausprägung dieses Informationsanspruchs ist das Verbot, Überraschungsentscheidungen zu erlassen.[50]

### *b) Das Verbot von Überraschungsentscheidungen*

Für das Zivilverfahren ist das Verbot von Überraschungsentscheidungen in § 139 Abs. 2 ZPO geregelt und wesentlicher Bestandteil der materiellen Prozessleitung des Gerichts. Das Verbot bezieht sich sowohl auf rechtliche als auch auf tatsächliche Aspekte. Eine Überraschungsentscheidung liegt vor, wenn das Gericht eine Entscheidung erlässt, mit der auch ein gewissenhafter und kundiger Prozessbeteiligter nicht zu rechnen brauchte.[51] Außerdem hat das Gericht darauf hinzuweisen, wenn es seine – einmal geäußerte – Rechtsauffassung geändert hat.[52] Der BGH fasst das Verbot, Überraschungsentscheidungen zu erlassen, wie folgt zusammen:

> *„Der Anspruch einer Partei auf rechtliches Gehör soll diese vor Überraschungsentscheidungen schützen. Artikel 103 Absatz I GG ist verletzt, wenn ein Gericht ohne vorherigen Hinweis auf rechtliche Gesichtspunkte oder Erwägungen abstellt, mit denen auch ein gewissenhafter und kundiger Prozessbeteiligter nach dem bisherigen Prozessverlauf nicht zu rechnen brauchte (BVerfG, NJW 2003, 2524). Die in § 139 Absatz II ZPO normierte Hinweispflicht konkretisiert diesen Anspruch auf rechtliches Gehör.“*[53]

Allerdings ist insoweit Vorsicht geboten, als das nicht jede Verletzung von § 139 Abs. 2 ZPO automatisch eine Verletzung des verfassungsrechtlich verankerten Gehörsanspruches darstellt. Artikel 103 Abs. 1 GG gebietet lediglich, dass die normative Ausgestaltung des Verfahrensrechts sowie das gerichtliche Verfahren im Einzelfall ein Ausmaß an rechtlichem Gehör eröffnet, das sachangemessen ist, um dem in bürgerlich- rechtlichen Streitigkeiten aus dem Rechtsstaatsprinzip gegenüber der öffentlichen Gewalt aus Art. 19 Abs. 4 GG folgenden Erfordernis eines wirkungsvollen Rechtsschutzes gerecht zu werden.[54] Die einfachrechtlichen Gewährleistungen des rechtlichen Gehörs in den Verfahrensordnungen – wie

---

50 BVerfG, Beschluss vom 29.05.1991 – 1 BvR 1383/90 – NJW 1991, 2823; BVerfG, Beschluss vom 19.05.1992 – 1 BvR 986/91 – DtZ 1992, 327.

51 BVerfG, Beschluss vom 29.05.1991 – 1 BvR 1383/90 – NJW 1991, 2823; BVerfG, Beschluss vom 7.10. 2003 – 1 BvR 10/99 – NJW 2003, 3687.

52 BGH, Beschluss vom 16.06.2011 – X ZB 3/10 a – BeckRS 2011, 19942, Rn. 12 ff.; BVerfG, Beschluss vom 15.08.1996 – 2 BvR 2600/95 – NJW 1996, 3202.

53 BGH, Beschluss vom 13.01.2011 – VII ZR 22/10 –, NJW-RR 2011, 487, Rn. 6.

54 BVerfG, Beschluss vom 21.04.1982 – 2 BvR 810/81 –, BVerfGE 60, 305, juris, Rn. 15.

beispielsweise in der ZPO – können über dieses spezifisch verfassungsrechtlich gewährleistete Ausmaß an rechtlichem Gehör hinausreichen. Insoweit stellt eine Verletzung einfachrechtlicher Bestimmungen nicht notwendig zugleich einen Verstoß gegen Art. 103 Abs. 1 GG dar.[55]

### *c) Das Verhältnis zwischen dem Grundsatz ne ultra petita und dem Verbot von Überraschungsentscheidungen*

Dem Bedürfnis des Antragsgegners, durch die Entscheidung des Gerichts nicht überrascht zu werden, wird in der deutschen ZPO – neben der materiellen Prozessleitungspflicht aus § 139 Abs. 2 ZPO – durch zwei weitere Aspekte Rechnung getragen:

Zum einen muss der Antragsteller einen bestimmten Antrag stellen und den Gegenstand des Rechtsstreits eingrenzen, sodass der Antragsgegner frühzeitig über den Antragsinhalt informiert wird und sich entsprechend verteidigen kann. Dieses Erfordernis ist in § 253 Abs. 2 Nr. 2 ZPO normiert. § 253 Abs. 2 Nr. 2 ZPO fordert, dass der gestellte Antrag bestimmt ist und den Gegenstand und den Grund des erhobenen Anspruchs benennt. Dadurch kann sich der Beklagte auf den „Streitstoff", also den „Streitgegenstand", des Verfahrens vorbereiten. Er kann sich in einem zum Zwecke der Rechtsverteidigung ausreichenden Maße mit den für den Anspruch relevanten Tatsachen auseinandersetzen und wird in die Lage versetzt, vorhandene Angriffs- und Verteidigungsmittel vorzubringen.

Zum anderen wird durch den Grundsatz ne ultra petita gewährleistet, dass das Gericht über den nach den Vorgaben des § 253 Abs. 2 Nr. 2 ZPO gestellten Antrag weder qualitativ noch quantitativ hinausgeht. Folglich flankiert auch der Grundsatz ne ultra petita das Verbot, Überraschungsentscheidungen zu erlassen.

Im Hauptteil der Arbeit wird unter anderem geprüft, wo genau die Schnittstellen der beiden Prinzipien liegen und ob angenommen werden kann, dass der Grundsatz ne ultra petita einen zwingenden Kern besitzt, der Bestandteil des Anspruchs auf rechtliches Gehör ist.[56]

## 3. Iura novit curia

Der lateinische Grundsatz iura novit curia bedeutet übersetzt: „Das Gericht kennt das Recht"[57], beziehungsweise: „Das Gericht kennt die

55 BVerfG, Beschluss vom 21.04.1982 – 2 BvR 810/81 –, BVerfGE 60, 305, juris, Rn. 16.

56 Näher hierzu im Abschnitt B. II. 13.

57 Übersetzung gemäß Benke/Meissel, Juristenlatein, S. 176; ebenso Lieberwirth, Latein im Recht, S. 155.

Rechtssätze"[58]. Er ist verwandt mit der Parömie *„da mihi factum, dabo tibi ius"*, die bedeutet: „Gib mir den Tatbestand, ich werde dir das Recht geben."[59] Dabei enthält der zweite Teil der Parömie ein aus der Sicht des Richters formuliertes Versprechen, das eine doppelte Bedeutung hat. So ist der Richter zum einen dazu verpflichtet, das anwendbare Recht zu ermitteln, zum anderen ist er dazu verpflichtet, das ermittelte Recht anzuwenden.[60]

Auf diesem Grundverständnis beruht auch der Grundsatz iura novit curia, wonach die Rechtsermittlung und die Rechtsanwendung nicht in den Bereich der Verhandlungsmaxime fallen, sondern allein dem Gericht zustehen.[61] Das Gericht muss außerdem die mit den Rechtsvorschriften im Zusammenhang stehenden Anwendungs- und Auslegungsfragen selbst beantworten und den vorgetragenen Sachverhalt unter die entsprechenden Rechtsnormen subsumieren.[62] Daraus folgt, dass die Parteien grundsätzlich nicht dazu verpflichtet sind, Rechtsausführungen zu machen und dass das Gericht an etwaige Rechtsausführungen der Parteien zumindest nicht gebunden ist.

Damit besteht ein gewisses Spannungsverhältnis zwischen den Grundsätzen ne ultra petita und iura novit curia, da durch den Grundsatz ne ultra petita gerade eine Bindung an den Parteivortrag erreicht werden soll.

Der Grundsatz iura novit curia ist unstreitig im Rahmen von deutschen Zivilprozessen hinsichtlich der Ermittlung und Anwendung des nationalen Rechts anzuwenden.[63] Soweit für die Entscheidung des deutschen Gerichts ausländisches Recht maßgeblich ist, gilt der Grundsatz iura novit curia nach der ZPO allerdings nicht uneingeschränkt. Zwar bleibt sein Kernbereich auch hier unberührt, da weder die Anwendung noch die Auslegung des ausländischen Rechts der Parteidisposition unterliegen, allerdings sieht § 293 ZPO[64] für das

58 Creifelds Rechtswörterbuch, S. 722.

59 Creifelds Rechtswörterbuch, S. 284.

60 *Wiegand*, Iura novit curia vs. ne ultra peitita, in FS-Kellerhals, S. 127(130).

61 *Rauscher* im Münchener Kommentar zur ZPO, Einleitung, Rn. 344.

62 *Wiegand*, Iura novit curia vs. ne ultra peitita, in FS-Kellerhals, S. 127(131).

63 *Coester-Waltjen*, Die Parteien als Herren des Verfahrens und der Richter im deutschen Zivilprozeß, S. 662; *Prütting* im Münchener Kommentar zur ZPO, § 293, Rn. 2; *Saenger* in Saenger, Kommentar zur ZPO, § 293, Rn. 1; *Geimer* in Zöller, Kommentar zur ZPO, § 293 ZPO, Rn. 1.

64 § 293 ZPO lautet wie folgt: *„Das in einem anderen Staat geltende Recht, die Gewohnheitsrechte und Statuten bedürfen des Beweises nur insofern, als sie dem Gericht unbekannt sind. Bei Ermittlung dieser Rechtsnormen ist das Gericht auf die von den Parteien beigebrachten Nachweise nicht beschränkt; es ist befugt, auch andere Erkenntnisquellen zu benutzen und zum Zwecke einer solchen Benutzung das Erforderliche anzuordnen."*

deutsche Gericht zwecks Ermittlung des ausländischen Rechts die Möglichkeit einer Beweiserhebung vor. Im Rahmen dieser Beweisaufnahme gilt der Amtsermittlungsgrundsatz.[65] Für den Tatrichter besteht damit nicht nur die Befugnis, sondern die Pflicht zur Ermittlung des für die Entscheidung eines Rechtsstreits maßgeblichen ausländischen Rechts.[66] Nichtsdestotrotz können die Parteien in einem gewissen Maße bei der Rechtsermittlung mitwirken. Beispielsweise können sie private Sachverständigengutachten als Beweismittel anbieten; und wenn Sachverständige gehört werden, steht den Parteien ein Fragerecht zu.[67] Außerdem muss das Gericht Erkenntnisse, die es durch interne Recherchen oder aus sonstigen Quellen gewinnt, den Parteien vor der Entscheidung mitteilen und ihnen Gelegenheit zur Stellungnahme geben.[68] Zudem sind die Parteien aufgrund ihrer allgemeinen Prozessförderungspflicht dazu gehalten, ihre Erkenntnisse über den Inhalt der relevanten ausländischen Rechtsnormen vorzutragen. So kann ihnen zum Beispiel gemäß § 273 Abs. 2 Nr. 5 i.V.m § 142 ZPO aufgegeben werden, ausländische Entscheidungen, auf die sie Bezug genommen haben, vorzulegen.[69]

Die Differenzierung zwischen nationalem und ausländischem Recht ist für die Frage nach der Geltung des Grundsatzes iura novit curia sinnvoll, denn für das ausländische Recht kann nicht so selbstverständlich wie für das nationale Recht davon ausgegangen werden, dass der deutsche Richter dieses tatsächlich kennt. Auf Schiedsverfahren kann dieses Modell allerdings nicht ohne Weiteres übertragen werden, denn im Unterschied zu staatlichen Gerichtsverfahren, kann im Bereich von Schiedsverfahren nicht so einfach zwischen nationalem und ausländischem Recht unterschieden werden. Das materielle Recht, das im Rahmen eines konkreten Schiedsverfahrens Anwendung findet, bestimmt sich weder nach dem Sitz des Schiedsgericht, noch nach der Nationalität der Schiedsrichter, sondern kann von den Parteien frei gewählt werden, was für inländische Schiedsverfahren beispielsweise aus § 1051 Abs. 1 S 1 ZPO folgt:

> *„Das Schiedsgericht hat die Streitigkeit in Übereinstimmung mit den Rechtsvorschriften zu entscheiden, die von den Parteien als auf den Inhalt des Rechtsstreits anwendbar bezeichnet worden sind."*

---

65 *Huber* in Musielak/Voit, Kommentar zur ZPO, § 293, Rn. 6, m.w.N.

66 BGH, Beschluss vom 21.12.2011 – I ZR 144/09 – BeckRS 2012, 1018, Rn. 11 m.w.N.

67 *Prütting* im Münchener Kommentar zur ZPO, § 293, Rn. 29.

68 *Bacher* in Beck'scher Online-Kommentar zur ZPO, § 293, Rn. 17.

69 OLG München Urteil vom 18.01.2008 – 10 U 4502/07 – BeckRS 2008, 2168.

Abhängig davon, welche Rechtswahl die Parteien getroffen haben, stellt das anzuwendende Recht für die jeweiligen Schiedsrichter nicht selten ausländisches Recht dar. Der Grundsatz iura novit curia („das Gericht kennt das Recht") gilt deshalb oftmals schon rein faktisch nicht. Es könnte deshalb sinnvoll sein, Fragen der Anwendung des Rechts im Rahmen von Schiedsverfahren wie Tatsachenfragen zu behandeln und die Parteien zu verpflichten, an der Feststellung des Rechts mitzuwirken. Rechtsfragen könnten dann beispielsweise wie alle Tatsachenfragen dem Beweis zugänglich sein.

Zwischen den Grundsätzen ne ultra petita und iura novit curia besteht ein gewisses Konfliktpotential, welches bereits anhand des eingangs geschilderten Beispielfalles des OLG Jena dargestellt wurde. Dort hatte das OLG Jena darüber zu entscheiden, ob ein Schiedsgericht gegen den Grundsatz ne ultra petita verstößt, wenn es anstatt des beantragten Schadensersatzanspruches einen Entschädigungsanspruch zuerkennt. Es ging also um die Frage, inwieweit ein Schiedsgericht durch den Grundsatz ne ultra petita an die rechtliche Qualifikation der von dem Kläger angestrebten Rechtsfolge gebunden ist. Mit dieser Frage wird sich im Laufe der Untersuchung noch im Detail auseinandergesetzt.

## IV. Fallgruppen, bei deren Vorliegen ultra petita-Verstöße zumindest möglich erscheinen

Wie bereits ausgeführt, kommen ultra petita-Verstöße in Betracht, wenn ein Gericht entweder mehr (quantitative Überschreitung) oder etwas anderes (qualitative Überschreitung) zuspricht, als geltend gemacht worden ist. Während die Frage nach der quantitativen Überschreitung in der Regel noch relativ leicht zu beantworten sein dürfte, kann es mitunter schwierig zu beurteilen sein, ob das Gericht seine Entscheidungsbefugnisse qualitativ überschritten hat; ob es also etwas anderes als beantragt zugesprochen hat. Zur Veranschaulichung sollen zum Einstieg Fallgruppen aufgezeigt werden, bei deren Vorliegen eine der beiden genannten Kategorien von ultra petita-Verstößen möglich erscheint.

### 1. Fallgruppe 1: Das Gericht spricht mehr zu, als geltend gemacht worden ist

Es dürfte eher selten vorkommen, dass ein Gericht in der Hauptsache mehr zuspricht, als geltend gemacht worden ist. Als eines der wenigen Fallbeispiele sei ein Fall aus dem Jahr 1980 genannt, in dem es um den Betrieb eines Hotels ging.[70] In der Berufungsinstanz trug die Beklagte vor, dass der Kläger ihr das streitgegenständliche Hotel im Jahr 1975 verpachtet habe. Der Kläger war hingegen der Ansicht, dass der Pachtvertrag - wenn er überhaupt zustande gekommen sein sollte - durch eine spätere Parteivereinbarung aufgehoben, jedenfalls aber durch eine von ihm erklärte Kündigung beendet worden sei. Im Berufungsverfahren hatte die Beklagte Zwischenfeststellungswiderklage mit dem Antrag erhoben, festzustellen, dass die sich im 1. Obergeschoss des streitgegenständlichen Hotels befindlichen sogenannten "G-Räumlichkeiten" Gegenstand des zwischen den Parteien geschlossenen Pachtvertrages seien. Auf diesen Antrag hin hatte das Gericht festgestellt, dass zwischen den Parteien ein Pachtverhältnis über das streitgegenständliche Hotel bestand und dass Bestandteil dieses Pachtvertrages auch die sogenannten G-Räumlichkeiten seien. Der BGH sah in dieser Entscheidung der Vorinstanz einen Verstoß gegen § 308 Abs. 1 BGB, weil das Gericht der Beklagten mehr als beantragt zugesprochen habe. Nach der Auffassung des BGH sei die Feststellung, dass zwischen den Parteien ein Pachtverhältnis besteht, von der Beklagten nicht beantragt worden. Der Feststellungsantrag der Beklagten habe sich vielmehr nur auf die besagten G-Räumlichkeiten in dem Hotel bezogen.

Der vorgenannte Beispielfall dürfte aber einen der wenigen Ausnahmefälle darstellen, in denen das Gericht gegen den Grundsatz ne ultra petita verstoßen hat, indem es dem Antragsteller in der Hauptsache mehr zugesprochen hat, als dieser beantragt hat. Vielmehr ist diese erste Fallgruppe von ultra petita-Entscheidungen in Form einer quantitativen Antragsüberschreitung in der Praxis hauptsächlich im Zusammenhang mit Nebenentscheidungen - namentlich Zinsentscheidungen - relevant. So erscheint es zumindest möglich, dass ein ultra petita-Verstoß vorliegt, wenn ein Gericht einer Partei Zinsen auf die Hauptforderung zuspricht, obwohl dies nicht beantragt worden ist.

Zu diesem Themenkomplex gibt es verschiedene Beispielfälle aus der Praxis.[71] An dieser Stelle sei nur ein Beispielfall genannt, mit dem sich das Hanseatische Oberlandesgericht im Jahr 1998 zu befassen hatte.[72] In diesem Fall wurde die Vollstreckbarerklärung eines ausländischen Schiedsspruchs beantragt. In dem

70 BGH, Urteil vom 23.01.1980 – VIII ZR 218/78 –, juris.

71 Hanseatisches Oberlandesgericht, Beschluss vom 30.07.1998 - 6 Sch 3/98 - juris; Cour d'Appel de Paris, Entscheidung vom 06.04.1995, Journal du Droit International, 1995, 971 ff.; Cour d'Appel de Paris, Entscheidung vom 28.06.1988, Revue de l'arbitrage 1989, S. 328 ff.

72 Hanseatisches Oberlandesgericht, Beschluss vom 30.07.1998 - 6 Sch 3/98 - juris.

Schiedsverfahren ging es um einen Chartervertrag für ein Schiff. Die Antragstellerin, eine Reederin, hatte der Antragsgegnerin das streitgegenständliche Schiff durch einen Zeitchartervertrag verchartert. Auf einen entsprechenden Antrag hin sprach das Schiedsgericht, das seinen Sitz in England hatte, der Antragstellerin Chartermiete zu. Darüber hinaus sprach das Schiedsgericht der Antragstellerin Zinsen für die Zeit nach Erlass des Schiedsspruchs bis zur Bezahlung der Chartermiete, sowie Zinseszinsen zu, obwohl die Antragstellerin keinen entsprechenden Antrag gestellt hatte. Die Antragsgegnerin sah in diesem Vorgehen des Schiedsgerichts einen Verstoß gegen den Grundsatz ne ultra petita.

Obgleich die Annahme eines ultra petita-Verstoßes in diesem Fall auf den ersten Blick naheliegen mag, hat das Hanseatische Oberlandesgericht einen solchen Verstoß verneint. Grund dafür ist die Besonderheit, dass nach dem anwendbaren englischen Schiedsverfahrensrecht eine Zinsentscheidung auch ohne einen entsprechenden Antrag zulässig ist (vgl. Art. 49 des englischen Arbitration Act 1996). Im Lichte dessen war das Hanseatische Oberlandesgericht der Ansicht, dass das Schiedsgericht nicht gegen den Grundsatz ne ultra petita verstoßen hat.

## 2. Fallgruppe 2: Das Gericht spricht etwas anderes zu, als geltend gemacht worden ist

Schwieriger wird die Abgrenzung, wenn das Gericht etwas anderes als das Beantragte - namentlich ein Aliud - zuspricht. Fälle in denen derartige Aliud-Entscheidungen gerügt werden, sind in der Praxis relativ häufig anzutreffen. Betrachtet man diese Fälle etwas genauer, lassen sich noch einmal drei Unterkategorien von Fällen bilden:

So scheint ein ultra petita-Verstoß zum einen dann denkbar, wenn das Gericht vom klägerischen Sachvortrag abweicht und seine rechtlichen Erwägungen auf einen anderen Sachverhalt stützt, als vom Kläger vorgetragen (Unterkategorie 1). Daneben scheint ein ultra petita-Verstoß denkbar, wenn das Gericht zwar den vom Kläger vorgetragenen Sachvortrag zugrunde legt, diesen aber rechtlich anders qualifiziert als der Kläger. In diesem Fall spricht das Gericht dem Kläger den geltend gemachten Anspruch aus einer anderen Rechtsgrundlage zu, und weicht damit von dessen rechtlichen Qualifikation des Anspruchs ab (Unterkategorie 2). Schließlich kann es vorkommen, dass das Gericht eine andere Rechtsfolge zuspricht, als vom Kläger begehrt (Unterkategorie 3).

### a) Unterkategorie 1: Das Gericht weicht vom vorgetragenen Sachverhalt ab

Ein ultra petita-Verstoß könnte dann vorliegen, wenn ein Gericht seine rechtliche Würdigung auf tatsächliche Gesichtspunkte stützt, die nicht Bestandteil des Parteivortrags gewesen sind. Derartige Fälle als ultra petita-Verstöße zu qualifizieren, mag auf den ersten Blick merkwürdig anmuten. So kann man sich einerseits fragen, warum im Rahmen des Grundsatzes ne ultra petita, der das Gericht an den Antrag, bzw. das Begehren des Rechtsschutzsuchenden binden soll, auch der Sachvortrag der Parteien von Bedeutung sein sollte. Andererseits kann man sich fragen, wie derartige Fallkonstellationen in der Praxis überhaupt aussehen könnten, da sich die Frage stellt, wie das Gericht von nicht vorgetragenen Tatsachen überhaupt Kenntnis erlangt haben sollte. Diesen Fragen wird im Rahmen der Untersuchung nachgegangen.[73] Es kann aber bereits jetzt festgehalten werden, dass auch diese Unterkategorie von Parteien gelegentlich geltend gemacht wird.[74]

Als Beispiel sei ein Fall genannt, über den das Schweizerische Bundesgericht im Jahr 2015 zu entscheiden hatte. Hier wandte sich die Beschwerdeführerin mit der Begründung gegen einen Schiedsspruch, dass das Schiedsgericht seine Entscheidung auf Tatsachen gestützt habe, auf die sich keine der Parteien berufen habe.[75] Das Schiedsgericht hatte die Tatsachen im Zuge der Zeugenvernehmung ermittelt. Die Beschwerdeführerin sah in diesem Vorgehen unter anderem einen Verstoß gegen den Grundsatz ne ultra petita. Das Schweizerische Bundesgericht hat der Beschwerde hingegen nicht stattgegeben. Es lehnte die vorgebrachte Rüge mit der Begründung ab, dass die Beschwerdeführerin Kenntnis von den in Rede stehenden Zeugenaussagen und folglich die Gelegenheit dazu gehabt habe, sich zu diesen Zeugenaussagen zu äußern.

### b) Unterkategorie 2: Das Gericht stellt auf eine abweichende Rechtsgrundlage ab

Die zweite mögliche Unterkategorie dieser Fallgruppe betrifft Fälle, in denen das Gericht seine Entscheidung auf eine andere rechtliche Grundlage stützt, als der Kläger. Auch bei dieser Unterkategorie kann man sich fragen, ob sie wirklich in

---

73 Näher hierzu im Abschnitt B. I.

74 Britischer Commercial Court, Entscheidung vom 26.07.2007 - APP.L.R. 07/26; OLG München, Beschluss vom 09.11.2015 – 34 Sch 27/14 – SchiedsVZ 2015, 303.

75 Schweizerisches Bundesgericht, Entscheidung vom 30.04.2015 – 4A_623/2014.

die Fallgruppe von ultra petita-Verstößen fällt, oder ob der Grundsatz ne ultra petita wegen des Grundsatzes iura novit für diese Kategorie von Fällen keine Anwendung findet. Die Problematik wurde oben schon angesprochen, als die Entscheidung des OLG Jena aus dem Jahr 2016 dargestellt wurde.[76] Das OLG Jena hatte in diesem Fall entschieden, dass es keinen Verstoß gegen den Grundsatz ne ultra petita darstellen würde, wenn statt des beantragten Schadensersatzanspruchs ein Entschädigungsanspruch zugesprochen wird.

In der Praxis lassen sich noch weitere Fallbeispiele für diese Unterkategorie finden.[77] So hob der französische Cour d'Appel de Paris einen Schiedsspruch auf, weil das Schiedsgericht den vom Kläger geltend gemachten Anspruch – soweit es ihn zusprach – rechtlich abweichend vom Vortrag des Klägers qualifiziert hatte.[78] Der Kläger hatte in der Hauptsache einen Schadensersatzanspruch geltend gemacht. Hierauf beantragte er Zinsen in Höhe von 6% seit Fälligkeit des Schadensersatzanspruches bis zum 30. Juni 2014. Das Schiedsgericht wies den Hauptsacheantrag in der begehrten Höhe ab, sprach aber den Zinsanspruch als eigenständigen Schadensersatzanspruch zu. Nach der Ansicht des französischen Gerichts hätte das Schiedsgericht die Parteien anhören müssen, bevor es seinem Schiedsspruch eine abweichende Rechtsauffassung zugrunde legt. Es hob den Schiedsspruch deshalb auf.

### c) *Das Gericht spricht eine andere Rechtsfolge als beantragt zu*

Diese Unterkategorie, in der das Gericht eine andere Rechtsfolge als die beantragte zuspricht, entspricht wohl am ehesten der Vorstellung, die man mit einer Aliud-Entscheidung im Sinne des Grundsatzes ne ultra petita verbindet.

Zur Veranschaulichung sei ein Fall genannt, in dem ein Schiedsgericht die Schiedsklägerin (auf die Widerklage der Schiedsbeklagten hin) zur Übereignung von Aktien verurteilt hatte, obgleich dies von der Widerklägerin nicht beantragt worden war.[79] Diese hatte die Widerklage vielmehr mit dem Ziel erhoben, die Schiedsklägerin zur Zahlung von Schadensersatz zu verpflichten.

---

76 Siehe hierzu in der Einleitung.

77 OLG Hamburg, Beschluss vom 22.04.2013 - 6 Sch 21/12 - BeckRS 2015, 02549; Cour de Cassation, Entscheidung vom 29.06.2011, Revue de l'arbitrage 2011, 678 ff.; Cour de Cassation Paris, Entscheidung vom 03.12.2009, Revue arbitrage 2010, S.105.

78 Cour d'Appel des Paris, Entscheidung vom 15.03.2016 – 14/19164.

79 OLG Frankfurt am Main, Beschluss vom 05.06.2014 - 26 Sch 1/14, veröffentlicht in der Datenbank der DIS, abrufbar unter: http://www.disarb.org/de/47/datenbanken/rspr/olg-frankfurt-am-main-case-no-26-sch-1-14-date-2014-06-05-id1645.

In einem weiteren Beispielfall hatte ein Schiedsgericht über eine gesellschaftsrechtliche Streitigkeit zu entscheiden, in der die Parteien verschiedene Klage- und Widerklageanträge gestellt hatten.[80] Beispielsweise hatten die Parteien – jeweils durch Klage und Widerklagen – beantragt, die Anteile an der streitgegenständliche Gesellschaft von der jeweils anderen Partei zum Nettobuchwert zu erwerben. Das Schiedsgericht entschied hingegen, dass die Gesellschaft aufgelöst werden sollte. Dabei wurde dem Kläger jedoch das Recht eingeräumt, die Anteile der Beklagten von diesen zu einem „fairen" Marktpreis, der von einem objektiven Gutachter bestimmt werden sollte, zu erwerben, beziehungsweise seine Anteile zu diesem Preis an die Beklagten zu verkaufen. Außerdem wurden die Parteien dazu verpflichtet, ein Aktionärstreffen innerhalb von zwei Wochen nach Erlass des Schiedsspruchs abzuhalten. Bei diesem Treffen sollte ein Aufsichtsrat gewählt werden. Das Schiedsgerichts traf noch weitere Entscheidungen, die so von den Parteien nicht beantragt worden waren.[81]

## 3. Fazit

Im Laufe der Untersuchung gilt es zu untersuchen, ob alle der genannten Fallgruppen, bzw. Unterkategorien, tatsächlich Verstöße gegen den Grundsatz ne ultra petita darstellen. Dabei gilt es natürlich zu beachten, dass hier gegebenenfalls Unterschiede zwischen Schiedsverfahren und staatlichen Gerichtsverfahren bestehen. Diese Unterschiede sollen anhand der Besonderheiten von Schiedsverfahren ebenfalls herausgearbeitet werden.

---

80 United States District Court, Southern District of New York, Entscheidung vom 28.03.2002, 01 Civ. 2668 (SHS) – Millicom International VN.V. v. Motorola, Inc. and others - abrufbar unter http://www.newyorkconvention.org/court+decisions/decisions+per+topic/us+401.

81 In der Praxis finden sich noch einige weitere anschauliche Beispielsfälle, auf die aber an dieser Stelle noch nicht im Detail eingegangen werden soll. So zum Beispiel OLG Köln, Beschluss vom 28.06.2011 - 19 Sch 11/10 - openJur 2012,80284; OLG München, Beschluss vom 29.01.2007 - 34 Sch 23/06 - NJW 2007, 2129 f.; Cour d'Appel de Paris, Entscheidung vom 11.07.1991, Revue de l'arbitrage 1991, S. 671 f.

# B. Die Reichweite des Grundsatzes ne ultra petita

Nachdem vorstehend die Problemstellung der Arbeit umrissen, der Regelungsinhalt des Grundsatzes ne ultra petita kurz beschrieben und der Grundsatz in das Umfeld des Verfahrensrechts eingeordnet worden ist, befasst sich der nun folgende Hauptteil der Arbeit mit der Geltung des Grundsatzes in Schiedsverfahren, wobei der Schwerpunkt der Untersuchung auf der Geltung des Grundsatzes in inländischen Schiedsverfahren liegt (hierzu unter B. II.). Bevor das Kernstück der Arbeit behandelt wird, soll zunächst analysiert werden, wie deutsche Zivilgerichte den Grundsatz ne ultra petita anwenden (dazu unter B. I.). Diese vorgeschaltete Analyse erfolgt, da aus ihr nützliche Erkenntnisse für den Umgang von Schiedsgerichten mit dem Grundsatz ne ultra petita gezogen werden können. Schließlich wird erörtert, wie deutsche Kontrollgerichte[82] bei Verstößen von Schiedsgerichten gegen den Grundsatz ne ultra petita vorgehen können bzw. müssen (dazu unter B. III.).

## I. Ne ultra petita im deutschen Zivilprozessrecht

Obgleich im Mittelpunkt der Arbeit die Geltung des Grundsatzes ne ultra petita in Schiedsverfahren steht, ist es sachgerecht zunächst zu untersuchen, wie in deutschen Zivilverfahren mit dem Grundsatz umgegangen wird. Anknüpfungspunk für diese Prüfung ist § 308 Abs. 1 ZPO. Da es an einer entsprechenden Regelung zur Geltung des Grundsatzes ne ultra petita in inländischen Schiedsverfahren fehlt, bietet die einleitende Analyse zum Umgang mit § 308 Abs. 1 ZPO den Vorteil, dass auf bekannte Methoden zur Auslegung einer Norm und auf existierende Kommentarliteratur und Rechtsprechung zu § 308 Abs. 1 ZPO zurückgegriffen werden kann. Auf diese Weise kann zunächst ein Grundverständnis zum Inhalt und zur Anwendung des Grundsatzes ne ultra petita in

82 Durch die Bezeichnung des staatlichen Gerichts als „Kontrollgericht“ soll nicht der Eindruck erweckt werden, dass der Schiedsspruch durch das staatliche Gericht einer umfänglichen materiell-rechtlichen oder verfahrensrechtlichen Prüfung unterzogen wird. Die Kontrolle eines Schiedsspruchs ist vielmehr nur in den engen Grenzen des § 1059 Abs. 1 ZPO (für inländische Schiedssprüche) und des § 1061 ZPO (für ausländische Schiedssprüche) möglich.

Deutschland erarbeitet werden, bevor auf die schiedsverfahrensspezifischen Besonderheiten eingegangen wird.

## 1. Der Antrag als zentrales Element des § 308 Abs. 1 ZPO

Der Rechtsbegriff des Antrags steht nach dem Wortlaut von § 308 Abs. 1 ZPO im Mittelpunkt der Vorschrift. Mit dem Antrag macht der Kläger eine bestimmte Rechtsfolge geltend. Die Rechtsfolge kann auf Leistung (in Form der Leistungsklage), auf Feststellung (in Form der Feststellungsklage) oder auf eine unmittelbare Änderung der Rechtslage durch eine gerichtliche Entscheidung (in Form der Gestaltungsklage) gerichtet sein.

§ 308 Abs. 1 ZPO erweckt den Eindruck, dass eine Bindung des Gerichts einzig an die vom Kläger begehrte Rechtsfolge besteht, da in der Regel nur diese unmittelbar in dem ausdrücklich gestellten Antrag zum Ausdruck kommt. Im Gegensatz dazu enthält der Antrag grundsätzlich nicht die rechtlichen oder die tatsächlichen Erwägungen, auf die der Antragsteller die begehrte Rechtsfolge stützt.

Aus den tatsächlichen Erwägungen ergibt sich, auf welchen Lebenssachverhalt der Kläger die beantragte Rechtsfolge stützt. So kann sich die beantragte Rechtsfolge mitunter aus unterschiedlichen Lebenssachverhalten ergeben. Bestehen zwischen den Parteien beispielsweise mehrere Verträge, dann kann sich eine bestimmte Rechtsfolge unter Umständen sowohl aus Vertrag A als auch aus Vertrag B ergeben. Demgegenüber ergibt sich aus den rechtlichen Ausführungen, auf welche materiellrechtliche Anspruchsgrundlage(n) der Kläger seinen Anspruch stützt. So kann sich beispielsweise ein Schadensersatzanspruch in vielen Fällen sowohl aus Vertrag als auch aus dem Gesetz ergeben.

Der Wortlaut von § 308 Abs. 1 ZPO lässt vermuten, dass die rechtlichen und die tatsächlichen Erwägungen, die dem Antrag zugrunde liegen, für die Bindung des Gerichts unbeachtlich sind. Wenn dies so wäre, ließe sich die Prüfung eines ultra petita-Verstoßes darauf beschränken, den Wortlaut des Antrags mit dem Tenor des Urteils zu vergleichen. Anhand dieses Vergleichs ließe sich in den meisten Fällen relativ schnell und eindeutig feststellen, ob das Gericht dem Kläger etwas zugesprochen hat, was dieser nicht beantragt hat. Fraglich ist aber, ob diese Lesart des § 308 Abs. 1 ZPO dem Sinn und Zweck der Vorschrift entspricht oder ob nicht vielmehr eine Bindung auch an tatsächliche oder rechtliche Erwägungen erforderlich ist, um den Zielen des Grundsatzes ne ultra petita gerecht zu werden.

Nach gefestigter Rechtsprechung des Bundesgerichtshofs[83] und nach der wohl herrschenden Meinung in der Literatur[84] erstreckt sich die Antragsbindung des Gerichts aus § 308 Abs. 1 ZPO nicht allein auf die begehrte Rechtsfolge. Sie soll sich vielmehr auch auf den gesamten der Rechtsfolge zugrundeliegenden prozessualen Anspruch, den der Kläger in dem Rechtsstreit geltend macht, erstrecken. Der prozessuale Anspruch wird dabei auch als „Streitgegenstand" des Verfahrens bezeichnet.[85] Dieser wird grundsätzlich ausschließlich durch den Kläger bestimmt.[86] Nur in Ausnahmefällen hat auch der Vortrag des Beklagten Auswirkungen auf den Streitgegenstand.[87] Was Inhalt des Streitgegenstands und folglich maßgeblich für die Bindung des Gerichts ist, soll im Folgenden erläutert werden.

### *a) Der Begriff des Streitgegenstands*

Nach dem Begriff des Streitgegenstands bestimmt sich, was Inhalt des jeweiligen Verfahrens ist. Er spielt im Rahmen verschiedener Institute des Zivilprozesses eine zentrale Rolle. So unter anderem im Rahmen der objektiven Klagehäufung (§ 260 ZPO), wenn der Kläger gegen den Beklagten beispielsweise mehrere, auf verschiedenen Gründen beruhende Ansprüche geltend macht. Das Gericht muss dann entscheiden, ob gegebenenfalls verschiedene Ansprüche vorliegen, die unter der Voraussetzung des § 260 ZPO in einer Klage verbunden werden können. Außerdem ist der Begriff des Streitgegenstands bei Fragen der Rechtshängigkeit (§ 261 ZPO) maßgeblich. Nach ihm entscheidet sich, welche Elemente des Verfahrens Gegenstand des Rechtsstreits geworden sind und deshalb während seiner Dauer rechtshängig sind. Die Folge der Rechtshängigkeit ist unter anderem, dass derselbe Streitgegenstand vor Beendigung des Ausgangsverfahrens nicht zum Gegenstand eines neuen Verfahrens gemacht werden kann. Darüber hinaus kommt es auch im Rahmen der Klageänderung (§ 263 ZPO) und bei Fragen zur Rechtskraft des Urteils (§ 322 ZPO) ausschlaggebend auf den Begriff des Streitgegenstands an.

---

83 Zum Beispiel BGH, Urteil vom 03.04.2003, NJW 2003, 2317, 2318.

84 *Vollkommer* in Zöller, Kommentar zur ZPO, § 308, Rn. 2; ebenso: *Elzer* in Beck'scher Online-Kommentar zur ZPO, § 308, Rn. 10; abweichend: *Musielak* im Münchener Kommentar zur ZPO, § 308, Rn. 6.

85 BGH, Urteil vom 29.06.2006 – I ZR 235/03 – GRUR 2006, 960, Rn. 20; Baumgärtel, Zur Lehre vom Streigegenstand, JuS 1974, 69(70).

86 *Baumgärtel*, Zur Lehre vom Streigegenstand, JuS 1974, 69(70).

87 *Vollkommer* in Zöller, Kommentar zur ZPO, Einleitung, Rn. 65.

Obgleich einige Autoren die Auffassung vertreten, dass der Begriff des Streitgegenstands innerhalb der Zivilprozessordnung nicht gänzlich einheitlich definiert werden sollte, sondern vielmehr für die verschiedenen prozessualen Institute in Randbereichen unterschiedlich auszulegen sei,[88] geht die Rechtsprechung von einem einheitlichen Begriff des Streitgegenstands innerhalb der ZPO aus.[89]

Woraus sich der Streitgegenstand eines Verfahrens zusammensetzt, war lange Zeit umstritten. Bei dem Streit ging es um die Frage, in welchem Maße Sach- und Rechtsvortrag der Parteien zur Bestimmung des Streitgegenstands maßgeblich sind. Hierzu sind in der Vergangenheit verschiedene Theorien entwickelt worden. Da der BGH in ständiger Rechtsprechung der Lehre vom zweigliedrigen Streitgegenstand folgt,[90] spielt der Theorienstreit heutzutage grundsätzlich keine Rolle mehr. Nichtsdestotrotz soll an dieser Stelle kurz auf die Hauptströmungen der Theorien eingegangen werden, da anhand dieser verschiedenen Ansätze ersichtlich wird, worin die Schwierigkeiten bei der Bestimmung des prozessualen Anspruchs – und damit auch bei der Handhabung des § 308 Abs. 1 ZPO – liegen.[91]

#### *(1) Die materiell-rechtliche Theorie*

Am weitesten entfernt von der auch vom BGH vertretenen Theorie vom zweigliedrigen Streitgegenstand – auf die sogleich noch näher eingegangen wird – befindet sich die materiell-rechtliche Theorie. Diese Theorie existiert

---

88 *Blomeyer,* Arrest und einstweilige Verfügung, ZZP 65, 52(58); *Baumgärtel*, Zur Lehre vom Streitgegenstand, JuS 1974, 69 ff.; Othmar Jauernig, Verhandlungsmaxime, Inquisitionsmaxime und Streitgegenstand, S. 6, *Becker-Eberhard* im Münchener Kommentar zur ZPO, Vorbemerkung zu § 253, Rn. 36, *Vollkommer* in Zöller Kommentar zur Zivilprozessordnung, Einleitung, Rn. 61.

89 Siehe hierzu beispielsweise: BGH, Urteil vom 30.06.2011 – I ZR 157/10-, juris, Rn. 13, m.w.N.

90 Vergleiche nur: BGH, Urteil vom 22.05.1981 – V ZR 111/80 – NJW 1981, 2306; BGH, Urteil vom 19.11.2003 – VIII ZR 60/03 – NJW 2004, 1252(1253); BGH, Urteil vom 4.02.2015 – VIII ZR 175/14 – NJW 2015, 1296, Rn. 14; (siehe für weitere Entscheidungen: *Becker-Eberhard* im Münchener Kommentar, § 253, Rn.33, Fn. 59).

91 Der folgende eher kursorische Überblick über die Streitgegenstandstheorien darf nicht als vollständig oder abschließend verstanden werden. Er soll lediglich das Fundament dafür legen, dass die Problematik der Bestimmung des Streitgegenstands auch in Schiedsverfahren relevant werden kann.

in verschiedenen Ausprägungen,[92] die aber insgesamt eher rechtshistorische Relikte sein dürften und deshalb als überholt anzusehen sind.[93]

So hatte der Gesetzgeber der CPO noch den Anspruch des materiellen Rechts im Auge, wenn er in der CPO vom Anspruch sprach.[94] Deshalb soll nach der materiell-rechtlichen Theorie – zumindest nach ihrer strengsten Ausprägung – einzig der materiell-rechtliche Begriff des Anspruchs für die Bestimmung des Streitgegenstandes ausschlaggebend sein. Das würde wiederum dazu führen, dass jede Anspruchsgrundlage aus dem materiellen Recht auch einen neuen Streitgegenstand erzeugt. Dem liegt die Annahme zugrunde, dass jede materiell-rechtliche Schutznorm ein selbstständiges Recht erzeugt, selbst wenn die verschiedenen Schutznormen gegebenenfalls dieselbe Rechtsfolge anstreben.[95] Nach der materiell-rechtlichen Theorie würde der im Prozess erhobene prozessuale Anspruch das Spiegelbild einer genau bestimmten Anspruchsgrundlage aus dem materiellen Recht darstellen.

Für das materielle Recht ist der Begriff des Anspruchs in § 194 BGB geregelt. Ein Anspruch im materiell-rechtlichen Sinne ist ein selbstständiges Recht, das durch eine bestimmte Schutznorm erzeugt wird. Bei einer Anspruchskonkurrenz kann der Gläubiger deshalb mehrere inhaltsgleiche Ansprüche auf verschiedene selbständige Anspruchsgrundlagen stützen. Beispielsweise kann es der Fall sein, dass der Gläubiger einen Anspruch auf Herausgabe eines Gegenstandes sowohl auf § 985 BGB (Herausgabeanspruch des Eigentümers) als auch auf § 812 BGB (Kondiktion des Besitzes) stützen kann. Dabei handelt es sich um zwei verschiedene materiell-rechtliche Ansprüche.

Es ist unschwer zu erkennen, dass ein Gleichlauf des prozessualen und des materiell-rechtlichen Anspruchsbegriffs zu unpraktischen Ergebnissen führen würde und den Verfahrensablauf unnötig verkomplizieren und gegebenenfalls verlängern würde. Wären der materiell-rechtliche und der prozessuale Anspruchsbegriff identisch, dann obläge es dem Kläger, in seiner Klage mehrere Anträge zu stellen, die alle auf dieselbe Rechtsfolge gerichtet wären, aber auf unterschiedliche materiell-rechtliche Anspruchsgrundlagen gestützt wären. Würde er dies nicht tun und nur einen (materiell-rechtlichen) Anspruch geltend machen, liefe er Gefahr, dass das Gericht die Klage auch dann abweist, wenn es zwar der Meinung ist, dass ein Anspruch auf die begehrte Rechtsfolge besteht,

92 Rosenberg/Schwab/Gottwald, Zivilprozessrecht, § 93, Rn. 19.

93 *Beys*, Problem des Streitgegenstandes im Zivilprozeß, ZZP 105(1992), S. 150.

94 Rosenberg/Schwab/Gottwald, Zivilprozessrecht, § 93, Rn. 8.

95 Melissinos, Die Bindung des Gerichts an die Parteianträge nach § 308 I ZPO, S. 49.

dass sich dieser aber aus einer andere Anspruchsgrundlage ergibt. Auf der anderen Seite wäre der Kläger dazu berechtigt, mehrere Klagen gestützt auf verschiedene Anspruchsgrundlagen gegen denselben Beklagten zu erheben, obwohl der Kläger mit allen Klagen dieselbe Rechtsfolge zu erreichen bezweckt. Eine derartige Handhabung wäre zum einen unökonomisch, zum anderen würde sie für den Beklagten Rechtsunsicherheit schaffen, da er wegen derselben Angelegenheit ständig mit einem weiteren Prozess rechnen müsste.

Es hätte auch Auswirkungen auf die Anwendung des § 308 Abs. 1 ZPO, wenn die (längst überholte) materiell-rechtliche Theorie in ihrer strengsten Ausprägung gelten würde. Das Beantragte im Sinne des § 308 Abs. 1 ZPO würde dann in jedem Fall auch die Rechtsausführungen umfassen. Danach wäre das Gericht an die rechtliche Qualifikation des Anspruchs durch den Kläger gebunden, da jede abweichende rechtliche Qualifikation, die zu einem anderen materiellen Anspruch führen würde, die Unbegründetheit der Ausgangsklage zur Folge hätte.

Insgesamt ist die materiell-rechtliche Theorie[96] mit dem heutigen zivilprozessualen Grundverständnis nicht mehr vereinbar. Es ist vielmehr davon auszugehen, dass sich der Antrag des Klägers grundsätzlich nicht nur auf die Entscheidung über nur einen materiell-rechtlichen Anspruch beschränkt. Der Antrag zielt vielmehr darauf ab, eine bestimmte Rechtsfolge zu erreichen. Die rechtliche Bewertung des vorgetragenen Sachverhalts obliegt dabei im Sinne des Grundsatzes iura novit curia dem Gericht. Deshalb ist es mittlerweile gefestigte Rechtsprechung, dass es im Rahmen des Prozessrechts zweckmäßig ist, auf einen anderen Begriff des Anspruchs abzustellen, als im materiellen Recht.[97]

### *(2) Die Theorie vom eingliedrigen Streitgegenstand*

Die Theorie vom eingliedrigen Streitgegenstand, die auch als prozessuale Theorie bezeichnet wird, betrachtet den geltend gemachten Anspruch zum Zwecke des Zivilprozesses unabhängig von dessen materiell-rechtlichen Einordnung. Nach dieser Theorie soll einzig der Inhalt des vom Kläger geltend gemachten Antrags maßgeblich für die Bestimmung des prozessualen Anspruchs sein. Die zur Begründung der Klage vorgebrachten Tatsachen und Rechtsausführungen sollen hingegen für die Bestimmung des Streitgegenstands ohne Bedeutung bleiben.[98] Die eingliedrige (prozessuale) Theorie passt deshalb zum Wortlaut von

96 Zumindest in ihrer strengsten Form.

97 BGH, Urteil vom 5.07.1977, VersR 1978, 59.

98 Schwab, der Streitgegenstand im Zivilprozess, S. 190.

§ 308 Abs. 1 ZPO, da sie genau wie der Wortlaut von § 308 Abs. 1 ZPO einzig den gestellten Antrag in den Blick nimmt.

Würde man diese Theorie aber strikt anwenden, könnte sie zu unerwünschten Ergebnissen führen, was anhand eines kurzen Beispielfalles erläutert werden soll: Würde ein Kläger eine Leistungsklage auf Zahlung von 1.000 € gegen einen Beklagten erheben, dann würde sich der Streitgegenstand des Rechtsstreits nach der prozessualen Theorie allein aus der vom Kläger begehrten Rechtsfolge ergeben; nämlich der Zahlung von 1.000 €. Es wäre irrelevant, aus welchen Gründen dem Kläger der Anspruch auf 1.000 € zustehen könnte. Das Gericht wäre folglich nur an die nach dem Antrag begehrte Rechtsfolge gebunden. Es könnte seine Entscheidung mithin auf jede Anspruchsgrundlage aus dem materiellen Recht stützen, die die begehrte Rechtsfolge gewährt und es wäre darüber hinaus dazu befugt, den Anspruch aus einem anderen als dem vom Kläger zur Begründung seiner Klage angeführten Lebenssachverhalt zuzusprechen.

Eine strikte Anwendung der prozessualen Theorie würde den mit dem Grundsatz ne ultra petita verfolgten Zielen entgegenstehen. Im Zentrum des Grundsatzes ne ultra petita steht die Dispositionsbefugnis der Parteien. Bei einer strikten Anwendung der prozessualen Theorie bestünde eine Dispositionsbefugnis nur hinsichtlich der begehrten Rechtsfolge. Die begehrte Rechtsfolge stellt aber nur einen geringen Ausschnitt des gesamten Verfahrensstoffes dar. Relevant für ein Verfahren – und im Endeffekt auch für die Rechtsfolge – ist insbesondere auch der tatsächliche Lebenssachverhalt, aus dem sich die Rechtsfolge ergeben soll. Nach ihm entscheidet sich nämlich **worüber** das Gericht überhaupt zu entscheiden hat und nicht nur **was** das Gericht zu entscheiden hat. Deshalb obliegt es dem Kläger darzutun, aus welchem Lebenssachverhalt ihm die begehrte Rechtsfolge zusteht. Deshalb ist der Lebenssachverhalt auch im Rahmen des Grundsatzes ne ultra petita von Bedeutung.

### *(3) Die Theorie vom zweigliedrigen Streitgegenstand*

Wie eingangs bereits erwähnt, vertritt der BGH in ständiger Rechtsprechung die Lehre vom zweigliedrigen Streitgegenstand. Diese Theorie fasst der BGH in einem Urteil aus dem Jahr 2011 wie folgt zusammen:

> *„[…] wird der Streitgegenstand (der prozessuale Anspruch) durch den Klageantrag, in dem sich die vom Kläger in Anspruch genommene Rechtsfolge konkretisiert, und dem Lebenssachverhalt (Klagegrund) bestimmt, aus dem der Kläger die begehrte Rechtsfolge herleitet.“*[99]

99 Siehe hierzu beispielsweise: BGH, Urteil vom 30.06.2011 – I ZR 157/10 – juris, Rn. 13;

Im Gegensatz zu der Lehre vom eingliedrigen Streitgegenstandsbegriff ist im Rahmen des zweigliedrigen Streitgegenstandsbegriffs nicht nur der Klageantrag, also der beantragte Rechtsfolgenausspruch, ausschlaggebend für die Bestimmung des Streitgegenstands, sondern auch der in den Rechtsstreit eingeführte Lebenssachverhalt (die Klagegründe). Anhand des Antrags vermögen Gericht und Beklagter zu erkennen, **was** der Kläger begehrt, anhand der Klagegründe wird deutlich, **woraus** sich das nach seinem Vortrag Begehrte ergibt. Dabei umfassen die Klagegründe diejenigen Tatsachen, die bei einer natürlichen, vom Standpunkt der Parteien ausgehenden und den Sachverhalt seinem Wesen nach erfassenden Betrachtung zu dem zur Entscheidung gestellten Tatsachenkomplex gehören, den eine Partei zur Stützung ihres Rechtsschutzbegehrens vorträgt.[100] Durch sie wird der Streit unverwechselbar festgelegt.[101] Dabei zählt aber nicht jeglicher Sachvortrag des Klägers zu den Klagegründen, sondern nur derjenige Sachvortrag, aus dem der Kläger das geltend gemachte Klagebegehren herleitet.[102]

### b) *Auswirkung des Streitgegenstandsbegriffs auf die Handhabung des Grundsatzes ne ultra petita*

Wie eingangs bereits erwähnt, geht die herrschende Meinung in Rechtsprechung und Literatur davon aus, dass deutsche Zivilgerichte durch § 308 Abs. 1 ZPO an den gesamten Streitgegenstand des Verfahrens gebunden sind. Da sich der Streitgegenstand eines Zivilprozesses – wie soeben dargelegt – anhand des Klageantrags und der Klagegründe bestimmt, bewirkt § 308 Abs. 1 ZPO folglich eine Bindung des Gerichts an den Klageantrag und an die Klagegründe.

Es ist auch sinnvoll, das Gericht nicht nur an den Klageantrag, also an die begehrte Rechtsfolge, zu binden, sondern auch an die vorgebrachten Klagegründe. Anhand der Klagegründe erhält ein Rechtsstreit erst sein individuelles Gepräge und durch sie wird bestimmt, worüber das Gericht zu entscheiden hat. Durch eine Bindung an die Klagegründe werden die Rechte des Beklagten gewahrt. Der Beklagte muss vor einer Entscheidung des Gerichts die Möglichkeit erhalten, sich mit den vom Kläger geltend gemachten Ansprüchen auseinanderzusetzen. Dafür muss er wissen, auf welchen Lebenssachverhalt der Kläger seine Ansprüche stützt.[103] Aus der Dispositionsbefugnis des Klägers über den

---

so auch beispielsweise BGH, Urteil vom 03.04.2003 – I ZR 1/01 – GRUR 2003, 716.

100 BGH, Urteil vom 18. Juni 2015 – III ZR 303/14 –, juris, Rn. 11.

101 *Foerste* in Musielak/Voit, Kommentar zur ZPO, § 253, Rn. 25.

102 BGH, Urteil vom 3.04.2003 – I ZR 1/01 – NJW 2003, 2317(2319).

103 BGH, Urteil vom 29.06.2006 – I ZR 235/03 – GRUR 2006, 960, Rn. 20.

Streitgegenstand resultiert folglich auch die Obliegenheit, das Streitprogramm in einer Form zu individualisieren, die es dem Beklagten ermöglicht, es von anderen Sachverhalten abzugrenzen.

Die Bindung des Gerichts an den Streitgegenstand hat indes nicht zur Folge, dass das Gericht an die rechtlichen Ausführungen der Parteien gebunden wäre. Die Rechtsausführungen wären lediglich nach der materiell-rechtlichen Theorie Bestandteil des Streitgegenstands. Nach dieser Theorie[104] soll jede Anspruchsgrundlage aus dem materiellen Recht auch einen neuen Streitgegenstand erzeugen. Die materiell-rechtliche Theorie ist aber aus den oben genannten Gründen nicht mit dem heutigen zivilprozessualen Grundverständnis vereinbar. Vielmehr gilt hinsichtlich der Rechtsermittlung und Rechtsanwendung der Grundsatz iura novit curia, demzufolge das Gericht nicht durch die vom Kläger vorgebrachte Anspruchsgrundlage beschränkt ist, sondern diese selbst ermitteln kann.[105]

## 2. Die Anforderungen an die Klageschrift gemäß § 253 Abs. 2 Nr. 2 ZPO

Eine effektive Bindung des Gerichts an den Streitgegenstand im Sinne des § 308 Abs. 1 ZPO wäre kaum praktikabel, wenn es dem Kläger nicht nach § 253 Abs. 2 Nr. 2 ZPO obliegen würde, den geltend gemachten Anspruch in der Klageschrift hinreichend konkret zu bezeichnen. Nach § 253 Abs. 2 Nr. 2 ZPO muss die Klageschrift bestimmte Angaben zum Gegenstand und zum Grund des erhobenen Anspruchs sowie einen bestimmten Antrag enthalten. Die Vorschrift lautet wie folgt:

> *„(2) Die Klageschrift muss enthalten:*
>
> *1. […]*
>
> *2. die bestimmte Angabe des Gegenstandes und des Grundes des erhobenen Anspruchs, sowie einen bestimmten Antrag.“*

### *a) Gegenstand und Grund des erhobenen Anspruchs im Sinne von § 253 Abs. 2 Nr. 2 ZPO*

§ 253 Abs. 2 Nr. 2 ZPO sieht vor, dass die Klageschrift bestimmte Angaben zum Gegenstand des erhobenen Anspruchs enthalten muss. Es bestehen unterschiedliche Auffassungen darüber, was in diesem Zusammenhang unter dem Begriff

---

104 Zumindest in ihrer strengsten Ausprägung.

105 Siehe oben im Abschnitt A. III. 3.

„Gegenstand" des erhobenen Anspruchs zu verstehen ist. Es wird zum Beispiel die Ansicht vertreten, dass damit Angabe zum Inhalt des Rechtsschutzbegehrens (z.B. „wegen unerlaubter Handlung") gemeint sind.[106] Andere Autoren sind der Ansicht, dass damit der Inhalt des begehrten Anspruchs gemeint ist, welcher sich wiederum aus dem Antrag ergibt.[107] In der Praxis kommt dem „Gegenstand" des erhobenen Anspruchs allerdings keine eigenständige Bedeutung zu.[108]

Den Grund des erhobenen Anspruchs bilden die Klagegründe. Was Bestandteil der Klagegründe ist, wurde oben im Abschnitt B. I. 1. erläutert. Dabei handelt es sich um diejenigen Tatsachen, die den Streit unverwechselbar festlegen.[109]

### *b) Das Antragserfordernis des § 253 Abs. 2 Nr. 2 ZPO*

Die Wechselwirkung zwischen § 308 Abs. 1 ZPO und dem Erfordernis des § 253 Abs. 2 Nr. 2 ZPO, wonach ein bestimmter Antrag zu stellen ist, ist evident: würde es dem Kläger nicht obliegen, einen bestimmten Antrag zu stellen, dann wäre § 308 Abs. 1 ZPO faktisch substanzlos. Bestünde für den Kläger etwa die Möglichkeit, seinen Antrag weit und unbestimmt zu fassen, indem er beispielsweise beantragen würden: „*dem Kläger einen Anspruch in einer Höhe zuzusprechen, die das Gericht als billig und gerecht empfindet*" oder noch weiter formuliert: „*Eine Entscheidung zu treffen, die das Gericht als billig und gerecht empfindet*", dann würde eine Bindung des Gerichts an den Antrag keinen Sinn machen, da das Gericht ohnehin zusprechen dürfte, was es aufgrund der vorgetragenen Tatsachen als richtig und gerecht empfindet.

Zum Bestimmtheitserfordernis des Klageantrags führt der BGH Folgendes aus:

> *„Daran gemessen ist ein Klageantrag grundsätzlich hinreichend bestimmt, wenn er den erhobenen Anspruch konkret bezeichnet, dadurch den Rahmen der gerichtlichen Entscheidungsbefugnis (§ ZPO § 308 ZPO) absteckt, Inhalt und Umfang der materiellen Rechtskraft der begehrten Entscheidung (§ ZPO § 322 ZPO) erkennen läßt, das Risiko eines Unterliegens des Kl. nicht durch vermeidbare Ungenauigkeit auf den Bekl. abwälzt und schließlich eine Zwangsvollstreckung aus dem Urteil ohne eine Fortsetzung des Streits im Vollstreckungsverfahren erwarten läßt (m.w.N.).*"[110]

---

106 Kritisch dazu *Becker-Eberhard* im Münchener Kommentar zur ZPO, § 253, Rn. 70.

107 *Saenger* in Saenger Kommentar zur ZPO, § 253, Rn. 12.

108 *Becker-Eberhard* im Münchener Kommentar zur ZPO, § 253, Rn. 70 m.w.N.

109 *Foerste* in Musielak/Voit, Kommentar zur ZPO, § 253 Rn. 25.

110 BGH, Urteil vom 14.12.1998 – II ZR 330/97 – NJW 1999, 954; so auch beispielsweise BGH, Versäumnisurteil vom 28.11.2002 – I ZR 168/00 – NJW 2003, 668(669), Rn. 2 b) (1).

Aus dem gestellten Antrag muss sich die begehrte Rechtsfolge klar und eindeutig ergeben. An die Bestimmtheit werden relativ strenge Anforderungen gestellt, wobei auch darauf hinzuweisen ist, dass von dem Bestimmtheitsgebot unter bestimmten Voraussetzungen Ausnahmen gemacht werden. So erachtet der BGH unbezifferte Zahlungsanträge dann als mit § 253 Abs. 2 Nr. 2 ZPO vereinbar, wenn Anträgen auf Schmerzensgeld gestellt werden, die auf eine angemessene und billige Entschädigung für erlittene Beeinträchtigungen gerichtet sind und deren Bemessung in das Ermessen des Gerichts gestellt wird.[111]

Grundsätzlich liegt ein bestimmter Antrag nur dann vor, wenn er aus sich heraus verständlich ist und den Umfang der begehrten Rechtsfolge genau und vollständig bezeichnet.[112] Dabei ist es im Einzelnen umstritten, ob es ausreicht, dass sich der Gegenstand des Rechtsstreits aus der Klagebegründung oder einer Anlage erschließen lässt, oder ob dieser eindeutig aus dem Antrag selbst hervorgehen muss.[113] Grundsätzlich führt ein unbestimmter Antrag dazu, dass die Klage als unzulässig abgewiesen wird.[114] Vor einer Abweisung hat das Gericht allerdings darauf hinzuwirken, dass das Zulässigkeitshindernis beseitigt wird. Dazu stehen dem Gericht insbesondere zwei Hilfsmittel zur Verfügung: Zum einen kann das Gericht gemäß § 139 Abs. 1 ZPO einen richterlichen Hinweis erteilen und dadurch auf eine sachdienliche Antragstellung hinwirken; zum anderen kann es den gestellten Antrag auslegen. Auch darin spiegeln sich die Schnittstellen von § 308 Abs. 1 S. 1 ZPO und § 253 Abs. 2 Nr. 2 ZPO wider, denn entsprechende richterliche Hinweise und die Auslegung des Antrags durch das Gericht können sich auch auf die Anwendbarkeit von § 308 Abs. 1 S. 1 ZPO auswirken(siehe hierzu sogleich, im Abschnitt B. I. 3.).

### c) *Wechselwirkung zwischen § 308 Abs. 1 S. 1 ZPO und § 253 Abs. 2 Nr. 2 ZPO*

253 Abs. 2 Nr. 2 ZPO flankiert den Grundsatz ne ultra petita, da die Bindung des Gerichts an das klägerische Begehren einen den Anforderungen dieser Vorschrift genügenden Klageinhalt voraussetzt. Denn ohne konkreten Sachvortrag

111 BGH, Urteil vom 30.06.1958 – III ZR 89/57 – BeckRS 1958, 31201244; BGH, Urteil vom 30.04.1996 – VI ZR 55/95 – NJW 1996, 2425(2427).

112 *Becker-Eberhard* im Münchener Kommentar zur ZPO, § 253, Rn. 88.

113 Für eine strenge Handhabung: *Greger* in Zöller, Kommentar zur ZPO, § 253 ZPO; Rn. 13; aA: BGH, Urteil vom 04.10.2000 – VIII ZR 289/99 – NJW 2001, 445(447).

114 BGH, Urteil vom 17.07.2003 – I ZR 259/00 – NJW 2003, 3406(3408); BGH, Urteil vom 06.10.2011 – I ZR 54/10 – NJW 2012, 1589.

und Antrag des Klägers, wie von § 253 Abs. 2 Nr. 2 ZPO verlangt, kann es auch keine Bindung hieran geben. Für die Frage nach der Reichweite des Grundsatzes ne ultra petita in Schiedsverfahren ist folglich auch relevant, inwieweit in Schiedsverfahren Anforderungen an den Sachvortrag und an die Bestimmtheit des Klageantrags gestellt werden.

## 3. Auslegung des Klagebegehrens und richterliche Hinweise

Die vorstehende Untersuchung hat gezeigt, dass der Klageantrag eines von zwei Elementen darstellt, die maßgeblich für die in § 308 Abs. 1 ZPO normierte gerichtliche Bindung sind. Die Formulierung des Klageantrags obliegt gemäß § 253 Abs. 2 Nr. 2 ZPO dem Kläger. Es fragt sich aber, ob und inwieweit das Gericht durch die Auslegung des Klageantrags Einfluss auf den Antragsinhalt nehmen kann. Abhängig davon, ob bzw. in welchem Maße eine derartige gerichtliche Einflussnahme möglich ist, könnte dadurch die Dispositionsbefugnis des Klägers eingeschränkt und damit die Bedeutung des Grundsatzes ne ultra petita konterkarieren werden. Denn je mehr Einflussmöglichkeit das Gericht hat, desto weniger Raum bleibt für die Dispositionsbefugnis der Parteien. Dies könnte im Ergebnis dazu führen, dass das mit dem Grundsatz ne ultra petita verfolgte Ziel, richterlicher Entscheidungsmacht zu beschränken, unterlaufen wird.

Neben dem Instrument der Antragsauslegung hat das Gericht gemäß § 139 Abs. 1 S. 2 ZPO die Möglichkeit – und gegebenenfalls sogar die Pflicht – durch einen entsprechenden Hinweis auf eine sachdienliche Antragstellung hinzuwirken. Fraglich ist, in welchem Verhältnis Antragsauslegung und Hinweispflicht zueinanderstehen und wie sie sich auf die Geltung des Grundsatzes ne ultra petita auswirken.

### a) *Gerichtliche Einflussnahme durch Antragsauslegung*

Nach übereinstimmender Auffassung in der Rechtsprechung[115] und in der Literatur[116] ist zur Ermittlung des Antragsinhalts nicht allein auf dessen bloßen Wortlaut abzustellen. Vielmehr sei ein Klageantrag analog §§ 133, 157 BGB einer

115 Zum Beispiel BGH, Urteil vom 23.01.1980 – VIII ZR 218/78 – juris; BGH, Beschluss vom 06.07.2010 – VI ZR 177/09 – NJW-RR 2010, 1363, Rn. 4; BGH, Urteil vom 19.10.2012 – V ZR 233/11 – ZWE 2013, 47(48).

116 *Musielak*, Die Bindung des Gerichts an die Anträge der Parteien im Zivilprozeß, in FS-Schwab, S. 351; *Greger* in Zöller, Zivilprozessordnung, § 253 ZPO, Rn. 13; *Elzer* im Beck'schen Online-Kommentar zur ZPO, § 308, Rn. 5a.

Auslegung durch das Gericht zugänglich, um das durch den Antrag bestimmte prozessuale Begehren des Klägers zu ermitteln. Hierzu sei der gesamte klägerische Vortrag heranzuziehen, wobei insbesondere die zur Begründung des vermeintlichen Anspruchs vorgebrachten Tatsachen – also die Klagegründe – eine wichtige Rolle spielen sollen.[117] Den Klagegründen kommt im Rahmen des § 308 Abs. 1 ZPO deshalb eine Art Doppelfunktion zu: Einerseits ist das Gericht in tatsächlicher Hinsicht an sie gebunden, was zur Folge hat, dass die beantragte Rechtsfolge nicht aus anderen tatsächlichen Umständen zugesprochen werden darf als jenen, die vom Kläger zu ihrer Begründung angeführt werden. Andererseits sollen die Klagegründe herangezogen werden, wenn es um die Auslegung des Antrags und damit um die Ermittlung der begehrten Rechtsfolge geht.

In der Praxis werden dem Gericht durch die Möglichkeit der Auslegung sehr weitreichende Befugnisse eingeräumt. So ist das Gericht dazu befugt, das wirkliche Begehren des Klägers zu ermitteln. Das wirkliche Begehren muss aber nicht unbedingt deckungsgleich mit dem tatsächlich gestellten Antrag sein, sodass das Gericht im Zweifel von diesem abweichen darf. So geht der BGH im Grundsatz davon aus, dass ein Antrag auch entgegen seinem klaren Wortlaut ausgelegt werden kann.[118] Hierzu führt er Folgendes aus:

> *„Zwar kann auch ein Klageantrag, der für sich alleine betrachtet eindeutig ist, ausgelegt werden, wenn sich aus der Klagebegründung ergibt, daß er nicht so zu verstehen ist, wie es nach seinem Wortlaut anzunehmen wäre; denn Antrag und Begründung stehen in einem unlösbaren Zusammenhang […].“*[119]

Hinzu kommt, dass das erkennende Gericht – nach Auffassung des BGH – davon ausgehen darf, dass eine Partei mit ihrem Antrag im Zweifel das erreichen will, was nach den Maßstäben der Rechtsordnung vernünftig ist und ihrer recht verstandenen Interessenlage entspricht.[120] Das ist nicht unproblematisch. Denn

---

117 *Musielak*, Die Bindung des Gerichts an die Anträge der Parteien im Zivilprozeß, in FS-Schwab, S. 351; *Rensen* in Wieczorek/Schütze, Kommentar zur Zivilprozessordnung und Nebengesetze, § 308, Rn. 23.

118 Zum Beispiel BGH, Urteil vom 23.01.1980 – VIII ZR 218/78 -, juris, Rn. 13; BGH, Urteil vom 19.01.1995 – I ZR 197/92 – GRUR 1995, 354(358); BGH, Urteil v. 19. 10. 2012 – V ZR 233/11 – ZWE 2013, 47, Rn. 12 bb); BGH, Urteil vom 26.02.2016 – V ZR 250/14 – NJW 2016, 2181, Rn. 18 aa).

119 BGH, Urteil vom 23.01.1980 – VIII ZR 218/78 – juris, Rn. 13.

120 BGH, Urteil vom 21.06.2016 – II ZR 305/14 – NZG 2016, Rn. 12; BGH, Urteil vom 26.02.2016 – V ZR 250/14 – BeckRS 2016, 10839, Rn. 18, BGH, Urt. v. 12.12.2014 – V ZR 53/14 – NZM 2015, 218, Rn. 9b m.w.N.

als Folge eines derartigen Verständnisses verliert der Kläger einen Teil seiner Verfügungsbefugnis über den gestellten Antrag, da sich das Gericht nicht mehr nur am tatsächlichen Willen des Klägers, sondern auch an objektiven Maßstäben zu orientieren hat.

Schließlich ging der BGH in einem Fall aus dem Jahr 2013 davon aus, dass der Kläger seinen ausdrücklich gestellten Antrag dadurch geändert haben soll, dass er ihn nach einem entsprechenden Hinweis des Gerichts zwar nicht ausdrücklich, wohl aber konkludent umgestellt habe, indem er sich die Ausführungen des Gerichts (konkludent) zu eigen gemacht habe.[121] In dem Fall ging es um einen Kfz-Unfall, in dem das in erster Instanz entscheidende Amtsgericht dem Kläger einen Ersatz des Nutzungsausfallschadens zugesprochen hatte, obwohl der Kläger den Ersatz von Mietwagenkosten geltend gemacht hatte. Zwar hatte das Gericht die Parteien vor dem Erlass seiner Entscheidung darauf hingewiesen, dass gegebenenfalls ein Anspruch auf Ersatz des Nutzungsausfallschadens in Betracht komme; gleichwohl hatte der Kläger seinen ursprünglichen Antrag nicht geändert. Das Berufungsgericht sah in der Entscheidung des Amtsgerichts einen Verstoß gegen den Grundsatz ne ultra petita. Der BGH sah dies anders. Seiner Auffassung nach habe das Amtsgericht nicht gegen den Grundsatz ne ultra petita verstoßen, da aus der Prozesslage zu schließen gewesen sei, dass der Kläger die Auffassung des Gerichts zur Kenntnis genommen und sich zumindest hilfsweise zu eigen gemacht habe.[122]

Diese Argumentation überzeugt nicht. Bei der soeben geschilderten Prozesslage ist es doch vielmehr entscheidend, dass der Kläger seinen Antrag <u>trotz des Hinweises</u> des Gerichts gerade nicht umgestellt hat. Deshalb spricht zunächst einmal alles dafür, dass er sich bewusst gegen eine Antragsumstellung entschieden hat. Insoweit darf nicht übersehen werden, dass es auch in den Anwendungsbereich der Dispositionsmaxime fällt, wenn eine Partei zu ihren eigenen Lasten disponiert. Auch diese Freiheit ist durch die Dispositionsfreiheit geschützt. Objektiv betrachtet kann die Verantwortung für den Erfolg der eigenen Rechtsverfolgung folglich auch zu nachteiligen Dispositionen führen. Dieses Wechselspiel zwischen Freiheit, Verantwortung und Risiko spiegelt das Menschenbild eines mündigen und selbstständig handelnden Bürgers wider, das auch das Leitbild des Gesetzgebers der ZPO war. In diesem Sinne entschied der BGH auch noch im Jahr 1998, als er befand, dass sich Parteien an ihren

---

121 BGH, Urteil vom 05.02.2013 – VI ZR 290/11 –, juris, Rn. 21.
122 BGH, Urteil vom 05.02.2013 – VI ZR 290/11 –, juris, Rn. 21.

unzulässigen Anträgen festhalten lassen müssen, wenn sie diese trotz eines Hinweises des Gerichts nicht umstellen.[123]

Anhand der zuvor zitierten aktuelleren BGH-Rechtsprechung zeigt sich aber, dass sich das der ZPO zugrundeliegende Menschenbild geändert hat und dass die Dispositionsmaxime zugunsten einer Fürsorgepflicht des Gerichts an Bedeutung eingebüßt hat. Dabei tritt der Wandel hin zu mehr gerichtlicher Fürsorge nicht nur im Zusammenhang mit dem Grundsatz ne ultra petita zu Tage. Er zeigt sich beispielsweise auch im Gesetz zur Reform des Zivilprozesses vom 27. Juli 2001, durch das § 139 ZPO neugefasst worden ist.[124] Durch diese Neufassung wurde das Ziel verfolgt, die Mitverantwortung des Gerichts für eine umfassende tatsächliche und rechtliche Klärung des Streitstoffs zu stärken.[125] Die Gerichte sollten durch eine intensivere materielle Prozessleitung auf einen vollständigen und konzentrierten Vortrag hinwirken, wodurch ein schneller, rationeller und gerechter Abschluss des Rechtsstreits gefördert würde.[126] Damit ist eine Tendenz dahingehend erkennbar, dass die Kernaufgabe des Zivilprozesses nicht mehr die Gewährleistung der Parteiherrschaft ist, sondern das Erzielen richtiger Prozessergebnisse. In diesem Sinne äußerte sich jüngst auch das Arbeitsgericht Stuttgart in einer Entscheidung aus März 2017.[127]

Vor diesem Hintergrund drängt sich mit Blick auf § 308 Abs. 1 S. 1 ZPO die Schlussfolgerung auf, dass der ausdrücklich gestellte Antrag nicht allein entscheidend ist, da das Gericht ohnehin dazu befugt ist, durch Auslegung des gesamten Vorbringens nach objektiven Maßstäben zu ermitteln, was der Kläger vernünftigerweise begehren sollte.

### *b) Korrespondierende Hinweispflichten aus § 139 Abs. 1 S. 2 ZPO*

Deutschen Zivilgerichten steht bei unklar formulierten oder aus anderen Gründen sachwidrig gestellten Anträgen noch ein weiteres Instrument zur Einflussnahme zur Verfügung: Sie können gemäß § 139 Abs. 1 S. 2 ZPO durch gerichtliche Hinweise auf eine sachdienliche Antragstellung hinwirken. Dieses

---

123 BGH, Urteil vom 10.02.1998 – XI ZR 72–97 – NJW-RR 1998, 1005(1006).

124 BTDrs 14/4722 vom 24.11.2000.

125 BTDrs 14/4722 vom 24.11.2000, S. 77.

126 *Greger* in Zöller, Kommentar zur Zivilprozessordnung, § 139 ZPO, Rn. 1.

127 ArbG Stuttgart, Beschluss vom 07.03.2017 – 25 Ca 5337/16 – BeckRS 2017, 107584, Rn. 24.

Instrument flankiert die in § 253 Abs. 2 Nr. 2 ZPO normierte Obliegenheit der Parteien, konkrete Anträge zu stellen. § 139 Abs. 1 ZPO lautet wie folgt:

> *„Das Gericht hat das Sach- und Streitverhältnis, soweit erforderlich, mit den Parteien nach der tatsächlichen und rechtlichen Seite zu erörtern und Fragen zu stellen. Es hat dahin zu wirken, dass die Parteien sich rechtzeitig und vollständig über alle erheblichen Tatsachen erklären, insbesondere ungenügende Angaben zu den geltend gemachten Tatsachen ergänzen, die Beweismittel bezeichnen und die* ***sachdienlichen Anträge stellen****." (Hervorgehoben durch die Verfasserin)*

Der BGH ist der Ansicht, dass es für die Beantwortung der Frage, ob ein Antrag sachdienlich ist oder nicht, auf das erkennbare und im Zweifel von dem erkennen Gericht zu ermittelnde Prozessziel des Antragstellers ankomme.[128] Das Arbeitsgericht Stuttgart hat zur gerichtlichen Pflicht zum Hinwirken auf eine sachdienliche Antragstellung jüngst Folgendes ausgeführt:

> *„Bei der Hinweispflicht nach § 139 Abs. 1 Satz 2 Alt. 3 ZPO wegen sachdienlicher Anträge geht es darum, den bereits in den Prozess eingeführten und auf diese Weise angedeuteten Willen der Parteien in eine prozessual zulässige Form zu bringen, so dass er als Antrag berücksichtigt werden kann."*[129]

An diesem Zitat wird deutlich, dass richterliche Hinweise, durch welche die Parteien zur Stellung sachdienlicher Anträge angeregt werden sollen, Ausdruck der gerichtlichen Fürsorgepflicht sind. Es ist also die Aufgabe des Gerichts, den wirklichen Willen der Parteien zu ermitteln und die Parteien dabei zu unterstützen, diesen wirklichen Willen hinreichend deutlich und prozessual zulässig zum Ausdruck zu bringen.

### *(1) Richterliche Hinweise im Spannungsverhältnis zur richterlichen Unparteilichkeit*

Gerichte bewegen sich bei der Erteilung entsprechender Hinweise stets auf einem schmalen Grat zwischen einer zulässigen Hilfestellung, die im Interesse der materiellen Gerechtigkeit und Waffengleichheit der Parteien geboten ist, und einer drohenden Verletzung der gerichtlichen Pflicht zur Wahrung von

---

128 BGH, Urteil vom 12.06.1980 – IVa ZR 9/80 – NJW 1980, 2524(2525); BGH, Urteil vom 04.12.1980 – IVa ZR 32/80 – NJW 1981, 870(871); BGH, Beschluss vom 06.07.2010 – VI ZR 177/09 – NJW-RR 2010, 1363; BGH, Beschluss vom 23.04.2009 – IX ZR 95/06 – NJW-RR 2010, 70; BGH, Versäumnisurteil vom 07.12.2000 – I ZR 179/98 – NJW 2001, 2548.

129 ArbG Stuttgart, Beschluss vom 07.03.2017 – 25 Ca 5337/16 – BeckRS 2017, 107584, Rn. 24.

Neutralität gegenüber den Parteien. Vor diesem Hintergrund hat ein Hinweis dann zu unterbleiben, wenn sich bei dessen Befolgung und unter juristischer Betrachtung das tatsächliche Prozessziel, wie es sich nach dem Vortrag des Klägers darstellt, ändern würde oder wenn der Hinweis völlig neuen tatsächlichen Vortrag erforderlich machen würde.[130] Ein Hinweis hat auch dann zu unterbleiben, wenn sich der Richter durch ihn zum Berater einer Partei aufschwingen würde.[131] Ein derartiges Verhalten würde eine einseitige Bevorzugung darstellen, die einen Ablehnungsgrund im Sinne von § 42 Abs. 2 ZPO darstellen kann.

Die Abgrenzung zwischen einem zulässigen Hinweis und einer unzulässigen Hilfestellung kann im Einzelfall schwierig sein. Im Kern geht es dabei um die Frage, wie der Begriff „sachdienlich" im Sinne von § 139 Abs. 1 S. 2 ZPO auszulegen und anzuwenden ist. Unstreitig dürfte sein, dass der Begriff der Sachdienlichkeit in einem subjektiven Sinne zu verstehen ist.[132] Sachdienlich sind also solche Anträge, die eine Übereinstimmung zwischen dem prozessualen Antrag und dem materiellen Prozessziel herstellen. Entscheidend für die Beurteilung der Sachdienlichkeit ist folglich der erkennbare Wille des Antragstellers. Fraglich ist, ob es als sachdienlich anzusehen ist, wenn das Gericht eine zur Änderung des Streitgegenstands führende Klageänderung anregt.

Der BGH führte in einer Entscheidung aus dem Jahr 1954 aus, dass § 139 ZPO keineswegs die gerichtliche Pflicht begründe, die Parteien dazu zu veranlassen, ihrem Wesen nach abweichende, auf anderen Anspruchsgrundlagen beruhende Anträge zu stellen.[133] In einer Entscheidung aus dem Jahr 2004 führte der BGH dann aus, dass das erkennende Gericht eine Partei nicht auf neue, in ihrem Sachvortrag noch nicht andeutungsweise enthaltene Klagegründe hinweisen dürfe.[134] Im Jahr 2009 nahm das OLG Brandenburg[135] eine unzulässige Überdehnung der

---

130 BGH, Beschluss vom 02.10.2003 – V ZB 22/03 – NJW 2004, 164(165); *Stadler* in Musielak/Voit, Kommentar zur ZPO, § 139, Rn. 5.

131 OLG München, Beschluss vom 20.10.1993 – 26 W 2449/93 – NJW 1994, 60; OLG Köln, Beschluss vom 01.08.1979 – 22 W 15/79 – MDR 1979, 1027 f.; OLG Bremen, Beschluss vom 14.08.1979 – 1 W 28/79 (c) – NJW 1979, 2215; OLG Hamburg, Beschluss vom 03.05.1984 m – 7 W 28/84 – NJW 1984, 2710; a.A.: OLG Köln, Beschluss vom 23.10.1989 – 2 W 186/89 – NJW-RR 1990, 192.

132 BGH, Urteil vom 07.12 2005 – XII ZR 94/03 – NJW 2006, 695, Rn. 22; *Von Selle* im Beck'schen Online-Kommentar zur ZPO, § 139, Rn. 31; *Kern* in Stein/Jonas, ZPO, § 139, Rn. 47.

133 BGH, Urteil vom 18.12.1954 – II ZR 177/53 – JurionRS 1954, 13417, Rn. 10.

134 BGH, Urteil vom 09.10.2003 – I ZR 17/01 – NJW-RR 2004, 495(496).

135 OLG Brandenburg, Beschluss vom 06.02.2009 – 1 W 21/08 – NJW-RR 2009, 1224.

gerichtlichen Befugnis zur Erteilung von Hinweisen an. Nach der Auffassung des OLG hatte das erstinstanzliche Gericht seine richterliche Hinweispflicht überdehnt, indem es darauf hingewiesen hatte, dass der – nach Auffassung des Gerichts – „richtige" Klagegegner bisher nicht an dem Rechtsstreit beteiligt sei. Das OLG Braunschweig kam vor diesem Hintergrund zu dem Ergebnis, dass das Ausgangsgericht durch seinen Hinweis den Anschein der Parteilichkeit erweckt hatte. Durch den richterlichen Hinweis sei das Prozessziel des Klägers bzw. dessen Prozessbegehren erweitert worden. Die Frage, ob und gegebenenfalls welche Partei gerichtlich in Anspruch genommen wird, unterliege ausschließlich dem Parteiwillen. Über diesen Parteiwillen habe sich das Ausgangsgericht nach der Auffassung des OLG Braunschweig in dem Hinweisbeschluss hinweggesetzt.

Nichtsdestotrotz gehen Literatur[136] und Rechtsprechung[137] grundsätzlich davon aus, dass Hinweise im Falle der Sachdienlichkeit auch zu einer Änderung des Streitgegenstands führen dürfen. So führte beispielsweise das Arbeitsgericht Stuttgart in einer Entscheidung aus dem Jahr 2017 aus, dass das erkennende Gericht unter Umständen dazu verpflichtet sein könne, einen neuen Klageantrag anzuregen.[138] Auch wenn eine Änderung des Streitgegenstands aufgrund eines gerichtlichen Hinweises damit im Grundsatz zulässig sein kann, ist die gerichtliche Befugnis insoweit gleichwohl beschränkt. Diese Beschränkung basiert auf dem erkennbaren Parteiwillen. Dementsprechend heißt es in der Gesetzesbegründung zu § 139 ZPO:

> *„[§ 139] Absatz 1 belässt es jedoch bei dem Grundsatz, dass es nicht Aufgabe des Gerichts ist, durch Fragen oder Hinweise neue Anspruchsgrundlagen, Einreden oder Anträge einzuführen, die in dem streitigen Vorbringen der Parteien nicht zumindest andeutungsweise bereits eine Grundlage haben (vgl. Zöller/Greger, ZPO, § 139 Rn. 9, 11; Thomas/Putzo, ZPO, § 139 Rn. 10)."*[139]

In diesem Sinne äußerte sich schließlich im Jahr 2007 auch der BGH, in dem er Folgendes ausführte:

---

136 *Stadler*, in Musielak/Voit, Kommentar zur ZPO, § 139, Rn. 12; *Fritsche* im Münchener Kommentar zur ZPO, § 139, Rn. 25 f.; Wassermann, der soziale Zivilprozess, S. 116.

137 BGH, Urteil vom 02.10.1951 – V ZR 77/50 – JurionRS 1951, 10808, Rn. 23; BGH, Urteil vom 30.04.1984 – II ZR 293/83 – NJW 1984, 2104; BGH, Urteil vom 25.11.1992 – XII ZR 116/91 – NJW 1993, 597.

138 ArbG Stuttgart Beschluss vom 07.03.2017 – 25 Ca 5337/16 – BeckRS 2017, 107584, Rn. 24.

139 BT-Drs. 14/4722 vom 22.11.2000, S. 77.

*„Zwar soll die Vorschrift [§ 139 ZPO] grundsätzlich der betroffenen Partei nur die Möglichkeit geben, sich zu dem gegebenen Streitgegenstand umfassend zu äußern. Das Gericht darf nicht auf neue, in dem Vortrag der Parteien noch nicht andeutungsweise enthaltene Klagegründe hinweisen (BGH, NJW-RR 2004, 495 [unter II 1c bb]). Das schließt jedoch nicht aus, dass die Partei auf einen zulässigen und gebotenen Hinweis nach § 139 ZPO, der die Schlüssigkeit ihres bisherigen Vorbringens in Frage stellt, von sich aus - im Rahmen von § 263 ZPO - einen neuen Klagegrund in das Verfahren einführt (BGH, NJW-RR 2004, 495; NJW 2001, 2548 [unter III 1b und c]; NJW 1993, 597 [unter 2b und c]; zum Parteiwechsel BGHZ 91, 132, [134] = NJW 1984, 2104). Auch diese Reaktionsmöglichkeit wird vom Schutzzweck des § 139 ZPO umfasst.“*[140] *(Einfügungen in eckigen Klammern wurden durch die Verfasserin eingefügt)*

Vor diesem Hintergrund kann zusammenfassend festgehalten werden, dass ein richterlicher Hinweis, der zu einer Änderung des Streitgegenstands führen würde, dann zulässig ist, wenn er das erkennbare Prozessziel des Klägers fördert und wenn der zur Begründung des neuen Antrags erforderliche Sachverhalt im Vortrag des Klägers bereits in irgendeiner Form enthalten oder zumindest angedeutet ist. Im Gegensatz dazu darf das Gericht den Kläger durch einen gerichtlichen Hinweis nicht erst auf die Idee bringen, einen Antrag zu stellen, durch den der Inhalt oder der Umfang seines Klagebegehrens geändert würde.

### *(2) Das Verhältnis der richterlichen Hinweispflicht zur Dispositionsmaxime*

Richterliche Hinweise weisen auch Berührungspunkte zur Dispositionsbefugnis der Parteien auf. Das Verhältnis zwischen richterlichen Hinweisen auf der einen und der Dispositionsbefugnis auf der anderen Seite wird beispielsweise in der bereits angesprochenen Entscheidung des OLG Brandenburg thematisiert. So führt das OLG in diesem Zusammenhang Folgendes aus:

*„Der abgelehnte Richter hat den Anschein der Parteilichkeit erweckt, indem er darauf hingewirkt hat, die Klage auf einen – im Zeitpunkt des gerichtlichen Hinweises – nicht am Rechtsstreit beteiligten Dritten, den jetzigen Bekl. zu 2 zu erweitern.*

*Grundsätzlich obliegt es dem Gericht nach § 139 ZPO darauf hinzuwirken, dass die Parteien sich rechtzeitig und vollständig über alle erheblichen Tatsachen erklären und sachdienliche Anträge stellen. […].* ***Die Reichweite dieser Pflichten wird begrenzt durch das unangetastete Prinzip der Parteiherrschaft über den Prozessstoff*** *(Zöller/Greger, § 139 Rdnr. 2).“*[141] (Hervorhebungen durch die Verfasserin)

---

140 BGH, Urteil vom 27.09.2006 – VIII ZR 19/04 – NJW 2007, 2414, Rn. 22.

141 OLG Brandenburg, Beschluss vom 06.02.2009 – 1 W 21/08 – in NJW-RR 2009, 1224.

Das OLG Brandenburg kam in dieser Entscheidung folglich zu dem Ergebnis, dass das Prozessziel des Klägers bzw. dessen Prozessbegehren durch den gerichtlichen Hinweis erweitert und dadurch zugleich die Grenze der Parteiherrschaft über den Prozessstoff in unzulässiger Weise überschritten worden ist, da sich das Gericht in seinem Hinweisbeschluss über den Parteiwillen hinweggesetzt habe. In diesem Sinne äußert sich auch *Rauscher* im Münchener Kommentar.[142] Er führt aus, dass die Dispositionsmaxime durch die richterliche Hinweis- und Aufklärungspflicht berührt werde, da sich das Gericht hierdurch an der inhaltlichen Gestaltung des Verfahrens beteilige.[143] Auch *von Selle*[144] und *Graef*[145] sind der Auffassung, dass das Verfügungsrecht der Parteien über das Streitverhältnis und deren alleinige Befugnis zur Beibringung des Prozessstoffs durch eine weitreichende gerichtliche Pflicht zur Hinweiserteilung in Mitleidenschaft gezogen würde.

Diesen in Rechtsprechung und Literatur geäußerten Bedenken ist allerdings entgegenzuhalten, dass es auch nach einem richterlichen Hinweis immer noch zur Disposition des Antragstellers steht, den Hinweis auch tatsächlich zu befolgen. Meint der Kläger, dass sein ursprünglicher Antrag zulässig und begründet ist, und ist er der Auffassung, dass sein Prozessziel darin hinreichend zum Ausdruck kommt, dann steht es ihm frei, bei seinem ursprünglichen Antrag zu bleiben. Einer negativen gerichtliche Entscheidung kann der Kläger dann mit Rechtsmitteln begegnen. Deshalb bleiben die Dispositionsfreiheit und die Herrschaft des Klägers über den Inhalt des Antrags grundsätzlich auch nach Erteilung eines entsprechenden Hinweises bestehen. Aus diesem Grund kommt auch *Rauscher*[146] schließlich zu dem Ergebnis, dass die Dispositionsmaxime durch entsprechende Hinweise lediglich beeinflusst, nicht aber beseitigt würde. Auch *Rauscher* ist der Ansicht, dass es allein Sache der Parteien sei, den Anregungen des Gerichts zu folgen. Die Parteien trügen bei Befolgung des Hinweises das prozessuale Risiko, ohne dass die Anregung eine Rechtsbindung für das Gericht erzeugen würde. Deshalb ist insbesondere auch dem OLG Brandenburg zu widersprechen, wenn es in der soeben zitierten Entscheidung zu dem Ergebnis

142 *Rauscher* im Münchener Kommentar zur ZPO, Einleitung, Rn. 325.

143 *Rauscher* im Münchener Kommentar zur ZPO, Einleitung, Rn. 325.

144 *Von Selle* im Beck'schen Online-Kommentar zur ZPO, § 139, Rn. 32.

145 *Graef*, Die Vorbereitung und Durchführung des Haupttermins im deutschen und englischen Zivilprozeß, in Zeitschrift für vergleichende Rechtswissenschaft, 95. Band, 1996, S. 92(108).

146 *Rauscher* im Münchener Kommentar zur ZPO, Einleitung, Rn. 325.

kommt, dass das Prozessziel des Klägers bzw. sein Prozessbegehren durch den Hinweis erweitert worden sei und dass dadurch die Grenze der Parteiherrschaft über den Prozessstoff in unzulässiger Weise überschritten worden sei.

Die Hinweispflicht aus § 139 Abs. 1 S. 2 ZPO steht deshalb auch der Geltung des Grundsatzes ne ultra petita nicht entgegensteht, sie stellt vielmehr eine adäquate Ergänzung zu einer Antragsbindung des Gerichts dar. Denn es entspricht den Vorgaben eines fairen und an den Interessen der Beteiligten ausgerichteten Verfahrens, dass das Gericht dem Kläger einen Hinweis gibt, wenn der durch ihn gestellte Antrag das angestrebte Rechtschutzziel nicht zu erreichen vermag und das Gericht – aufgrund der Antragsbindung – grundsätzlich zur Abweisung des (mangelhaften) Antrags verpflichtet wäre. Außerdem bietet die richterliche Hinweispflicht die Möglichkeit dem Erfordernis der Antragsbindung auf der einen und dem Verbot von Überraschungsentscheidungen auf der anderen Seite gerecht zu werden. Hierzu hat der BGH ausgeführt:

> *„Gerichtliche Hinweispflichten dienen der Vermeidung von Überraschungsentscheidungen und konkretisieren den Anspruch der Parteien auf rechtliches Gehör (BVerfGE 84, BVERFGE Jahr 84 Seite 188 [BVERFGE Jahr 84 Seite 189] = NJW 1991, NJW Jahr 1991 Seite 2823). Das Gericht hat nach § 139 Absatz I 2 ZPO insbesondere dahin zu wirken, dass die Parteien sachdienliche Anträge stellen. Das rechtliche Gehör vor Gericht zum Streitgegenstand einer Klage bezieht sich danach nicht allein auf den Sachverhalt und seinen Vortrag, sondern ebenso auf die sachdienliche Fassung der Klageanträge, mit denen eine Partei vor Gericht verhandelt (vgl. BGH, NJW-RR 2010, NJW-RR Jahr 2010 Seite 70). Will das BerGer. einem solchen Antrag abweichend von einer naheliegenden Auslegung eine engere Bedeutung bemessen, die zur Klageabweisung führt, so muss es die Partei auf die beabsichtigte Auslegung ihres Klageantrags hinweisen. Die betroffene Partei muss Gelegenheit erhalten, ihren Sachantrag klarzustellen und gegebenenfalls den Bedenken des erkennenden Gerichts anzupassen.“*[147]

### c) Das Verhältnis der richterlichen Hinweispflicht zur Antragsauslegung

Während das Gericht bei einer exzessiven Antragsauslegung unmittelbar Einfluss auf den Inhalt des Klageantrags nimmt, regt es den Kläger durch die Erteilung eines gerichtlichen Hinweises lediglich dazu an, seinen Antrag sachdienlich umzustellen. Die Entscheidung darüber, ob er seinen Antrag tatsächlich umstellt oder ob er dies unterlässt, verbleibt bei der Erteilung eines Hinweises allein beim Kläger. Daraus folgt, dass grundsätzlich lediglich die (exzessive)

---

147 BGH, Beschluss vom 06.07.2010 – VI ZR 177/09 – NJW-RR 2010, 1363, Rn. 3.

Antragsauslegung nicht aber die Erteilung eines Hinweises zu einem Eingriff in die Dispositionsbefugnis führt. Wie oben erläutert, steht die Antragsauslegung deshalb potentiell eher in einem Spannungsverhältnis zum Grundsatz ne ultra petita. Folglich käme der Grundsatz ne ultra petita dann im größtmöglichen Maße zur Geltung, wenn richterliche Hinweise prinzipiell den Anwendungsvorrang gegenüber der Antragsauslegung genießen würden. Inwieweit das auch tatsächlich der Fall ist, wird in Literatur und Rechtsprechung unterschiedlich beurteilt.

Mitunter wird die Auffassung vertreten, dass die richterliche Hinweispflicht der Antragsauslegung immer vorgeht.[148] Teilweise wird aber auch die Auffassung vertreten, dass die Hinweispflicht (nur) dann den Vorzug genießt, wenn eine Auslegung abweichend vom Wortlaut des Antrags in Betracht kommt.[149] So entschied der BGH noch im Jahr 2012[150], dass sich das Gericht – wenn es beabsichtigt einen Antrag abweichend vom Wortlaut auszulegen – durch Nachfrage davon vergewissern müsse, dass seine Auslegung des Klageantrags dem Willen des Klägers auch tatsächlich entspricht; anderenfalls bestehe die Gefahr, dass das Gericht durch eine vom Parteiwillen nicht mehr gedeckte Auslegung des Klageantrags die Grenzen des § 308 ZPO überschreitet.[151]

Allerdings dürfte der BGH seine Rechtsprechung zum Vorrang der Hinweispflicht mit der Zeit modifiziert haben, sodass ein etwaiger Vorrang der gerichtlichen Hinweispflicht nicht mehr zwingend besteht. Der BGH räumt den erkennenden Gerichten vielmehr weitreichende Spielräume bei der Antragsauslegung ein.[152] So führte der BGH beispielsweise in einer Entscheidung aus dem Jahr 2016 Folgendes aus:

> *„Für die Auslegung von Anträgen ist aber nicht allein der Wortlaut maßgebend. Entscheidend ist vielmehr der erklärte Wille, wie er aus der Klagebegründung, den sonstigen Begleitumständen und nicht zuletzt der Interessenlage hervorgeht. Im Zweifel gilt, was nach den Maßstäben der Rechtsordnung vernünftig ist und der recht verstandenen Interessenlage*

---

148 *Rensen* in Wieczorek/Schütze, Kommentar zur Zivilprozessordnung und Nebengesetze, § 308, Rn. 23; *Musielak* in Musielak/Voit, Kommentar zur ZPO, § 308, Rn. 3; *Saenger* in Saenger, Kommentar zur ZPO, 308, Rn. 2.

149 BGH, Urteil vom 19.10.2012 – V ZR 233/11 – ZWE 2013, 47, Tz. 12; *Elzer* im Beck'schen Online-Kommentar zur ZPO, § 308, Rn. 5c).

150 BGH, Urteil vom 19.10.2012 – V ZR 233/11 – ZWE 2013, 47.

151 BGH, Urteil vom 19.10.2012 – V ZR 233/11 – ZWE 2013, 47, Tz. 12.

152 BGH, Urteil vom 26.02.2016 – V ZR 250/14 – BeckRS 2016, 10839, Rn. 18; BGH, Urteil vom 10.02.2012 – V ZR 137/11 – NZM 2012, 542, Rn. 5 f.

*entspricht (vgl. Senat, Urteil vom 12. Dezember 2014 - V ZR 53/14, NZM 2015, 218 Rn. 9; BGH, Urteil vom 7. März 2013 - VII ZR 223/11, NJW 2013, 1744 Rn. 23).*"[153]

In dem soeben zitierten Fall ließ der BGH damit eine Auslegung zu, die dem Wortlaut des Antrags widersprach, ohne dass er das erkennende Gericht als dazu verpflichtet ansah, zuvor einen entsprechenden Hinweis zu erteilen. Folglich vertrat der BGH in dieser Entscheidung die Ansicht, dass ein Hinweis selbst dann nicht zu erfolgen brauche, wenn eine Auslegung entgegen dem Antragswortlaut in Betracht kommt.

Nach der Praxis des BGH besteht folglich kein Vorrangverhältnis zwischen gerichtlicher Hinweispflicht und gerichtlicher Befugnis zur Antragsauslegung. Darin spiegelt sich die gegenwärtige Gewichtung zweier Prozessmaximen wider, die beide Auswirkungen auf die Geltung des Grundsatzes ne ultra petita haben: Einerseits die Dispositionsmaxime der Parteien und andererseits die Aufgabe des Gerichts, den Rechtsstreit einer umfassenden, fairen und objektiv sinnvollen Lösung zuzuführen. Um Letzteres zu gewährleisten, kommt es in der Praxis weniger auf den vom Kläger tatsächlich gestellten Antrag an. Vielmehr ermittelt das Gericht selbstständig, was sinnvollerweise (objektiv) beantragt werden sollte. Das macht einen richterlichen Hinweis dann obsolet, wenn das Gericht der Auffassung ist den „richtigen" Antrag durch Auslegung ermitteln zu können.

## 4. Das Abweichen vom Klagebegehren

Vorstehend wurde zunächst der maßgebliche Bezugspunkt für die gerichtliche Bindung ermittelt. Gebunden ist das Gericht an den Streitgegenstand des Verfahrens, wie er sich als Ergebnis der gerichtlichen Ermittlung des klägerischen Begehrens darstellt. Damit wurde die Frage beantwortet, woran das Gericht gebunden ist und wie der Begriff des Beantragten im Sinne von § 308 Abs. 1 ZPO zu verstehen ist. Nun stellt sich die Frage, unter welchen Voraussetzungen ein Gericht in unzulässiger Weise von dem Beantragten, bzw. dem Begehrten abweicht.

### *a) Abgrenzung zwischen Aliud und Minus*

Eine unzulässige Abweichung kann sowohl in qualitativer als auch in quantitativer Hinsicht vorliegen, da ein Gericht weder mehr noch etwas anderes als das Beantragte zusprechen darf.[154] Während in der Regel relativ einfach bestimmt

153 BGH, Urteil vom 26.02.2016 – V ZR 250/14 – BeckRS 2016, 10839, Rn. 18.
154 *Vollkommer* in Zöller, Kommentar zur ZPO, § 308, Rn. 2.

werden kann, wann ein Gericht mehr als das Beantragte zugesprochen hat, kann es mitunter äußerst schwierig zu bestimmen sein, wann etwas anderes zuerkannt worden ist.[155]

Erkennt das Gericht etwas anderes als beantragt zu, dann spricht man von der Zuerkennung eines Aliuds. Abzugrenzen ist das Aliud von einem bloßen Minus zum Beantragten. Das bloße „Minus" ist von dem gestellten Antrag immer mitumfasst, weil es stets wesensgleich zum Beantragten ist und deshalb in seiner Gesamtheit vom Beantragten mitumfasst wird. Die Abgrenzung vom Aliud zum Minus kann mitunter nicht ganz einfach sein. Ein bloßes Minus liegt nach der Rechtsprechung beispielsweise dann vor, wenn der Beklagte Zug um Zug gegen die Erbringung einer Gegenleistung verurteilt wird, obwohl eine uneingeschränkte Verurteilung beantragt worden war,[156] wenn das Gericht durch Feststellungsurteil entscheidet, dass ein bestimmtes Rechtsverhältnis besteht, obwohl beantragt worden war, den Beklagten zu einer Leistung zu verurteilen[157] oder wenn das Gericht dem Kläger einen Anspruch auf Freihaltung zuspricht, obwohl dieser auf Zahlung geklagt hat.[158]

Im Gegensatz dazu liegt ein Aliud vor, wenn das Gericht eine andere Schadensart als die verlangte zuerkennt,[159] wenn der Beklagte zur Zahlung eines Geldbetrages in inländischer Währung verurteilt wird, obwohl der Kläger die Zahlung in ausländischer Währung beantragt hat,[160] wenn die teilweise Entziehung der Vertretungsbefugnis eines Gesellschafters gerichtlich angeordnet wird, obwohl die vollständige Entziehung beantragt worden war[161] oder wenn das Gericht den Beklagten zu einer Zahlung an den Kläger verurteilt, obwohl dieser beantragt hatte, ihn von Verbindlichkeiten freizustellen.[162]

Besonders schwierig ist die Abgrenzung zwischen Minus und Aliud im Anwendungsbereich von Unterlassungsklagen. Bei einem Unterlassungsantrag besteht die begehrte Rechtsfolge in dem Verbot einer bestimmten Verhaltensweise. Eine Abwandlung dieser Verhaltensweise durch das erkennende Gericht ändert dementsprechend den Streitgegenstand und stellt deshalb einen Verstoß

155 Siehe beispielsweise die Ausführungen von *Musielak* im Münchener Kommentar zur ZPO, § 308, Rn. 9.
156 BGH, Beschluss vom 12.02.2015 – V ZR 111/14 – BeckRS 2015, 04567.
157 BGH, Urteil vom 31.01.1984 – VI ZR 150/82 – NJW 1984, 2295.
158 OLG Schleswig, Urteil vom 28.08.2014 – 5 U 4/14 – NJW-RR 2015, 636(637).
159 OLG Schleswig, Urteil vom 28.08.2014 – 5 U 4/14 – NJW-RR 2015, 636.
160 BGH, Urteil vom 07.04.1992 – X ZR 119/90 – BeckRS 1992, 31062632.
161 BGH, Urteil vom 10.12.2001 – II ZR 139/00 – NJW-RR 2002, 540.
162 BGH, Urteil vom 06.10.1998 – XI ZR 313-97 – NJW 1999, 61.

gegen den Grundsatz ne ultra petita dar. So nahm beispielsweise der BGH im Jahr 2006 in einer wettbewerbsrechtlichen Streitigkeit einen Verstoß gegen § 308 Abs. 1 ZPO an.[163] In diesem Fall hatten die Kläger beantragt, den Beklagten zu untersagen, Anlegern von Immobilienfonds, die nicht Mandanten des Beklagten waren, unaufgefordert Informationsschreiben und Einladungen zu Informationsveranstaltungen zuzusenden. Das erkennende Gericht hielt diese Klageanträge für unbegründet. Es hat den Beklagten aber verurteilt und ihm verboten, bei den im Klageantrag genannten Werbemaßnahmen ohne Einwilligung der Anleger deren Anschrift zu verwenden. Nach der Auffassung des BGH hatte das Gericht in diesem Fall gegen § 308 Abs. 1 ZPO verstoßen, weil es den geltend gemachten Anspruch nur unter bestimmten, nicht zum Inhalt des Antrags gemachten Voraussetzungen zugesprochen habe.[164] Die ausgesprochene Verbotsform hätten die Kläger nicht beantragt.

### b) *Abweichende rechtliche Qualifikation des geltend gemachten Anspruchs*

Fraglich ist, inwieweit die rechtliche Qualifikation des geltend gemachten Anspruchs zu einem Verstoß gegen den Grundsatz ne ultra petita führen kann. Diese Frage mag auf den ersten Blick verwundern, da bereits in der Einleitung und im Abschnitt zum Streitgegenstand ausgeführt worden ist, dass die rechtliche Bewertung des geltend gemachten Anspruchs allein dem Gericht obliegt und gerade nicht dem Kläger. Grund dafür ist, dass in deutschen Zivilprozessen hinsichtlich der Ermittlung und Anwendung des deutschen Rechts der Grundsatz iura novit curia gilt. Wie oben bereits erläutert,[165] ist im Sinne dieses Grundsatzes davon auszugehen, dass die Gerichte das anzuwendende (deutsche) Recht kennen und eigenständig anwenden.[166]

Damit gilt grundsätzlich Folgendes: Da die rechtliche Qualifikation des geltend gemachten Anspruchs nicht Bestandteil des Streitgegenstands ist, ist sie auch irrelevant für die Bestimmung des Begehrten im Sinne des Grundsatzes ne ultra petita. Nimmt das Gericht also eine rechtliche Qualifikation vor, die von der des Klägers abweicht, kann das grundsätzlich nicht dazu führen, dass

163 BGH, Urteil vom 29.06.2006 – I ZR 235/03 – juris.
164 BGH, Urteil vom 29.06.2006 – I ZR 235/03 – juris, Rn. 16.
165 Siehe oben im Abschnitt A. III. 3.
166 *Prütting* im Münchener Kommentar zur ZPO, § 293, Rn. 2; *Saenger* in Saenger, Kommentar zur Zivilprozessordnung, § 293, Rn. 1; *Geimer* in: Zöller, Zivilprozessordnung, § 293 ZPO, Rn. 1.

das Gericht etwas anderes als beantragt zuspricht. Beantragt der Kläger also beispielsweise

> „[…] den Beklagten zu verurteilen an den Kläger Schadensersatz in Höhe von EUR 1.000 zu zahlen",

dann könnte das Gericht der Klage stattgeben, obgleich es keinen Schadensersatzanspruch, sondern einen vertraglichen Erfüllungsanspruch für begründet hält – vorausgesetzt natürlich, die Klagegründe rechtfertigen eine derartige Verurteilung. Es macht also keinen Unterschied, ob der Kläger zur rechtlichen Qualifikation lediglich schriftsätzlich oder mündlich vorträgt oder ob er die rechtliche Qualifikation in seinen Antrag aufnimmt. Sie bleibt grundsätzlich unerheblich. Die Bezeichnung als Schadensersatzanspruch kann von dem erkennenden Gericht damit zwar als Auslegungshilfe zur Ermittlung des klägerischen Begehrens herangezogen werden, sie ist für das Gericht aber nicht bindend.

### *(1) Ausnahmen vom Grundsatz iura novit curia zugunsten der Dispositionsmaxime?*

Eine Ausnahme vom Grundsatz iura novit curia könnte aber gegebenenfalls dann gelten, wenn der Kläger seinem Klageantrag in rechtlicher Hinsicht bestimmte Grenzen setzt, über die das Gericht nach seinem Willen (seinem Antrag) nicht hinausgehen soll. Gegebenenfalls kann der Kläger ein berechtigtes Interesse daran haben, dass das rechtliche Prüfungsprogramm des Gerichts auf bestimmte Anspruchsgrundlagen oder rechtliche Aspekte beschränkt bleibt. In diesem Fall könnte die Dispositionsmaxime – in Gestalt des Grundsatzes ne ultra petita – möglicherweise den Grundsatz iura novit curia überlagern.

Ein derartiges Interesse kann beispielsweise dann gegeben sein, wenn der Kläger über bestimmte Anspruchsgrundlagen des materiellen Rechts keine gerichtliche Entscheidung herbeiführen will, weil er es nicht riskieren möchte, zu diesen Anspruchsgrundlagen einen – aus seiner Sicht – negativen Präzedenzfall zu schaffen.

Außerdem kann der Kläger ein berechtigtes Interesse daran haben, das Prüfungsprogramm des Gerichts zu beschränken, wenn es um die Frage der „Qualität" der gerichtlichen Entscheidung geht. So kann es für den Kläger sinnvoll sein, dass ihm ein Anspruch aufgrund einer bestimmten Anspruchsgrundlage zugesprochen wird und gerade nicht aufgrund einer anderen. Das kann beispielsweise der Fall sein, wenn der Kläger seine Herausgabeklage auf Eigentum (§ 985 BGB) stützt und damit kein Urteil erstreiten will, in dem der Herausgabeanspruch auf verbotene Eigenmacht des Beklagten (§§ 861, 858 BGB) gestützt wird.[167] Ein Urteil, das den Kläger als Eigentümer des Gegenstands ausweist gewährt ihm umfassenderen Schutz und Rechtssicherheit für die Zukunft als ein Urteil, das ihn nur als unmittelbaren Besitzer ausweist.

Das Reichsgericht ging seinerzeit davon aus, dass dem Kläger eine Dispositionsbefugnis über die durch das Gericht zu prüfenden Anspruchsgrundlagen ausnahmsweise dann zusteht, wenn er ein berechtigtes Interesse daran geltend machen kann.[168] Auch in der Literatur wird teilweise die Auffassung vertreten, dass dem Kläger eine Dispositionsbefugnis über die durch das Gericht zu prüfenden materiell-rechtlichen Anspruchsgrundlagen zustehen sollte.[169] Eine derartige Einschränkung sei insbesondere deshalb unbedenklich, weil der Zivilprozess ausschließlich der Durchsetzung privater Interessen diene und ein entgegenstehendes Interesse des Beklagten nicht bestehe, denn für ihn sei im Gegenzug der Weg über die negative Feststellungsklage hinsichtlich der übrigen Anspruchsgrundlagen eröffnet.[170]

In der Vergangenheit war dieser Gedanke auch dem BGH nicht gänzlich fremd, was sich anhand seiner früheren Rechtsprechung zu § 32 ZPO zeigt. Nach der früheren Rechtsprechung war das Gericht bei Zusammentreffen der Verletzung einer Vertragspflicht mit einer unerlaubten Handlung im Gerichtsstand des § 32 ZPO nur dazu befugt, über den deliktischen Anspruch (nicht auch den vertraglichen Anspruch) sachlich zu entscheiden.[171] Aus diesem Grund gestand der BGH der klagenden Partei eine Dispositionsbefugnis über die durch das Gericht zu prüfenden Anspruchsgrundlagen zu. Andernfalls wäre es zu der Situation gekommen, dass das angerufene Gericht zwar nicht über den vertraglichen Anspruch hätte entscheiden können, das Erheben einer erneuten Klage vor dem für den vertraglichen Anspruch zuständigen Gericht aber aufgrund der entgegenstehenden Rechtskraft des ersten Urteils unzulässig geworden wäre. Deshalb entschied der BGH im Jahr 1977 wie folgt:

---

167 Melissinos, Die Bindung des Gerichts an die Parteianträge nach § 308 I ZPO, S. 88.

168 Reichsgericht, Urteil vom 29.04.1915 – VI 668/14 –, RGZ 86, 377(380); sowie, Reichsgericht, Urteil vom 27.06.1919 – III 17/19 – RGZ 96, 197(200 f.).

169 *Rensen* in Wieczorek/Schütze Zivilprozessordnung und Nebengesetze, § 308, Rn. 8; Melissinos, Die Bindung des Gerichts an die Parteianträge nach § 308 I ZPO, S. 88; Blomeyer, Zum Urteilsgegenstand im Leistungsprozess, in FS-Lent, S. 43(63); *Lüke/Schröder*, Grundsätze des Verwaltungsprozesses, in JuS 1961, 41(46).

170 *Rensen* in Wieczorek/Schütze Zivilprozessordnung und Nebengesetze, § 308, Rn. 8.

171 BGH, Urteil vom 08.12.1970 – VI ZR 174/68 – NJW 1971, 564.

> *„Bei Abweisung einer Klage ergreift die Rechtskraft zwar grundsätzlich alle materiellrechtlichen Ansprüche, […] Der Kläger hatte aber die mit seiner früheren Klage geltend gemachten Ansprüche ausdrücklich nur auf die Vorschriften über die unerlaubte Handlung gestützt, um diese Klage im Gerichtsstand des § 32 ZPO erheben zu können. Da der Beklagte in jenem Vorprozess die örtliche Zuständigkeit des LG bestritten hatte, durften dort nur die auf unerlaubte Handlung gestützten Schadensersatzansprüche des Klägers einer Prüfung unterzogen werden."*[172]

Diese Rechtsprechung ist aber mittlerweile veraltet, da seit der Neufassung von § 17 Abs.2 S. 1 GVG im Jahre 1991 das zulässigerweise im Gerichtsstand des § 32 ZPO angerufene Gericht den Rechtsstreit nun umfassend entscheiden kann und damit neben deliktischen Ansprüchen auch zur Prüfung vertraglicher Ansprüche befugt ist.[173]

Mittlerweile ist es zudem herrschende Meinung in der Literatur[174] und auch in der Rechtsprechung[175], dass der Kläger vom Gericht nicht verlangen kann, seine Klage nur unter bestimmten rechtlichen Gesichtspunkten zu prüfen.[176] Deshalb sei eine unzulässigerweise vorgenommene Beschränkung auf eine spezielle Rechtsfolgenbehauptung unbeachtlich und für das Gericht unverbindlich.[177] In diesem Sinne entschied auch der BGH im Jahr 2015, dass dem Kläger durch die Formulierung seines Klageantrags nicht über die Begründetheit der Einreden des Beklagten und über deren Beurteilung durch das Gericht disponieren könne.[178] In dem Fall ging es darum, dass das Gericht den Beklagten zu einer Leistung Zug um Zug gegen die Erbringung einer Gegenleistung durch den Kläger verurteilte, obwohl letzterer ausdrücklich und ausschließlich eine unbeschränkte Verurteilung beantragt hatte.

Folglich besteht eine Dispositionsbefugnis des Klägers über die rechtliche Qualifikation seines Anspruchs auch dann nicht, wenn hieran ein berechtigtes Interesse besteht.

---

172 BGH, Urteil vom 05.07.1977 – VI ZR 268/75 – VersR 1978, 59.

173 Vgl. BGH, Beschluss vom 10.12.2002 – X ARZ 208/02 – NJW 2003, 828.

174 *Becker-Eberhard* im Münchener Kommentar zur ZPO, § 253, Rn. 72-74; *Musielak* im Münchener Kommentar zur ZPO, § 308, Rn. 15.

175 BGH, Urteil vom 13.12.1968 – VZ 80/67, BeckRS 1968, 31174829.

176 *Musielak* im Münchener Kommentar zur ZPO, § 308, Rn. 15.

177 *Becker-Eberhard* im Münchener Kommentar zur ZPO, § 253, Rn. 72-74.

178 BGH, Beschluss vom 12.02.2015 – V ZR 111/14 – BeckRS 2015, 04567.

Fraglich ist, ob die Parteien das Gericht aber zumindest dann an ihre Rechtsauffassung binden können, wenn sie dies übereinstimmend wünschen.[179] Hierfür spricht die Dispositionsmaxime. Man kann argumentieren, dass die Parteien auch über den Streitgegenstand disponieren können, indem sie beispielsweise von einer gerichtlichen Geltendmachung absehen oder diese beschränken.[180] Auf der anderen Seite spricht die Aufgabenverteilung zwischen Gericht und Parteien gegen eine Dispositionsbefugnis über Rechtsfragen. Aus dieser Aufgabenverteilung folgt, dass das Gericht das Recht grundsätzlich nicht sehenden Auges falsch anwenden darf.[181] An diesem Grundsatz vermag auch eine Einigung der Parteien nichts zu ändern.

*(2) Ausnahmen vom Grundsatz iura novit curia zugunsten des Anspruchs auf rechtliches Gehör*

Aus den obigen Ausführungen ergibt sich, dass der Grundsatz iura novit curia prinzipiell nicht durch den Grundsatz ne ultra petita beschränkt wird. Vielmehr haben beide Grundsätze unterschiedliche Anwendungsbereiche: Der Grundsatz iura novit curia findet Anwendung, wenn es um die rechtliche Qualifikation des unterbreiteten Sachverhalts geht, der Grundsatz ne ultra petita betrifft hingegen rein tatsächliche Fragen.

Auch wenn der Kläger damit über keine Dispositionsbefugnis im Hinblick auf Rechtsfragen verfügt, erfährt der Grundsatz iura novit curia – und damit die gerichtliche Befugnis zur eigenständigen Rechtsermittlung und Rechtsanwendung – zumindest eine gewisse Einschränkung durch den Anspruch auf rechtliches Gehör.

Wie oben im Abschnitt A. III. 2. bereits erläutert, ist es eine Ausprägung des Anspruchs auf rechtliches Gehör, dass Gerichte keine überraschenden Entscheidungen erlassen dürfen. Für das Zivilverfahren ist das Verbot, Überraschungsentscheidungen zu erlassen, in § 139 Abs. 2 ZPO geregelt. Eine Überraschungsentscheidung kann einerseits dann vorliegen, wenn das Gericht

---

179 Bejahend: *Häsemeyer*, Parteivereinbarungen über präjudizielle Rechtsverhältnisse, ZZP 85, 207 ff.; Würthwein, Umfang und Grenzen des Parteieinflusses auf die Urteilsgrundlagen im Zivilprozess, S. 88.

180 Würthwein, Umfang und Grenzen des Parteieinflusses auf die Urteilsgrundlagen im Zivilprozess, S. 88.

181 *Coester-Waltjen*, Die Parteien als Herren des Verfahrens und der Richter im deutschen Zivilprozeß, Jura 1998, 661(662); diese Auffassung vertritt auch der BGH:. BGH, Urteil vom 13.12.1968 – VZ 80/67, BeckRS 1968, 31174829.

Tatsachen für entscheidungserheblich hält, die von den Parteien zuvor nicht erörtert worden sind.[182] Andererseits liegt eine Überraschungsentscheidung auch dann vor, wenn ein Gericht ohne vorherigen Hinweis auf rechtliche Gesichtspunkte oder Erwägungen abstellt, mit denen auch ein gewissenhafter und kundiger Prozessbeteiligter nach dem bisherigen Prozessverlauf nicht zu rechnen brauchte.[183]

Daraus folgt, dass das Gericht einer Partei nichts zusprechen darf, was weder beantragt noch Gegenstand der schriftsätzlichen Auseinandersetzung unter den Parteien gewesen ist. Der BGH fasst das Verbot, Überraschungsentscheidungen zu erlassen, wie folgt zusammen:

> *„Der Anspruch einer Partei auf rechtliches Gehör soll diese vor Überraschungsentscheidungen schützen. Artikel 103 Absatz I GG ist verletzt, wenn ein Gericht ohne vorherigen Hinweis auf rechtliche Gesichtspunkte oder Erwägungen abstellt, mit denen auch ein gewissenhafter und kundiger Prozessbeteiligter nach dem bisherigen Prozessverlauf nicht zu rechnen brauchte (BVerfG, NJW 2003, NJW Jahr 2003 Seite 2524). Die in § 139 Absatz II ZPO normierte Hinweispflicht konkretisiert diesen Anspruch auf rechtliches Gehör.“*[184]

Folglich werden dem Grundsatz iura novit curia durch das Verbot, Überraschungsentscheidungen zu erlassen, in gewissem Maße Grenzen gesetzt. Das Gericht ist im Sinne des Grundsatzes iura novit curia zwar nicht an die Rechtsauffassungen der Parteien gebunden, stellt es allerdings auf Erwägungen ab, die von den vorgebrachten und diskutierten Erwägungen und Auffassungen abweichen, dann muss es den Parteien einen entsprechenden Hinweis erteilen.

Der Anspruch auf rechtliches Gehör in seiner Ausprägung als Verbot von Überraschungsentscheidungen beschränkt damit den Grundsatz iura novit curia zugunsten des Grundsatzes ne ultra petita. Ein Verstoß gegen die Antragsbindung liegt nach der hier vertretenen Auffassung nämlich auch dann vor, wenn das Gericht über die rechtliche Qualifikation des geltend gemachten Anspruchs hinausgeht und dadurch eine überraschende Entscheidung erlässt.

---

182 BVerfG, Beschluss vom 29.05.1991 – 1 BvR 1383/90 – NJW 1991, 2823.

183 BGH, Beschluss vom 13.1.2011 – VII ZR 22/10 – NJW-RR 2011,487, Tz. 6; BVerfG, Beschluss vom 07.10.2003 – 1 BvR 10/99 – NJW 2003, 3687.

184 BGH, Beschluss vom 13.01.2011 – VII ZR 22/10 – NJW-RR 2011, 487, Rn. 6.

## 5. Fallbeispiele aus der Praxis

Zum Abschluss dieses nationalen Abschnitts der Arbeit werden nachfolgend noch einige Beispielsfälle aufgeführt, in denen der BGH davon ausgegangen ist, dass die Instanzgerichte gegen den Grundsatz ne ultra petita verstoßen haben.

Im Jahr 1977 nahm der BGH einen ultra petita-Verstoß im Zusammenhang mit einer Unterlassungsklage an, bei der es um den Betrieb eines Flugplatzes ging.[185] Der Kläger hatte das Unterlassen von Geräuschen begehrt, die einen Einzelschalldruckpegel von 70 dB(A) überschreiten. Abweichend davon entschied das Gericht, dass Startbewegungen von Motorflugzeugen an bestimmten Tagen während bestimmter Stunden teilweise zu unterlassen seien. Der BGH war der Auffassung, dass das Gericht dem Kläger dadurch ein Aliud zugesprochen habe.

In einem Fall aus dem Jahr 1980 nahm der BGH einen ultra petita-Verstoß an, weil das erkennende Gericht die Feststellung getroffen hatte, dass sich ein Pachtvertrag auf ein gesamtes Hotel erstrecken würde, obgleich lediglich die Feststellung beantragt worden war, dass sich der Pachtvertrag auf bestimmte Räume in diesem Hotel erstrecke.[186]

Im Jahr 1989 entschied der BGH, dass das Gericht nicht dazu befugt sei einen Zahlungsanspruch, der auf eine konkrete Rechtsverletzung gestützt wird, mit Beträgen ausfüllen, die dem noch nicht bezifferten Zahlungsanspruch einer Stufenklage entnommen werden.[187]

Außerdem stellte der BGH fest, dass ein Aliud zum Beantragten und damit ein Verstoß gegen den Grundsatz ne ultra petita vorliegen würde, wenn das Gericht zur Zahlung eines Geldbetrages in inländischer Währung verurteilt, obgleich die Verurteilung zur Zahlung in ausländischer Währung beantragt war.[188]

Im Jahr 2001 entschied der BGH, dass sich der Kläger auch dann an seinem im Antrag begehrten Zahlungsanspruch festhalten lassen müsse, wenn ihm bei der Berechnung des Anspruchs ein Fehler unterlaufen sei.[189] Spricht das Gericht in einem solchem Fall mehr als beantragt zu, dann sei darin ein Verstoß gegen den Grundsatz ne ultra petita zu sehen.

In einem weiteren Fall aus dem Jahr 2001 bejahte der BGH einen ultra petita-Verstoß, weil das Gericht den persönlich haftenden Gesellschaftern einer Kommanditgesellschaft die Geschäftsführungs- und Vertretungsbefugnis teilweise

185 BGH, Urteil vom 10.06.1977 – V ZR 242/74 – BGHZ 69, 118 ff.
186 BGH, Urteil vom 23.01.1980 – VIII ZR 218/78 –, juris.
187 BGH, Urteil vom 16.11.1989 – I ZR 15/88 – NJW-RR 1990, 997(998).
188 BGH, Urteil vom 07.04.1992 – X ZR 119/90 – BeckRS 1992, 31062632.
189 BGH, Urteil vom 21.06.2001 – I ZR 245/98 – NJW-RR 2002, 255(257).

entzogen hat, obwohl die vollständige Entziehung beantragt worden war.[190] Hierzu führte der BGH aus, dass es sich bei der teilweisen Entziehung nicht lediglich um ein Minus zur vollständigen Entziehung handeln würde und dass dem Kläger wegen der Geltung der Dispositionsmaxime qualitativ keine andere als die beantragte Umgestaltung aufgedrängt werden dürfe.

Außerdem bejahte der BGH einen ultra petita-Verstoß im Jahr 2003,[191] weil das Gericht einen Unterlassungsanspruch auf einen anderen als den von der Klägerin vorgetragenen Lebenssachverhalt (Klagegrund) gestützt hatte. Die Klägerin hatte einerseits vorgetragen, dass die beanstandete Tätigkeit der Beklagten kartellrechtswidrig sei, weil deren Gesellschaftsvertrag die Beschränkung des Wettbewerbs zum Inhalt habe (§ 1 GWB). Zum anderen hatte sie vorgebracht, dass die Beklagte, deren Gesellschafterin ein städtisches Beteiligungsunternehmen war, wettbewerbsrechtlich unlauter handeln würde, weil ihre Tätigkeit mit den kommunalrechtlichen Schranken für eine erwerbswirtschaftliche Tätigkeit der Gemeinden nicht vereinbar sei. Nachdem das erstinstanzliche Gericht die Klage vollständig abgewiesen hatte, verurteilte das Berufungsgericht die Beklagte zwar, es gründete sein Urteil aber auf dem Vorwurf, dass die Beklagte wettbewerbswidrig handeln würde, weil sie sich von ihren Tochterunternehmen Aufträge ohne Ausschreibungsverfahren habe erteilen lassen. Zwar war auch dieser Sachverhalt von der Klägerin im Laufe des Verfahrens vorgetragen worden, sie hatte aber aus diesem Vortrag kein selbstständiges Unterlassungsbegehren hergeleitet, vielmehr sollte der Vortrag lediglich einen zusätzlichen Feststellungsantrag stützen. Nach der Ansicht des BGH habe das Berufungsgericht deshalb über einen Streitgegenstand entschieden, der nicht von der Klägerin zur Entscheidung gestellt worden sei.[192]

Darüber hinaus nahm der BGH im Jahr 2006 einen Verstoß gegen § 308 Abs. 1 ZPO an, weil das erkennende Gericht den geltend gemachten Anspruch nur unter bestimmten, nicht zum Inhalt des Antrags gemachten Voraussetzungen zugesprochen hatte.[193] Wie oben im Abschnitt B. I. 4. a) bereits erläutert, hatten die Kläger in diesem Fall beantragt, den Beklagten zu untersagen, Anlegern von Immobilienfonds, die nicht Mandanten des Beklagten waren, unaufgefordert Informationsschreiben und Einladungen zu Informationsveranstaltungen zuzusenden. Das erkennende Gericht hielt diese Klageanträge für unbegründet. Es

190 BGH, Urteil vom 10.12.2001 – II ZR 139/00 – NJW-RR 2002, 540.
191 BGH, Urteil vom 03.04.2003 – I ZR 1/01 – NJW 2003, 2317.
192 BGH, Urteil vom 03.04.2003 – I ZR 1/01 – NJW 2003, 2317.
193 BGH, Urteil vom 29.06.2006 – I ZR 235/03 – juris, Rn. 16.

hat den Beklagten aber verurteilt und ihm verboten, bei den im Klageantrag genannten Werbemaßnahmen ohne Einwilligung der Anleger deren Anschrift zu verwenden.[194] Darin sah der BGH eine unzulässige Änderung des Streitgegenstands durch das Gericht.

Auch in einem weiteren Fall, der eine wettbewerbsrechtliche Unterlassungsklage zum Gegenstand hatte, bejahte der BGH jüngst einen ultra petita-Verstoß.[195] Die Beklagte dieses Rechtsstreits bot Weiterbildungskurse in dem Bereich der Psychologie an. Zu ihrem Adressatenkreis zählten einerseits ausgebildete Psychologen, andererseits aber auch Personen, die kein Studium der Psychologie absolviert hatten. Der Kläger hatte seinen Klageantrag darauf gestützt, dass die Beklagte in ihrer Werbung gegenüber potenziellen Teilnehmern ihrer Weiterbildungskurse den Eindruck erweckt habe, die Absolventen der Kurse dürften die angegebene Berufsbezeichnung auch ohne Psychologiestudium führen. Das Berufungsgericht gab der Unterlassungsklage im Ergebnis statt, es stützte seine Entscheidung aber auf eine andere tatsächliche Begründung, da es der Meinung war, dass nicht die Kursteilnehmer, sondern deren spätere Patienten irregeführt werden könnten.[196] Diese mögliche Irreführung sah das Gericht in der Art der Verwendung der Berufsbezeichnung durch die Kursteilnehmer. Der BGH war der Auffassung, dass das Berufungsgericht seinen Rechtsfolgenausspruch auf einen anderen Klagegrund als die Klägerin gestützt und damit gegen § 308 Abs. 1 ZPO verstoßen habe.[197]

Zusammenfassend kann festgehalten werden, dass ultra petita-Verstöße im Zusammenhang mit jeder Klageart auftreten können, dass sie aber besonders häufig im Zusammenhang mit Unterlassungsklagen anzutreffen sind. Sie liegen häufig vor, wenn das Gericht eine andere als die beantragte Rechtsfolge zuspricht, sie können aber auch vorliegen, wenn das Gericht seiner Entscheidung einen anderen als den vom Kläger vorgetragenen Lebenssachverhalt zugrunde legt.

## 6. Zum Vergleich: der Grundsatz ne ultra petita in anderen deutschen Prozessgesetzen

Das Verbot, ultra petita zu entscheiden, findet auch nach anderen deutschen Prozessgesetzen Anwendung: So beispielsweise nach der VwGO für Verfahren vor den Verwaltungsgerichten, nach der Finanzgerichtsordnung („**FGO**") für

---

194 BGH, Urteil vom 29.06.2006 – I ZR 235/03 – juris, Rn. 16.
195 BGH, Urteil vom 5.10.2017 – I ZR 184/16 – GRUR 2018, 203 ff.
196 BGH, Urteil vom 5.10.2017 – I ZR 184/16 – GRUR 2018, 203, Rn. 21.
197 BGH, Urteil vom 5.10.2017 – I ZR 184/16 – GRUR 2018, 203, Rn. 21.

Verfahren vor den Finanzgerichten und nach dem Sozialgerichtsgesetz („**SGG**") für Verfahren vor den Sozialgerichten. Fraglich ist, ob innerhalb der deutschen Rechtsordnung ein einheitliches Verständnis vom Anwendungsbereich des Grundsatzes ne ultra petita herrscht.

### *a) Ne ultra petita im Verwaltungsprozessrecht*

Wie eingangs bereits erwähnt, sind auch deutsche Verwaltungsgerichte gemäß § 88 VwGO an den Grundsatz ne ultra petita gebunden. Die Vorschrift lautet wie folgt:

> *„Das Gericht darf über das Klagebegehren nicht hinausgehen, ist aber an die Fassung der Anträge nicht gebunden."*

Nach § 88 VwGO ist für die Anwendung des Grundsatzes ne ultra petita also nicht der gestellte Antrag, sondern das tatsächliche Klagebegehren maßgeblich, an dieses ist das Verwaltungsgericht bei seiner Entscheidung gebunden. Zwar kommt das Klagebegehren regelmäßig durch die Fassung des Klageantrags zum Ausdruck, § 88 VwGO hebt aber ausdrücklich hervor, dass es auf die Fassung der jeweiligen Anträge nicht entscheidend ankommt. Vielmehr hat das Gericht das im Antrag und im gesamten Vorbringen zum Ausdruck kommende Rechtsschutzziel des Klägers zu ermitteln.[198]

Ähnlich wie die Zivilgerichte sind auch die Verwaltungsgerichte bei der Ermittlung des tatsächlich Begehrten an den Streitgegenstand des Verfahrens gebunden. Dieser setzt sich zusammen aus dem im Lichte des Klagebegehrens bestimmten Klageantrag und dem tatsächlichen Lebenssachverhalt, aus dem der Kläger sein Begehren herleitet.[199] Auch für Verwaltungsgerichte gilt, dass sie an das Begehren der Parteien gebunden sind. Sie sind deshalb auch nicht dazu befugt, an die Stelle dessen, was eine Partei erklärtermaßen will, das zu setzen, was sie – nach der Meinung des Richters – zur Verwirklichung ihres Rechtsschutzziels „*wollen sollte.*"[200]

Vergleicht man den Wortlaut von § 308 Abs 1 ZPO mit dem Wortlaut von § 88 WvGO, dann ist zumindest der sprachliche Unterschied zwischen den beiden Vorschriften evident: Während § 308 Abs. 1 ZPO auf das „Beantragte" abstellt,

198 *Schmid* in Sodan/Ziekow, Großkommentar zur VwGO, § 88, Rn. 23.

199 BVerwG, Beschluss vom 24.10.2006 – 6 B 47/06 – NVwZ 2007, 104, Rn. 13; BVerwG, Urteil vom 10.05.1994 – 9 C 501/93 – juris, Rn. 9; *Brink* in Posser/Wolff, Kommentar zur VwGO, § 88, Rn. 16.

200 BVerwG, Urteil vom 23.08.2007 – 7 C 13/06 – NVwZ 2007, 1311(1314).

stellt § 88 VwGO auf das „Klagebegehren" ab. In diesem Zusammenhang ist auch auf § 82 Abs. 1 VwGO hinzuweisen, der die Anforderungen an die Klageschrift im Verwaltungsprozess regelt. Nach § 82 Abs. 1 S. 1 VwGO muss die Klageschrift zwar das Klagebegehren konkret bezeichnen, sie muss aber keinen bestimmten Antrag enthalten. Gemäß § 82 Abs. 1 S. 2 VwGO soll lediglich ein bestimmter Antrag gestellt werden. Auch das Bundesverwaltungsgericht ist der Auffassung, dass der Klageantrag nur der Verdeutlichung des Klagebegehrens dient.[201] Eine verwaltungsgerichtliche Klage sei nach der Auffassung des Bundesverwaltungsgerichts nur dann unvollständig, wenn sie die Mindestanforderungen – wie das Klagebegehren – nicht enthalte.[202] Bei dem Gebot einer konkreten Antragstellung handele es sich im Gegensatz dazu lediglich um eine Sollvorschrift. Insoweit unterscheiden sich folglich die Anforderungen, die gemäß § 82 Abs. 1 S. 2 VwGO an verwaltungsgerichtliche Klage gestellt werden von denen, die gemäß § 253 Abs. 2 Nr. 2 ZPO an eine zivilgerichtliche Klage gestellt werden. Denn nach § 253 Abs. 2 Nr. 2 ZPO muss die Klage einen bestimmten Antrag enthalten.

Obgleich dem tatsächlich gestellten Antrag in Zivilverfahren damit grundsätzlich eine höhere Bedeutung zukommt, als in Verwaltungsgerichtsverfahren und obgleich § 88 VwGO und § 308 Abs. 1 ZPO unterschiedlich formuliert sind, führt das in der Praxis nicht zu Unterschieden im Hinblick auf die Geltung des Grundsatzes ne ultra petita. So stellt § 308 Abs. 1 ZPO seinem Wortlaut nach zwar maßgeblich auf den ausdrücklich gestellten Klageantrag ab, in der Praxis wird die Vorschrift aber anders angewendet. Danach sind auch Zivilgerichte nicht strikt an den gestellten Antrag, sondern an das tatsächliche Klagebegehren gebunden.[203] Die praktische Handhabung des Grundsatzes ne ultra petita spiegelt sich folglich sowohl für Verwaltungs- als auch für Zivilgerichtsverfahren treffend in der Formulierung des § 88 VwGO wider.

### *b) Ne ultra petita im finanzgerichtlichen Verfahren*

Für Verfahren vor den Finanzgerichten sieht § 96 Abs. 1 S. 2 FGO die Geltung des Grundsatzes ne ultra petita vor. [204] Die Vorschrift lautet wie folgt:

> *„Das Gericht darf über das Klagebegehren nicht hinausgehen, ist aber an die Fassung der Anträge nicht gebunden."*

---

201 BVerwG Beschluss vom 23.5.2013 – 9 B 46.12 – BeckRS 2013, 52501, Rn. 4.

202 BVerwG Beschluss vom 23.5.2013 – 9 B 46.12 – BeckRS 2013, 52501, Rn. 4.

203 Siehe hierzu oben, im Abschnitt B. I. 1.

204 Bundesfinanzhof, Beschluss vom 13.07.2009 – IX B 33/09 – juris; *Seer* in Tipke/Kruse, AO/FGO, § 96 FGO, Rn. 95.

Der Wortlaut der Norm ist identisch mit § 88 VwGO, sodass auch § 96 Abs. 1 S. 2 FGO zwischen Klagebegehren und Klageantrag unterscheidet. Durch diese Unterscheidung soll sichergestellt werden, dass das materielle Ziel der Klage und nicht dessen Formalisierung durch einen Antrag maßgeblich für die gerichtliche Entscheidung ist.[205]

Das oben zu § 88 VwGO Gesagte gilt hier folglich entsprechend.

### c) *Ne ultra petita im sozialgerichtlichen Verfahren*

Für Verfahren vor den Sozialgerichten stellt § 123 SGG den gesetzlichen Anknüpfungspunkt für die Geltung des Grundsatzes ne ultra petita dar. Die Vorschrift lautet wie folgt:

> *„Das Gericht entscheidet über die vom Kläger erhobenen Ansprüche, ohne an die Fassung der Anträge gebunden zu sein."*

Das Bundessozialgericht hat die Frage nach der Geltung des Grundsatzes ne ultra petita lange Zeit unbeantwortet gelassen. In einer Entscheidung aus dem Jahr 1973 hat es diese Frage ausdrücklich offengelassen und zur Begründung auf die unterschiedlichen Wortlaute von § 123 SGG einerseits und § 88 VwGO sowie § 96 Abs.1 Satz 2 FGO andererseits verwiesen.[206]

Mittlerweile ist es aber wohl unbestritten, dass der Grundsatz ne ultra petita auch in sozialgerichtlichen Verfahren Anwendung findet.[207] Auch wenn sich die Geltung des Grundsatzes ne ultra petita nicht eindeutig aus dem Wortlaut von § 123 SGG ergibt, so entspricht dies ausweislich der Gesetzesmaterialien auch dem Willen des Gesetzgebers.[208]

### d) *Zwischenergebnis*

Der Grundsatz ne ultra petita findet nicht nur in Verfahren vor deutschen Zivilgerichten, sondern auch vor Verwaltungs-, Finanz- und Sozialgerichten Anwendung. Dabei zeigt die Praxis, dass sich die Art und Weise der Anwendung des Grundsatzes kaum voneinander unterscheidet, sodass festgehalten werden kann, dass innerhalb der deutschen Rechtsordnung ein einheitliches Verständnis vom Grundsatz ne ultra petita herrscht.

---

205 Bundesfinanzhof, Beschluss vom 07.11.2007 – I B 104/07 – juris, Rn. 7.

206 Bundessozialgericht, Beschluss vom 20.07.1973 – 8 RU 43/73 – juris, Rn. 2.

207 Bundessozialgericht, Urteil vom 23.04.2015 – B 5 RE 23/14 R – juris, Rn. 11; *Giesbert* in: Schlegel/Voelzke, jurisPK-SGG, § 123 SGG, Rn. 23, m.w.N.

208 Siehe hierzu näher: *Giesbert* in: Schlegel/Voelzke, jurisPK-SGG, § 123 SGG, Rn. 1.

## 7. Ergebnis

Vor dem Hintergrund der obigen Ausführungen kann für die Frage nach der Geltung des Grundsatzes ne ultra petita in deutschen Zivilprozessen Folgendes festgehalten werden:

Gesetzlicher Anknüpfungspunkt für die Geltung des Grundsatzes ist § 308 Abs. 1 S. 1 ZPO. Danach ist das Gericht nicht dazu befugt, einer Partei etwas zuzusprechen, was nicht beantragt worden ist. Die Bindung an das „Beantragte" im Sinne der Vorschrift wird von der herrschenden Meinung als Bindung an den prozessualen Anspruch, also als Bindung an den Streitgegenstand, verstanden. Der Streitgegenstand setzt sich wiederum zusammen aus dem gestellten Antrag und dem zur Begründung des Antrags vorgebrachten Lebenssachverhalt. Nicht gebunden ist das Gericht grundsätzlich an die von den Parteien geäußerten Rechtsauffassungen oder an die vom Kläger vorgegebene rechtliche Qualifikation des geltend gemachten Anspruchs. Insoweit gilt in deutschen Zivilprozessen der Grundsatz iura novit curia, wonach die Rechtsermittlung und die Rechtsanwendung allein dem Gericht obliegt.

Im Rahmen der Ermittlung des Streitgegenstands werden den Gerichten weitgehende Befugnisse bei der Auslegung des Klageantrags eingeräumt. So sollen sie nicht streng an den Wortlaut des Antrags gebunden, sondern vielmehr dazu befugt sein, das tatsächliche Begehren des Klägers zu ermitteln. Diese Handhabung kann allerdings dann problematisch sein, wenn dadurch der durch den gestellten Antrag zum Ausdruck gebrachten Willensbetätigung nur noch eine Randbedeutung zukommt oder wenn im Endeffekt sogar der tatsächliche Parteiwille in den Hintergrund tritt. Das ist der Fall, wenn das Gericht nur noch auf das Handeln eines objektiven und vernünftigen Dritten abstellt und nicht mehr darauf, was der Kläger tatsächlich beantragt hat. Diese Praxis, die vom BGH gebilligt wird, steht in einem Spannungsverhältnis zu der Dispositionsmaxime. Sie verdeutlicht die Abkehr der ZPO von einer gänzlich liberalen Grundhaltung und verkörpert die gesteigerte Bedeutung einer gerichtlichen Fürsorgepflicht gegenüber den Parteien.[209]

Schließlich ist noch zu beachten, dass der Grundsatz ne ultra petita nicht nur Ausfluss der Dispositionsmaxime ist, sondern dass er auch Berührungspunkte zum Anspruch auf rechtliches Gehör hat. Er ist nämlich insoweit Ausfluss des

---

209 Zur gesteigerten Fürsorgepflicht siehe: OLG Brandenburg, Beschluss vom 06.02.2009 – 1 W 21/08 – zitiert in NJW-RR 2009, 1224; *Vollkommer* in Zöller, Kommentar zur Zivilprozessordnung, § 42 ZPO, Rn. 26, m.w.N.

Gehörsanspruchs, als ein Gericht nicht dazu befugt ist, einer Partei etwas anderes als beantragt zuzusprechen und dadurch eine überraschende Entscheidung zu erlassen.

## II. Ne ultra petita in Schiedsverfahren

Nachdem dargelegt wurde, wie der Grundsatz ne ultra petita in deutschen Zivilprozessen ausgelegt und angewendet wird, soll nun untersucht werden, ob und gegebenenfalls wie er im Rahmen von Schiedsverfahren gilt und ob die Praxis der deutschen Gerichte, trotz der Besonderheiten von Schiedsverfahren, auf diese übertragen werden kann.

### 1. Begriffsbestimmung: Inländische Handelsschiedsverfahren

Ausgangspunkt der Untersuchung ist die Geltung des Grundsatzes ne ultra petita in inländischen Handelsschiedsverfahren. Unter dem Begriff Handelsschiedsverfahren ist die Summe der Normen und Einrichtungen zu verstehen, die sich mit der Entscheidung bürgerlicher Rechtsstreitigkeiten aufgrund privater Willenserklärungen durch private Personen oder Gremien (Schiedsgerichte) befassen.[210] Durch Handelsschiedsverfahren wird die ordentliche Gerichtsbarkeit substituiert,[211] indem private Schiedsgerichte über bürgerliche Rechtsstreitigkeiten entscheiden.[212]

#### *a) Abgrenzung: Handelsschiedsgerichtsbarkeit von Investitionsschiedsgerichtsbarkeit*

Abzugrenzen ist der Begriff der Handelsschiedsgerichtsbarkeit insbesondere von dem Begriff der Investitionsschiedsgerichtsbarkeit. Investitionsschiedsverfahren liegen vor, wenn Investitionsstreitigkeiten zwischen ausländischen Investoren und Gaststaaten durch ein Schiedsverfahren beigelegt werden sollen.[213] Sie beruhen auf einem öffentlich-rechtlichen Grundverständnis[214] und gehen – anders

---

210 So *Münch* im Münchener Kommentar zur ZPO, Vorbemerkung zu § 1025, Rn. 1 zum Schiedsrecht im Sinne des 10. Buches der ZPO.

211 Wissenschaftlicher Dienst des Deutschen Bundestages, WD 7 - 3000 - 012/17, vom 16.02.2017, S. 4.

212 Schwab/Walter, Schiedsgerichtsbarkeit, 1. Kapitel, Einleitung, Rn. 1.

213 *Schill*, Internationales Investitionsschutzrecht und Vergleichendes Öffentliches Recht, in ZaöRV 71 (2011), S. 247(250), Fn. 4.

214 *Schill*, Internationales Investitionsschutzrecht und Vergleichendes Öffentliches Recht, in ZaöRV 71 (2011), S. 247(249).

als Handelsschiedsverfahren – damit nicht von einer strukturellen Waffengleichheit der Parteien, also von einer Begegnung auf Augenhöhe, aus.

### *b) Inländische Schiedsverfahren*

Der Fokus der vorliegenden Untersuchung liegt auf der Geltung des Grundsatzes ne ultra petita in inländischen Handelsschiedsverfahren, also Schiedsverfahren, bei denen das Schiedsgericht seinen Sitz gemäß § 1025 Abs. 1 ZPO i.V.m. § 1043 Abs. 1 ZPO in Deutschland hat. Für die Unterscheidung zwischen inländischen und ausländischen Schiedsverfahren folgt die deutsche Zivilprozessordnung damit dem Territorialprinzip: ob ein Schiedsverfahren als inländisch oder ausländisch zu qualifizieren ist, bestimmt sich allein nach dem Ort des Schiedsverfahrens. So heißt es in § 1025 Abs. 1 ZPO:

> *„Die Vorschriften dieses Buches sind anzuwenden, wenn der Ort des schiedsrichterlichen Verfahrens im Sinne des § 1043 Abs. 1 in Deutschland liegt."*

Dieser territoriale Anknüpfungspunkt war schon in Artikel 2 Abs. 1 des Genfer Protokolls über die Schiedsklauseln (*Geneva Protocol on Arbitration Clauses*) aus dem Jahr 1923 vorgesehen[215] und findet sich auch in Artikel 1 Abs. 2 des UNCITRAL-Modellgesetzes[216] über internationale Handelsschiedsgerichtsbarkeit vom 21. Juni 1985 wieder. Das UNCITRAL-Modellgesetz ist ein von der United Nations Commission on International Trade Law erarbeitetes Muster eines Schiedsverfahrensrechts, das die Vereinten Nationen ihren Mitgliedern zur Übernahme in deren nationale Rechtsordnungen empfohlen haben. Mittlerweile haben mehr als 70 Staaten[217] – darunter auch Deutschland – ihr Schiedsverfahrensrecht anhand des Modellgesetzes novelliert. In Art. 1 Abs. 2 heißt es zum Anwendungsbereich des Modellgesetzes:

> *"The provisions of this Law, except articles 8, 9, 17 H, 17 I, 17 J, 35 and 36, apply only if the place of arbitration is in the territory of this State."*

---

215 Artikel 2 Abs. 1 des Genfer Protokolls über die Schiedsklauseln: "*The arbitral procedure, including the constitution of the arbitral tribunal, shall be governed by the will of the parties and by the law of the country in whose territory the arbitration takes place.*"

216 UNCITRAL ist die Abkürzung für: "*United Nations Commission on International Trade Law*"; verschiedene sprachliche Fassungen des UNCITRAL Modellgesetzes sind abrufbar auf der Internetseite der DIS unter dem folgenden Link: http://www.disarb.org/de/51/materialien/uebersicht-id0.

217 Quelle: http://www.uncitral.org/uncitral/en/uncitral_texts/arbitration/1985Model_arbitration_status.html.

Nach welchen Kriterien wiederum zu bestimmen ist, ob der Schiedsort tatsächlich in Deutschland ist, folgt aus § 1043 Abs. 1 ZPO. Nach dieser Vorschrift obliegt die Festlegung des Schiedsorts entweder den Parteien oder – subsidiär – dem Schiedsgericht:

> *„Die Parteien können eine Vereinbarung über den Ort des schiedsrichterlichen Verfahrens treffen. Fehlt eine solche Vereinbarung, so wird der Ort des schiedsrichterlichen Verfahrens vom Schiedsgericht bestimmt. Dabei sind die Umstände des Falles einschließlich der Eignung des Ortes für die Parteien zu berücksichtigen.“*

§ 1043 Abs. 1 ZPO ist wiederum angelehnt an Art. 20 Abs. 1 UNCITRAL-Modellgesetz, in dem es heißt:

> *„The parties are free to agree on the place of arbitration. Failing such agreement, the place of arbitration shall be determined by the arbitral tribunal having regard to the circumstances of the case, including the convenience of the parties."*

Der Schiedsort ist dabei ein rein juristisches Konstrukt und kann auch als virtuell bezeichnet werden. Er ist streng von dem faktischen Gerichtsplatz im Sinne des § 1043 Abs. 2 ZPO zu unterscheiden, an dem die tatsächlichen Handlungen vorgenommen und die schiedsrichterliche Kompetenz ausgeübt wird.[218]

### c) Nationale und internationale Schiedsverfahren

Abzugrenzen von der Unterscheidung zwischen inländischen und ausländischen Schiedsverfahren ist die Differenzierung zwischen nationalen und internationalen Schiedsverfahren. Das UNCITRAL-Modellgesetz („**ModG**“) gilt nur im Rahmen von internationalen Schiedsverfahren. Das folgt aus Art. 1 Abs. 1 Halbs. 1 ModG:

> *„This Law applies to international commercial arbitration, […]“*

Wann ein internationales Schiedsverfahren in diesem Sinne vorliegt, ist in Artikel 1 Abs. 3 und Abs. 4 ModG definiert.[219] Ausschlaggebend für die Zuordnung

---

218 *Winkler/Weinand*, Anwendung des neuen deutschen Rechts auf internationale Wirtschaftsverträge, BB 1998, 597(600).

219 Artikel 1 Abs. 3 und Abs. 4 ModG lauten wie folgt: „*3. Ein schiedsrichterliches Verfahren ist international, wenn*
*a) die Parteien der Schiedsvereinbarung im Zeitpunkt des Abschlusses dieser Vereinbarung ihre Niederlassung in verschiedenen Staaten haben, oder*
*b) einer der folgenden Orte außerhalb des Staates liegt, in dem die Parteien ihre Niederlassung haben:*

ist damit, ob das Schiedsverfahren entweder aufgrund des Sitzes zumindest einer der Parteien oder durch den Gegenstand des Rechtsstreits einen Auslandsbezug aufweist.

Im Gegensatz zum UNCITRAL-Modellgesetz trifft das deutsche Schiedsverfahrensrecht keine Unterscheidung zwischen nationalen und internationalen Schiedsverfahren, sodass die §§ 1025 ff. ZPO für nationale und internationale Schiedsverfahren gleichermaßen gelten.

### *d) Inländische Schiedsverfahren in einer internationalen Dimension*

Inländische Schiedsverfahren im Sinne von § 1025 Abs. 1 ZPO weisen vielfach Berührungspunkte zu anderen Rechtsordnungen auf. Das ist nicht nur dann der Fall, wenn die am Schiedsverfahren beteiligten Personen (namentlich die Schiedsrichter und die Parteien) aus unterschiedlichen Rechtsordnungen stammen oder wenn der Gegenstand des Rechtsstreits einen Auslandsbezug aufweist, sondern auch dann, wenn es in Betracht kommt, dass der Schiedsspruch später nicht in Deutschland, sondern im Ausland vollstreckt werden müsste. Diese möglichen Berührungspunkte mit ausländischen Rechtsordnungen sollen auch im Rahmen der vorliegenden Untersuchung berücksichtigt werden, da ein rein nationaler Blick auf die Thematik der internationalen Dimension von inländischen Schiedsverfahren nicht gerecht werden würde.

Darüber hinaus ist zu beachten, dass sich der ZPO Änderungsgesetzgeber im Rahmen der Novellierung des 10. Buches der ZPO durch das Schiedsverfahrens-Neuregelungsgesetz (SchiedsVfG) (BGBl. I 1997, 3224) weitgehend am UNCITRAL-Modellgesetz orientiert hat. Damit steht das deutsche Schiedsverfahrensrecht schon seinem Ursprung nach in einem internationalen Kontext.

---

*i) der Ort des schiedsrichterlichen Verfahrens, sofern dieser in der Schiedsvereinbarung bestimmt oder nach der Schiedsvereinbarung zu bestimmen ist.*
*ii) jeder Ort, an dem ein wesentlicher Teil der Pflichten aus der Handelsbeziehung zu erfüllen ist, oder der Ort, mit dem der Gegenstand des Streites die engste Verbindung aufweist, oder*
*c) die Parteien ausdrücklich vereinbart haben, daß der Gegenstand der Schiedsvereinbarung Beziehungen zu mehr als einem Land aufweist*
*4. Für die Anwendung des Absatzes 3 ist,*
*a) sofern eine Partei mehr als eine Niederlassung hat, die Niederlassung maßgebend, die mit der Schiedsvereinbarung die engste Verbindung aufweist,*
*b) sofern eine Partei keine Niederlassung hat, an ihren gewöhnlichen Aufenthalt anzuknüpfen.“*

Schließlich entspricht es dem ausdrücklichen Willen des deutschen Gesetzgebers, das Ansehen der Bundesrepublik Deutschland als Austragungsort internationaler Schiedsstreitigkeiten zu fördern.[220] Dieses Ziel kann insbesondere dadurch erreicht werden, dass das deutsche Schiedsverfahrensrecht für ausländische Rechtsanwender attraktiver gemacht wird, indem globale Standards berücksichtigt werden. Ein stetiger Blick auf die internationale Bühne ist folglich förderlich und erforderlich, um dem Anspruch des deutschen Schiedsverfahrensrechts gerecht zu werden.

Vor diesem Hintergrund soll sich die Untersuchung nicht ausschließlich auf die Analyse deutscher Normen und auf die Auseinandersetzung mit der deutschen Rechtsprechung beschränken. Vielmehr soll immer wieder ein Blick auf die internationale Praxis geworfen und geprüft werden, ob es eine Art einheitlichen Mindeststandard mit Blick auf eine Bindung von Schiedsgerichten an den Grundsatz ne ultra petita gibt.

## 2. Allgemeine Ausführungen zu Schiedsverfahren und ihren Besonderheiten

Um die Frage beantworten zu können, inwieweit das obige Prüfungsergebnis zur Geltung des Grundsatzes ne ultra petita in nationalen Zivilverfahren auf inländische Schiedsverfahren übertragen werden kann, soll zunächst ein Blick auf die strukturellen Unterschiede zwischen Schiedsverfahren und staatlichen Gerichtsverfahren geworfen werden.

Grundlage jeder schiedsrichterlichen Tätigkeit ist die Anerkennung der Parteiautonomie. Das bedeutet, dass die Parteien einvernehmlich und rechtswirksam bestimmen können, dass ihr Rechtsstreit der Entscheidung durch die staatlichen Gerichte entzogen sein soll.[221] Aus diesem besonderem Maße an Parteiautonomie resultieren Besonderheiten. Ein grundlegender Unterschied besteht darin, dass Schiedsrichter nicht zwingend eine juristische Ausbildung absolviert haben müssen. Zudem kommt es häufig vor, dass „ausländische“ Juristen, die mit dem auf die konkrete Streitigkeit anzuwendenden Recht nicht zwingend vertraut sind, als Schiedsrichter eingesetzt werden. Dadurch könnte der Eindruck entstehen, dass Schiedsgerichtsbarkeit nicht als Rechtsprechung im herkömmlichen Sinne angesehen werden kann, da die zur Entscheidung über

220 BT-Drs. 13/5274, vom 12.07.1996, S. 1.

221 *Lörcher/Lörcher*, Organisation eines Ad-hoc- Schiedsverfahrens, SchiedsVZ 2005, 179(180).

Rechtsfragen berufenen Personen mit dem anzuwendenden Recht nicht zwingend vertraut sein müssen. In der zweiten Hälfte des 19. Jahrhunderts wurde schiedsrichterliche Entscheidung als besondere Form des Vergleichs angesehen.[222] Diese Ansicht spiegelt sich gleichermaßen in der Begründung zum Entwurf der CPO von 1872 wider. In der Begründung wird noch die Auffassung vertreten, dass die vermittelnde Tätigkeit bzw. Entscheidung des Schiedsgerichts als Regelfall des schiedsrichterlichen Wirkens anzusehen sei.[223] Diese Herangehensweise ist indes längst überholt. So ist Schiedsgerichtsbarkeit in Deutschland längst als rechtsprechende Institution anerkannt[224] und stellt Rechtsprechung im materiellen Sinn dar.[225] Folglich haben Schiedssprüche in Deutschland gemäß § 1055 ZPO die Wirkung eines rechtskräftigen Urteils.[226]

Nichtsdestotrotz dürfte der Entscheidungsfindungsprozess eines Schiedsgerichts nicht unerheblich davon beeinflusst sein, ob das Schiedsgericht ganz oder teilweise mit Juristen oder mit Nicht-Juristen besetzt ist. Darüber hinaus dürfte für den Entscheidungsfindungsprozess auch relevant sein, aus welcher Rechtsordnung die Schiedsrichter stammen. Auch wenn Schiedsgerichtsbarkeit damit Rechtsprechung im materiellen Sinn darstellt, können die Standards eines nationalen Gerichtsverfahrens nicht auf Schiedsverfahren übertragen werden.

Ein weiterer struktureller Unterschied wird deutlich, wenn man einen näheren Blick auf die jeweils anwendbaren Rechtsquellen wirft. Während sich der Ablauf eines deutschen Zivilprozesses allein nach der ZPO richtet, gibt es für Schiedsverfahren kein einheitliches und abschließendes Regelwerk. Vielmehr gibt es einerseits unzählig viele unterschiedlich ausgestaltete Parteivereinbarungen, die den Ablauf eines konkreten Verfahrens regeln. In diesen Schiedsvereinbarungen nehmen die Parteien dann häufig Bezug auf die Schiedsverfahrensordnung einer deutschen, ausländischen oder internationalen Schiedsinstitution. Andererseits

---

222 Siehe beispielsweise Tessmer, Das Schiedsverfahren nach deutschem Recht, S. 19 f.; *Littauer*, Schiedsgerichtsbarkeit und materielles Recht, ZZP 55(1931), S. 11 f.; Für weitere Nachweise siehe: Kornblum, Probleme der schiedsrichterlichen Unabhängigkeit, 1968, S. 82 ff.

223 *Stauder*, Die Billigkeitsentscheidung in der Handelsschiedsgerichtsbarkeit, SchiedsVZ 2014, 287(288), m.w.N.

224 *Stauder*, Die Billigkeitsentscheidung in der Handelsschiedsgerichtsbarkeit, SchiedsVZ 2014, 287(289).

225 *Prütting* in Prütting/Gehrlein, Kommentar zur ZPO, § 1025, Rn. 1; *Münch* im Münchener Kommentar zur ZPO, Vorbemerkung zu § 1025, Rn. 4.

226 § 1055 ZPO lautet wie folgt: „*Der Schiedsspruch hat unter den Parteien die Wirkungen eines rechtskräftigen gerichtlichen Urteils.*“

gibt es unterschiedliches nationales Schiedsverfahrensrecht, das Einfluss auf den Ablauf eines Verfahrens nehmen kann und dessen Anwendbarkeit sich wiederum nach den jeweils anwendbaren nationalen Vorschriften richtet.

Diese Aufzählung macht die Vielschichtigkeit und Komplexität der Möglichkeiten zur Verfahrensgestaltung von Schiedsverfahren deutlich. Überspitzt ausgedrückt kann aufgrund der Freiheit bei der Verfahrensausgestaltung und aufgrund der unzähligen Kombinationsmöglichkeiten mit jedem neu eingeleiteten Schiedsverfahren neues Schiedsverfahrensrecht geschaffen werden. Für Schiedsverfahren ist es also kaum möglich und vielfach gar nicht gewollt, einen einheitlichen Standard zu schaffen. Gerade dieser Umstand macht Schiedsverfahren für die Parteien so attraktiv, da sie im Vergleich zu nationalen Zivilprozessen äußerst flexibel agieren können. Anders als bei nationalen Prozessen, die für eine Vielzahl unterschiedlicher Verfahren eine einheitliche und starre Organisation vorsehen, können sich die Parteien eines Schiedsverfahrens den Ablauf ihres Verfahrens quasi „maßschneidern" und an ihre individuelle Situation und speziellen Bedürfnisse anpassen. Diese Flexibilität und Autonomie der Parteien erfüllt einerseits den Sinn und Zweck von Schiedsverfahren; sie ist aber andererseits mit dem Effekt verbunden, dass eine einheitliche Geltung bestimmter Verfahrensgrundsätze nicht als gesichert vorausgesetzt werden kann.

Während sich die Geltung des Grundsatzes ne ultra petita für alle deutschen Zivilprozesse also unproblematisch aus der ZPO ergibt, kommen für Schiedsverfahren verschiedene Anknüpfungspunkte für eine Geltung des Grundsatzes in Betracht. Beispielsweise können sich die Parteien darauf einigen, dass der Grundsatz in ihrem konkreten Verfahren Anwendung finden soll. Dies kann entweder dadurch geschehen, dass die Parteien die Geltung des Grundsatzes ausdrücklich in ihre Schiedsvereinbarung aufnehmen – was in der Praxis so gut wie nie vorkommen dürfte – oder dadurch, dass die Parteien dem Verfahren die Schiedsordnung einer Schiedsinstitution zugrunde legen, die wiederum eine Antragsbindung des Gerichts vorsieht. Haben die Parteien die Geltung des Grundsatzes jedoch nicht ausdrücklich vereinbart und ergibt sich dessen Anwendbarkeit auch nicht aus der in Bezug genommenen Schiedsverfahrensordnung, dann stellt sich die Frage, ob das für das jeweilige Schiedsverfahren geltende nationale Schiedsverfahrensrecht die Geltung des Grundsatzes vorsieht, beziehungsweise sogar zwingend vorschreibt.

Schließlich soll noch auf einen weiteren Aspekt hingewiesen werden, der für die Frage nach der Geltung des Grundsatzes ne ultra petita in Schiedsverfahren relevant sein dürfte. So wurde oben schon die Dispositionsbefugnis der Parteien als legitimitätsstiftender Ausgangspunkt eines jeden Schiedsverfahrens angeführt. Zudem wurde auf die allgemein verbreitete Ansicht hingewiesen, wonach der Grundsatz ne ultra petita Ausfluss eben jener Dispositionsbefugnis ist.[227] Dieses Ergebnis dürfte für Schiedsverfahren allerdings zu widersprüchlichen Ergebnissen führen. Wollte man nämlich einerseits annehmen, dass der Grundsatz in Schiedsverfahren wegen der gesteigerten Dispositionsbefugnis der Parteien erst recht gelten müsste, dann ließe man außer Acht, dass gerade diese Dispositionsbefugnis zu einem besonderen Verhältnis zwischen den Schiedsparteien und den Schiedsrichtern und damit gegebenenfalls auch zu einer besonderen Rolle der Schiedsrichter führt. So ist zu beachten, dass jede Partei in der Regel zumindest einen der Schiedsrichter selbst benennt, was mit einem gesteigerten Vertrauen in den parteibenannten Schiedsrichter einhergehen dürfte und eventuell auch mit einer gewissen Erwartungshaltung im Hinblick auf den Umgang des benannten Schiedsrichters mit den Interessen der jeweiligen Partei. Bei dem parteibenannten Schiedsrichter dürfte deshalb eine gesteigerte Fürsorgebereitschaft für die Partei, die ihn benannt hat, bestehen. Zwar darf von dem parteibenannten Schiedsrichter nicht erwartet werden, dass er sich pflichtwidrig als Parteivertreter aufführt, allerdings ist es durchaus angemessen, dass der jeweilige Schiedsrichter seinen Mitschiedsrichtern die Position „seiner" Partei in den Beratungen des Schiedsgerichts verständlich darstellt und dabei Unstimmigkeiten und Ungenauigkeiten im Antrag oder Sachvortag ausräumt. Das könnte im Rahmen der schiedsrichterlichen Entscheidung gegebenenfalls zu einer Überschreitung oder Änderung des Antragsinhalts führen.

Es bleibt damit offen, ob die Besonderheiten und das Wesen von Schiedsverfahren eher für oder gegen die Geltung des Grundsatzes ne ultra petita in Schiedsverfahren sprechen.

## 3. Der Meinungsstand zur Geltung des Grundsatzes ne ultra petita in inländischen Schiedsverfahren

Zur Beantwortung der Frage, inwieweit der Grundsatz ne ultra petita in inländischen Schiedsverfahren Anwendung findet, soll zunächst ein Blick auf den in der deutschen Literatur (dazu unter a)) und Rechtsprechung (dazu unter b)) vorhandenen Meinungsstand geworfen werden.

### *a) Die Meinungen in der Literatur*

In der Literatur beschränken sich die Ausführungen zu der Frage, inwieweit in inländischen Schiedsverfahren der Grundsatz ne ultra petita Anwendung findet,

227 Siehe hierzu oben im Abschnitt A. II. 1.

durchweg auf kursorische und meist äußerst kurze Ausführungen. Hierbei scheint Einigkeit darüber zu bestehen, dass der Grundsatz prinzipiell auch in Schiedsverfahren zu beachten ist.[228]

So geht beispielsweise *Nagel* relativ pauschal davon aus, dass Schiedsgerichte an § 308 Abs. 1 ZPO gebunden seien und dass damit eine Antragsbindung wie im Rahmen deutscher Zivilprozesse bestehe.[229] Andere Autoren bejahen eine grundsätzlich bestehende, aber nicht allzu streng anzuwendende, Antragsbindung von Schiedsgerichten.[230] So heißt es beispielsweise im Münchener Kommentar hierzu:

> *„Anwendbar ist besonders der Dispositionsgrundsatz […], eingeschlossen die – formell ohnedies bereits „gelockerte" – Antragsbindung (§308 Abs. 1 analog: ne ultra petita […].“*[231]

*Voit* schreibt zu der Frage:

> *„Das Schiedsgericht darf über das Beantragte nicht hinausgehen […] wobei zu beachten ist, dass ein bestimmter Antrag richtiger Ansicht nach nicht notwendig ist (§ 1046 Rn. 2) und zumindest auch stillschweigend gestellt werden kann […].“*[232]

*Schlosser*[233] wirft zwar die Frage nach einer Antragsbindung von Schiedsgerichten auf, beantwortet diese dann aber nicht abschließend. Aus seinen Ausführungen wird aber deutlich, dass das Schiedsgericht allein an das klägerische Begehren gebunden sei. Dieses Begehren sei durch das Schiedsgericht zu ermitteln, ohne dass das Schiedsgericht dabei streng an den Wortlaut von Anträgen gebunden wäre, vielmehr könne das Schiedsgericht das Begehren aus der Gesamtheit des vorgetragenen Stoffes erschließen. In diesem Zusammenhang weist Schlosser auch darauf hin, *„dass die Parteien eine wirtschaftlich zweckmäßige Erledigung des Rechtsstreits erwarten“*[234], was bei einer strengen

---

228 So zum Beispiel: *Gerstenmaier*, Die (Un-)Bestimmtheit des Antrags im Schiedsverfahren, in FS-Schütze, S. 123(127); *Münch* im Münchener Kommentar zur ZPO, § 1042, Rn. 18; Schwab/Walter, Schiedsgerichtsbarkeit, 24. Kapitel, Rn 15; *Voit* in Musielak/Voit, ZPO, 15. § 1061 Rn. 16; *Nagel*, Gedanken über die Beschleunigung des Schiedsverfahrens, FS-Firsching, S. 191(206); Glossner, Bredow, Bühler, Das Schiedsgericht in der Praxis, Rn. 431.

229 *Nagel*, Gedanken über die Beschleunigung des Schiedsverfahrens, FS-Firsching, S. 191(206).

230 *Münch* im Münchener Kommentar zur ZPO, § 1042, Rn. 106; *Voit* in Musielak/Voit Kommentar zur ZPO, § 1042, Rn. 19.

231 *Münch* im Münchener Kommentar zur ZPO, § 1042, Rn. 106.

232 *Voit* in Musielak/Voit Kommentar zur ZPO, § 1042, Rn. 19.

233 *Schlosser* in Stein/Jonas, Kommentar zur ZPO, 1042, Rn. 75.

234 *Schlosser* in Stein/Jonas, Kommentar zur ZPO, 1042, Rn. 75.

Antragsbindung des Schiedsgerichts mitunter nur schwer erreichbar sein dürfte. Denn im Rahmen einer *„wirtschaftlich zweckmäßige[n] Erledigung“* dürfte das Schiedsgericht weniger das subjektiv Beantragte, sondern vielmehr das objektiv Sinnvolle im Auge haben.

Einige Autoren befassen sich mit der Frage nach der Geltung des Grundsatzes ne ultra petita nur im Zusammenhang mit den Gründen für eine Aufhebung, bzw. im Zusammenahng mit den Gründen für eine Versagung der Vollstreckbarkeit von Schiedssprüchen. So vertritt *Eberl* die Auffassung, dass ultra petita-Verstöße einen Schiedsspruch grundsätzlich nicht angreifbar machen würden.[235] Demgegenüber gehen beispielsweise *Schwab/Walter*[236] oder auch *Hausmann*[237] ohne nähere Begründung davon aus, dass ultra petita-Verstöße inländische Schiedssprüche nach § 1059 Abs. 2 Nr. 1 c) ZPO aufhebbar machen würden.[238]

Zusammenfassend dürfte es der herrschenden Meinung in der Literatur entsprechen, dass auch in inländischen Schiedsverfahren eine irgendwie geartete Antragsbindung besteht. Allerdings wird in der Literatur nicht ausführlich diskutiert, worin der Bezugspunkt und der Umfang der schiedsrichterlichen Bindung zu sehen ist: ist das Schiedsgericht an den Antrag oder an das Begehren gebunden? An die beantragte Rechtsfolge, den Sachvortrag und/oder den Rechtsvortrag? Außerdem stellt sich die Frage, welche Folgen es hat, wenn ein Schiedsgericht gegen die Antragsbindung verstößt: Ist ein Schiedsspruch dann aufhebbar?

Vor diesem Hintergrund entsteht der Eindruck, dass sich die Literatur mit der Frage nach dem Wesen und der Reichweite des Grundsatzes ne ultra petita in inländischen Schiedsverfahren bisher nur schemenhaft befasst hat.

### *b) Die Rechtsprechung*

In dieser Arbeit werden staatliche Gerichte, die über die Wirksamkeit und über die Vollstreckbarkeit von Schiedssprüchen entscheiden, als „Kontrollgerichte“ bezeichnet. An dieser Stelle soll noch einmal ausdrücklich darauf hingewiesen werden, dass durch die Bezeichnung des staatlichen Gerichts als „Kontrollgericht“ nicht der Eindruck erweckt werden soll, dass der Schiedsspruch durch

235 *Eberl*, As Night Follows Day – Shakespeare und die schiedsrichterliche Kompetenz gemäß Art. V1c des New York Convention vom 10.6.1958, SchiedsVZ 2003, 109 ff.

236 Schwab/Walter, Schiedsgerichtsbarkeit, 24. Kapitel, Rn. 15.

237 *Hausmann*, Die Aufhebung von Schiedssprüchen nach neuem deutschen Schiedsverfahrensrecht, in FS-Stoll, S. 593(600).

238 Zu dieser Frage ausführlicher im Abschnitt B. III. 3.

das staatliche Gericht einer umfassenden materiell-rechtlichen oder verfahrensrechtlichen Prüfung unterzogen wird. Die Kontrolle eines Schiedsspruchs ist in Deutschland vielmehr nur in den engen Grenzen der §§ 1059 Abs. 1 ZPO, 1060 ZPO (für inländische Schiedssprüche) und des § 1061 ZPO (für ausländische Schiedssprüche) möglich. Im Lichte dessen ist zur deutschen Kontrollpraxis Folgendes zu sagen:

Deutsche Kontrollgerichte gehen grundsätzlich von der Geltung des Grundsatzes ne ultra petita in Schiedsverfahren aus,[239] wobei sich in den entsprechenden Urteilsgründen nur selten nähere Ausführungen zu der Frage nach dem Bezugspunkt und dem Umfang der schiedsgerichtlichen Bindung finden.

Schon das Reichsgericht hatte sich mit der Frage nach der Geltung des Grundsatzes ne ultra petita in Schiedsverfahren zu befassen. Das Gericht kam zu dem Ergebnis, dass dem Grundsatz in Schiedsverfahren zumindest nicht die gleiche Bedeutung wie in nationalen Zivilprozessen zukommen könne. Zur Begründung dieser Auffassung führte das Reichsgericht Folgendes aus:

> *„Es ist zwar richtig, dass das Schiedsgericht nicht über Streitpunkte entscheiden darf, die nicht Gegenstand des Parteivorbringens geworden sind. Dies folgt aus dem Wesen seiner Aufgabe und aus dem Wesen eines bürgerlichen Rechtsstreits überhaupt. Insofern kann gesagt werden, dass die Vorschrift des § 308 Abs. 1 ZPO, wonach das Gericht nicht befugt ist, einer Partei etwas zuzusprechen, was sie nicht beantragt hat, auch für das schiedsrichterliche Verfahren gelte. Indessen bedürfen die Anträge vor dem Schiedsgericht keiner ausdrücklichen Kundgabe und keiner schriftlichen Abfassung […].“*[240]

Damit ist das Reichsgericht einerseits von einer Bindung von Schiedsgerichten an § 308 Abs. 1 ZPO – und folglich von einer Antragsbindung – ausgegangen, andererseits sollten kaum Anforderungen an den Inhalt des Klageantrags gestellt werden. Diese Herangehensweise ist nicht ganz stringent, da eine Antragsbindung ohne ein Antragserfordernis nutzlos wäre. Auf dieses Problem wies das Reichsgericht allerdings selbst hin und folgerte daraus, dass § 308 Abs. 1 ZPO für

239 OLG Frankfurt, Beschluss vom 05.06.2014 – 26 Sch 1/14, S. 5, veröffentlicht in der Datenbank der DIS, abrufbar unter: http://www.disarb.org/de/47/datenbanken/rspr/olg-frankfurt-am-main-case-no-26-sch-1-14-date-2014-06-05-id1645; OLG Koblenz, Beschluss vom 06.10.2005 – 2 Sch 1/05 – juris, Rn.18; OLG Köln, Beschluss vom 28.06.2011 – 19 Sch 11/10 – openJur 2012, 80284, Rn. 57, 60, 70; OLG München, Beschluss vom 09.11.2015 – 34 Sch 27/14 – SchiedsVZ 2015, 303(306); OLG München, Beschluss vom 09.01.2017 – 34 Sch 20/16 – juris, Rn. 51.

240 Reichsgericht, VII. Zivilsenat, Urteil vom 11.10.1935 – VII 74/35 – RGZ 149, 45(49).

Schiedsverfahren zumindest nicht die Tragweite haben könne, die der Vorschrift im Rahmen eines nationalen Zivilprozesses zukommt.[241]

Auch das OLG Stuttgart äußerte sich in einem Fall aus dem Jahr 2001 noch relativ vage zur Reichweite der Antragsbindung in Schiedsverfahren, wobei anzumerken ist, dass sich das OLG Stuttgart in diesem Fall nicht mit einem inländischen Schiedsspruch zu befassen hatte, sondern mit einem ausländischen Schiedsspruch, der in Deutschland vollstreckt werden sollte. Das Gericht führte Folgendes aus:

> *„Mit den Grenzen des Antrags ist keine Bindung an den Wortlaut des Klageantrags verbunden, vielmehr muss die Urteilsformel sachlich mit dem entsprechenden Sachvortrag übereinstimmen."*[242]

Im Zusammenhang mit dem Grundsatz ne ultra petita mussten sich die zuständigen Oberlandesgerichte außerdem häufig mit der Frage befassen, inwieweit § 308 Abs. 1 ZPO in Schiedsverfahren analog anzuwenden ist. So führte beispielsweise das OLG Frankfurt im Jahr 2014 zu dieser Frage Folgendes aus:

> *„Die übrigen Vorschriften der ZPO für das Verfahren vor den staatlichen Gerichten gelten nur, wenn die Parteien dies vereinbart haben oder soweit es sich um unverzichtbare Grundlagen für ein ordnungsgemäßes Verfahren handelt […].*
>
> ***Wenngleich nach diesen Grundsätzen § 308 ZPO zwar nicht direkt anwendbar ist**, so wird doch allgemein ein Verstoß gegen das schiedsrichterliche Verfahren i.S.v. § 1059 Abs. 2 Nr. 1 lit. d) ZPO angenommen, wenn das Schiedsgericht einer Partei mehr zuspricht, als diese beantragt hat […]."*[243] (Hervorhebungen durch die Verfasserin)

Darüber hinaus betonte das OLG Frankfurt, dass es sich

> *„bei dem in § 308 Abs. 1 ZPO verankerten Rechtsgrundsatz um einen Bestandteil des grundlegenden zivilprozessualen Prinzips der Dispositionsmaxime, nach der die Entscheidungsbefugnis des Gerichts dem Umfang nach von den Parteien vorgegeben wird"*

handeln würde.[244]

---

241 Reichsgericht, VII. Zivilsenat, Urteil vom 11.10.1935 – VII 74/35 – RGZ 149, 45(50).

242 OLG Stuttgart, Entscheidung vom 06.12.2001 – 1 Sch 12/01 – abrufbar auf der Datenbank der DIS: http://www.disarb.org/de/47/datenbanken/rspr/olg-stuttgart-az-1-sch-12-01-datum-2001-12-06-id159.

243 OLG Frankfurt, Beschluss vom 05.06.2014 – 26 Sch 1/14, S. 5, veröffentlicht in der Datenbank der DIS, abrufbar unter: http://www.disarb.org/de/47/datenbanken/rspr/olg-frankfurt-am-main-case-no-26-sch-1-14-date-2014-06-05-id1645.

244 OLG Frankfurt, Beschluss vom 05.06.2014 – 26 Sch 1/14, S. 5, veröffentlicht in der Datenbank der DIS, abrufbar unter: http://www.disarb.org/de/47/datenbanken/rspr/olg-frankfurt-am-main-case-no-26-sch-1-14-date-2014-06-05-id1645.

Die Oberlandesgerichte Koblenz[245], Köln[246] und München[247] gehen – ähnlich wie *Nagel* – von einer entsprechenden Anwendung von § 308 Abs. 1 ZPO in Schiedsverfahren aus. Zwar vertrat das OLG München im Jahr 2009 noch die Auffassung, dass § 308 ZPO jedenfalls nicht direkt in inländischen Schiedsverfahren anwendbar sei,[248] in einem Beschluss aus dem Jahr 2015 stellte das Gericht dann aber ausdrücklich auf die Verbindung zwischen der schiedsgerichtlichen Antragsbindung und § 308 Abs. 1 ZPO ab und führte aus:

> *„Das Schiedsgericht hat weder die ihm schiedsvertraglich eingeräumte Entscheidungskompetenz überschritten noch sonst ultra petita (vgl. § 308 Abs. 1 ZPO) gehandelt, […].“*[249]

Weiter führte das OLG München in dem Beschluss aus, dass Schiedsgerichte einerseits an die Parteianträge, andererseits an den zu ihrer Begründung vorgetragenen Sachverhalt – und damit folglich an den Streitgegenstand des Verfahrens – gebunden seien. In einer Entscheidung aus dem Jahr 2017 bestätigte das OLG München diese Auffassung.[250]

### *c) Fazit*

Nach der herrschenden Meinung in der Rechtsprechung und in der Literatur besteht in inländischen Schiedsverfahren eine irgendwie geartete Bindung an das klägerische Begehren. Vor diesem Hintergrund wird im Folgenden untersucht, worin genau der Bezugspunkt für diese Bindung zu sehen ist und in welchem Maße Schiedsgerichte gebunden sind. Diese Untersuchung soll sich einerseits an der deutschen Praxis zu § 308 Abs. 1 ZPO orientieren, andererseits soll sie den Besonderheiten von Schiedsverfahren Rechnung tragen.

## 4. Abgrenzung von ultra petita-Entscheidungen zu Billigkeitsentscheidungen

Zum Anwendungsbereich des Grundsatzes ne ultra petita wurde eingangs bereits erläutert, dass Gerichte dem Kläger weder mehr noch etwas anderes als

---

245 OLG Koblenz, Beschluss vom 06.10.2005 – 2 Sch 1/05 – juris, Rn.18.

246 OLG Köln, Beschluss vom 28.06.2011 – 19 Sch 11/10 – openJur 2012, 80284, Rn. 57, 60, 70.

247 OLG München, Beschluss vom 09.11.2015 – 34 Sch 27/14 – SchiedsVZ 2015, 303(306); OLG München, Beschluss vom 09.01.2017 – 34 Sch 20/16 – juris, Rn. 51.

248 OLG München, Beschluss vom 05.10.2009 – 34 Sch 12/09 – BeckRS 2011, 08217.

249 OLG München, Beschluss vom 09.11.2015 – 34 Sch 27/14 – SchiedsVZ 2015, 303(306).

250 OLG München, Beschluss vom 09.01.2017 – 34 Sch 20/16 – juris, Rn. 51.

das geltend Gemachte zusprechen dürfen. Ultra petita-Entscheidungen stellen damit etwas anderes dar als Entscheidungen nach Billigkeit. Auf diese Unterscheidung soll im Folgenden kurz eingegangen werden, da die Zulässigkeit von Billigkeitsentscheidungen in Schiedsverfahren immer wieder thematisiert wird.

Es gibt unterschiedliche Arten von Billigkeitsentscheidungen.[251] Eine Entscheidung rein aus Billigkeitsgesichtspunkten wird als Entscheidung *ex aequo et bono* bezeichnet.[252] Wenn ein (Schieds-)Gericht zu einer Entscheidung ex *aequo et bono* berufen ist, dann wählt es das Ergebnis, das ihm gerecht oder vernünftig erscheint, ohne dass sich dieses Ergebnis aus geschriebenen oder ungeschriebenen Rechtssätzen ergeben braucht.[253] Das (Schieds-)Gericht ist bei seiner Entscheidung folglich weitestgehend frei und nur an die guten Sitten und die öffentliche Ordnung (den *ordre public*) gebunden.[254]

Teilweise wird zwischen Entscheidungen *ex aequo et bono* und Entscheidungen als *amiable compositeur* unterschieden.[255] Letzteres soll dann vorliegen, wenn das (Schieds-)Gericht grundsätzlich dazu befugt ist, nach Billigkeit zu entscheiden, es aber nichtsdestotrotz an grundlegende gesetzliche Vorgaben gebunden ist.[256] Danach solle das Gesetz nur an den Stellen unangewendet bleiben und durch schiedsrichterliches Ermessen ergänzt bzw. ersetzt werden, an denen eine strenge Befolgung seiner Normen im Einzelfall zu einer ungerechten Entscheidung führen würde.[257] So ist beispielsweise *Münch* der Auffassung, dass Billigkeit die gesetzesfreie Gerechtigkeit des Einzelfalles sei, was aber nicht *„die Lösung aller Leinen und das Abschütteln jeglicher Normbindung“* bedeuten würde, sondern Ergebnisüberprüfung nach Einzelfallumständen.[258]

---

251 *Stauder*, Die Billigkeitsentscheidung in der Handelsschiedsgerichtsbarkeit, SchiedsVZ 2014, 287(288).

252 Lionnet/Lionnet, Handbuch der nationalen und internationalen Schiedsgerichtsbarkeit, S. 371.

253 *Stauder*, Die Billigkeitsentscheidung in der Handelsschiedsgerichtsbarkeit, in SchiedsVZ 2014, 287(289).

254 Schwab/Walter, Schiedsgerichtsbarkeit, Kapitel 19, Rn. 14.

255 *Stauder*, Die Billigkeitsentscheidung in der Handelsschiedsgerichtsbarkeit, SchiedsVZ 2014, 287(289); a.A.: *Münch* im Münchener Kommentar zur ZPO,§ 1051 Rn. 45 (nach *Münch* seien die Begriffe synonym zu verwenden); so wohl auch: BGH, Beschluss vom 16.12.2015 – I ZB 109/14 – BeckRS 2016, 02020, Rn. 25.

256 Glossner, Bredow, Bühler, das Schiedsgericht in der Praxis, Rn. 25.

257 Landolt, Rechtsanwendung oder Billigkeitsentscheid durch den Schiedsrichter in der privaten internationalen Schiedsgerichtsbarkeit, S. 23.

258 *Münch* im Münchener Kommentar zur ZPO, § 1051, Rn. 56.

Bei einer Entscheidung nach Billigkeit hat das Schiedsgericht keine reine Rechtsentscheidung zu treffen. Vielmehr kann die Entscheidung nach Billigkeit als Beurteilung eines Falles nach natürlichem Gerechtigkeitsempfinden verstanden werden.[259] Sie hat eine flexible Handhabung – insbesondere zur Milderung von Härten, die sich aus der Anwendung der allgemeinen Rechtssätze ergeben können – zum Ziel.[260]

Ob ein Schiedsgericht dazu befugt ist, nach Billigkeit zu entscheiden, hängt von unterschiedlichen Faktoren ab. So gilt beispielsweise für inländische Schiedsverfahren, dass eine Entscheidung nach Billigkeit grundsätzlich nicht vorgesehen und folglich nur dann zulässig ist, wenn die Parteien das Schiedsgericht ausdrücklich dazu ermächtigt haben. Das stellt § 1051 Abs. 3 S. 1 ZPO ausdrücklich klar. Die Vorschrift lautet wie folgt:

> *„Das Schiedsgericht hat nur dann nach Billigkeit zu entscheiden, wenn die Parteien es ausdrücklich dazu ermächtigt haben."*

Teilweise scheint sich die Auffassung verfestigt zu haben, dass eine unzulässige Entscheidung nach Billigkeit grundsätzlich einen Verstoß gegen den Grundsatz ne ultra petita darstellen würde. Diese Auffassung vertrat beispielsweise das OLG Koblenz im Jahr 2005.[261] Das Gericht war der Auffassung, dass ein Verstoß gegen den Grundsatz ne ultra petita vorgelegen habe, weil ein Schiedsgericht eine Billigkeits- anstelle einer Rechtsentscheidung getroffen hatte.[262] In diesem Fall hatte der Kläger vom Beklagten Zahlungen in einer Gesamthöhe von 22.653,01 € beantragt; zugesprochen hat das Schiedsgericht indes nur einen Betrag in Höhe von 5.356,16 € und mithin weniger. Das Schiedsgericht hatte – aus Billigkeitsgesichtspunkten – eine Verrechnung der klage- und widerklageweise beantragten Beträge vorgenommen.

Anders als es vom OLG Koblenz gesehen wurde, stellt diese Entscheidung keinen Verstoß gegen den Grundsatz ne ultra petita dar. Das Vorgehen des Schiedsgerichts stellt zwar eindeutig einen Verfahrensfehler dar, weil es eine Entscheidung nach Billigkeit getroffen hat, ohne von den Parteien dazu ermächtigt

---

259 *Stauder*, Die Billigkeitsentscheidung in der Handelsschiedsgerichtsbarkeit, SchiedsVZ 2014, 287(288); *Schulze*, Billigkeitsentscheidungen im internationalen Schiedsrecht, FS-Kaissis, S. 875(876).

260 *Stauder*, Die Billigkeitsentscheidung in der Handelsschiedsgerichtsbarkeit, SchiedsVZ 2014, 287(288); *Schulze*, Billigkeitsentscheidungen im internationalen Schiedsrecht, FS-Kaissis, S. 875(876).

261 OLG Koblenz, Beschluss vom 06.10.2005 – 2 Sch 1/05 – juris, Rn. 18.

262 OLG Koblenz, Beschluss vom 06.10.2005 – 2 Sch 1/05 – juris, Rn. 18.

worden zu sein. Das Schiedsgericht hat aber nicht mehr, oder etwas anderes als beantragt zugesprochen und folglich nicht gegen den Grundsatz ne ultra petita verstoßen.

In einem anderen Fall hatte ein Antragsgegner in einem Vollstreckbarerklärungsverfahren vor dem Landgericht Hamburg im Jahr 1997 einen ultra petita-Verstoß in einer Billigkeitsentscheidung gesehen.[263] Er war der Ansicht, dass das Schiedsgericht die Grenzen der Schiedsabrede überschritten und damit ultra petita gehandelt habe, weil es die sog. "lex mercatoria" und nicht deutsches Recht angewendet hatte.[264]

Billigkeitsentscheidungen stellen grundsätzlich keine ultra petita-Entscheidungen dar. Erlässt ein Schiedsgericht eine Billigkeitsentscheidung, dann geht es um die Frage des anwendbaren Rechts, beziehungsweise um die Frage, ob das Schiedsgericht überhaupt zur Rechtsanwendung verpflichtet ist. Es geht also um die Frage, wie – ob auf der Grundlage von Normen oder von Billigkeit – die zuzusprechende Rechtsfolge zu ermitteln ist und nicht um die Frage, welche konkrete Rechtsfolge zugesprochen wird. Beim Grundsatz ne ultra petita geht es hingegen um die Frage, ob die zugesprochene Rechtsfolge – ganz gleich, wie sie ermittelt worden ist – dem Begehren des Klägers entspricht.

Durch eine Entscheidung nach Billigkeit kann mithin auch gegen den Grundsatz ne ultra petita verstoßen werden, indem aus Billigkeitsgesichtspunkten von dem Rechtsbegehren abgewichen wird. Ein derartiger Verstoß ist einer Billigkeitsentscheidung aber nicht inhärent. Vielmehr kann sich der Rechtsfolgenausspruch bei einer Billigkeitsentscheidung auch an dem Willen der Parteien orientieren, aber nicht auf der Grundlage des anwendbaren Rechts ergangen sein.

## 5. Die Bestimmung des Streitgegenstands eines inländischen Schiedsverfahrens

Im vorstehenden Kapitel wurde sich unter anderem näher mit dem Begriff des Streitgegenstands befasst. Grund dafür ist die deutsche Rechtsprechungspraxis, wonach Gerichte im Sinne des Grundsatzes ne ultra petita an den Streitgegenstand des jeweiligen Verfahrens gebunden sind. Für deutsche Zivilgerichte bedeutet eine Auseinandersetzung mit dem Grundsatz ne ultra petita deshalb nahezu auch immer zwingend eine Auseinandersetzung mit dem Begriff des Streitgegenstands. Fraglich ist, ob das auch für inländische Schiedsverfahren gilt;

---

263 LG Hamburg, Urteil vom 18.09.1997 – 305 O 453/96 –, juris.

264 LG Hamburg, Urteil vom 18.09.1997 – 305 O 453/96 –, juris, Rn. 29.

ob also auch Schiedsgerichte, die ihren Sitz in Deutschland haben, im Sinne des Grundsatzes ne ultra petita an den Streitgegenstand des Verfahrens gebunden sind. Zur Beantwortung dieser Frage muss zunächst der Frage nachgegangen werden, ob für die Bestimmung des Streitgegenstands eines Schiedsverfahrens die gleichen Maßgaben gelten, wie für die Bestimmung des Streitgegenstands eines nationalen Zivilprozesses. Zur Beantwortung dieser Fragen wird im Folgenden untersucht, inwieweit die Besonderheiten von Schiedsverfahren bei der Ermittlung des Streitgegenstands von Relevanz sind und ob sie der Anwendbarkeit der deutschen (staatlichen) Praxis zum Umgang mit dem Streitgegenstand entgegenstehen.

### *a) Die Schiedsvereinbarung*

Ausgangspunkt eines jeden Schiedsverfahrens ist die Schiedsvereinbarung. Durch sie bringen die Parteien ihren übereinstimmenden Willen zum Ausdruck, den staatlichen Gerichten die Zuständigkeit für die Entscheidung des Rechtsstreits zu entziehen und diese auf das jeweilige Schiedsgericht zu übertragen. Dadurch konkretisieren die Parteien schon vor dem Beginn des Verfahrens dessen Streitprogramm. Diese Konkretisierung könnte relevant für die Bestimmung des Streitgegenstands des Schiedsverfahrens und damit auch relevant für die Geltung des Grundsatzes ne ultra petita sein. Anders als in nationalen Zivilprozessen könnte nämlich der Bezugspunkt für die schiedsgerichtliche Bindung nicht der Antrag und der zur Begründung des Antrags vorgetragene Lebenssachverhalt, sondern die Schiedsvereinbarung sein.

#### *(1) Die inhaltlichen Anforderungen an die Schiedsvereinbarung*

Für inländische Schiedsverfahren ist der Begriff der Schiedsvereinbarung in § 1029 Abs. 1 ZPO legal definiert. Gemäß § 1029 Abs. 1 ZPO ist die Schiedsvereinbarung eine Vereinbarung der Parteien, alle oder einzelne Streitigkeiten, die zwischen ihnen in Bezug auf ein bestimmtes Rechtsverhältnis vertraglicher oder nichtvertraglicher Art entstanden sind oder künftig entstehen, der Entscheidung durch ein Schiedsgericht zu unterwerfen. Die Schiedsvereinbarung kann dabei in Form einer selbständigen Vereinbarung (Schiedsabrede) oder in Form einer Klausel in einem Vertrag (Schiedsklausel) geschlossen werden (vgl. § 1029 Abs. 2 ZPO).

Die Schiedsvereinbarung muss ein gewisses Maß an Bestimmtheit erfüllen. Daher ist das Rechtsverhältnis, aus welchem der Streit entstanden ist oder entstehen kann, in der Schiedsvereinbarung konkret zu bezeichnen.[265] Der Begriff „Rechtsverhältnis" wird dabei wie im Rahmen des § 256 ZPO möglichst weit verstanden. Hierunter fällt jede konkrete, rechtliche Beziehung von Personen untereinander oder von Personen zu Gegenständen.[266] Dabei obliegt es dem Schiedsgericht durch Auslegung zu ermitteln, welche Ansprüche von der Schiedsvereinbarung erfasst werden. In der Regel ist davon auszugehen, dass die Parteien einen Streit dem Schiedsgericht umfassend zuweisen wollen.[267] Bei künftigen Streitigkeiten muss das Rechtsverhältnis auf eine bestimmte oder zumindest bestimmbare Grundlage zurückgeführt werden können. Zum Beispiel auf einen bestimmten Vertrag oder auf ein bestimmtes Ereignis.[268] So erstreckt sich beispielsweise die Schiedsklausel eines Rahmenvertrages grundsätzlich auch auf Streitigkeiten hinsichtlich einer hieraus folgenden Bezugsverpflichtung von Einzellieferungen.[269]

Dem Bestimmtheitserfordernis soll regelmäßig auch dann Genüge getan sein, wenn die Schiedsvereinbarung Teil eines Vertragswerkes ist, also eine Schiedsklausel im Sinne von § 1029 Abs. 2 Alt 2 ZPO darstellt und sich aus dieser engen Verbindung ergibt, dass sie für alle Streitigkeiten aus diesem Vertrag gelten soll.[270]

§ 1029 ZPO wurde in Anlehnung an Artikel 7 Abs. 1 UNCITRAL-Modellgesetz entworfen, der wie folgt lautet:

> *„'Arbitration agreement' is an agreement by the parties to submit to arbitration all or certain disputes which have arisen or which may arise between them in respect of a* ***defined legal relationship****, whether contractual or not. An arbitration agreement may be in the form of an arbitration clause in a contract or in the form of a separate agreement."* (Hervorhebungen durch die Verfasserin)

Insgesamt kann folglich festgehalten werden, dass die Schiedsvereinbarung auf ein bestimmtes Rechtsverhältnis Bezug nehmen muss, wobei dieses Rechtsverhältnis in der Praxis überwiegend in Form eines Vertrages oder in Form von mehreren Verträgen besteht. Die Schiedsvereinbarung kann dabei die Gestalt einer Klausel in einem Vertrag (Schiedsklausel) oder die Gestalt einer selbständigen

---

265 *Voit* in Musielak/Voit, Kommentar zur ZPO, § 1029, Rn. 16.
266 *Münch* im Münchener Kommentar zur ZPO, § 1029, Rn. 69.
267 *Voit* in Musielak/Voit, Kommentar zur ZPO, § 1029, Rn. 23.
268 *Saenger* in Saenger, Kommentar zur ZPO, § 1029, Rn. 10.
269 DIS-Schiedsgericht, Zwischenschiedsspruch vom 25.01.2005 – DIS-SV-438/04 – SchiedsVZ 2005, 166(168).
270 OLG Hamburg, Urteil vom 15.11.1995 – 5 U 169/95 – ZIP 1995, 1903.

Vereinbarung (Schiedsabrede) annehmen. Letzteres ist überwiegend dann der Fall, wenn die Parteien bei Vertragsabschluss keine vertragliche Schiedsklausel vereinbart hatten und nach Vertragsabschluss eine konkrete Streitigkeit entsteht.

#### *(2) Die Schiedsvereinbarung und ihr Verhältnis zum Streitgegenstand*

Vor dem Hintergrund, dass die Schiedsvereinbarung bereits auf ein bestimmtes Rechtsverhältnis Bezug nehmen muss, kann man darüber nachdenken, ob der Streitgegenstand eines Schiedsverfahrens – anders als der Streitgegenstand eines nationalen Zivilprozesses, der erst durch den Klageantrag und die korrespondierenden Klagegründe festgelegt wird – bereits in der Schiedsvereinbarung, mit der sich die Parteien darauf einigen, welche (potentiellen) Streitigkeiten sie dem Schiedsgericht zur Entscheidung übertragen möchten, identifiziert wird. Konsequenterweise wäre es dann auch angezeigt, Schiedsgerichte im Rahmen einer etwaigen Geltung des Grundsatzes ne ultra petita nur an die Schiedsvereinbarung und nicht an einen konkreten Antrag zu binden.

Bei einer derartigen Handhabung wäre aber fraglich, ob die mit dem Grundsatz ne ultra petita verfolgten Zielen erreicht werden können. Wie oben im Abschnitt A. II. 1 bereits erläutert, soll durch den Grundsatz ne ultra petita einerseits richterliche Entscheidungsmacht zugunsten der Parteiautonomie beschränkt werden und andererseits sollen die Parteien vor überraschenden Entscheidungen geschützt werden. Durch die Bindung des Schiedsgerichts an die Schiedsvereinbarung könnten diese Ziele zumindest teilweise erreicht werden, denn die Schiedsvereinbarung legt fest, welche Streitigkeiten dem Schiedsgericht überhaupt zulässigerweise unterbreitet werden dürfen. Außerhalb dieses von den Parteien abgesteckten Bereichs besitzt das Schiedsgericht keine Entscheidungskompetenz, sodass die (schieds-)richterliche Entscheidungsmacht durch die Schiedsvereinbarung beschränkt wird. Darüber hinaus können Überraschungsentscheidungen zumindest insoweit verhindert werden, als dass der Beklagte aufgrund der Vorgaben in der Schiedsvereinbarung Klarheit darüber erlangt, aus welchem konkreten Rechtsverhältnis der Kläger einen Anspruch gegen ihn geltend macht.

In Anbetracht dessen gehen beispielsweise einige U.S. amerikanischen Gerichte davon aus, dass Schiedsgerichte allein an den Inhalt der Schiedsvereinbarung gebunden wären und dass eine (darüber hinaus gehende) Bindung an den Schiedsklageantrag nicht erforderlich sei.[271] So heißt es auszugsweise in der

271 United State Court of Appeals for the Ninth Circuit, Entscheidung vom 30.06.1992, 969 F.2d 764 (9th Cir. 1992) - Ministry of Defense of the Islamic Republic of Iran

Entscheidung *Telenor Mobile Communications AS v. Strom LLC* des United States District Court for the Southern District of New York:

> *„If the arbitration clause does not include any limit on the arbitrators' powers to craft a remedy, a respondent must ‚overcome a powerful presumption that the arbitral body acted within its powers. [...] Accordingly, while an arbitrator may not award relief expressly forbidden by the agreement of the parties, an arbitrator may award relief not sought by either party, so long as the relief lies within the broad discretion conferred by the FAA."*[272]

Das amerikanische Gericht ging in dem Fall davon aus, dass das Schiedsgericht nicht an den gestellten Antrag, bzw. das klägerische Begehren, gebunden sei, sondern dass es sich bei seiner Entscheidung lediglich an die Vorgaben aus der Schiedsvereinbarung halten müsse.

Auch der United State Court of Appeals hob in einer Entscheidung aus dem Jahr 1992 hervor, dass sich die Entscheidungsbefugnis eines Schiedsgerichts nur aus der Schiedsvereinbarung und nicht aus den gestellten Anträgen ergeben würde.[273] In diesem Zusammenhang führt das Gericht Folgendes aus:

> *„Under the New York Convention, we examine whether the award exceeds the scope of the Claims Settlement Declaration, not whether the award exceeds the scope of the parties pleadings."*

Demgegenüber betont die deutsche Rechtsprechung regelmäßig, dass sich der Streitgegenstand auch in Schiedsverfahren aus dem gestellten Antrag und aus den vorgebrachten Klagegründen ergebe.[274] Diese Praxis entspricht auch den Vorstellungen des deutschen Reformgesetzgebers. Er hat in der Gesetzesbegründung

---

v. Gould Inc. et al.; United States District Court, Southern District of New York, Entscheidung vom 28.03.2002, 01 Civ. 2668 (SHS) – Millicom International VN.V. v. Motorola, Inc. and others - abrufbar unter http://www.newyorkconvention.org/court+decisions/decisions+per+topic/us+401.; United States District Court S.D. New York, Entscheidung vom 2.11.2007, 07 Civ. 6929 (GEL) - Telenor Mobile Communications AS v. Storm LLC - abrufbar unter: http://newyorkconvention1958.org/index.php?lvl=notice_display&id=445.

272 United States District Court S.D. New York, Entscheidung vom 02.11.2007, 07 Civ. 6929 (GEL) - Telenor Mobile Communications AS v. Storm LLC - abrufbar unter: http://newyorkconvention1958.org/index.php?lvl=notice_display&id=445.

273 United State Court of Appeals for the Ninth Circuit, Entscheidung vom 30.06.1992, 969 F.2d 764 (9$^{th}$ Cir. 1992) - Ministry of Defense of the Islamic Republic of Iran v. Gould Inc. et al.

274 BGH, Urteil vom 13.01.2009 – XI ZR 66/08, SchiedsVZ 2009, 122, Rn. 17; OLG München, Beschluss vom 20.12. 2006 – 34 Sch 27/06, [II 3b (3)]; OLG München, Beschluss vom 09.11.2015 – 34 Sch 27/14, SchiedsVZ 2015, 303(306).

zur Neuregelung des Schiedsverfahrensrechts aus dem Jahr 1996 klargestellt, dass sich der Streitgegenstand in Schiedsverfahren anhand des geltend gemachten Anspruchs und anhand der Tatsachen, auf die sich dieser Anspruch stützt, bestimmt.[275]

Diese Handhabung ist mit Blick auf den Grundsatz ne ultra petita auch zweckmäßig. Die Schiedsvereinbarung allein ist für die Bestimmung des Streitgegenstands nicht ausreichend. Durch die Schiedsvereinbarung wird lediglich geregelt, für welche (potentielle) Streitigkeit das (künftige) Schiedsgericht <u>zuständig</u> ist. Die Zuständigkeit sagt aber noch nichts über das individuelle Begehren des Klägers aus. Hinzu kommt, dass die Schiedsvereinbarung mit den Angaben zum Rechtsverhältnis allenfalls Informationen darüber enthält, <u>worüber</u> das Schiedsgericht eine Entscheidung treffen kann. Im Gegensatz dazu enthält die Schiedsvereinbarung aber in der Regel keine Informationen darüber, was entschieden werden kann, also welche Rechtsfolge das Schiedsgericht zusprechen kann, bzw. zusprechen soll. Somit ist die Schiedsvereinbarung zur Bestimmung des Streitgegenstands insbesondere schon deshalb nicht geeignet, weil das Rechtsverhältnis, auf das sich die Schiedsvereinbarung bezieht mehrere, völlig verschiedene Streitigkeiten umfassen kann. So könnte ein Kläger – um nur ein Beispiel zu nennen – in einem Fall die Erfüllung eines Vertrages, in einem anderen Fall dessen Rückabwicklung verlangen und sich in beiden Fällen auf dieselbe Schiedsvereinbarung stützen. In der Regel findet sich in der Schiedsvereinbarung nicht einmal eine Beschränkung auf eine konkrete Klageart (Leistungs-, Feststellungs- oder Gestaltungsklage). Was der Kläger mit einem konkreten Schiedsverfahren erreichen will, also namentlich das *petitum*, wird in der Schiedsvereinbarung folglich nicht bezeichnet. Damit tragen die Angaben in der Schiedsvereinbarung zwar teilweise zur Bestimmung des Streitgegenstands bei, sie reichen aber grundsätzlich nicht aus, um den Streitgegenstand des Verfahrens und damit insbesondere das Begehren des Klägers, im ausreichenden Maße zu bestimmen.

Für diese grundsätzliche Beurteilung macht es auch keinen Unterschied, ob die Schiedsvereinbarung erst nach Entstehung des Streits in Form einer Schiedsabrede geschlossen wird, oder ob sie als Schiedsklausel Bestandteil eines Vertrages wird und zwar in einem Zeitpunkt, in dem es noch keine Streitigkeit gegeben hat. Zwar kann die Streitigkeit in einer nachträglich abgeschlossenen Schiedsvereinbarung genauer bezeichnet werden, als in einer Schiedsklausel, auf die sich die Parteien vor Entstehung der konkreten Streitigkeit geeinigt haben. Nichtsdestotrotz bezieht sich die Schiedsvereinbarung auch in diesem Fall

275 BT-Drs. 13/5274, vom 12.07.1996, S. 48.

nur auf das dem Rechtsstreit zugrundeliegende Rechtsverhältnis. Weitere zur Beurteilung des Sachverhalts relevante (anspruchsbegründende) Tatsachen und Ausführungen des Klägers hinsichtlich der begehrten Rechtsfolge, sind in der Schiedsvereinbarung nicht enthalten. Gerade diese Elemente bestimmen aber das *petitum* des Klägers und damit den Streitgegenstand des Schiedsverfahrens.

Da sich aus dem in der Schiedsvereinbarung bezeichneten Rechtsverhältnis oft verschiedene Streitigkeiten ergeben können, würde durch eine Vorverlagerung der Bestimmung des Streitgegenstands dieser damit nicht mehr für ein konkretes Verfahren bestimmt, sondern für eine Vielzahl potentieller Verfahren. Das wäre mit den Zielen des Grundsatzes ne ultra petita nicht vereinbar. Zum einen wird der Beklagte allein aus den Angaben in der Schiedsvereinbarung nicht dazu in die Lage versetzt, seine Verteidigung gegen einen konkreten – aus dem Rechtsverhältnis resultierenden – Anspruch adäquat vorzubereiten. Zum anderen könnte der Kläger nicht mehr durch seinen Antrag und seinen korrespondierenden Sachvortrag bestimmen, was im Detail Gegenstand des Rechtsstreits ist.

#### *(3) Zwischenergebnis*

Für die Bestimmung des Streitgegenstands eines Schiedsverfahrens spielt die Schiedsvereinbarung keine entscheidende Rolle. Sie hat für die Bestimmung des Streitgegenstands zwar insoweit Bedeutung, als dass das Rechtsverhältnis, das in der Schiedsvereinbarung näher bezeichnet wird, auch Informationen über den Streitgegenstand enthält. Das konkrete Rechtsverhältnis aus der Schiedsvereinbarung ist aber nicht gleichzusetzen mit dem konkreten Klagebegehren, das wiederum den Anknüpfungspunkt für den Grundsatz ne ultra petita darstellt. Folglich wirkt sich die dem Schiedsverfahren zugrundeliegende Schiedsvereinbarung nicht auf die mögliche Geltung des Grundsatzes ne ultra petita aus.

### *b) Die Ermittlung der Klagegründe*

Ein weiterer Unterschied zwischen nationalen Zivilprozessen und inländischen Schiedsverfahren besteht mit Blick auf die Sachverhaltsermittlung. Während in deutschen Zivilprozessen der Beibringungsgrundsatz gilt, wonach die Parteien für die Darlegung und den Beweis der Tatsachen zuständig sind, findet in inländischen Schiedsverfahren nach der herrschenden Meinung ein beschränkter Untersuchungsgrundsatz Anwendung.[276] Die Geltung des beschränkten

---

276 *Münch* im Münchener Kommentar zur ZPO, § 1042, Rn. 107 ff; Lachmann, Handbuch für die Schiedsgerichtspraxis, 3. Auflage, 2008, Rn. 1281 ff.; *Wais* in Schütze,

Untersuchungsgrundsatzes hat zur Folge, dass das Schiedsgericht – zumindest in einem gewissen Maße – Einfluss auf die Ermittlung des für das Verfahren relevanten Sachverhalts nehmen kann. Diese Möglichkeit der gerichtlichen Einflussnahme könnte wiederum Auswirkungen auf die Geltung des Grundsatzes ne ultra petita haben, dessen Sinn und Zweck es unter anderem ist, richterliche Entscheidungsmacht zu begrenzen und sie von dem Willen der Parteien abhängig zu machen. Durch die Geltung des beschränkten Untersuchungsgrundsatzes und die damit verbundene eigenständige Sachverhaltsermittlung könnten Schiedsgerichte Einfluss auf den Inhalt des Streitgegenstands nehmen.

Vor diesem Hintergrund ist zu klären, ob und ggf. wie sich die Anwendbarkeit des beschränkten Untersuchungsgrundsatzes auf die Ermittlung der Klagegründe und damit auf den Streitgegenstand auswirkt. Dazu wird im Folgenden zunächst der Meinungsstand zur Geltung des beschränkten Untersuchungsgrunds in inländischen Schiedsverfahren dargestellt (dazu unter (1)), sodann werden die Folgen der Geltung des beschränkten Untersuchungsgrundsatzes auf die Sachverhaltsermittlung dargestellt (dazu unter (2)) und anschließend wird untersucht, welchen Einfluss die Geltung des beschränkten Untersuchungsgrundsatzes auf die Anwendbarkeit des Grundsatzes ne ultra petita hat (dazu unter (3)).

### *(1) Der Meinungsstand zur Geltung des beschränkten Untersuchungsgrundsatzes in inländischen Schiedsverfahren*

Bis zur Novellierung des Schiedsverfahrensrechts war die Geltung des beschränkten Untersuchungsgrundsatzes in § 1034 Abs. 1 S. 1 ZPO a. F. vorgesehen. Die Vorschrift lautete wie folgt:

> *„Bevor der Schiedsspruch erlassen wird, haben die Schiedsrichter die Parteien zu hören und das dem Streit zugrunde liegende Sachverhältnis zu ermitteln, soweit sie die Ermittlung für erforderlich halten."*

---

Handbuch des Schiedsverfahrens, S. 173 f.; *Sachs/Lörcher*, in Böckstiegel/Kröll/Nacimiento (Hrsg.), Arbitration in Germany, The Model Law in Practice, § 1042, Rn. 33; *Hilger*, Zur Geltung des beschränkten Untersuchungsgrundsatzes im neuen Schiedsverfahrensrecht, Beilage zu BB 2000, Heft 37, S. 2 ff.; *Saenger* in Saenger, Kommentar zur ZPO, § 1042, Rn. 16; im Ergebnis auch *Voit* in Musielak, Kommentar zur ZPO, § 1042, Rn. 13, wenn auch nicht ausdrücklich so bezeichnet; im Ergebnis wohl auch Schwab/Walter, Schiedsgerichtsbarkeit, Kapitel 15, Rn. 8; ebenfalls nicht ausdrücklich so bezeichnet, aber sachlich übereinstimmend *Geimer* in Zöller, Kommentar zur ZPO, § 1042, Rn. 30.

Auch der BGH stellte in einer Entscheidung aus dem Jahr 1963 zur Geltung des beschränkten Untersuchungsgrundsatzes Folgendes fest:

> *„Sie [die Schiedsrichter] waren also weder an den Beibringungsgrundsatz noch an Beweisantritte der Parteien gebunden. Deswegen konnten sie auch Ermittlungen von Amts wegen anstellen und privates Wissen verwerten […].“*[277] (Einschub in eckigen Klammern durch die Verfasserin)

Trotz des Wortlautes von § 1034 Abs. 1 S. 1 ZPO a.F. und trotz der eindeutigen Entscheidung des BGH, standen einige Autoren, wie *Thomas/Putzo*[278] und *Lionnet*[279] der Anwendung eines beschränkten Untersuchungsgrundsatzes schon vor der Novellierung des Schiedsverfahrensrechts äußerst kritisch gegenüber. Nach der Auffassung von *Lionnet* passt die Untersuchungsmaxime nicht in die Schiedsgerichtsbarkeit, weshalb er eine Übernahme der Verhandlungsmaxime in das Schiedsprozessrecht forderte.[280]

Seit der Novellierung des Schiedsverfahrensrechts sieht die ZPO die Geltung des beschränkten Untersuchungsgrundsatzes zwar nicht mehr ausdrücklich vor, sie hat sich aber auch nicht ausdrücklich von ihm abgekehrt. Da der Gesetzesentwurf zur Neuregelung des Schiedsverfahrensrechts den Wegfall der Regelung auch nicht begründet, ist wohl eher davon auszugehen, dass mit dem Wegfall der Regelung keine sachliche Änderung beabsichtigt war.[281] Darüber hinaus spricht für die Fortgeltung des beschränkten Untersuchungsgrundsatzes ein systematisches Argument im Zusammenhang mit den in § 1048 ZPO enthaltenen Regelungen zur Säumnis. § 1048 Abs. 2 ZPO regelt den Fall, dass der Beklagte es versäumt auf die Schiedsklage zu erwidern. Die Vorschrift lautet wie folgt:

> *„Versäumt es der Beklagte, die Klage nach § 1046 Abs. 1 zu beantworten, so setzt das Schiedsgericht das Verfahren fort, ohne die Säumnis als solche als Zugeständnis der Behauptungen des Klägers zu behandeln.“*

Damit stellt die Regelung einen deutlichen Gegensatz zu § 331 Abs. 1 S. 1 ZPO dar, der den vergleichbaren Fall im Rahmen von nationalen Zivilprozessen regelt und wie folgt lautet:

---

277 BGH, Urteil vom 12.12.1963 – VII ZR 23/62 – NJW 1964, 593(595).

278 Thomas/Putzo, Kommentar zur ZPO, 18. Auflage, 1993, § 1034, Rn. 5.

279 *Lionnet*, Parteiherrschaft im Schiedsgerichtsprozess bei der Beweisaufnahme, FS-Glossner, S. 209 ff.

280 *Lionnet*, Parteiherrschaft im Schiedsgerichtsprozess bei der Beweisaufnahme, FS-Glossner, S. 216.

281 So auch Lachmann, Handbuch für die Schiedsgerichtspraxis, Rn. 1281.

*„Beantragt der Kläger gegen den im Termin zur mündlichen Verhandlung nicht erschienenen Beklagten das Versäumnisurteil, so ist das tatsächliche mündliche Vorbringen des Klägers als zugestanden anzunehmen."*

Eine Aufklärung des klägerischen Vortrags oder gar eine Beweisaufnahme, wie sie nach § 1048 Abs. 2 ZPO möglich wäre,[282] hat nach § 331 Abs. 1 ZPO folglich gerade zu unterbleiben. An diesem Unterschied zwischen § 1048 Abs. 2 ZPO und § 331 Abs. 1 ZPO verdeutlicht sich, dass der im nationalen Zivilprozess geltende Grundsatz der formellen Wahrheit, der naturgemäß eng mit dem Beibringungsgrundsatz verbunden ist, in inländischen Schiedsverfahren nicht im gleichen Maße gilt. Dadurch ist es wiederum gerechtfertigt, dass der Beibringungsgrundsatz in Schiedsverfahren gewissen Einschränkungen unterliegt.

Außerdem spricht noch eine weitere Besonderheit von Schiedsverfahren dafür, dass weiterhin – also auch nach der Novellierung des Schiedsverfahrensrechts – der beschränkte Untersuchungsgrundsatz anzuwenden ist: Oben wurde bereits ausgeführt, dass Schiedsrichter nicht zwingend juristisch geschulte Personen sein müssen.[283] Sie können auf dem Gebiet durchaus auch Laien sein, die ein Festhalten an einem Begriff der „formellen Wahrheit" und eine Bindung allein an den Tatsachenvortrag der Parteien als nicht sachgerecht empfinden könnten. Zudem werden sie privates Wissen sowie überschießende Zeugenbekundungen bei der Tatsachenfeststellung kaum ausgrenzen können.[284]

Schließlich scheint auch die Rechtsprechung von einer Fortgeltung des beschränkten Untersuchungsgrundsatzes für (inländische) Schiedsverfahren auszugehen. Das OLG München äußerte sich in einer Entscheidung aus dem Jahr 2011 zu dieser Frage.[285] In dem dieser Entscheidung zugrundeliegendem Schiedsverfahren ging es um die Wertbemessung eines Grundstücks, das von der Antragstellerin im Rahmen eines Unternehmenskaufvertrages an die Antragsgegnerin übereignet worden war. Die Antragsgegnerin wendete im Vollstreckbarerklärungsverfahren vor dem OLG München ein, dass das Schiedsgericht bei der Feststellung des Grundstückswerts einem Parteigutachten der Antragstellerin gefolgt sei und sich dabei über das ihrige hinweg gesetzt habe, ohne - wie von ihr mehrfach beantragt - ein eigenes Sachverständigengutachten einzuholen und ohne eigene Sachkunde auf dem Gebiet der Grundstücksbewertung darzulegen

---

282 BT-Drs. 13/5274, vom 12.07.1996, S. 50.

283 Siehe hierzu oben im Abschnitt B. II. 2.

284 *Hilger*, Zur Geltung des beschränkten Untersuchungsgrundsatzes im neuen Schiedsverfahrensrecht, Beilage zu BB 2000, Heft 37, S. 2(4).

285 OLG München, Beschluss vom 14.11.2011 - 34 Sch 10/11 - SchiedsVZ 2012, 43(47).

und offensichtlich auch nicht darüber zu verfügen. Das OLG München folgte den Einwendungen der Antragsgegnerin nicht und erklärte den in der Schweiz erlassenen Schiedsspruch für vollstreckbar. In seinem Beschluss ging das OLG München zunächst darauf ein, dass auf das streitgegenständliche Schiedsverfahren die DIS Schiedsgerichtsordnung anwendbar gewesen sei, die ihrerseits Regelungen für die Sachverhaltsermittlung durch das Schiedsgericht enthalte. Darüber hinaus machte das Gericht aber auch allgemeine Ausführungen zur Geltung des beschränkten Untersuchungsgrundsatzes in Schiedsverfahren, indem es Folgendes ausführte:

> *„Das (internationale) Schiedsgericht ist insoweit allgemeiner Meinung nach (vgl. Schwab/ Walter Kap. 15 Rn. 8; Schlosser Anhang § 1061 Rn. 98) freier gestellt als das staatliche Gericht. Es mag zwar Tendenzen geben, auch im internationalen Schiedsverfahren die Parteiherrschaft innerhalb der Beweisaufnahme zu stärken (siehe Lionnet, Parteiherrschaft im Schiedsgerichtsprozess bei der Beweisaufnahme, FS Glossner 1994, S. 209 – Ag 23); **indessen wird auch im neuen Verfahrensrecht die Ermessensfreiheit schiedsrichterlicher Tatsachenfindung im Grundsatz aufrechterhalten** (§ 1042 Abs. 4 ZPO; vgl. dazu MüKo/Münch ZPO 3. Aufl. § 1042 Rn. 109/110).“*[286] (Hervorhebungen durch die Verfasserin)

Auch im internationalen Vergleich ist die Geltung eines beschränkten Untersuchungsgrundsatzes in Schiedsverfahren durchaus keine deutsche Besonderheit. Obwohl sich in der Literatur zwar teilweise gegen die schiedsrichterliche Befugnis zur eigenständigen Ermittlung des Sachverhalts ausgesprochen wird,[287] findet sich diese Befugnis in den Schiedsverfahrensordnungen vieler Schiedsinstitutionen wieder. Beispielsweise enthält die Schiedsgerichtsordnung der DIS in Art. 28.1 und 28.2 folgende Regelungen:

> *„28. 1: Das Schiedsgericht stellt den entscheidungserheblichen Sachverhalt fest.*
>
> *28.2: Zu diesem Zweck kann das Schiedsgericht auch eigene Ermittlungen anstellen, insbesondere Sachverständige bestellen, andere als von den Parteien benannte Zeugen vernehmen und anordnen, dass Dokumente oder elektronisch gespeicherte Daten vorgelegt oder zugänglich gemacht werden. An Beweisangebote der Parteien ist das Schiedsgericht nicht gebunden.“*

286 OLG München, Beschluss vom 14.11.2011 – 34 Sch 10/11 – SchiedsVZ 2012, 43(47).
287 Poudret/Besson, Comparative Law of International Arbitration, Rn. 550.

Für die Sachverhaltsermittlung durch das Schiedsgericht geht die Schiedsgerichtsordnung der DIS damit offensichtlich von der Geltung des beschränkten Untersuchungsgrundsatzes aus.[288]

Das Schiedsgericht ist auch nach den ICC Rules zur selbstständigen Sachverhaltsermittlung befugt. Das folgt aus Artikel 25 Abs. 1 ICC Rules:

> *„The arbitral tribunal shall proceed within as short a time as possible to establish the facts of the case* ***by all appropriate means****."* (Hervorhebungen durch die Verfasserin)

Damit haben auch die ICC Rules einen proaktiven Schiedsrichter und die Geltung des beschränkten Untersuchungsgrundsatzes vor Augen.[289]

Auch der Commercial Court in Großbritannien ging in einer Entscheidung aus dem Jahr 2002 davon aus, dass Schiedsgerichte in einem gewissen Maße zur selbstständigen Ermittlung von Fakten befugt seien.[290] In dem der Entscheidung zugrundeliegendem Schiedsverfahren ging es um Ansprüche aus einem Chartervertrag über ein Frachtschiff. Der Charterer - und Schiedsbeklagte - zahlte nach dem erfolgten Gütertransport nicht die volle vereinbarte Chartermiete. Er stützte die von ihm vorgenommenen Abzüge vielmehr darauf, dass das Schiff nicht die gewünschte Geschwindigkeit erreicht und zu viel Treibstoff verbraucht habe. Die Schiffseigentümer haben diesen Vortrag nicht bestritten. Sie haben sich vielmehr auf den Standpunkt gestellt, dass der Schiffscharterer für die geltend gemachten Beeinträchtigungen verantwortlich gewesen sei, weil er das Schiff zu lange unbewegt im Hafen gelassen hätte, weshalb der Schiffskörper von Meeresgewächsen befallen worden sei. Wegen dieses Befalls des Schiffes und wegen der nicht vollständig gezahlten Chartermite erhoben die Eigentümer die Schiedsklage und machten Schadensersatzansprüche sowie Ansprüche wegen der ausstehenden Chartermiete gegen den Charterer geltend. Das Schiedsgericht gab der Schiedsklage statt. Im Verfahren vor dem Commercial Court verteidigte sich der Schiedsbeklagte mit der Begründung gegen den Schiedsspruch, dass das Schiedsgericht Schlussfolgerungen in tatsächlicher Hinsicht getroffen habe, die von keiner der Parteien vorgebracht worden seien. Der Commercial Court sah im Vorgehen des Schiedsgerichts hingegen keine unzulässige Sachverhaltsermittlung. Er führte in diesem Zusammenhang Folgendes aus:

---

288 *TTheune* in Schütze, Institutionelle Schiedsgerichtsbarkeit, III. Kapitel: DIS-Schiedsgerichtsordnung, Art. 28, Rn. 1.

289 *Reiner/Petkute/Kern* in Schütze, Institutionelle Schiedsgerichtsbarkeit, II. Kapitel: ICC-Schiedsgerichtsordnung, Art. 25, Rn. 2.

290 Britischer Commercial Court, Urteil vom 07.11.2002 – [2002] APP.L.R. 11/07 – S. 4 f.

*„What has happened is simply an ordinary incident of the arbitral process based on the arbitrator's power to make findings of fact relevant to the issues between the parties.“*

### *(2) Auswirkungen der Geltung des beschränkten Untersuchungsgrundsatzes*

Die Geltung des beschränkten Untersuchungsgrundsatzes hat einerseits zur Folge, dass das Schiedsgericht nicht an Beweisanträge der Parteien gebunden ist, andererseits bei unvollständigem Parteivortrag den Sachverhalt nach seinem Ermessen erforschen und dabei selbstständig Beweise erheben und auf andere Erkenntnisquellen zurückgreifen kann.[291] Damit sind Schiedsgerichte bei der Beweiserhebung grundsätzlich freier gestellt als deutsche Zivilgerichte. Sie können beispielsweise Beweise erheben, die nicht angetreten sind und sie können Beweise erheben, ohne an das Beweisverfahren der ZPO gebunden zu sein. Wenn das Schiedsgericht selbst die erforderliche Sachkunde besitzt, kann es auf diese zurückgreifen, sodass es insoweit keines Sachverständigenbeweises bedarf.[292]

Der beschränkte Untersuchungsgrundsatz bewirkt dabei aber nicht, dass im Rahmen von Schiedsverfahren der Amtsermittlungsgrundsatz gilt, wie es zum Beispiel im Strafrecht der Fall ist. Die Ermittlungsobliegenheit des Schiedsgerichts findet in der prozessualen Dispositionsbefugnis der Parteien ihre Grenzen. So hat das Ermitteln von Tatsachen beispielsweise dann zu unterbleiben, wenn die Parteien Tatsachen unstreitig stellen.[293] Unbestrittene Tatsachen können hingegen durch das Schiedsgericht in Zweifel gezogen werden.[294]

### *(3) Bedeutung für die vorliegende Untersuchung*

Die Geltung des beschränkten Untersuchungsgrundsatzes könnte dafürsprechen, dass in Schiedsverfahren die Dispositionsbefugnis der Parteien zu Gunsten der Ermittlungsbefugnis des Gerichts eingeschränkt wird. Das wäre der Fall, wenn das Schiedsgericht durch seine Mitwirkung bei der Aufklärung des dem Streit zugrunde liegenden Sachverhalts auch Einfluss auf den Streitgegenstand des Verfahrens nehmen könnte. Könnte das Schiedsgericht Einfluss auf den Streitgegenstand nehmen, dann wäre es kaum erforderlich das Schiedsgericht im Rahmen

291 BGH, Urteil vom 12.12.1963 – VII ZR 23/62 – NJW 1964, 593(595).

292 Schwab/Walter, Schiedsgerichtsbarkeit, Kapitel 15, Rn. 8.

293 *Wais* in Schütze, Handbuch des Schiedsverfahrens, Rn. 332.

294 Bosch, Rechtskraft und Rechtshängigkeit im Schiedsverfahren, S.105 f; *Münch* im Münchener Kommentar zur ZPO, § 1042, Rn. 109.

seiner Entscheidung an den Streitgegenstand zu binden, sodass es kein Bedürfnis für die Geltung des Grundsatzes ne ultra petita in Schiedsverfahren gäbe.

Daran anknüpfend kann man argumentieren, dass das Schiedsgericht, wenn es schon dazu befugt ist, den Sachverhalt eigenständig zu ermitteln, auch dazu berechtigt sein müsste, den eigenständig ermittelten Sachverhalt frei und unabhängig zu würdigen und den Rechtsstreit so zu entscheiden, wie es das Schiedsgericht – unabhängig von dem gestellten Antrag – als richtig und gerecht empfindet. Diese Schlussfolgerung steht im Einklang mit der oben im Abschnitt A. I. 1. bereits angesprochenen Begründung des Gesetzesentwurfs zur Civilprozessordnung aus dem Jahr 1877, worin es heißt, dass der Grundsatz ne ultra petita auf die Verhandlungsmaxime zurückzuführen sei. Der Umstand, dass die Verhandlungsmaxime in Schiedsverfahren nicht uneingeschränkt gilt, könnte deshalb gegen die Geltung des Grundsatzes ne ultra petita in Schiedsverfahren sprechen.

Eine derartige Betrachtung würde allerdings verschiedene relevante Aspekte außer Acht lassen. Erstens ist zu beachten, dass das Schiedsgericht trotz Ermittlungsbefugnis grundsätzlich keinen Einfluss auf den Streitgegenstand nehmen kann. Für die Bestimmung des Streitgegenstands eines Schiedsverfahrens – genau wie für die Bestimmung des Streitgegenstands eines deutschen Zivilprozesses – sind nämlich nicht alle Tatsachen relevant, die für die Entscheidung des Rechtsstreits maßgeblich sind. Vielmehr setzen sich die für den Streitgegenstand maßgeblichen Klagegründe nur aus demjenigen Tatsachenvortrag zusammen, durch den der Streit unverwechselbar festgelegt wird.[295] Vor diesem Hintergrund muss zwischen zwei Kategorien von Tatsachen unterschieden werden: zum einen gibt es jene Tatsachen, die maßgeblich für die Bestimmung des Streitgegenstands sind und zum anderen gibt es Tatsachen, die zwar nicht für den Streitgegenstand maßgeblich sind, die aber trotzdem relevant für die Entscheidung des Schiedsgerichts sind. Nur auf letztere erstreckt sich die Ermittlungsbefugnis des Schiedsgerichts.

Die Abgrenzung der beiden Kategorien von Tatsachen kann mitunter Schwierigkeiten bereiten. Ein Beispiel hierfür ist eine Entscheidung des OLG München aus dem Jahr 2015, der ein DIS-Schiedsverfahren zugrunde lag.[296] Wie oben bereits dargestellt, findet im Rahmen der DIS-Schiedsgerichtsordnung der beschränkte Untersuchungsgrundsatz Anwendung. In dem Schiedsverfahren begehrte die Schiedsklägerin von der Schiedsbeklagten Schadensersatz für ein

295 *Foerste* in Musielak/Voit, Kommentar zur ZPO, § 253, Rn. 25.

296 OLG München, Beschluss vom 09.11.2015 – 34 Sch 27/14 – SchiedsVZ 2015, 303.

durch diese hergestelltes und geliefertes Brandmelde- und Brandbekämpfungssystem. Zur Ermittlung des Sachverhalts hatte das Schiedsgericht von sich aus Fragen dazu gestellt, ob die Klägerin bestimmte Tests („Heißtests") mit dem streitgegenständlichen Produkt durchgeführt hatte. Da die Beweisaufnahme sodann ergeben hatte, dass diese Tests nicht durchgeführt worden waren, hat das Schiedsgericht der Klägerin ein Mitverschulden bei der Schadensentstehung zuerkannt. Das OLG München hat dieses Vorgehen mit einem Verweis auf die Geltung des beschränkten Untersuchungsgrundsatzes für zulässig erachtet.[297]

Diese Entscheidung dürfte im Ergebnis richtig sein. Sie zeigt aber wie schwierig es ist, Tatsachen, die Einfluss auf den Inhalt des Streitgegenstands haben, von sonstigen für die Entscheidung relevanten Tatsachen abzugrenzen. In dem soeben genannten Beispielsfall des OLG München sind die Tatsachen, auf die das Vorliegen oder eben das Fehlen eines etwaigen Mitverschuldens zu stützen wären, kein Bestandteil des Streitgegenstands. Obwohl diese Tatsachen für die Entscheidung des Schiedsgerichts unzweifelhaft relevant sind, sind sie nicht Bestandteil der Klagegründe. Deshalb sind sie auch nicht dazu geeignet, eine Änderung des Streitgegenstands zu bewirken. Wie oben erläutert, gehören zu den für den Streitgegenstand relevanten Klagegründen nämlich nicht etwa alle Tatsachen, die notwendig sind, damit die Klage als begründet erscheint, sie setzen sich vielmehr lediglich aus demjenigen Tatsachenvortrag zusammen, durch den der Streit unverwechselbar festgelegt wird.[298] Zur Bestimmung des Streitgegenstands kommt es deshalb lediglich darauf an, dass der Kläger den Geschehensablauf ausreichend individualisiert und damit von anderen Geschehensabläufen abgrenzbar macht. Folglich sind Fragen zu einem etwaigen Mitverschulden in der Regel nicht dazu geeignet, Einfluss auf den Streitgegenstand zu nehmen. Diese Tatsachen können somit unproblematisch durch das Schiedsgericht ermittelt werden und müssen nicht zwingend von den Parteien vorgetragen werden.

Durch die Geltung des beschränkten Untersuchungsgrundsatzes wird folglich nicht die Dispositionsmaxime, sondern nur der Beibringungsgrundsatz eingeschränkt. Wie oben bereits erläutert, müssen die beiden Institute nicht zwingend zusammen auftreten,[299] sodass es nicht widersprüchlich ist, dass in Schiedsverfahren zwar auf der einen Seite die Dispositionsmaxime, auf der anderen Seite aber ein beschränkter Untersuchungsgrundsatz anwendbar ist. Ähnlich ist es im Verwaltungsrecht. Hier gilt die Dispositionsmaxime und der

---

297 OLG München, Beschluss vom 09.11.2015 – 34 Sch 27/14 – SchiedsVZ 2015, 303(306).

298 *Foerste* in Musielak/Voit, Kommentar zur ZPO, § 253, Rn. 25.

299 Siehe hierzu oben im Abschnitt A. III. 1.

Untersuchungsgrundsatz. Nicht zuletzt am Beispiel des Verwaltungsrechts zeigt sich auch, dass der Grundsatz ne ultra petita nicht zwingend mit dem Verhandlungsgrundsatz verbunden ist, sondern vielmehr auch in Verfahren mit Untersuchungsgrundsatz gelten kann. Gemäß § 86 Abs. 1 Halbs. 1 VwGO haben Verwaltungsgerichte den Sachverhalt von Amts wegen zu erforschen.[300] Gleichzeitig gilt gemäß § 88 VwGO aber der Grundsatz ne ultra petita.[301]

##### *(4) Zwischenergebnis*

Insgesamt wird die Geltung des Grundsatzes ne ultra petita durch die Geltung des beschränkten Untersuchungsgrundsatzes also nicht eingeschränkt.

#### *c) Die Anforderungen an die Antragstellung in inländischen Schiedsverfahren*

Weiter stellt sich die Frage, welche Anforderungen an den Inhalt des Klageantrags in inländischen Schiedsverfahren gestellt werden. Grundsätzlich gilt: je konkreter der Antrag, desto deutlicher wird auch der Streitgegenstand definiert. Ein konkreter Antrag trägt also dazu bei, dass etwaige ultra petita-Verstöße auch als solche erkennbar sind.

Zur Orientierung und zum Vergleich kann an dieser Stelle erneut ein Blick auf § 253 Abs. 2 Nr. 2 ZPO geworfen werden. Wie oben bereits erläutert,[302] verlangt die Vorschrift, dass der Kläger in einem deutschen Zivilprozess konkrete Angaben zum Streitgegenstand macht. Oben wurde auch bereits auf die Wechselwirkung zwischen § 253 Abs. 2 S. 2 ZPO und der Antragsbindung hingewiesen.[303] Diese Wechselwirkung manifestiert sich zum einen darin, dass ultra petita-Verstöße umso leichter feststellbar sind, je höher die Anforderungen an den Inhalt des Klageantrags sind. Andererseits flankiert der Grundsatz ne ultra petita die Vorgaben aus dem § 253 Abs. 2 S. 2 ZPO, da er dem Gericht auferlegt, sich an den gestellten Antrag zu halten. Es ist nicht zuletzt aus Gründen der Rechtssicherheit geboten, dass sich das jeweilige Gericht an den Antrag des Klägers hält, wenn dieser gemäß § 253 Abs. 2 Nr. 2 ZPO dazu verpflichtet ist, ausdrücklich und eindeutig darzulegen was er begehrt.

---

300 § 86 Abs. 1 Halbs. 1 VwGO lautet wie folgt: „*Das Gericht erforscht den Sachverhalt von Amts wegen […].*“

301 § 88 VwGO lautet wie folgt: „*Das Gericht darf über das Klagebegehren nicht hinausgehen, ist aber an die Fassung der Anträge nicht gebunden.*“

302 Siehe hierzu oben im Abschnitt B. I. 2.

303 Siehe hierzu oben im Abschnitt B. I. 2. c).

Um entscheiden zu können, ob, bzw. in welchem Maße, der Grundsatz ne ultra petita in Schiedsverfahren gilt, ist es deshalb zweckmäßig zu untersuchen, welche Anforderungen an die Klageanträge in Schiedsverfahren gestellt werden und ob diese mit den Vorgaben aus § 253 Abs. 2 ZPO vergleichbar sind.

### *(1) Historischer Überblick*

Bevor das deutsche Schiedsverfahrensrecht im Jahr 1997 novelliert wurde, hatten sich bereits sowohl das Reichsgericht als auch der BGH mit der Frage zu befassen, welche inhaltlichen Anforderungen an eine Schiedsklage zu stellen sind. So entschied das Reichsgericht im Jahr 1935, dass Klageanträge in einem Schiedsverfahren grundsätzlich keiner ausdrücklichen Kundgabe und keiner schriftlichen Abfassung bedürften.[304] Darüber hinaus führte das Reichsgericht in dieser Entscheidung Folgendes aus:

> *„Die Vorschrift in § 253 Abs. 2 Nr. 2 ZPO, wonach die Klage einen bestimmten Antrag enthalten muss, und die Vorschrift in § 297 Abs. 1 ZPO, wonach die Anträge aus den vorbereitenden Schriftsätzen verlesen werden müssen, finden danach im schiedsrichterlichen Verfahren keine, also auch keine entsprechende Anwendung. Daraus folgt, dass für dieses Verfahren die erwähnte Vorschrift in § 308 Abs. 1 ZPO nicht die Tragweite haben kann, die ihr für das ordentliche Gerichtsverfahren zukommt."*

Damit hob schon das Reichsgericht in dieser Entscheidung die Wechselwirkung zwischen § 253 Abs. 2 Nr. 2 ZPO und § 308 Abs. 1 ZPO hervor. Nach der Auffassung des Reichsgerichts würde aus dem Umstand, dass in Schiedsverfahren kein konkreter Antrag zu stellen sei, folgen, dass auch der Grundsatz ne ultra petita nicht die Tragweite haben könne, die er in einem nationalen Zivilprozess hat.

Auch der BGH ging in einem Urteil aus dem Jahr 1959 davon aus, dass in Schiedsverfahren keine konkreten Anträge erforderlich seien.[305] In dem der Entscheidung des BGH zugrundeliegendem Schiedsverfahren ging es um die Auseinandersetzung eines Nachlasses. Der erlassene Schiedsspruch wies verschiedenen Personen verschiedene Grundstücke zu und verurteilte die Beteiligten zur Abgabe von Auflassungserklärungen und Geldzahlungen. Die Antragstellerin hatte beantragt, den Schiedsspruch für vollstreckbar zu erklären. Dagegen wandten sich die Antragsgegner. Sie vertraten die Ansicht, dass das Schiedsgericht nicht dazu befugt gewesen sei, eine entsprechende Auseinandersetzung vorzunehmen. Das sah der BGH anders und führte Folgendes aus:

---

304 Reichsgericht, VII. Zivilsenat, Urteil vom 11.10.1935 – VII 74/35 – RGZ 149, 45(49).
305 BGH, Urteil vom 30.04.1959 – VII ZR 191/57; NJW 1959, 1493(1494).

> *„Die Entscheidung des SchiedsGer. erfordert insoweit nicht, dass ein Miterbe vor ihm eine Auseinandersetzungsklage mit bestimmtem Antrag erhoben hätte. Das SchiedsGer. ist in seinem Verfahren freier gestellt als das ordentliche Gericht (§ 1034 Abs. 2 ZPO).* ***Bestimmte Klageanträge, wie sie die ZPO für das Verfahren vor dem ordentlichen Gericht in § 253 Abs. 2 Ziff. 2 vorschreibt, sind im schiedsrichterlichen Verfahren nicht erforderlich. Die Anträge bedürfen keiner ausdrücklichen Kundgabe und können auch stillschweigend gestellt werden.*** *“*[306] (Hervorhebungen durch die Verfasserin)

Diesen Ausführungen schloss sich auch das OLG Hamburg in einer Entscheidung aus dem Jahr 1964 an.[307] In dem Verfahren ging es darum, dass der Schiedskläger im Schiedsverfahren keine formelle Klageschrift mit konkreten Anträgen eingereicht hatte. Das Hanseatische Oberlandesgericht sah dieses Vorgehen indes als unschädlich an. Es führte in seiner Entscheidung aus, dass sich das Begehren des Schiedsklägers aus einer Gesamtschau des dem Rechtsstreit zugrundeliegenden Schriftverkehrs ergeben würde.[308]

Im Lichte der vorstehenden Ausführungen ist davon auszugehen, dass vor der Novellierung des Schiedsverfahrensrechts kaum Anforderungen an den Inhalt des Schiedsklageantrags gestellt worden sind. Diese Praxis dürfte sich allerdings durch die Reform des Schiedsverfahrensrechts geändert haben.

#### *(2) Die Anforderungen an die Antragstellung nach der Novellierung des deutschen Schiedsverfahrensrechts*

Die soeben zitierten Entscheidungen des Reichsgerichts und des BGH sowie die Entscheidung des OLG Hamburg sind zu einer Zeit ergangen, zu der die ZPO noch keine Vorschriften zum Inhalt des Schiedsklageantrags enthielt. Das hat sich im Jahr 1997, im Zuge der Novellierung des Schiedsverfahrensrechts, geändert. Seitdem befassen sich § 1044 und § 1046 ZPO mit dieser Frage. Das Gesetz unterscheidet dabei nunmehr zwischen dem sogenannten Vorlegungsantrag (§ 1044 S. 2 ZPO) und dem Schiedsklageantrag (§ 1046 Abs. 1 ZPO). § 1044 ZPO regelt den Zeitpunkt der Rechtshängigkeit des Schiedsverfahrens. Danach beginnt das Verfahren in dem Zeitpunkt, in dem der Beklagte den Vorlegungsantrag empfängt. Die in § 1046 ZPO geregelte Schiedsklage wird dagegen erst dann eingereicht, wenn das konkrete Schiedsgericht konstituiert ist. Dies geschieht in der Regel nachdem der Schiedskläger den Vorlegungsantrag eingereicht hat.

---

306 BGH, Urteil vom 30.04.1959 – VII ZR 191/57; NJW 1959, 1493(1494).
307 OLG Hamburg, Urteil vom 14.05.1964 – 3 U 22/64 – MDR 1965, 54.
308 OLG Hamburg, Urteil vom 14.05.1964 – 3 U 22/64 – MDR 1965, 54.

Beide Vorschriften stellen Anforderungen an den jeweiligen Antrag. Die Vorschriften lauten wie folgt:

**§1044 S.2 ZPO**
*„Der Antrag muss die Bezeichnung der Parteien, die* ***Angabe des Streitgegenstandes*** *und einen Hinweis auf die Schiedsvereinbarung enthalten."* (Hervorgehoben durch die Verfasserin)

**§ 1046 Abs. 1 S. 1 ZPO**
*„Innerhalb der von den Parteien vereinbarten oder vom Schiedsgericht bestimmten Frist* ***hat der Kläger seinen Anspruch und die Tatsachen, auf die sich dieser Anspruch stützt, darzulegen*** *und der Beklagte hierzu Stellung zu nehmen."* (Hervorgehoben durch die Verfasserin)

Fraglich ist, inwieweit die beiden Vorschriften maßgeblich für die Bestimmung des Streitgegenstands eines Schiedsverfahrens sind, bzw. wie konkret der Streitgegenstand aufgrund dieser Vorschriften zu bezeichnen ist.

*(3) § 1044 S. 2 ZPO und seine Bedeutung für den Streitgegenstand*

Auf den ersten Blick scheint § 1044 ZPO für die Bestimmung des Streitgegenstands eines Schiedsverfahrens nicht relevant zu sein. Der „Antrag" im Sinne dieser Vorschrift stellt nämlich keinen Antrag auf eine materiell-rechtliche Entscheidung des Schiedsgerichts dar. Vielmehr wird durch den Vorlegungsantrag lediglich bezweckt, dass sich zunächst überhaupt ein Schiedsgericht konstituiert, das über den Rechtsstreit der Parteien entscheidet. Andererseits fordert die Vorschrift aber, dass bereits in diesem Verfahrensstadium der „Streitgegenstand" zu benennen ist. Fraglich ist, wie der in § 1044 S. 2 ZPO verwendeten Begriff des Streitgegenstands auszulegen ist.

Eine Antwort auf diese Frage kann gegebenenfalls Artikel 21 ModG liefern. Wie bereits erläutert, stellt das UNCITRAL-Modellgesetz ein von der United Nations Commission on International Trade Law erarbeitetes Muster eines Schiedsverfahrensrechts dar, an dem sich auch der deutsche Reformgesetzgeber für die Novellierung des 10. Buches der ZPO orientiert hat. Dabei hat er § 1044 ZPO teilweise nach dem Vorbild von Artikel 21 ModG entworfen. Letztere Vorschrift lautet wie folgt:

> *„Unless otherwise agreed by the parties, the arbitral proceedings in respect of a* ***particular dispute*** *commence on the date on which a request for that dispute to be referred to arbitration is received by the respondent."* (Hervorhebungen durch die Verfasserin)

Anders als § 1044 S.2 ZPO enthält Artikel 21 ModG keine Ausführungen dazu, dass bei der Antragstellung der Streitgegenstand anzugeben sei. Allerdings bezieht sich die Vorschrift auf einen „*particular dispute*". Diese Formulierung ist das Ergebnis einer Diskussion innerhalb der für den Entwurf der Vorschriften zuständigen Working Group,[309] die sich grundsätzlich darüber einig war, dass bereits im Rahmen der Einleitung eines Schiedsverfahrens das Rechtsbegehren hinreichend deutlich und identifizierbar bezeichnet werden müsse. Andererseits befürchtete man aber, dass eine zu strenge Formulierung (z.B. „*that such a request sufficiently identifies the claim*") zu unterschiedlichen Auslegungen und potentiellen Konflikten führen würde.[310] Tendenziell dürfte damit innerhalb der Working Group das Grundverständnis bestanden haben, dass bereits im Rahmen des Vorlegungsantrags insoweit Angaben zum Streitgegenstand zu machen sind, als dass dadurch die spezielle Streitigkeit von anderen Streitigkeiten abgrenzbar ist.

Auch in der Gesetzesbegründung zu § 1044 ZPO wird auf Art. 21 ModG Bezug genommen. Dabei wird die inhaltliche Abweichung des § 1044 ZPO von Art. 21 ModG damit begründet, dass mit § 1044 S. 2 ZPO ein Mittelweg beschritten werden sollte. Deshalb würde die Vorschrift zwar noch keine detaillierten Angaben zum Inhalt des Antrags fordern, wohl aber jene Angaben, die für die Schlüssigkeit des Antrags erforderlich seien.[311] Allerdings heißt es in der Gesetzesbegründung weiter, dass die Tatsachen, auf die sich der Anspruch stützt, in dem Antrag auf Durchführung eines Schiedsverfahrens nicht im Einzelnen dargelegt zu werden bräuchten. Diese Ausführungen in der Gesetzesbegründung sind widersprüchlich, denn für eine Schlüssigkeitsprüfung wäre es gerade erforderlich, dass die Tatsachen, auf die sich ein Anspruch stützt, vorgetragen werden. Mithin folgt aus der Gesetzesbegründung nicht eindeutig, welche Angaben der Kläger im Zusammenhang mit dem Vorlegungsantrag zu machen hat.

Nach der Auffassung von *Münch* stellt § 1044 S. 2 ZPO das Pendant zu § 253 Abs. 2 S. 2 ZPO dar. Daran anknüpfend vertritt er die Auffassung, dass der Vorlegungsantrag im Sinne von § 1044 ZPO bereits die Erhebung der Schiedsklage darstellen würde.[312] Vor diesem Hintergrund könnte man darüber nachdenken,

---

309 Holtzmann/Neuhaus, A Guide To The UNCITRAL Model law on International Commercial Arbitration, Art. 21, p. 612, m.w.N.

310 Fourth Working Group Report, A/CN.9/245, para. 26, abrufbar unter: http://www.uncitral.org/pdf/english/travaux/arbitration/ml-arb/acn9-245-e.pdf

311 BT-Drs. 13/5274, vom 12.07.1996, S. 48.

312 *Münch* im Münchener Kommentar zur ZPO, § 1044, Rn. 3.

auch im Rahmen des § 1044 ZPO die vom BGH in ständiger Rechtsprechung vertretene Theorie vom zweigliedrigen Streitgegenstand zugrunde zu legen.[313] Danach obläge es dem Schiedskläger mit dem Vorlegungsantrag einerseits bereits einen **bestimmten Antrag** zu stellen und andererseits den **Lebenssachverhalt, aus dem er die begehrte Rechtsfolge herleitet (Klagegründe)**, anzugeben. Diese Anforderungen entsprächen dann denjenigen Anforderungen, die gemäß § 253 Abs. 2 S. 2 ZPO an einen Klageantrag vor nationalen Zivilgerichten gestellt werden.

Die Schwierigkeit, die in der Praxis mit dieser Zwitterstellung des Vorlageantrages einhergeht, soll anhand einer Entscheidung des OLG Nürnberg aus dem Jahr 2014 dargestellt werden.[314] Das OLG Nürnberg hatte sich mit der Frage zu befassen, ob durch die Einleitung eines Schiedsverfahrens durch eine Partei die Klagefrist analog § 204 Abs. 1 Nr. 11 BGB gehemmt worden sei. Das OLG Nürnberg vertrat in seiner Entscheidung die Ansicht, dass mit Zugang des Vorlageantrags alle mit einer Klageerhebung verbundenen Rechtsfolgen - einschließlich der Verjährungshemmung - eintreten würden. Nichtsdestotrotz führte das OLG Nürnberg dann weiter Folgendes aus:

> *"Die Anforderungen für einen Vorlegungsantrag sind hierbei geringer als diejenigen für eine Schiedsklageschrift (§ 1046 Abs. 1 ZPO). Einen bestimmten Antrag, wie das Schiedsgericht entscheiden solle, braucht er noch nicht zu enthalten. Insbesondere müssen die anspruchsbegründenden Tatsachen zu diesem Zeitpunkt noch nicht dargelegt werden."*[315]

Anhand der Entscheidung des OLG Nürnberg wird folglich nicht ganz deutlich, welche Anforderungen der im Rahmen des § 1044 S. 2 ZPO geltende Streitgegenstandsbegriff erfüllen muss. Einerseits sollen durch den Vorlegungsantrag die Folgen der Rechtshängigkeit eintreten, andererseits müsse der Vorlegungsantrag die anspruchsbegründenden Tatsachen noch nicht enthalten. Demnach wäre im Rahmen von § 1044 S. 2 ZPO der vom BGH entwickelte zweigliedrige Streitgegenstandsbegriffs nicht anzuwenden.

Auch der Sinn und Zweck des Vorlegungsantrags deutet nicht darauf hin, dass hier der zweigliedrige Streitgegenstandsbegriffs anzuwenden ist. Durch den Vorlegungsantrag soll der Schiedskläger den Gegenstand des künftigen Schiedsverfahrens (den Streitgegenstand im Sinne von § 1044 S. 2 ZPO) so darstellen, wie es zu einer groben Bezeichnung des Streitstoff des Verfahrens erforderlich

313 Siehe hierzu beispielsweise: BGH, Urteil vom 30.06.2011 – I ZR 157/10 – juris, Rn. 13, m.w.N.
314 OLG Nürnberg, Urteil vom 30.04.2014 – 12 U 914/13, zitiert in BeckRS 2016, 05496.
315 OLG Nürnberg, Urteil vom 30.04.2014 – 12 U 914/13, zitiert in BeckRS 2016, 05496.

ist. Vor diesem Hintergrund und aufgrund der Tatsache, dass die Stellung des Schiedsklageantrags im Sinne des § 1046 ZPO unabhängig von dem – und damit später als – der Vorlegungsantrag erfolgen kann, scheint es in dieser Phase des Verfahrens nicht erforderlich zu sein, die Anforderungen an den Vorlegungsantrag an den Maßstäben von § 253 Abs. 2 ZPO auszurichten.

Diese Auffassung entspricht auch der herrschenden Meinung in der Literatur.[316] Einerseits wird verneint, dass im Rahmen des § 1044 ZPO ein konkreter Klageantrag zu stellen ist.[317] Andererseits dürften auch keine strengen Anforderungen an den Sachvortrag gestellt werden, was auch durch die Gesetzesbegründung zu § 1044 ZPO bestätigt wird. Dort heißt es unter anderem:

> *„Die Tatsachen, auf die sich der Antrag stützt, brauchen dagegen in dem Antrag auf Durchführung eines Schiedsverfahrens anders als bei der Schiedsklage (§ 1046 Abs. 1 ZPO-E) nicht im einzelnen dargelegt zu werden […].“*[318]

Auch das Kammergericht Berlin führte in einer Entscheidung aus dem Jahr 2008 aus, dass die Angaben zum Streitgegenstand im Rahmen von § 1044 ZPO nicht die Anforderungen erfüllen müssen, die an den Schiedsklageantrag gemäß § 1046 ZPO zu stellen sind.[319] In diesem Verfahren, in dem der Antragsteller die Benennung eines gemeinsamen Schiedsrichters für die Antragsgegner begehrt hatte, hatten die Antragsgegner gerügt, dass das Schiedsverfahren gar nicht wirksam eingeleitet worden sei, da ihnen kein Schriftsatz zugestellt worden sei, der die Mindestanforderungen des § 253 Abs. 1 und Abs. 2 ZPO erfüllt habe. Diese Ansicht teilte das Kammergericht Berlin indes nicht. Es führte in seinem Beschluss vielmehr Folgendes aus:

> *"§ 1044 ZPO verlangt als Mindestinhalt des Vorlageantrages lediglich die Angabe der Parteien, einen Hinweis auf die Schiedsvereinbarung und die Angabe des Streitgegenstandes, wobei die Anforderungen geringer sind als diejenigen für eine Schiedsklageschrift gemäß § 1046 Abs. 1 ZPO (Lachmann, Handbuch für die Schiedsgerichtspraxis, 3. Aufl., Kap. 10 Rn 800; Zöller/Geimer, a.a.O., § 1044 Rn. 2)."*[320]

---

316 *Geimer* in Zöller, Kommentar zur ZPO, § 1044, Rn. 2; *Voit* in Musielak/Voit, Kommentar zur ZPO, § 1044, Rn. 2.

317 Voit in Musielak/Voit, Kommentar zur ZPO, § 1044, Rn. 2; im Ergebnis wohl auch *Münch* im Münchener Kommentar zur ZPO, § 1044, Rn. 20.

318 BT-Drs. 13/5274, vom 12.07.1996, S. 48.

319 KG Beschluss vom 21.04.2008 – 20 SCHH 4/07 – BeckRS 2008, 12299.

320 KG Beschluss vom 21.04.2008 – 20 SCHH 4/07 – BeckRS 2008, 12299, Ziffer II. c).

*(4) § 1046 Abs. 1 S. 1 ZPO und seine Bedeutung für den Streitgegenstand*

§ 1046 Abs. 1 S. 1 ZPO bestimmt, dass der Kläger *„seinen Anspruch und die Tatsachen, auf die sich dieser Anspruch stützt“* innerhalb einer bestimmten Frist darzulegen hat. Aufgrund der Einführung dieser Vorschrift im Jahr 1997 war es angezeigt, die Anforderungen an den Schiedsklageantrag noch einmal zu überdenken und sie mit den Anforderungen des § 253 Abs. 2 ZPO zu vergleichen. Ausgehend von dem Wortlaut des § 1046 Abs. 1 S. 1 ZPO spricht vieles dafür, dass die einleitend zitierten Entscheidungen des Reichsgerichts und des BGH, wonach Klageanträge in einem Schiedsverfahren grundsätzlich keiner ausdrücklichen Kundgabe und keiner schriftlichen Abfassung bedürfen, wegen der Einführung von § 1046 Abs. 1 S. 1 ZPO nicht mehr zeitgemäß sind. Nichtsdestotrotz lässt § 1046 Abs. 1 S. 1 ZPO viel Raum für Interpretationen, wenn es um die Frage geht, welches Maß an Bestimmtheit ein Schiedsklageantrag zu erfüllen hat und wie der Begriff des Anspruchs im Sinne der Vorschrift auszulegen ist.

Für die Auslegung von § 1046 ZPO Abs. 1 S. 2 ZPO ist es nützlich, einen Blick ins ModG zu werfen, da § 1046 ZPO in Anlehnung an Artikel 23 ModG formuliert wurde.[321] Artikel 23 Abs. 1 ModG sieht vor, dass das Statement of Claim, also die Schiedsklage, folgende Elemente beinhalten muss:

> *„[…] the claimant shall state the* ***facts supporting his claim****, the points at issue and the* ***relief or remedy sought****, […]”* (Hervorhebungen durch die Verfasserin)

Das UNCITRAL-Modellgesetz sieht damit wie § 253 Abs. 2 Nr. 2 ZPO vor, dass die Klage sowohl die entscheidungserheblichen Tatsachen (die Klagegründe) und einen Klageantrag enthalten muss. Insoweit weicht die Formulierung in § 1046 Abs. 1 S. 1 ZPO hiervon zumindest sprachlich ab, da § 1046 Abs. 1 S. 1 ZPO nicht von einem Antrag (*„relief or remedy sought“*), sondern von dem Anspruch des Klägers spricht.

Abweichend von § 253 Abs. 2 Nr. 2 ZPO enthält Artikel 23 Abs. 1 ModG keinen ausdrücklichen Hinweis darauf, dass der Klageantrag hinreichend bestimmt sein muss. Zudem spricht die Entstehungsgeschichte der Vorschrift dafür, dass die Angaben im Statement of Claim keinesfalls bis ins letzte Detail präzise sein müssen und dass sie kein bestimmtes und konkretes Begehren enthalten müssen. Vielmehr geht aus den *Travaux préparatoires* zu Artikel 23 ModG hervor, dass es den Verfassern bei dem Entwurf der Vorschrift darauf ankam, dass das Streitprogramm des Verfahrens durch gewisse Mindestangaben abgrenzbar und identifizierbar sein soll. Insoweit heißt es in den Travaux préparatoires:

321 BT-Drs. 13/5274, vom 12.07.1996, S. 48.

*„The prevailing view was that such a rule should only deal with those elements of initial pleadings which were essential for defining the dispute on which the arbitral tribunal is to give decision."*[322]

Aus den *Travaux préparatoires* folgt also, dass es im Rahmen von Artikel 23 ModG genügt, wenn die Parteien durch das Statement of Claim zumindest kursorisch über das Streitprogramm des Verfahrens informiert werden.

Ein anderes Bild zeigt sich aber, wenn man in die Gesetzesbegründung zu § 1046 ZPO schaut. Darin heißt es ausdrücklich, dass die Anforderungen an die Schiedsklage im Wesentlichen denjenigen Anforderungen entsprechen, die nach deutschem Recht an eine Klage vor den staatlichen Gerichten gestellt werden:

*„Nach Absatz 1 Satz 1 entsprechen die Anforderungen an die Schiedsklage im wesentlichen denjenigen, die nach deutschem Recht an eine Klage vor den staatlichen Gerichten gestellt werden. Mit dem „Anspruch" und den „Tatsachen, auf die sich dieser Anspruch stützt", wird der Streitgegenstand bestimmt."*[323]

Aus der Bezugnahme auf die Anforderungen, „*die nach deutschem Recht an eine Klage vor staatlichen Gerichten gestellt werden*" könnte folgen, dass konkrete Anträge – wie sie § 253 Abs. 2 Nr. 2 ZPO fordert – zu stellen sind. Diese Auslegung der Vorschrift ist aber alles andere als unumstritten. In der Literatur gehen die Meinungen zu der Frage, ob in der Schiedsklage ein konkreter Antrag zu stellen ist, auseinander.

### *i. Autoren, die sich gegen strenge Anforderungen an den Inhalt der Schiedsklage aussprechen*

*Münch* beschäftigt sich mit den Anforderungen an die Antragstellung bereits im Rahmen von § 1044 ZPO. Wie bereits erwähnt, stellt der Vorlegungsantrag für ihn den maßgeblichen Zeitpunkt für die Erhebung der Schiedsklage dar, sodass für *Münch* die in § 1046 ZPO genannten Anforderungen neben den Anforderungen des § 1044 ZPO grundsätzlich keinen eigenständigen Anwendungsbereich haben.[324] Unabhängig davon ist er der Ansicht, dass in Schiedsverfahren nicht die strengen Anforderungen des § 253 Abs. 2 Nr. 2 ZPO an die Bestimmtheit eines Antrags zu stellen seien. Außerdem ist er der Meinung, dass Anträge in Schiedsverfahren nicht ausdrücklich gestellt werden müssten.[325] Dies begründet

322 Third Working Group Report, A/CN/233, para. 25, abrufbar unter: http://www.uncitral.org/pdf/english/travaux/arbitration/ml-arb/acn9-233-e.pdf

323 BT-Drs. 13/5274, vom 12.07.1996, S. 48.

324 *Münch* im Münchener Kommentar zur ZPO, § 1044, Rn. 3.

325 *Münch* im Münchener Kommentar zur ZPO, § 1044, Rn. 21 f.

er damit, dass Schiedsgerichte in der Gestaltung des Verfahrens große Freiräume genießen würden und dass Schiedsgerichte auf unterschiedliche Weise auf einen sachdienlichen Antrag hinwirken könnten.[326]

*Sachs/Lörcher* sind der Auffassung, dass § 1046 Abs. 1 S.1 ZPO zwei Kernelemente enthalte: zum einen den geltend gemachten Anspruch, zum anderen den Tatsachenvortrag, auf den sich der Anspruch stützt.[327] Ihrer Ansicht nach müsse die Schiedsklage aber nicht zwangsläufig auch einen konkreten Antrag enthalten.

Auch *Schlosser* ist der Auffassung, dass die Klageschrift keinen konkreten Antrag enthalten müsse.[328]

### *ii. Die Gegenauffassung: klare und eindeutige Anträge auch in Schiedsverfahren*

*Schwab/Walter* vertreten die Auffassung, dass auch in Schiedsverfahren klare und eindeutige Anträge zu stellen seien.[329] Außerdem könnten ihrer Meinung nach aufgrund der Gesetzesreform und wegen der klaren gesetzlichen Regelung in Gestalt des § 1046 Abs. 1 ZPO Anträge nicht mehr stillschweigend gestellt werden.[330]

Auch *Lachmann* ist der Auffassung, dass die Anforderungen des § 1046 Abs. 1 S. 1 ZPO denen des § 253 Abs. 2 ZPO entsprächen, weshalb unter anderem ein konkreter Antrag zu stellen sei.[331]

*Voit* stimmt den vorgenannten Auffassungen nur teilweise zu. So vertritt er einerseits die Auffassung, dass die Anforderungen an die Darlegung des Klägers denjenigen in § 253 ZPO entsprächen, andererseits argumentiert er aber, dass es keines bestimmten Antrags bedürfe.[332] Nach Voit verlange § 1046 Abs. 1 S. 1 ZPO zwar die Angabe des **Anspruchs**, nicht aber einen bestimmten **Antrag**. Es reiche deshalb aus, wenn sich durch Auslegung ergebe, dass ein Anspruch geltend gemacht wird.[333]

326 *Münch* im Münchener Kommentar zur ZPO, § 1044, Rn. 22.
327 *Sachs/Lörcher*, in Böckstiegel/Kröll/Nacimiento (Hrsg.), Arbitration in Germany, The Model Law in Practice, § 1046, Rn. 3.
328 *Schlosse*r in Stein/Jonas, Kommentar zur ZPO, § 1042, Rn. 75.
329 Schwab/Walter, Schiedsgerichtsbarkeit, Kapitel 16, Rn. 2.
330 Schwab/Walter, Schiedsgerichtsbarkeit, Kapitel 16, Rn. 2.
331 Lachmann, Handbuch für die Schiedsgerichtspraxis, Kapitel 15, Rn. 1443.
332 Voit in Musielak/Voit, Kommentar zur ZPO, § 1046, Rn. 2.
333 *Voit* in Musielak/Voit, Kommentar zur ZPO, § 1046, Rn. 2.

*Gerstenmaier* ist der Auffassung, dass in Schiedsverfahren grundsätzlich ausdrückliche Anträge zu stellen seien.[334] Allerdings weist er auch auf gewisse Unterschiede zwischen nationalen Zivilprozessen und Schiedsverfahren hin und gibt vor diesem Hintergrund zu bedenken, dass die strengen Voraussetzungen an die Antragstellung, die von § 253 Abs. 2 Nr. 2 ZPO für Zivilprozesse vorgegeben werden, wegen dieser Unterschiede möglicherweise nicht gänzlich auf Schiedsverfahren übertragbar seien.[335] Er führt in diesem Zusammenhang beispielsweise an, dass durch die strengen Anforderungen des § 253 ZPO auch der Prozessökonomie und der Verhinderung unnötiger Inanspruchnahme staatlicher Gerichte Rechnung getragen werde, wobei mindestens das letztgenannte Argument in Schiedsverfahren kaum von Relevanz sei. Außerdem weist er auf die gesteigerte Effizienz von Schiedsverfahren im Vergleich zu staatlichen Verfahren hin und schlägt vor, dass ein unbestimmter Antrag zumindest dann zulässig sein sollte, wenn die beklagte Partei keine Einwendungen gegen den unbestimmten Antrag erhebt. In diesem Fall sei davon auszugehen, dass die Parteien eine Entscheidung des Schiedsgerichts über gerade diesen Antrag herbeiführen wollten.[336] Schließlich ist *Gerstenmaier* der Auffassung, dass auch ein Schiedsgericht keine ultra petita- und Überraschungsentscheidungen erlassen dürfe. Deshalb habe das Schiedsgericht Anträge auszulegen und durch richterliche Hinweise bzw. Rückfragen auf eine konkrete Antragstellung hinzuwirken.[337]

An dieser Stelle soll auch noch einmal auf die Gesetzesbegründung zum Schiedsverfahrensneuregelungsgesetz verwiesen werden. Aus der Begründung folgt, dass in Schiedsverfahren klare und eindeutige Anträge zu stellen sind, da es ausweislich der Gesetzesbegründung dem ausdrücklichen Willen des Gesetzgebers entspricht, einen Gleichlauf von § 253 Abs. 2 ZPO und § 1046 Abs.1 ZPO zu erreichen.[338]

Schließlich äußerte sich im Jahr 2006 auch das Oberlandesgerichts München sehr deutlich zu dem Erfordernis einer klaren Antragstellung.[339] In dem dieser

---

334 *Gerstenmaier*, Die (Un-)Bestimmtheit des Antrags im Schiedsverfahren, in FS-Schütze, S. 126.

335 *Gerstenmaier*, Die (Un-)Bestimmtheit des Antrags im Schiedsverfahren, in FS-Schütze, S. 125.

336 *Gerstenmaier*, Die (Un-)Bestimmtheit des Antrags im Schiedsverfahren, in FS-Schütze, S. 125 f.

337 *Gerstenmaier*, Die (Un-)Bestimmtheit des Antrags im Schiedsverfahren, in FS-Schütze, S. 126.

338 BT-Drs. 13/5274, vom 12.07.1996, S. 48.

339 OLG München, Beschluss vom 20.12.2006 - 34 Sch 27/06.

Entscheidung zugrunde liegendem Schiedsverfahren ging es um wechselseitige Ansprüche der Schiedsparteien im Zusammenhang mit dem Betrieb einer Autowaschanlage. Das Schiedsgericht erließ am 27.09.2006 einen Schiedsspruch, gegen den sich der Schiedskläger unter anderem mit der Rüge wandte, dass sich das Schiedsgericht geweigert habe, über den Verbleib der von ihm geleisteten Einlagen in die Gesellschaft ohne einen konkreten Antrag zu entscheiden. Nach der Auffassung des Schiedsklägers sei ein konkreter Antrag aber nicht erforderlich gewesen. Vielmehr sei das Schiedsgericht verpflichtet gewesen, auch ohne einen Antrag über alles, was zur Gesamtbereinigung der gegenseitigen Ansprüche gehöre, zu entscheiden. Das OLG München teilte diese Rechtsauffassung des Schiedsklägers nicht. Zur Begründung führte es Folgendes aus:

> *„Vielmehr hat der Kläger seinen Anspruch und die Tatsachen, auf die er seinen Anspruch stützt, darzulegen, § 1046 Abs. 1 Satz 1 ZPO. Durch ihn bestimmt der Kläger den Streitgegenstand. Die Erfordernisse decken sich dabei im Wesentlichen mit denen einer Klage zum staatlichen Gericht, wobei "Anspruch" sich mit der "bestimmten Angabe des Gegenstandes" im Sinn des § 253 Abs. 2 Nr. 2 ZPO deckt (Reichold in Thomas/Putzo ZPO 27. Aufl. § 1046 Rn. 2). Erforderlich sind daher klare, eindeutige Anträge. Dies gehört zum notwendigen Inhalt einer Klage und ist auch nicht disponibel. Klageanträge können deswegen im Schiedsgerichtsverfahren nicht (mehr) stillschweigend gestellt werden, auch wenn sie sich aus der Gesamtheit des Streitstoffes eindeutig ergeben (Schwab/Walter Schiedsgerichtsbarkeit 7. Aufl. Kap. 16 Rn. 2).“*[340]

Damit stellte das OLG München eindeutig klar, dass seiner Ansicht nach auch in Schiedsverfahren ausdrückliche und bestimmte Anträge zu stellen sind.

### *iii. Die hier vertretene Meinung zu den Anforderungen an die Schiedsklage*

Zuzustimmen ist der Auffassung, wonach auch in Schiedsverfahren ausdrückliche und bestimmte Anträge zu stellen sind. Die gegenteilige Auffassung, wonach konkrete Anträge in Schiedsverfahren nicht erforderlich wären, vermag hingegen nicht zu überzeugen. Es ist insbesondere wenig überzeugend eine Stütze für diese Auffassung in den unterschiedlichen Formulierungen des § 253 Abs. 2 Nr. 2 ZPO einerseits und des § 1046 Abs. 1 S. 1 ZPO andererseits zu sehen. Zwar spricht das Gesetz in § 1046 Abs. 1 S. 1 ZPO nicht von einem **Antrag** – wie es bei § 253 Abs. 2 Nr. 2 ZPO der Fall ist – sondern von einem **Anspruch**. Der geltend gemachte (prozessuale) Anspruch ist aber nichts anderes als der Streitgegenstand,[341] dieser setzt sich bekanntermaßen zusammen aus

340 OLG München, Beschluss vom 20.12.2006 – 34 Sch 27/06, [II 3b (3)].
341 BGH, Urteil vom 03.04. 2003 – I ZR 1/01 – GRUR 2003, 716.

den Klagegründen und dem gestellten Antrag und setzt letzteren damit quasi voraus. Muss der Schiedskläger gemäß § 1046 Abs. 1 S. 1 ZPO also den geltend gemachten Anspruch bezeichnen, muss er auch einen konkreten Antrag stellen.

Schließlich sei noch darauf hingewiesen, dass § 1046 Abs. 1 ZPO zwingendes Schiedsverfahrensrecht darstellt, über das die Parteien auch durch eine entsprechende Vereinbarung nicht disponieren können.[342]

### *d) Auffanganträgen („catch-all clauses")*

Obgleich es also nach der hier vertretenen Auffassung den Parteien eines inländischen Schiedsverfahrens gemäß § 1046 Abs. 1 ZPO obliegt, bestimmte Anträge zu stellen, finden sich in Schiedsklagen trotzdem immer wieder unbestimmte Auffanganträge, sogenannte „catch-all clauses". Besonders häufig werden derartige Anträge von US-amerikanischen Juristen verwendet. Diese Anträge sind dann beispielsweise wie folgt formuliert:

> *„Awarding to Claimant such other and further relief as the Arbitral Tribunal may determine is just and appropriate under the law."*[343]

*Oder:*

> *„[...] such other and further relief as the Arbitration Panel deems just and proper."*[344]

Anträge, die in diesem Sinne formuliert sind, genügen augenscheinlich nicht den Bestimmtheitsanforderungen des § 1046 Abs. 1 S. 1 ZPO. Die fehlende Bestimmtheit eines Klageantrags führt nach der hier vertretenen Auffassung zu seiner Unzulässigkeit. Fraglich ist, ob diese Unzulässigkeit vom Schiedsgericht *ex officio* zu beachten ist, oder ob es hierfür einer entsprechenden Rüge des Antragsgegners bedarf.

---

342 BT-Drs. 13/5274, vom 12.07.1996, S. 48.

343 Dieser Antrag wurde in dem Schiedsverfahren gestellt, das der folgenden Entscheidung zugrunde lag: Schweizer Bundesgericht, Entscheidung vom 19.12.2001, 4P.114/2001, veröffentlicht in ASA Bull. 2002, 493 ff.

344 Dieser Antrag wurde in dem Schiedsverfahren gestellt, das der folgenden Entscheidung zugrunde lag: United States District Court, Southern District of New York, Entscheidung vom 28.03.2002, 01 Civ. 2668 (SHS) – Millicom International VN.V. v. Motorola, Inc. and others - abrufbar unter http://www.newyorkconvention.org/court+decisions/decisions+per+topic/us+401.

*(1) Die Methania-Entscheidung*

Mit der soeben aufgeworfenen Frage hatte sich im Jahr 2001 auch das Schweizerische Bundesgericht in der sogenannten Methania-Entscheidung zu befassen.[345] Dieser Entscheidung lag folgender Sachverhalt zugrunde:

Die *Methania* war ein zum Transport von Naturgas gebautes Schiff. In dem Schiedsverfahren, das der Methania-Entscheidung zugrunde lag, ging es um den Chartervertrag für die Methania und um die Frage, ob der Charterer eine vertragliche Kaufoption für das Schiff wirksam ausgeübt hatte. In dem im Jahr 1999 von dem Charterer gegen die Schiffseigentümerin eingeleitetem ICC-Schiedsverfahren stellte der Kläger 13 Klageanträge. Mit dem ersten Klageantrag begehrte er die Feststellung, dass er die Kaufoption für die *Methania* gemäß dem Chartervertrag gültig ausgeübt habe. Es folgten 11 weitere mehr oder weniger bestimmte Klageanträge. Der 13. Antrag lautete dann hingegen wie folgt:

> *„awarding to Claimant such other and further relief as the Arbitral Tribunal may determine is just and appropriate under the law."*

Die Schiffseigentümerin beantragte widerklagend die Klägerin zur Zahlung von vermeintlich ausstehendem Mietzins für das Schiff sowie zur Zahlung von Schadensersatz zu verurteilen.

Das Schiedsgericht wies sowohl die Hauptanträge des Klägers als auch die der Beklagten ab. Es traf zudem die Feststellung – ohne dass dies von einer der Parteien ausdrücklich beantragt worden wäre – dass sich die Parteien über eine Verlängerung des Chartervertrages geeinigt hätten. Seinen Schiedsspruch stützte das Schiedsgericht hauptsächlich auf den 13. "Auffang-" Antrag der Klägerin. Die gegen diese Entscheidung gerichtete Beschwerde der Beklagten wies das Bundesgericht zurück. Auf den Einwand, dass das herangezogene „subsidiäre" Rechtsbegehren viel zu unbestimmt gewesen sei, erwiderte das Gericht, dass die Beklagte dieses Einspruchsrecht verwirkt habe, da sie die Unbestimmtheit des Begehrens bereits im Laufe des Schiedsverfahrens hätte rügen können.[346]

Diese Entscheidung stieß in der Schweiz berechtigterweise auf Kritik.[347] Es ist fraglich, ob die vom Schweizerischen Bundesgericht in der

---

345 Schweizer Bundesgericht, Entscheidung vom 19.12.2001, 4P.114/2001, veröffentlicht in ASA Bull. 2002, 493 ff.

346 Schweizer Bundesgericht, Entscheidung vom 19.12.2001, 4P.114/2001, veröffentlicht in ASA Bull. 2002, 493 ff.

347 *Wirth*, Rechtsbegehren in internationalen Schiedsverfahren – wie bestimmt müssen sie sein?, in FS-Kellerhals, 145(155 f.); Berger/Kellerhals, International and domestic arbitration in Switzerland, Seite 422(Tz.1209).

Methania-Entscheidung entwickelten Grundsätze verallgemeinerungsfähig sind, ob sie also insbesondere auch im Rahmen von (deutschen) inländischen Schiedsverfahren gelten können und sollten.

### *(2) Die Rügeobliegenheit des § 1027 ZPO*

Liegt ein unbestimmter Antrag vor, dann käme als Anknüpfungspunkt für eine Rügeobliegenheit des Schiedsbeklagten § 1027 ZPO in Betracht. Die Vorschrift lautet wie folgt:

> *„Ist einer Bestimmung dieses Buches, von der die Parteien abweichen können, oder einem vereinbarten Erfordernis des schiedsrichterlichen Verfahrens nicht entsprochen worden, so kann eine Partei, die den Mangel nicht unverzüglich oder innerhalb einer dafür vorgesehenen Frist rügt, diesen später nicht mehr geltend machen. Dies gilt nicht, wenn der Partei der Mangel nicht bekannt war."*

§ 1027 ZPO sieht damit vor, dass ein Verstoß gegen dispositives Schiedsverfahrensrecht als geheilt anzusehen ist, wenn der Verstoß nicht unverzüglich oder in einer dafür vorgesehenen Frist gerügt wird. Wie vorstehend bereits erwähnt,[348] handelt es sich bei den Anforderungen aus § 1046 Abs. 1 ZPO aber um zwingendes und gerade nicht um dispositives Schiedsverfahrensrecht. Die Rügeobliegenheit des § 1027 ZPO findet deshalb keine Anwendung.

### *(3) Die Rügeobliegenheit des § 295 Abs. 1 ZPO*

Darüber hinaus käme eine entsprechende Anwendung von § 295 ZPO in Betracht. Für Verfahrensverstöße in Verfahren vor deutschen Zivilgerichten sieht § 295 Abs. 1 ZPO für die durch den Verfahrensverstoß benachteiligte Partei eine Obliegenheit zur Rüge vor. Die Vorschrift lautet wie folgt:

> *„Die Verletzung einer das Verfahren und insbesondere die Form einer Prozesshandlung betreffenden Vorschrift kann nicht mehr gerügt werden, wenn die Partei auf die Befolgung der Vorschrift verzichtet, oder wenn sie bei der nächsten mündlichen Verhandlung, die auf Grund des betreffenden Verfahrens stattgefunden hat oder in der darauf Bezug genommen ist, den Mangel nicht gerügt hat, obgleich sie erschienen und ihr der Mangel bekannt war oder bekannt sein musste."*

Unabhängig von der Frage, ob § 295 ZPO in Schiedsverfahren überhaupt analog angewendet werden kann, würde eine analoge Anwendung der Vorschrift ebenfalls daran scheitern, dass es sich bei den Vorgaben aus § 1046 ZPO um zwingendes Schiedsverfahrensrecht handelt. Eine Rügeobliegenheit kann gemäß

---

348 Siehe hierzu oben im Abschnitt B. II. 5. C) (4).

§ 295 Abs. 2 ZPO nämlich nur für solche Verfahrensverstöße bestehen, die keinen Verstoß gegen zwingend zu befolgendes Recht darstellen. § 295 Abs. 2 ZPO lautet wie folgt:

> *„Die vorstehende Bestimmung ist nicht anzuwenden, wenn Vorschriften verletzt sind, auf deren Befolgung eine Partei wirksam nicht verzichten kann."*

Die Vorgaben des § 1046 Abs. 1 S. 1 ZPO stellen aber gerade zwingendes Recht dar, über das die Parteien auch durch eine entsprechende Vereinbarung nicht disponieren können. [349] Selbst bei einer analogen Anwendung von § 295 ZPO wären die Voraussetzungen der Norm folglich nicht erfüllt.

### *(4) Keine Rügeobliegenheit für Verstöße gegen § 1046 ZPO*

Auch aus anderen Gründen ist der Auffassung das Schweizerischen Bundesgerichts nicht zuzustimmen und eine Rügeobliegenheit insgesamt abzulehnen. Insbesondere würde der Grundsatz ne ultra petita durch eine Übertragung der vom Bundesgericht entwickelten Grundsätze auf inländische Schiedsverfahren faktisch außer Kraft gesetzt.[350] Das Schiedsgericht würde nie über das Begehren der Parteien hinausgehen oder etwas anderes als das Begehrte zusprechen, denn jeder denkbare Rechtsfolgenausspruch würde eine Stütze in dem jeweiligen Auffangantrag finden. Die mit dem Grundsatz ne ultra petita verfolgten Ziele könnten dann nicht mehr verwirklicht werden.

Auch *Gerstenmaier* erteilt einer Rügeobliegenheit des Schiedsbeklagten zu Recht eine klare Absage.[351] Er ist der Auffassung, dass das Schiedsgericht das Gebot des rechtlichen Gehörs missachten würde, wenn es auf der Grundlage eines seinem Inhalt nach nicht zu definierenden Antrags dem Kläger etwas zuspricht, was es für angemessen erachten würde.[352] Der Beklagte würde dadurch im Unklaren darüber gelassen werden, wogegen er sich überhaupt verteidigen soll.[353]

---

349 BT-Drs. 13/5274, 12.07.1996, S. 48.

350 So auch: *Gerstenmaier*, Die (Un-)Bestimmtheit des Antrags im Schiedsverfahren, in FS-Schütze, S. 123(126).

351 *Gerstenmaier*, Die (Un-)Bestimmtheit des Antrags im Schiedsverfahren, in FS-Schütze, S. 123(126).

352 *Gerstenmaier*, Die (Un-)Bestimmtheit des Antrags im Schiedsverfahren, in FS-Schütze, S. 123(126).

353 *Gerstenmaier*, Die (Un-)Bestimmtheit des Antrags im Schiedsverfahren, in FS-Schütze, S. 123(126).

Damit ist festzuhalten, dass Schiedsgerichte nicht dazu befugt sind, ihre Entscheidung auf einen unzulässigen – weil unbestimmten – Antrag zu stützen.

#### *e) Fazit*

Für inländische Schiedsverfahren gilt für die Bestimmung des Streitgegenstands und für die Anforderungen, die an den Inhalt der Schiedsklage gestellt werden, grundsätzlich nichts anderes als im Rahmen von deutschen Zivilprozessen: Der Streitgegenstand bestimmt sich anhand des (Schieds-)Klageantrags und anhand der zur Begründung des Antrags vorgebrachten Klagegründe. Vor diesem Hintergrund ist es zum einen irrelevant, dass am Anfang eines jeden Schiedsverfahrens eine Schiedsvereinbarung steht und zum anderen ist es irrelevant, dass in Schiedsverfahren ein beschränkter Untersuchungsgrundsatz gilt. Es obliegt dem Schiedskläger, dass er bestimmte Anträge stellt. Obwohl unbestimmte Anträge von Schiedsgerichten grundsätzlich *ex officio* nicht zu beachten sind, sollten Schiedsbeklagte entsprechende Anträge trotzdem als zu unbestimmt rügen, um ähnliche Entscheidungen wie die Methania-Entscheidung zu verhindern.

### 6. Die internationale Praxis zur Bestimmung des Streitgegenstands von Schiedsverfahren

Inländische Schiedsverfahren sind regelmäßig internationalen Einflüssen ausgesetzt, weshalb sie stets in einem internationalen Kontext gesehen werden sollten. So kann es beispielsweise sein, dass zumindest eine der Parteien oder einer der Schiedsrichter nicht aus Deutschland stammt und deshalb nicht im Detail mit dem deutschen Schiedsverfahrensrecht vertraut ist. Außerdem kann es sein, dass der Schiedsspruch nicht in Deutschland, sondern in einem anderen Land vollstreckt werden soll. Schließlich können die Parteien ihrem Schiedsverfahren die Verfahrensordnung einer internationalen Schiedsinstitution zugrunde gelegt haben, deren Vorgaben unter Umständen vom deutschen Schiedsverfahrensrecht abweicht. Um die Geltung des Grundsatzes ne ultra petita in inländischen Schiedsverfahren umfassend beurteilen zu können, ist deshalb stets auch ein Blick auf die internationale Praxis zu werfen.

Im Fokus des nun folgenden Abschnittes sollen der Klageantrag in seiner internationalen Dimension und die Anforderungen an die Antragstellung in internationalen Schiedsverfahren stehen. Dafür soll einerseits ein Blick auf die einschlägigen Bestimmungen des Schweizerischen Schiedsverfahrensrechts (dazu unter a)) und des US-amerikanischen Schiedsverfahrensrechts (dazu unter b)) geworfen werden, andererseits werden die Schiedsgerichtsordnung der DIS (dazu unter d)), die UNCITRAL Schiedsordnung (dazu unter e)), die

Schiedsordnung der ICC (dazu unter f)) und schließlich die Schiedsordnung der American Arbitration Association (dazu unter g)) darauf hin untersucht, welche Anforderungen die jeweilige Schiedsordnung an die Antragstellung in Schiedsverfahren stellt.

Dabei soll allerdings nicht der Eindruck entstehen, dass die beschriebene Auswahl an staatlichen Schiedsverfahrensrecht und institutionalisierten Schiedsverfahrensordnungen dazu dienen sollte oder könnte, die weltweite Schiedspraxis hinsichtlich der Anforderungen an die Antragstellung ausführlich und abschließend darzustellen. Sie soll nur einen Einblick in die internationale Praxis zulassen, um den deutschen Ansatz in das internationale Gefüge einordnen zu können.

Bei der Auswahl der nationalen Schiedsverfahrensrechte wurde berücksichtigt, dass die Schweiz (Genf) und die USA (New York) zu den Top-Sechs der weltweit beliebtesten Schiedsorte zählen.[354] Der Blick in die USA ist zudem deshalb besonders interessant, weil im Rahmen der Untersuchung damit erstmals eine Rechtsordnung näher betrachtet wird, die der Rechtsfamilie des Common law angehört. Es ist fraglich, ob und wie sich die Unterschiede zwischen civil law und common law auf die Anforderungen an die Antragstellung in Schiedsverfahren auswirken.

Auch hinsichtlich der zu betrachtenden Schiedsordnungen von internationalen Schiedsinstitutionen, musste für diese Arbeit eine Auswahl getroffen werden. Die Schiedsgerichtsordnung der DIS wurde ausgewählt, weil sie von einem deutschen Blickwinkel ausgeht und weil gerade der Umgang mit dem Grundsatz ne ultra petita in inländische Schiedsverfahren den Schwerpunkt der Untersuchung darstellt. Die ICC Schiedsordnung wurde ausgewählt, weil sie von Schiedsparteien gleich welcher Herkunft am häufigsten als Schiedsordnung gewählt wird.[355] Die UNCITRAL Schiedsordnung stellt dagegen die beliebteste Schiedsordnung für ad hoc Schiedsverfahren dar.[356] Schließlich soll noch ein Blick auf die Schiedsordnung der American Arbitration Association geworfen werden, weil sie die größte und bedeutendste amerikanische Schiedsinstitution darstellt.[357]

---

354 Queen Mary / White & Case, 2018 International Arbitration Survey: The Evolution of International Arbitration, 09.05.2019, S. 9.

355 Queen Mary / White & Case, 2018 International Arbitration Survey: The Evolution of International Arbitration, 09.05.2019, S. 13.

356 Queen Mary / White & Case, 2018 International Arbitration Survey: The Evolution of International Arbitration, 09.05.2019, S. 2.

357 *Thümmel* in Schütze, Institutionelle Schiedsgerichtsbarkeit, 11. Kapitel, S. 881.

### *a) Die Handhabung in der Schweiz*

Das Schweizerische Schiedsverfahrensrecht weicht in einigen grundlegenden Punkten von dem deutschen Schiedsverfahrensrechts ab. Einer dieser grundlegenden Unterschiede besteht darin, dass nach Schweizerischem Recht zwischen nationalen und internationalen Schiedsverfahren unterschieden wird. Ein internationales Schiedsverfahren liegt gemäß Artikel 176 Abs. 1 S. 1 des Schweizerischen Bundesgesetzes über das Internationale Privatrecht („**IPRG**") vor, wenn

(1) das Schiedsgericht seinen Sitz in der Schweiz hat und
(2) bei Abschluss der Schiedsvereinbarung wenigstens eine Partei ihren Wohnsitz oder ihren gewöhnlichen Aufenthalt nicht in der Schweiz hatte.

Ein nationales Schiedsverfahren liegt demnach dann vor, wenn

(1) das Schiedsgericht seinen Sitz in der Schweiz hat
(2) und beide Parteien ihren Wohnsitz oder gewöhnlichen Aufenthaltsort in der Schweiz haben.

Das folgt auch aus Artikel 353 Abs. 1 der Schweizerischen ZPO.[358]

Auf internationale Schiedsverfahren sind die Artikel 176 ff. IPRG anzuwenden, wohingegen auf nationale Schiedsverfahren die Artikel 353 ff. der Schweizerischen ZPO Anwendung finden. Die Anforderungen an die Antragstellung ergeben sich für nationale und für internationale Schiedsverfahren folglich aus unterschiedlichen Vorschriften.

#### *(1) Nationale Schiedsverfahren*

Es soll zunächst auf die Anforderungen an die Antragstellung in nationalen Schiedsverfahren eingegangen werden. Die Schweizerische ZPO – als das auf nationale Schiedsverfahren anwendbare Regelwerk – enthält hierzu keine ausdrücklichen Bestimmungen. In der Literatur wird teilweise die Auffassung vertreten, dass die Darlegung eines „Rechtsbegehrens" erforderlich sei.[359] Anhand dieses Rechtsbegehrenes soll der Streitgegenstand des jeweiligen Verfahrens identifiziert werden.[360]

---

358 Die Vorschrift lautet wie folgt: *„Die Bestimmungen dieses Teils gelten für Verfahren vor Schiedsgerichten mit Sitz in der Schweiz, sofern nicht die Bestimmungen des zwölften Kapitels des IPRG anwendbar sind."*

359 *Dasser* in Oberhammer/Berti, Schweizerische Zivilprozessordnung, Art. 372, Rn. 7.

360 *Dasser* in Oberhammer/Berti, Schweizerische Zivilprozessordnung, Art. 372, Rn. 7.

Allerdings folgt aus der Systematik der Schweizerischen ZPO, dass weder im Zeitpunkt der Einleitung eines Schiedsverfahrens noch im Laufe eines Schiedsverfahrens zwingend konkrete Anträge zu stellen sind. Artikel 384 der Schweizerischen ZPO, der die inhaltlichen Anforderungen an einen nationalen Schiedsspruch regelt, nimmt ausdrücklich darauf Bezug, dass die Parteien ihr Rechtsbegehren nicht zwingend durch einen Antrag zum Ausdruck bringen müssen. So heißt es in Artikel 384 Absatz 1 Ziffer d) der Schweizerischen ZPO:

> *„1. Der Schiedsspruch enthält:*
>
> *[…]*
>
> *d. die Rechtsbegehren der Parteien oder, **bei Fehlen von Anträgen**, eine Umschreibung der Streitfrage; […]"* (hervorgehoben durch die Verfasserin)

Daraus folgt deutlich, dass für inländische Schiedsverfahren das Stellen von (konkreten) Anträgen nicht zwingend erforderlich ist. Diese Interpretation dürfte auch der herrschenden Meinung in der schweizerischen Kommentarliteratur entsprechen.[361]

### (2) Internationale Schiedsverfahren

Kaum anders stellt sich die Rechtslage mit Blick auf die entsprechenden Schweizerischen Regelungen für internationale Schiedsverfahren dar. Auch das IPRG enthält keine Bestimmungen, die den Inhalt der Schiedsklage ausdrücklich regeln. Außerdem fehlen Vorgaben dazu, dass ein (konkreter) Antrag im Laufe des Schiedsverfahrens zu stellen ist.

Gegebenenfalls lassen sich aber hilfreiche Rückschlüsse aus Artikel 181 IPRG ziehen. Die Vorschrift beschäftigt sich mit dem Zeitpunkt der Rechtshängigkeit von Schiedsverfahren und lautet wie folgt:

> *„Das Schiedsverfahren ist hängig, sobald eine Partei mit einem **Rechtsbegehren** den oder die in der Schiedsvereinbarung bezeichneten Schiedsrichter anruft oder, wenn die Vereinbarung keinen Schiedsrichter bezeichnet, sobald eine Partei das Verfahren zur Bildung des Schiedsgerichts einleitet."* (Hervorgehoben durch die Verfasserin)

Nach Art. 181 IPRG muss die klagende Partei also das „Rechtsbegehren" bezeichnen. Fraglich ist, was unter dem Begriff „Rechtsbegehren" im Sinne der Vorschrift zu verstehen ist. Mehrheitlich wird die Auffassung vertreten, dass

361 *Arroyo* in Sutter-Somm/Hansenböhler/Levenberger, Kommentar zur Schweizerischen Zivilprozessordnung, Art. 384, Rn. 9; *Girsberger* im Basler Kommentar zur Schweizerischen Zivilprozessordnung, Art. 384, Rn.12.

das Gesetz damit zumindest keine detaillierten Angaben in der Schiedsklage fordere, sondern dass eine summarische Umschreibung des Klagegegenstands ausreichend sei.[362] *Wirth* vertritt hingegen die Auffassung, dass zu irgendeinem Zeitpunkt im Laufe des Verfahrens ein konkreter Antrag gestellt werden müsse, da nur ein solcher die spätere Entscheidungsgrundlage des Gerichts darstellen könne.[363] Dieser Auffassung schließen sich auch *Berger/Kellerhals* an und begründen dies mit dem Recht des Beklagten auf rechtliches Gehör.[364]

Das Schweizerische Bundesgericht hat sich den Auffassungen von *Wirt* und *Berger/Kellerhal*s indes nicht angeschlossen. Es fordert von den Parteien eines Schiedsverfahrens keine konkreten Anträge.[365] Als prägnantes Beispiel für diese Rechtsprechungspraxis kann die bereits angesprochene *Methania*-Entscheidung angeführt werden.[366] In diesem Fall stützte das Schiedsgericht seine Entscheidung auf einen unbestimmt formulierten Auffangtatbestand. Die gegen diese Entscheidung gerichtete Beschwerde der Beklagten wies das Bundesgericht zurück. Auf den Einwand, dass das herangezogene „subsidiäre" Rechtsbegehren viel zu unbestimmt gewesen sei, erwiderte das Gericht, dass die Beklagte dieses Einspruchsrecht verwirkt habe, da sie die Unbestimmtheit des Begehrens bereits im Laufe des Schiedsverfahrens hätte rügen können.[367]

#### *(3) Fazit*

Insgesamt dürfte es der Schweizerischen Gesetzeslage und der herrschenden Meinung in der Rechtsprechung und in der Literatur entsprechen, dass es nach dem Schweizerischen Schiedsverfahrensrecht nicht erforderlich ist, konkrete Anträge zu stellen.

---

362 *Wirth*, Rechtsbegehren in internationalen Schiedsverfahren – wie bestimmt müssen sie sein?, in FS-Kellerhals, 145(150); *Volken* im Zürcher Kommentar zum IPRG, Art. 181, Rn. 26 m.w.N.; Lalive/Poudret/Reymond, Le Droit de l'Arbitrage interne et international en Suisse, Art. 181, S. 347.

363 *Wirth*, Rechtsbegehren in internationalen Schiedsverfahren – wie bestimmt müssen sie sein?, in FS-Kellerhals, 145(155).

364 Berger/Kellerhals, International and domestic arbitration in Switzerland, S. 420 f. (Tz.1207).

365 Vgl. zum Beispiel: Schweizer Bundesgericht, Entscheidung vom 19.12.2001, 4P.114/2001, veröffentlicht in ASA Bull. 2002, 493 ff.

366 Schweizer Bundesgericht, Entscheidung vom 19.12.2001, 4P.114/2001, veröffentlicht in ASA Bull. 2002, 493 ff.

367 Schweizer Bundesgericht, Entscheidung vom 19.12.2001, 4P.114/2001, veröffentlicht in ASA Bull. 2002, 493 ff.

### b) Die Handhabung in den Vereinigten Staaten von Amerika

An dieser Stelle wird im Rahmen der Untersuchung nun erstmals eine Rechtsordnung näher betrachtet, die der Rechtsfamilie des *Common law* angehört. Um einen ersten Überblick über die amerikanische Herangehensweise im Umgang mit Klageanträgen zu erlagen, soll zunächst ein Blick auf die Anforderungen an die Antragstellung im Rahmen von amerikanischen Zivilprozessen geworfen werden, bevor die Rechtslage für amerikanische Schiedsverfahren untersucht wird.

Dabei ist zu beachten, dass das amerikanische Zivilprozessrecht – anders als es in civil law geprägten Rechtsordnungen der Fall ist – nicht in einem einheitlichen Gesetzestext kodifiziert ist. Vielmehr ist der amerikanische Zivilprozess geprägt von unterschiedlichem Gesetzesrecht sowie case law (Fallrecht). Außerdem gibt es sowohl auf Bundesebene als auch auf bundesstaatlicher Ebene Regelungen zum Verfahrensrecht.[368] Für die Zwecke der vorliegenden Arbeit sollen lediglich die Vorschriften zur Antragstellung vor amerikanischen Bundesgerichten in Bezug genommen werden.

#### (1) Die Anforderungen an die Antragstellung im Rahmen von amerikanischen Zivilprozessen

Auf den ersten Blick scheint es, als würden für die Antragstellung vor amerikanischen Zivilgerichten ähnliche Anforderungen gelten, wie für deutsche Zivilprozesse. Für Verfahren vor den Bundesgerichten bestimmt Rule 8(a) der Federal Rules of Civil Procedure („**FRCP**"), was zum Inhalt des Klageantrags gehört:

> *"(a) Claim for Relief. A pleading that states a claim for relief must contain:*
>
> *(1) [...]*
>
> *(2) a short and plain statement of the claim showing that the pleader is entitled to relief; and*
>
> *(3) a demand for the relief sought, which may include relief in the alternative or different types of relief."*

Von dem Kläger wird also erwartet, dass er Angaben zum Sachverhalt macht, aus dem sich der vermeintliche Anspruch ergibt (Rule 8(a)(2)) und dass er einen Antrag stellt (Rule 8(a)(3)). Im Zusammenhang mit den erforderlichen Angaben zum Sachverhalt vertrat der amerikanische Supreme Court zunächst die

368 Siehe hierzu m.w.N.: Pohl, Doppelte Rechtshängigkeit im schiedsgerichtlichen Verfahren, S. 292 ff.

Auffassung, dass diesbezüglich kein detaillierter, sondern lediglich ein oberflächlicher Vortrag erforderlich sei, aus dem der Beklagte schließen können müsse, welche vermeintlichen Ansprüche gegen ihn geltend gemacht werden.[369] Entsprechend führte der Supreme Court einer Entscheidung aus dem Jahr 1957 aus:

> *„[…] the Federal Rules of Civil Procedure do not require a claimant to set out in detail the facts upon which he bases his claim. To the contrary, all the Rules require is "a short and plain statement of the claim" […] that will give the defendant fair notice of what the plaintiff's claim is and the grounds upon which it rests."*[370]

Allerdings ist der Supreme Court im Jahr 2007 von dieser Rechtsprechung abgewichen.[371] Seitdem werden strengere Anforderungen an den Sachvortrag gestellt. Die anspruchsbegründenden Tatsachen müssen jetzt so umfassend vorgetragen werden, dass sich aus ihnen der geltend gemachte Anspruch eindeutig ergibt:

> *„[…] a plaintiff's obligation to provide the "grounds" of his "entitle[ment] to relief" requires more than labels and conclusions, and a formulaic recitation of a cause of action's elements will not do. […] The need at the pleading stage for allegations plausibly suggesting (not merely consistent with) agreement reflects Rule 8(a)(2)'s threshold requirement that the "plain statement" possess enough heft to "sho[w] that the pleader is entitled to relief."*[372]

Nichtsdestotrotz müssen in amerikanischen Zivilprozessen aber keine konkreten Anträge gestellt werden. Es reicht vielmehr aus, wenn der Kläger sein Begehren in einem solchen Maß bezeichnet, dass es dem Beklagten möglich ist, sich angemessen hiergegen zu verteidigen. Das folgt aus Artikel 54(c) FRCP, der auszugsweise wie folgt lautet:

> *"[…] Every other final judgment should grant the relief to which each party is entitled,* ***even if the party has not demanded that relief in its pleadings****."* (Hervorhebungen durch die Verfasserin)

---

369 U.S. Supreme Court, Entscheidung vom 18.11.1957 – 355 U.S. 41 (1957) - Conley v. Gibson - abrufbar unter: https://supreme.justia.com/cases/federal/us/355/41/.

370 U.S. Supreme Court, Entscheidung vom 18.11.1957 – 355 U.S. 41 (1957) - Conley v. Gibson - abrufbar unter: https://supreme.justia.com/cases/federal/us/355/41/, S.47.

371 U.S. Supreme Court, Entscheidung vom 21.05.2007, 550 U.S. 544 (2007) - BELL ATLANTIC Corp. v. Twombly - abrufbar unter: https://supreme.justia.com/cases/federal/us/550/544/.

372 U.S. Supreme Court, Entscheidung vom 21.05.2007, 550 U.S. 544 (2007) - BELL ATLANTIC Corp. v. Twombly - abrufbar unter: https://supreme.justia.com/cases/federal/us/550/544/, Ziffer 1.(b); so im Anschluss auch U.S. Supreme Court, Entscheidung vom 18.05.2009, 556 U.S. 662 (2009) - Ashcroft v. Iqbal - abrufbar unter: https://supreme.justia.com/cases/federal/us/556/662/.

Aus der Vorschrift folgt, dass es im Hinblick auf die spätere Entscheidung des Gerichts kaum eine Rolle spielen dürfte, wie bestimmt das jeweilige Klagebegehren ist, denn es entfaltet schlicht keine Bindungswirkung für die Entscheidung des Gerichts. Damit ergibt sich aus Artikel 54(c) FRCP auch, dass das Gericht nicht an die Anträge der Parteien gebunden ist und dass ultra petita-Verstöße damit grundsätzlich nicht vorkommen können.

Artikel 54(c) FRCP ist dabei Ausfluss des im amerikanischen Zivilprozess geltenden Vorrangs der materiellen Gerechtigkeit vor Formvorschriften.[373] Daran wird ein Unterschied zum deutschen Grundverständnis deutlich, da letzteres für Zivilprozesse grundsätzlich von dem Vorrang des Prinzips der formellen Wahrheit ausgeht.[374]

#### *(2) Die Anforderungen an die Antragstellung im Rahmen von amerikanischen Schiedsverfahren*

Auch für das auf Schiedsverfahren anzuwendende Recht gibt es in den USA sowohl bundesstaatliche Regelungen als auch Regelungen der Einzelstaaten. Allerdings spielen einzelstaatliche Regelungen im Rahmen der internationalen Schiedsgerichtsbarkeit lediglich eine untergeordnete Rolle,[375] weshalb hier nicht weiter auf etwaige einzelstaatliche Regelungen eingegangen werden soll. Auf bundesstaatlicher Ebene stellt der oben bereits erwähnte Federal Arbitration Act („**FAA**“) aus dem Jahr 1925 das zentrale Regelungswerk für schiedsrechtliche Fallgestaltungen und Sachverhalte dar.[376] Allerdings enthält der FAA kaum Vorschriften, die den Ablauf des schiedsgerichtlichen Verfahrens regeln. Er wurde erlassen, um eine schiedsfreundliche Politik durchzusetzen. Sinn und Zweck des FAA ist es deshalb primär, die Durchführung von Schiedsverfahren und die Vollstreckbarkeit von Schiedssprüchen in den USA sicherzustellen.[377]

Im Lichte der vorstehend geschilderten staatlichen Praxis in den USA hinsichtlich des Umgangs mit Klageanträgen, spricht Vieles dafür, dass der Gesetzgeber bei der Abfassung des FAA kein Bedürfnis dafür gesehen hat, Anforderungen an den Inhalt von Klageanträgen festzulegen. So folgt nicht zuletzt aus Artikel 54(c)

---

373 Böhm, Amerikanisches Zivilprozessrecht, S. 161 (Tz. 337).

374 *Rauscher* im Münchener Kommentar zur ZPO, Einleitung, Rn. 336; *Brand*, Grenzen zivilprozessualer Wahrheit und Gerechtigkeit, NJW 2017, 3558(3560).

375 Born, International Commercial Arbitration – commentary and materials, S. 34 und S. 41.

376 Born, International Commercial Arbitration – commentary and materials, S. 35 f.

377 *Salomon/Vielliers*, The United States Federal Arbitration Act.

FRCP, dass die Klageanträge in Zivilprozessen nach dem US-amerikanischen Grundverständnis keine bedeutende Rolle spielen. In der US-amerikanischen Rechtsprechung spiegelt sich dieses Grundverständnis auch bei der Kontrolle von Schiedssprüchen wider. So brachte beispielsweise der United States District Court of New York in einer Entscheidung aus dem Jahr 2007 deutlich zum Ausdruck, dass der Inhalt etwaiger Klageanträge für die schiedsgerichtliche Entscheidung nicht von Relevanz sei.[378] Insoweit führte das Gericht Folgendes aus:

> *„Accordingly, while an arbitrator may not award relief expressly forbidden by the agreement of the parties, an arbitrator may award relief not sought by either party, so long as the relief lies within the broad discretion conferred by the FAA."*[379]

Diesem Zitat lag der folgende Sachverhalt zugrunde:

Das norwegische Telekommunikationsunternehmen Telenor Mobile Communication AS ("Telenor") und das ukrainische Unternehmen Storm LLC ("Storm"), leiteten gemeinsam das Unternehmen Kyvistar G.S.M. ("Kyvistar"). Der entsprechende Gesellschaftsvertrag enthielte eine Schiedsklausel, aufgrund derer Telenor ein Schiedsverfahren gegen Storm in New York anstrengte. Telenor warf Storm verschiedene Vertragsverletzungen vor und beantragte unter anderem, Storm zur Zahlung von Schadensersatz zu verurteilen. Das Schiedsgericht folgte den Ausführungen von Telenor zwar dahingehend, dass Storm seine vertraglichen Pflichten verletzt hat. Es sprach Telenor aber keine Schadensersatzanspruch zu, da es der Auffassung war, dass Telenor die Höhe eines vermeintlichen Schadensersatzanspruches im Schiedsverfahren nicht bewiesen hat. Allerdings verurteile es Storm dazu, einen Teil seiner Anteile an Kyivstar an dritte (neuzugründende) Gesellschaften zu übertragen. Einen entsprechenden Antrag hatte Telenor nicht gestellt. Storm argumentierte, dass das Schiedsgericht ohne einen entsprechenden Antrag nicht dazu befugt gewesen sei, diese Rechtsfolge anzuordnen. Das amerikanische Kontrollgericht sah dies anders. Es war der Auffassung, dass das Schiedsgericht die ausgeurteilte Rechtsfolge auch ohne einen entsprechenden Antrag zusprechen konnte. Dabei argumentierte es, wie vorstehend zitiert.

---

378 United States District Court S.D. New York, Entscheidung vom 02.11.2007, 07 Civ. 6929 (GEL) - Telenor Mobile Communications AS v. Storm LLC - abrufbar unter: http://newyorkconvention1958.org/index.php?lvl=notice_display&id=445.

379 United States District Court S.D. New York, Entscheidung vom 2.11.2007, 07 Civ. 6929 (GEL) - Telenor Mobile Communications AS v. Storm LLC - abrufbar unter: http://newyorkconvention1958.org/index.php?lvl=notice_display&id=445.

### c) Zwischenergebnis

Anders als in Deutschland (siehe § 1046 Abs. 1 S. 1 ZPO) enthält weder das schweizerische noch das amerikanische Schiedsverfahrensrecht Vorschriften, die sich mit Art und Umfang der Antragstellung in Schiedsverfahren befassen. Der Grund dafür dürfte sein, dass die jeweiligen nationalen Gesetzgeber den Parteien größtmögliche Freiheiten bei der Ausgestaltung des Verfahrens zugestehen wollten. In Bezug auf das amerikanische Schiedsverfahrensrecht kommt hinzu, dass der Antragstellung nach dem amerikanischen Grundverständnis keine große Bedeutung zukommt und eine entsprechende Regelung im Schiedsverfahrensrecht schon deshalb nicht in Betracht kam.

Im Folgenden wird ein Blick darauf geworfen, welche Anforderungen die Schiedsordnungen internationale Schiedsinstitutionen an die Antragstellung in Schiedsverfahren stellen. Dabei kann die folgende Auswahl an Schiedsordnungen nur als ein exemplarischer Überblick und nicht als eine abschließende Aufzählung verstanden werden.

### d) Die DIS-Schiedsgerichtsordnung

Zunächst soll die Schiedsgerichtsordnung der DIS betrachtet werden. Sie basiert auf einem deutschen Grundverständnis, weshalb sie dem deutschen (staatlichen) Schiedsverfahrensrecht naturgemäß sehr nahesteht. Darüber hinaus wurde die DIS Schiedsgerichtsordnung, als sie im Jahre 1998 revidiert wurde, in Anlehnung an das staatliche Schiedsverfahrensrecht konzipiert,[380] weshalb es viele Überschneidungen zwischen der DIS Schiedsgerichtsordnung und den Regelungen im 10. Buch der ZPO gibt.

In der 2018er-Fassung der DIS-Schiedsgerichtsordnung sind die Anforderungen an die Schiedsklage in Artikel 5.2 enthalten. Dabei ist die Formulierung der Vorschrift sehr eng an die Formulierung in § 253 Abs. 2 Nr. 2 ZPO angelehnt, so heißt es unter anderem in Artikel 5.2 der DIS Schiedsgerichtsordnung:

> *„Die Schiedsklage hat zu enthalten:*
>
> *[…]*
>
> *(iii) einen bestimmten Klageantrag,*
>
> *[…]*
>
> *(v) Tatsachen und Umstände, auf die die Klageansprüche gestützt werden, […].“*

---

380 *Theune* in Schütze, Institutionelle Schiedsgerichtsbarkeit, 3. Kapitel, S. 245.

Mit dieser Anlehnung an § 253 Abs. 2 Nr. 2 ZPO geht Artikel 5 der DIS Schiedsgerichtsordnung hinsichtlich des Bestimmtheitserfordernisses sprachlich sogar noch über die in § 1046 Abs. 1 S. 1 ZPO formulierten Anforderungen an den Klageantrag hinaus und verlangt einen bestimmten Antrag und die Angabe der Klagegründe.

### *e) Die UNCITRAL Schiedsordnung*

Die UNCITRAL Schiedsordnung wurde 1976 von der Vollversammlung der Vereinten Nationen verabschiedet. Ihr kommt im Rahmen dieser Untersuchung aus mehreren Gründen eine besondere Bedeutung zu: Zum einen genießt sie in der internationalen Schiedspraxis große Beliebtheit,[381] weshalb sie häufig von Parteien als anwendbare Verfahrensordnung gewählt wird. Zum anderen wurde das UNCITRAL-Modellgesetz – das wiederum bei der Novellierung des 10. Buches der ZPO als Vorbild gedient hat – teilweise in Anlehnung an die UNCITRAL Schiedsordnung entworfen.[382] Damit hat folglich auch die UNCITRAL Schiedsordnung zumindest mittelbar Einfluss auf die in der ZPO enthaltenen Regelungen zum Schiedsverfahrensrecht genommen.

Ähnlich wie die ZPO, die zwischen dem Vorlegungsantrag (§ 1044 ZPO) und der Schiedsklage (§1046 ZPO) unterscheidet, unterscheidet auch die UNCITRAL Schiedsordnung zwischen der „*Notice of Arbitration*" (Artikel 3 UNCITRAL Schiedsordnung) und dem „*Statement of Claim*" (Artikel 20 UNCITRAL Schiedsordnung). Die inhaltlichen Anforderungen, die an die Notice of Arbitration gestellt werden, benennt Artikel 3 Abs. 3 UNCITRAL Schiedsordnung. Zu diesen Anforderungen gehören unter anderem:

> „*[…]*
> *(e) A brief* ***description of the claim*** *and an indication of the amount involved, if any;*
> *(f)* ***The relief or remedy sought****; […]*" (Hervorhebungen durch die Verfasserin)

Wie der Formulierung in Ziffer (e) zu entnehmen ist („*a* ***brief*** *description […]*"), werden an den Inhalt der Notice of Arbitration noch keine hohen Anforderungen gestellt.[383] Der Anspruch muss lediglich „*brief*", also knapp, beschrieben werden. So muss beispielsweise der in Streit stehende Betrag noch nicht im Detail angegeben werden („*an* ***indication*** *of the amount involved*"). Ausführlichere

---

381 *Lionnet,* Die UNCITRAL-Schiedsgerichtsordnung aus der Sicht der Parteien, BB 27(1993), BB-Beilage Nr. 17, 9 ff.

382 Aden, Internationale Handelsschiedsgerichtsbarkeit, S. 573, Rn. 2, m.w.N.

383 Born, International Commercial Arbitration in the United States, S. 51.

Angaben zum geltend gemachten Anspruch – also Angaben zu den anspruchsbegründenden Tatsachen – müssen erst im Rahmen des Statements of Claim gemacht werden.[384] Gemäß Artikel 3 Absatz 3(f) der UNCITRAL Schiedsordnung muss der Schiedskläger in der Notice of Arbitration auch bereits einen Antrag stellen, an dessen Bestimmtheit allerdings noch keine hohen Anforderungen zu stellen sind.

Die Anforderungen an das Statement of Claim regelt wiederum Artikel 20 UNCITRAL Schiedsordnung. Artikel 20 Absatz 2 der UNCITRAL Schiedsordnung beinhaltet unter anderem die folgenden Bestimmungen:

> *„[…]*
> *(b) A statement of the facts supporting the claim; […]*
> *(d) The relief or remedy sought; […]"*

Die Anforderungen an den Schiedsklageantrag nach der UNCITRAL Schiedsordnung sind quasi identisch mit denen des Modellgesetzes (siehe hierzu oben zu Artikel 23 Abs. 1 ModG) und sie ähneln auch denjenigen Anforderungen, die § 253 Abs. 2 Nr. 2 ZPO an die Klageschrift stellt.

Nach der wohl herrschenden Meinung in der Literatur genügt es, wenn der Kläger mit dem Antrag sein Klagebegehren mitteilt.[385] Ein bestimmter Antrag sei hingegen nicht erforderlich.[386] Die in Artikel 20 UNCITRAL Rules geforderten Angaben müssen aber in einem gewissen Mindestmaß vorliegen.[387] Ist das nicht der Fall, kann der Beklagte das Statement of Claim als ungenügend rügen.

---

384 Born, International Commercial Arbitration in the United States, S. 51.

385 *Patocchi/Niedermaier*, in Schütze, Institutionelle Schiedsgerichtsbarkeit, XII. Kapitel, Art. 20, Rn. 14; Aden, Internationale Handelsschiedsgerichtsbarkeit, Abschnitt E, Artikel 18, Rn. 1; Anmerkung: Die Kommentierung bezieht sich auf die Fassung der Schiedsordnung aus dem Jahr 1976, diese wurde im Jahr 2010 aktualisiert. In der 1976er Fassung war das Statement of Claim in Artikel 18 geregelt. Inhaltlich weicht der neue Artikel 20 hiervon aber nicht ab.

386 Aden, Internationale Handelsschiedsgerichtsbarkeit, Abschnitt E, Artikel 18, Rn. 1; Anmerkung: Die Kommentierung bezieht sich auf die Fassung der Schiedsordnung aus dem Jahr 1976, diese wurde im Jahr 2010 aktualisiert. In der 1976er Fassung war das Statement of Claim in Artikel 18 geregelt. Inhaltlich weicht der neue Artikel 20 hiervon aber nicht ab.

387 Weigand, Practitioner's Handbook On International Commercial Arbitration, S. 1231 (Rn. 17.202 f.).

Versäumt der Kläger dann eine entsprechende Nachbesserung, läuft er Gefahr, dass seine Schiedsklage abgewiesen wird.[388]

### *f) Die ICC-Schiedsordnung*

Die Schiedsgerichtsordnung der Internationalen Handelskammer (im Folgenden als „**ICC-SchO**" bezeichnet) gehört zu den wichtigsten Schiedsordnungen im internationalen Wirtschaftsrecht.[389] Schiedsverfahren nach der ICC-SchO zeichnen sich insbesondere dadurch aus, dass sie in einem erheblichen Maße administriert werden. Der Gerichtshof der ICC begleitet das Verfahren vom Anfang (siehe hierzu Artikel 4 Abs. 1 ICC Rules) bis zum Ende (siehe hierzu Artikel 33 der ICC Rules).

Anders als die UNCITRAL Schiedsordnung, das UNCITRAL-Modellgesetz und das 10. Buch der (deutschen) ZPO unterscheidet die ICC-SchO nicht zwischen dem Antrag auf Einleitung des Schiedsverfahrens einerseits und dem SchiedsKlageantrag andererseits. Vielmehr ist für die Einleitung des Schiedsverfahrens der sogenannte Request for Arbitration erforderlich, der zugleich die Schiedsklage darstellt. Die Anforderungen an den Request for Arbitration sind in Artikel 4 der ICC-SchO geregelt (hierzu sogleich unter (1)). Darüber hinaus sieht die ICC-SchO in Artikel 23 zusätzlich die sogenannten Terms of Reference vor. Diese enthalten neben einer Zusammenfassung der gestellten Klageanträgen alle weiteren für den Verfahrensablauf relevanten Informationen (hierzu unter (2)).

#### *(1) Die inhaltlichen Anforderungen an den Request for Arbitration*

Artikel 4 der ICC-SchO stellt zahlreiche Anforderungen an den Request for Arbitration. Gemäß Artikel 4 Abs. 3 lit. c) der ICC-SchO muss der Kläger die anspruchsbegründenden Tatsachen und die rechtlichen Erwägungen, auf die er seinen Anspruch stützt, dartun. Insoweit lautet Artikel 4 Abs. 3 der ICC-SchO auszugsweise wie folgt:

> *„3) The Request shall contain the following information:*
>
> *[...]*

388 Weigand, Practitioner's Handbook On International Commercial Arbitration, S. 1231 (Rn. 17.203).

389 *Pörnbacher/Bauer*, Die Reform der Schiedsgerichtsordnung der ICC, in BB 2011, 2627 ff.

*c) a description of the nature and circumstances of the dispute giving rise to the claims and of the basis upon which the claims are made;*

Nach der herrschenden Meinung in der Literatur stellt Artikel 4 der ICC-SchO keine strengen Anforderungen an den Inhalt des Sachvortrags der Parteien.[390] So soll ein kursorischer Vortrag ohne weitergehende Substantiierung ausreichen.[391] Interessant ist, dass Artikel 4 Abs. 3 lit. c) der ICC-SchO in der geltenden Fassung auch rechtliche Ausführungen zu dem geltend gemachten Anspruch fordert („*the basis upon which the claims are made*"). Dieses Erfordernis ist erst mit einer Reform aus dem Jahr 2012 in Artikel 4 der ICC-SchO aufgenommen worden. Demnach obliegt es dem Schiedskläger folglich auch, die rechtlichen Grundlagen zur Begründung seines Anspruchs vorzutragen.

Das Erfordernis der Antragstellung ist in Artikel 4 Absatz 3 lit. d) der ICC-SchO enthalten. Die Vorschrift lautet wie folgt:

*„3) The Request shall contain the following information:*

*[…]*

*d) a statement of the relief sought, together with the amounts of any quantified claims and, to the extent possible, an estimate of the monetary value of any other claims; […]"*

Auch Artikel 4 Absatz 3 lit. d) ICC-SchO wurde im Zuge der Reform aus dem Jahr 2012 überarbeitet. Vor der Reform stellte Artikel 4 Absatz 3 lit. d) ICC-SchO die folgenden Anforderungen an die Antragstellung:

*„a statement of the relief sought, including, to the extent possible, an indication of any amount(s) claimed."*

Anhand dieser Modifikation des Artikel 4 der ICC-SchO wird deutlich, dass die Anforderungen an Vollständigkeit und Präzision des Requests for Arbitration durch die Reform gestiegen sind. Bis zum Jahr 2012 wurde ausdrücklich hervorgehoben, dass der Kläger nur insoweit Angaben zur Anspruchshöhe zu machen brauchte, als ihm dies möglich war. Hingegen wird in der geltenden Fassung die

390 *Schilling* in Nedden/Herzberg, Praxiskommentar ICC-SchO/DIS-SchO, Art. 4 ICC-SchO, Rn. 19; Weigand, Practitioner's Handbook on International Commercial Arbitration, S. 975 (Rn. 16.131); Aden, Internationale Handelsschiedsgerichtsbarkeit, Abschnitt B, Artikel 4, Rn. 12 f. (Die Kommentierung bezieht sich auf die alte Fassung von Art. 4. Art. 4(3)(c). Die neue Fassung weist hinsichtlich der Anforderungen an den Tataschenvortrag aber keine inhaltliche Änderung auf).

391 *Schilling* in Nedden/Herzberg, Praxiskommentar ICC-SchO/DIS-SchO, Art. 4 ICC-SchO, Rn. 19.

Bezifferung des Antrags grundsätzlich vorausgesetzt. Der Zusatz *„to the extent possible“* bezieht sich nun nur noch auf die Bezifferung von *„any other claims“*. Da es dem Kläger in diesem frühen Stadium aber oft noch nicht möglich ist, sein Klagebegehren genau zu beziffern, geht die Kommentarliteratur davon aus, dass es ihm unter Umständen erlaubt sei, den entsprechenden Wert zunächst zu schätzen und ihn erst später genau zu beziffern.[392]

Vor dem Hintergrund der bereits angesprochenen Methania-Entscheidung[393], der ebenfalls ein ICC Schiedsverfahren zugrunde lag, stellt sich die Frage, inwieweit Auffanganträge („catch-all clause“) mit Artikel 4 Absatz 3 lit. d) der ICC-SchO vereinbar sind. Derartige Anträge dürften den Bestimmtheitsanforderungen von Artikel 4 Abs. 3 lit. d) der ICC-SchO nicht genügen. Sie können als Textbausteine für eine Vielzahl unterschiedlicher Schiedsverfahren verwendet werden, ohne dass sie ein individuelles Klagebegehren widerspiegeln.

Nichtsdestotrotz sprach das Schiedsgericht in der Methania-Entscheidung – gestützt auf den 13. Auffangantrag – eine Rechtsfolge aus, die von keiner der Parteien beantragt worden war. Die gegen diese Entscheidung gerichtete Beschwerde der Beklagten wies das Schweizerische Bundesgericht zurück. Auf den Einwand, dass das herangezogene „subsidiäre“ Rechtsbegehren viel zu unbestimmt gewesen sei, erwiderte das Gericht, dass die Beklagte dieses Einspruchsrecht verwirkt habe, da sie die Unbestimmtheit des Begehrens bereits im Laufe des Schiedsverfahrens hätte rügen können.[394]

Indes besteht nach der hier vertretenen Meinung bei derartig unbestimmten Auffanganträgen keine Rügeobliegenheit für den Schiedsbeklagten. Unbestimmte Auffanganträge sind mit den Vorgaben der ICC-SchO unvereinbar und deshalb unzulässig. Schiedsgerichte sind folglich nicht dazu befugt, ihre Entscheidung auf einen solchen Auffangantrag zu stützen.

### *(2) Die inhaltlichen Anforderungen an die Terms of References*

Wie eingangs erwähnt, sieht die ICC-SchO neben dem Request for Arbitration kein zusätzliches Statement of Claim vor. Dafür sind in Artikel 23 ICC-SchO die sogenannten Terms of Reference (im Folgenden als „**ToR**“ bezeichnet)

392 Webster, Bühler, Handook of ICC Arbitration, Art. 4, Rn. 58; Weigand, Practitioner's Handbook on International Commercial Arbitration, S. 981 (Rn. 16.166).

393 Schweizer Bundesgericht, Entscheidung vom 19.12.2001, 4P.114/2001, veröffentlicht in ASA Bull. 2002, 493 ff.

394 Schweizer Bundesgericht, Entscheidung vom 19.12.2001, 4P.114/2001, veröffentlicht in ASA Bull. 2002, 493 ff.

vorgesehen. Die ToR werden gemäß Artikel 23 Abs. 1 ICC-SchO von dem Schiedsgericht entworfen und müssen zu ihrer Wirksamkeit gemäß Artikel 23 Abs. 2 S. 1 ICC-SchO sowohl von dem Schiedsgericht als auch von den Parteien unterzeichnet werden. Sie sind obligatorischer Bestandteil eines ICC-Schiedsverfahrens[395] und dienen insbesondere dazu, die relevanten Aspekte des Verfahrens frühzeitig festzulegen.[396] Zu diesen relevanten Aspekten gehören zum Beispiel die zwischen den Parteien streitigen und unstreitigen Tatsachen, die von den Parteien geltend gemachten Ansprüche sowie weitere Themen und Aspekte, die während des Verfahrens zwischen den Beteiligten zu erörtern sind. So müssen die ToR gemäß Artikel 23 Abs. 1 ICC-SchO unter anderem folgende Angaben enthalten:

> *„c) **a summary of the parties' respective claims and of the relief sought** by each party, together with the amounts of any quantified claims and, to the extent possible, an estimate of the monetary value of any other claims;"* (Hervorhebungen durch die Verfasserin)

In der Kommentarliteratur zu Artikel 23 Abs. 1 c) ICC-SchO heißt es, dass die Wiedergabe der gestellten Anträge so exakt wie möglich zu erfolgen habe.[397] Hinsichtlich der Bezifferung von Zahlungsanträgen gilt das zu Artikel 4 ICC-SchO Gesagte.[398] Auch hier sei auf die abweichende Formulierung des zweiten Halbsatzes von Artikel 23 Abs. 1 c) ICC-SchO in der geltenden Fassung im Vergleich zur Fassung aus dem Jahr 1998 hingewiesen:

| **Artikel 23 Abs. 1 c); geltende Fassung** | **Artikel 23 Abs. 1 c); Fassung bis 2012** |
|---|---|
| a summary of the parties' respective claims and of the relief sought by each party, **together with the amounts of any quantified claims and**, to the extent possible, an estimate of the monetary value of any other claims; (Hervorhebungen durch die Verfasserin) | a summary of the parties' respective claims and of the relief sought by each party, **with an indication to the extent possible of the amounts claimed or counterclaimed**; (Hervorhebungen durch die Verfasserin) |

395 Webster, Bühler, Handook of ICC Arbitration, Art. 23, Rn. 3.
396 Webster, Bühler, Handook of ICC Arbitration, Art. 23, Rn. 6.
397 Webster, Bühler, Handook of ICC Arbitration, Art. 23, Rn. 33.
398 Siehe oben im Abschnitt B. II. 6. f) (1).

Die Bezifferung des geltend gemachten Zahlungsanspruchs wird in der aktuellen Fassung von Artikel 23 Abs. 1 c) ICC-SchO damit zum Regelfall erklärt. Die Vorfassung stellte dies noch in das Ermessen der Parteien.

In den ToR werden die im Request for Arbitration gestellten Anträge wiedergegeben und dokumentiert. Auf diese Weise können etwaige Auslegungsfragen geklärt und Missverständnisse ausgeräumt werden. Indem sich die Parteien auf die Formulierung der ToR einigen, legen sie folglich übereinstimmend das schiedsgerichtliche Prüfungsprogramm fest.[399] *Webster/Bühler* führen zum Sinn und Zweck der ToR aus, dass durch sie die Reichweite des schiedsrichterlichen Mandats bestimmt werde, um dadurch den Erlass von Schiedssprüche ultra oder infra petita zu vermeiden.[400]

Wenn ToR vorliegen, kann sich ein Verstoß gegen den Grundsatz ne ultra petita folglich auch anhand eines Vergleichs der ToR mit dem Tenor des Schiedsspruchs ergeben. In diesem Sinne stellte auch das OLG Stuttgart in einer Entscheidung aus dem Jahr 2003 zur Bestimmung des Streitgegenstands des Schiedsverfahrens – und damit zur Bestimmung der Reichweite des Grundsatzes ne ultra petita – maßgeblich auf die Vorgaben aus den ToR ab.[401]

### *g) Die American Arbitration Association (Commercial Arbitration Rules und International Arbitration Rules)*

Die American Arbitration Association („**AAA**") ist die größte und bedeutendste amerikanische Schiedsinstitution.[402] Sie stellt verschiedene Regelwerke für die Durchführung von inner-amerikanischen und internationalen Schiedsverfahren zur Verfügung. <u>Inner-amerikanische Schiedsverfahren</u> richten sich insbesondere nach den *Commercial Arbitration Rules* der AAA. Das folgt aus Rule 1a) der *Commercial Arbitration Rules*, die auszugsweise wie folgt lautet:

> *„The parties shall be deemed to have made these rules a part of their arbitration agreement whenever they have provided for arbitration by the American Arbitration Association (hereinafter AAA) under its Commercial Arbitration Rules* ***or for arbitration by the AAA of a domestic commercial dispute without specifying particular rules.****"* (Hervorhebungen durch die Verfasserin)

---

399 So auch *Adolphsen* im Münchener Kommentar zur ZPO, Anhang zu § 1061, Art. V New York Convention, Rn. 42.

400 Webster, Bühler, Handook of ICC Arbitration, Art. 23, Rn. 6.

401 OLG Stuttgart, Beschluss vom 14.10.2003 – 1 Sch 16/02, 1 Sch 6/03,Tz. 190.

402 *Thümmel* in Schütze, Institutionelle Schiedsgerichtsbarkeit, 11. Kapitel, S. 881.

Internationale Schiedsverfahren richten sich in der Regel nach den *International Arbitration Rules of the American Arbitration Association* ("**IAR**"), was wiederum aus Artikel 1.1 IAR folgt, der auszugsweise wie folgt lautet:

> *"Where parties have agreed to arbitrate disputes under these International Arbitration Rules ("Rules"), or have provided for arbitration of an international dispute by the International Centre for Dispute Resolution (ICDR) or the American Arbitration Association (AAA) without designating particular rules, the arbitration shall take place in accordance with these Rules […]."* (Hervorhebungen durch die Verfasserin)

Weder die Commercial Arbitration Rules noch die IAR definieren, wann ein inner-amerikanisches Schiedsverfahren („*domestic commercial dispute*") und wann ein internationales Schiedsverfahren („*international dispute*") vorliegt. Diesbezüglich kann auf Section 202 des FAA zurückgegriffen werden. Insoweit heißt es auszugsweise in Section 202 FAA:

> *„An agreement or award arising out of such a relationship which is entirely between citizens of the United States shall be deemed not to fall under the Convention unless that relationship involves property located abroad, envisages performance or enforcement abroad, or has some other reasonable relation with one or more foreign states."*

Ein internationales Schiedsverfahren im Sinne des FAA liegt demnach dann vor, wenn eine der Parteien nicht die amerikanische Staatsangehörigkeit besitzt, bzw. wenn sich der Sitz einer der Parteien nicht in den USA befindet oder eine sonstige relevante Beziehung der Parteien oder des Streitgegenstands zu einem ausländischen Staat besteht. Dieses Verständnis von einem internationalen Schiedsverfahren dürfte auch den Regelungen der AAA zugrunde liegen.[403]

Sowohl die *Commercial Arbitration Rules* als auch die *International Arbitration Rules* enthalten Vorschriften, die sich mit dem Inhalt des Schiedsklageantrags befassen.

Nach Rule 4(a) der *Commercial Arbitration Rules* beginnt das Schiedsverfahren mit dem *Demand for Arbitration.* Aus Rule 4(e) iv. der *Commerical Arbitration Rules* folgt, dass der *Demand for Arbitration* einen Klageantrag enthalten muss. Die Vorschrift lautet wie folgt:

> *"(e) Information to be included with any arbitration filing includes:*
>
> *[…]*
>
> ***iv.** a statement setting forth the nature of the claim including the relief sought and the amount involved"*

---

403 *Thümmel* in Schütze, Institutionelle Schiedsgerichtsbarkeit, 11. Kapitel, S. 885.

Eine ähnliche Vorschrift enthalten auch die IAR für internationale Schiedsverfahren. So lautet Artikel 2 Nr. 3 e) und f) IAR wie folgt:

> *"3. The Notice of Arbitration shall contain the following information:*
>
> *[...]*
>
> ***e.** a description of the claim and of **the facts supporting it;***
> ***f. the relief or remedy sought** and any amount claimed; and [...]"* (Hervorhebungen durch die Verfasserin)

Da die IAR keine gesonderte Klageschrift vorsehen, enthält die Notice of Arbitration sowohl den Antrag auf Durchführung des Schiedsverfahrens als auch die Darlegung des Anspruchs.[404] Bei den in Artikel 2 Nr. 3 IRA aufgezählten Punkten handelt es sich um Pflichtangaben, sodass ein Schiedsverfahren, das nach den Vorgaben der IAR abläuft, nicht beginnen kann, wenn es der Schiedskläger versäumt, die entsprechenden Informationen zusammenzutragen.[405]

Darüber hinaus spricht auch der Wortlaut von Artikel 2 IAR dafür, dass der Streitgegenstand genau zu bezeichnen ist und dass ein konkreter[406] Antrag, der die begehrte Rechtsfolge enthält („*a description of the claim and of the facts supporting it*" "*the relief or remedy sought and any amount claimed*"), gestellt werden muss. Damit hat sich die AAA mit Artikel 2 der International Arbitration Rules bewusst dafür entschieden, im Rahmen von internationalen Schiedsverfahren – im Gegensatz zu amerikanischen Zivilprozessen[407] – verhältnismäßig hohe Anforderungen an den Inhalt des Klageantrags zu stellen, wodurch die Regelungen der IAR auch für Parteien aus dem civil law-Rechtskreis an Attraktivität gewinnen sollten.[408]

### *h) Fazit*

Die vorstehende Untersuchung lässt vermuten, dass es keine einheitliche internationale Praxis hinsichtlich der Anforderungen an die Antragstellung in Schiedsverfahren gibt. Das staatliche Schiedsverfahrensrecht der Schweiz und der USA widmet sich dieser Frage überhaupt nicht. Demgegenüber verlangen

---

404 *Thümmel* in Schütze, Institutionelle Schiedsgerichtsbarkeit, 11. Kapitel, S. 889.
405 Hanessian, ICDR Awards and Commentaries, S. 11.
406 *Thümmel* in Schütze, Institutionelle Schiedsgerichtsbarkeit, 11. Kapitel, S. 891.
407 Siehe zu den Anforderungen an die Antragstellung in US-amerikanischen Zivilprozessen oben, im Abschnitt B. II. 6. b) (1).
408 *Thümmel* in Schütze, Institutionelle Schiedsgerichtsbarkeit, 11. Kapitel, S. 891.

die Schiedsordnungen der verschiedenen internationalen Schiedsinstitutionen zwar in der Regel, dass der Schiedskläger einen Klageantrag stellt, allerdings werden an den Antragsinhalt grundsätzlich keine hohen Anforderungen gestellt. Darüber hinaus bleiben Verstöße gegen das Antragserfordernis in der Praxis überwiegend folgenlos.

Vor diesem Hintergrund spricht der vorstehende kurze Einblick in die internationale Schiedspraxis eher gegen eine strenge Geltung des Grundsatzes ne ultra petita in Schiedsverfahren, da mangels hinreichend bestimmten Schiedsklageantrag nicht zwingend ein Anknüpfungspunkt für eine Geltung des Grundsatzes besteht.

### 7. Die Ermittlung des Antragsinhalts in inländischen Schiedsverfahren

Nachdem vorstehend ein kurzer Blick auf die internationale Praxis zur Antragstellung in Schiedsverfahren geworfen wurde, soll sich nun wieder mit der Antragstellung in inländischen Schiedsverfahren befasst werden. Dabei geht es im Folgenden um die Frage, inwieweit Schiedsgerichte Einfluss auf den Inhalt der Klageanträge nehmen können. Eine mögliche Einflussnahme ist auf zwei Weisen denkbar: zum einen kann ein Schiedsgericht unmittelbar Einfluss auf den Antragsinhalt nehmen, indem es den Antrag eigenständig auslegt, zum anderen kann es mittelbar Einfluss auf den Antragsinhalt nehmen, indem es einen (schieds-)richterlichen Hinweis erteilt.

Die Möglichkeiten der Antragsauslegung und der Erteilung richterlicher Hinweise wurden bereits oben im Zusammenhang mit nationalen Zivilprozessen erläutert.[409] Dabei wurde ausgeführt, dass deutsche Zivilgerichte von dem Instrument der Auslegung häufig und intensiv Gebrauch machen, wobei in diesem Zusammenhang auch darauf hingewiesen worden ist, dass derart weitreichende richterliche Kompetenzen im Rahmen der Antragsauslegung grundsätzlich in einem Spannungsverhältnis zur Dispositionsmaxime und damit auch in einem Spannungsverhältnis zum Grundsatz ne ultra petita stehen.[410] Es wurde auch bereits darauf hingewiesen, dass richterliche Hinweise, mit denen auf eine sachdienliche Antragstellung hingewirkt wird, im Vergleich zur Möglichkeit der eigenmächtigen Antragsauslegung durch das Gericht einen geringeren Eingriff in die Dispositionsbefugnis des Antragstellers darstellen.

---

409 Siehe oben im Abschnitt B. I. 3.

410 Siehe oben im Abschnitt B. I. 3.

### a) *Die schiedsrichterliche Befugnis zur Antragsauslegung in inländischen Schiedsverfahren*

Auch im Rahmen von Schiedsverfahren sind Anträge grundsätzlich einer Auslegung zugänglich.[411] Das gilt nicht nur für inländische Schiedsverfahren, sondern entspricht auch der internationalen Praxis.[412] Fraglich ist, wie weit diese Auslegungsbefugnis von Schiedsgerichten geht. Ob Schiedsgerichte beispielsweise lediglich dazu befugt sind, unklar formulierte Anträge auszulegen, oder ob die schiedsgerichtliche Auslegung auch über den ausdrücklichen Antragsinhalt hinaus gehen kann.

#### (1) *Die schiedsrichterliche Befugnis zur Antragsauslegung vor der Novellierung des deutschen Schiedsverfahrensrechts*

Vor der Novellierung des deutschen Schiedsverfahrensrechts – also zu einer Zeit, in der die ZPO keine ausdrückliche Antragstellung in Schiedsverfahren verlangte – erachteten sowohl das Reichsgericht als auch der BGH selbst eine Auslegung entgegen des klaren Wortlauts des Schiedsklageantrags für zulässig. So hat das Reichsgericht im Jahr 1935 Folgendes ausgeführt:

> *„Die Klageanträge können daher im Regelfalle auch stillschweigend gestellt werden, das Schiedsgericht kann sie aus der Gesamtheit des ihm unterbreiteten Streitstoffes entnehmen* ***und insofern auch über die etwa besonders abgefassten Anträge der Parteien hinausgehen.*** *“*[413] (Hervorhebungen durch die Verfasserin)

Folglich waren Schiedsgerichte also nicht an die tatsächlich gestellten Anträge gebunden, sondern konnten zur Ermittlung des Beantragten (des Begehrten) aus dem gesamten unterbreiteten Streitstoff schöpfen.

---

411 OLG Köln, Beschluss vom 28.06.2011 – 19 Sch 11/10, Rn. 60; OLG Hamburg, Beschluss vom 22.04.2013 – 6 Sch 21/12, BeckRS 2015, 2549; OLG München, Beschluss vom 29.01.2007 – 34 Sch 23/06 – NJW 2007, 2129; *Gerstenmaier*, Die (Un-)Bestimmtheit des Antrags im Schiedsverfahren, in FS-Schütze, S. 123(126); *Voit* in Musielak/Voit, Kommentar zur ZPO, § 1046, Rn. 2; *Münch* im Münchener Kommentar zur ZPO, § 1044, Rn. 19.

412 *Borris/Hennecke* in Wolff, New York Convention – Commentary, S. 324, Rn. 245; *Wirth*, Rechtsbegehren in internationalen Schiedsverfahren – wie bestimmt müssen sie sein?, in FS-Kellerhals, S. 145(156.); Schweizerisches Bundesgericht, Urteil vom 07.01.2011 – 4A_440/2010 – Ziffer 3.2.1; Schweizerisches Bundesgericht, Urteil vom 25.04.2002 – 4P.17/2002.

413 Reichsgericht, VII. Zivilsenat, Urteil vom 11.10.1935 – VII 74/35 – RGZ 149, 45(49).

An das vorstehend zitierte Urteil des Reichsgerichts knüpfte dann auch der BGH im Jahr 1959 wie folgt an:

> *„Die Anträge bedürfen keiner ausdrücklichen Kundgabe und können auch stillschweigend gestellt werden.* ***Das SchiedsGer. kann selbst aus dem gesamten ihm unterbreiteten Streitstoff entnehmen*** *(RGZ 149, 45, 49) und davon ausgehen,* ***dass die Parteien eine wirtschaftlich zweckmäßige und praktische Erledigung des Streits begehren*** *(RG, aaO S. 50)."*[414] (Hervorhebungen durch die Verfasserin)

Der BGH ging folglich davon aus, dass es den Parteien eines Schiedsverfahrens insbesondere um eine *„wirtschaftlich zweckmäßige und praktische Erledigung des Streits"* gehen würde. Die Ermittlung des Begehrten sollte anhand einer Auslegung des gesamten unterbreiteten Streitstoffs erfolgen. Damit stand für den BGH weniger das von den Parteien subjektiv Gewollte im Vordergrund, als vielmehr ihr Interesse, das wiederum anhand objektiver Maßstäbe durch Auslegung zu ermitteln sei.

### *(2) Die Befugnis zur Antragsauslegung nach der Novellierung des deutschen Schiedsverfahrensrechts*

Mit der Einführung von § 1046 ZPO fordert die ZPO seit dem Jahr 1998, dass in Schiedsverfahren konkrete Anträge gestellt werden. Nichtsdestotrotz gestehen deutsche Kontrollgerichte Schiedsgerichten auch nach der Novellierung des Schiedsverfahrensrechts immer noch weitreichende Befugnisse bei der Antragsauslegung zu. Beispielsweise wurde es vom OLG Hamburg als zulässig erachtet, dass ein Schiedsgericht einen Antrag auf Ausgleich eines Kapitalkontos dahingehend auslegte, dass der Kläger mit seinem Antrag seinen Gewinnanteil am Gesellschaftsvermögen für bestimmte Jahre geltend gemacht hatte.[415] Diese Auslegung war vom Wortlaut des Antrags zweifelsfrei nicht mehr gedeckt.

Damit darf auch nach der Novellierung des deutschen Schiedsverfahrensrechts die Bedeutung des ausdrücklichen Antragswortlautes für die Ermittlung des Antragsinhalts nicht überschätzt werden. So hebt beispielsweise das OLG Stuttgart in einer Entscheidung aus dem Jahr 2001 hervor, dass der Wortlaut des gestellten Antrags nur ein Element zur Ermittlung des Antragsinhaltes sei. In der Entscheidung führte das OLG Folgendes aus:

---

414 BGH, Urteil vom 30.04.1959 – VII ZR 191/57 – NJW 1959, 1493(1494).

415 OLG Hamburg, Beschluss vom 22.04.2013 – 6 Sch 21/12 – BeckRS 2015, 02549.

*„Mit den Grenzen des Antrags ist keine Bindung an den Wortlaut des Klageantrags verbunden, vielmehr muss die Urteilsformel sachlich mit dem entsprechenden Sachvortrag übereinstimmen.“*[416]

Ähnlich äußerte sich das OLG Köln, indem es ausführte:

*„Ein (Schieds-)Gericht verstößt beim Ausspruch einer gesamtschuldnerischen Verurteilung nicht gegen § 308 ZPO,* ***wenn sich zwar nicht aus dem Klageantrag, aber aus der Klagebegründung die gesamtschuldnerische Haftung ergibt*** *(vgl. Vollkommer in: Zöller, a. a. O., § 308 Rz. 3)“*[417] (Hervorhebungen durch die Verfasserin)

Schließlich ist auch *Münch* der Auffassung, dass Schiedsgerichten ungeachtet der Novellierung des Schiedsverfahrensrechts weitreichende Kompetenzen im Rahmen der Antragsauslegung zukommen.[418] Daran anknüpfend führt *Münch* aus, dass in Schiedsverfahren deshalb nur eine gelockerte Antragsbindung – also eine gelockerte Geltung des Grundsatzes ne ultra petita – besteht. In diesem Zusammenhang führt *Münch* Folgendes aus:

*„Dem korreliert noch zusätzlich die Auflockerung der Antragsbindung (§ 308 Abs. 1): dem konkludenten Antrag stattzugeben bewirkt nichts anderes, als über die ausdrückliche Antragstellung hinauszugehen (plus) oder von ihr auch abzuweichen (aliud).“*[419]

### *(3) Zwischenfazit*

Schiedsgerichten werden ebenso wie deutschen Zivilgerichten[420] weitreichende Kompetenzen bei der Antragsauslegung zugestanden. Allerdings ist mit der Auslegung des Antrags durch das Schiedsgericht die Gefahr verbunden, dass das Schiedsgericht das Beantragte nicht nach subjektiven Maßstäben aus der Sicht des Klägers beurteilt, sondern dass es dieses vielmehr verobjektiviert, indem es die Position eines vernünftig und besonnen handelnden Dritten einnimmt und sich fragt, was dieser Dritte vernünftigerweise beantragt hätte. Eine derartige allein an objektiven Maßstäben orientierte Auslegung ist nicht zulässig.

---

416 OLG Stuttgart, Entscheidung vom 06.12.2001 – 1 Sch 12/01 – abrufbar auf der Datenbank der DIS: http://www.disarb.org/de/47/datenbanken/rspr/olg-stuttgart-az-1-sch-12-01-datum-2001-12-06-id159.

417 OLG Köln, Beschluss vom 28.06.2011 – 19 Sch 11/10 m – Rn. 60.

418 *Münch* im Münchener Kommentar zur ZPO, § 1044, Rn. 21.

419 *Münch* im Münchener Kommentar zur ZPO, § 1044, Rn. 23.

420 Siehe oben im Abschnitt B. I. 3.

Vielmehr müssen sich Schiedsgerichte – ebenso wie deutsche Zivilgerichte – bei ihrer Auslegung im Rahmen des vom Kläger tatsächlich Begehrten halten.[421]

Potentiell wirkt sich die Antragsauslegung durch das Schiedsgericht auch auf die Geltung des Grundsatzes ne ultra petita aus. Bestünde ein (zu) großer Freiraum des Schiedsgerichts bei der Auslegung, dann könnte das Schiedsgericht faktisch selbst (durch seine eigene Auslegung) festlegen, was der Kläger im Verfahren begehrt. Spricht das Schiedsgericht dem Kläger dieses – durch die eigene Auslegung festgestellte – Begehrte schließlich zu, dann sind praktisch keine Konstellationen mehr denkbar, in denen das Schiedsgericht über das Geforderte hinausgeht oder in denen es etwas anderes als das Geforderte zuspricht. Denn das Schiedsgericht würde durch seine Auslegung selbst festlegen, was das Geforderte ist. Für den Grundsatz ne ultra petita würde es folglich keinen Anwendungsbereich geben. Die Anwendung des Grundsatzes würde dann im Ergebnis nur noch dazu führen, dass das Schiedsgericht an seine eigene Auslegung des klägerischen Begehrens gebunden wäre. Das ist offensichtlich ein sinnloses Unterfangen und hätte mit dem ursprünglichen Sinn und Zweck des Grundsatzes ne ultra petita nichts mehr zu tun.[422]

### *b) Richterliche Hinweise in inländischen Schiedsverfahren zur sachdienlichen Antragsstellung*

Wie bereits erläutert,[423] sind deutsche Zivilgerichte gemäß § 139 Abs. 1 S. 2 ZPO zur Erteilung von richterlichen Hinweisen verpflichtet, um darauf hinzuwirken, dass die Parteien sachgerechte Anträge stellen. Die Auswirkungen derartiger Hinweise auf die Dispositionsmaxime wurde oben bereits diskutiert.[424] Dabei wurde darauf hingewiesen, dass entsprechende Hinweise grundsätzlich nicht zu einer Einschränkung der Dispositionsmaxime der Parteien führen. Vielmehr ergänzen Hinweise und Nachfragen die Dispositionsmaxime, indem sie zugunsten der Parteien das Spektrum an Handlungsmöglichkeiten vergrößern. Dabei

---

421 So wohl auch: OLG Stuttgart, Entscheidung vom 06.12.2001 – 1 Sch 12/01 – abrufbar auf der Datenbank der DIS: http://www.disarb.org/de/47/datenbanken/rspr/olg-stuttgart-az-1-sch-12-01-datum-2001-12-06-id159; OLG Köln, Beschluss vom 28.06.2011 – 19 Sch 11/10 m – Rn. 60; *Schlosser* in Stein/Jonas, Kommentar zur ZPO, 1042, Rn. 75.

422 Zum Sinn und Zweck des Grundsatzes siehe oben im Abschnitt A. II. 1.

423 Siehe hierzu oben im Abschnitt B. I. 3. b).

424 Siehe hierzu oben im Abschnitt B. I. 3. b) (2).

steht die Entscheidung darüber, ob dem Hinweis gefolgt werden soll oder nicht, der jeweiligen Partei zu.

Zudem wurde bereits darauf hingewiesen, dass entsprechende Hinweispflichten nicht zuletzt eine Konsequenz aus der Dispositionsmaxime und insbesondere aus dem Grundsatz ne ultra petita sind, denn eine strenge Bindung des Schiedsgerichts an den Antragsinhalt würde zu unsachgemäßen Ergebnissen führen, wenn das Schiedsgericht nicht zumindest darauf hinweisen könnte, dass es den gestellten Antrag für ungenau oder sachwidrig hält. Andernfalls bliebe ihm nur die Möglichkeit der bloßen Abweisung des Antrags, obgleich dieser hätte nachgebessert werden können.

Es entspricht der herrschenden Meinung in der Literatur, dass Schiedsgerichte grundsätzlich dazu befugt sind, durch entsprechende Hinweise auf eine sachdienliche Antragstellung hinzuwirken.[425] Dabei heben einige Autoren hervor, dass für Schiedsgerichte nicht nur eine Befugnis zur Erteilung entsprechender Hinweise bestünde, sondern dass derartige Hinweise auch in Schiedsverfahren wünschenswert und erforderlichen seien, um den Interessen der Parteien gerecht zu werden.[426]

Auch die UNCITRAL Notes on Organizing Arbitral Proceedings (“**UNCITRAL Notes**”) gehen davon aus, dass die Erteilung schiedsrichterlicher Hinweise grundsätzlich zulässig sei. In den UNCITRAL Notes, die 1996 verabschiedet und 2006 überarbeitet worden sind, heißt es diesbezüglich:

> *„If the arbitral tribunal considers that the relief or remedy sought by a party is not sufficiently precise, for example, to ensure the enforceability of any arbitral award that might grant such relief or remedy, the arbitral tribunal may consider informing the parties of its*

---

425 *Voit* in Musielak/Voit, Kommentar zur ZPO, § 1042, Rn. 13; Schwab/Walter, Schiedsgerichtsbarkeit, Kapitel 15, Rn.5; *Raeschke-Kessler*, Der Vergleich im Schiedsverfahren, FS-Glossner, S. 255(261); Abweichend (ohne weitergehende Begründung) wohl nur: *Aden*, Gewährung rechtlichen Gehörs im Schiedsgerichtsverfahren, NJW 1993, 1964.

426 Schwab/Walter, Schiedsgerichtsbarkeit, Kapitel 15, Rn.5; *Nagel*, Gedanken über die Beschleunigung des Schiedsverfahrens, in FS-Firsching, S. 191(200); *Gerstenmaier*, Die (Un-)Bestimmtheit des Antrags im Schiedsverfahren, in FS-Schütze, S. 123(130); Berger/Kellerhals, International and domestic arbitration in Switzerland, S. 421; *Wirth*, Rechtsbegehren in internationalen Schiedsverfahren – wie bestimmt müssen sie sein?, in FS-Kellerhals, S. 145(157 f.).

*concerns, bearing in mind that the arbitral tribunal would usually avoid suggesting on its own initiative that a new relief be requested.*"[427]

Gegen die Zulässigkeit der Erteilung von richterlichen Hinweisen in Schiedsverfahren könnte allerdings eingewandt werden, dass dadurch Zweifel an der Unparteilichkeit des Schiedsgerichts entstehen könnten: Erteilt das Schiedsgericht einer Partei einen Hinweis, dann könnte dadurch der Eindruck entstehen, dass sich das Schiedsgericht zum Interessenvertreter dieser Partei aufschwingt und ihr dabei behilflich ist, ihrem Rechtsschutzziel zum bestmöglichen Erfolg zu verhelfen. Insoweit gilt, dass ein schiedsrichterlicher Hinweis dann unzulässig ist, wenn sich bei dessen Befolgung und unter juristischer Betrachtung das tatsächliche Prozessziel, wie es sich nach dem Vortrag des Klägers darstellt, ändern würde oder wenn der Hinweis völlig neuen tatsächlichen Vortrag erforderlich machen würde.[428]

Insgesamt sehr treffend führt *Wassermann* im Zusammenhang mit § 139 Abs. 1 S. 2 ZPO aus:

„*Das Gesetz spricht deshalb auch nur davon, dass der Richter auf sachliche Anträge zu wirken, nicht aber davon, dass er den Antrag der Partei durch einen sachdienlichen Antrag zu ersetzen oder zu ändern hat. Der Richter soll der Partei helfen, sich sachgemäß zu entscheiden, aber nicht ihr die Entscheidung abnehmen.*"[429]

Diese Maßstäbe dürften auch in Schiedsverfahren gelten.

Schließlich ist noch darauf hinzuweisen, dass für Schiedsgerichte – anders als für staatliche Zivilgerichte – keine Pflicht zur Hinweiserteilung besteht.[430] Das muss schon deshalb gelten, weil Schiedsgerichte mitunter ganz oder teilweise mit Nichtjuristen besetzt sein können. In diesem Fall kann von den Schiedsrichtern keine gesteigerte Fürsorgepflicht hinsichtlich der Verfahrensgestaltung verlangt werden.[431] Grundsätzlich ist der Kläger für die Formulierung und den Inhalt seines Antrags selbst verantwortlich. Macht er hierbei Fehler, hat das Schiedsgericht die Befugnis, aber nicht die Pflicht, ihn darauf hinzuweisen.

---

427 UNCITRAL Notes on Organizing Arbitral Proceedings (2016), para. 71, abrufbar unter: http://www.uncitral.org/pdf/english/texts/arbitration/arb-notes/arb-notes-2016-e-pre-release.pdf.

428 Siehe hierzu oben im Abschnitt B. I. 3. b) (2).

429 Wassermann, der soziale Zivilprozess, S. 118.

430 Waldner, Der Anspruch auf rechtliches Gehör, Rn. 200; *Lörcher/Bauerschmidt,* Gilt der Grundsatz iura novit curia in internationalen Schiedsverfahren?, in der FS-Elsing, S.317(324); Lachmann, Handbuch für die Schiedsgerichtspraxis, Rn. 1301 ff.

431 *Voit* in Musielak/Voit, Kommentar zur ZPO, § 1042, Rn. 13.

### c) *Fazit*

Zusammenfassend kann festgehalten werden, dass Schiedsgerichte sowohl zur Antragsauslegung als auch zur Hinweiserteilung zwecks einer sachdienlichen Antragstellung befugt sind. Dabei ist zu beachten, dass richterliche Hinweise im Vergleich zur Antragsauslegung einen deutlich geringeren Eingriff in die Dispositionsbefugnis der Parteien darstellen. Deshalb ist – nach der hier vertretenen Auffassung – von dem Instrument der Auslegung nur sehr zurückhaltend Gebrauch zu machen.

Die Parteien sollen ihr Verfahren eigenständig führen, deshalb sollte Ausgangspunkt einer jeden Auslegung immer der tatsächlich gestellte Antrag des Klägers sein und es sollte zugunsten der Parteiautonomie grundsätzlich davon ausgegangen werden, dass der Kläger seinen Antrag willentlich so formuliert hat, wie er dem Schiedsgericht zur Entscheidung vorgelegt worden ist. Bevor ein Schiedsgericht einen unklar formulierten Antrag eigenmächtig auslegt, sollte es durch einen richterlichen Hinweis auf die Unbestimmtheit des Antrags hinweisen oder eine aufklärende Rückfrage hierzu stellen. Eine Pflicht zur Hinweiserteilung besteht für Schiedsgerichte allerdings nicht.

## 8. Die normativen Grundlagen im deutschen Schiedsverfahrensrecht

Nachdem sich die vorstehenden Abschnitte im Kern mit der Frage befasst haben, inwieweit der Grundsatz ne ultra petita überhaupt mit dem Wesen und den Besonderheiten von Schiedsverfahren vereinbar ist, sollen nun die im 10. Buch der ZPO enthaltenen Vorschriften zum Ablauf eines inländischen Schiedsverfahrens darauf hin untersucht werden, ob sie die Geltung des Grundsatzes ne ultra petita vorsehen oder zumindest zulassen. Im Zentrum dieser Untersuchung steht § 1042 ZPO, der allgemeine Regeln für den Ablauf von Schiedsverfahren enthält. § 1042 ZPO lautet wie folgt:

> *„(1) Die Parteien sind gleich zu behandeln. Jeder Partei ist rechtliches Gehör zu gewähren.*
>
> *(2) Rechtsanwälte dürfen als Bevollmächtigte nicht ausgeschlossen werden.*
>
> *(3)* ***Im Übrigen können die Parteien vorbehaltlich der zwingenden Vorschriften dieses Buches das Verfahren selbst oder durch Bezugnahme auf eine schiedsrichterliche Verfahrensordnung regeln.***
>
> ***(4) Soweit eine Vereinbarung der Parteien nicht vorliegt und dieses Buch keine Regelung enthält, werden die Verfahrensregeln vom Schiedsgericht nach freiem Ermessen bestimmt.*** *Das Schiedsgericht ist berechtigt, über die Zulässigkeit einer Beweiserhebung zu*

*entscheiden, diese durchzuführen und das Ergebnis frei zu würdigen.*" (Hervorhebungen durch die Verfasserin)

Damit ergibt sich aus der Struktur des § 1042 Abs. 3 und Abs. 4 S. 1 ZPO für die Frage des anwendbaren Verfahrensrechts das folgende Vorrangverhältnis: An erster Stelle stehen die zwingenden Vorschriften des 10. Buches der ZPO. Sie sind stets zu beachten und können weder durch die Parteien noch durch das Schiedsgericht abbedungen werden. An zweiter Stelle stehen die Vereinbarungen der Parteien – solange sie nicht von den zwingenden Vorschriften abweichen. An dritter Stelle steht das dispositive Schiedsverfahrensrecht des 10. Buches und an vierter Stelle steht das schiedsrichterliche Ermessen.

Auf die Frage, ob der Grundsatz ne ultra petita im Rahmen von inländischen Schiedsverfahren – auch ohne eine entsprechende Parteivereinbarung – Anwendung findet, gibt es im Lichte der Systematik von § 1042 ZPO drei Antwortmöglichkeiten:

1. Der Grundsatz stellt zwingendes Recht dar. In diesem Fall würde er ausnahmslos in allen inländischen Schiedsverfahren gelten und könnte weder durch die Parteien und erst recht nicht durch das Schiedsgericht abbedungen werden.
2. Der Grundsatz stellt dispositives Recht dar. Dann würde er in einem inländischen Schiedsverfahren Anwendung finden. Seine Geltung könnte nur durch die Parteien – nicht aber durch das Schiedsgericht – abbedungen werden.
3. Der Grundsatz stellt weder zwingendes noch dispositives Recht dar und muss vom Schiedsgericht deshalb nicht beachtet werden – natürlich vorausgesetzt, dass es keine entsprechende Parteivereinbarung gibt.

### a) *Die Einteilung des Schiedsverfahrensrechts als zwingend oder dispositiv*

§ 1042 ZPO differenziert zwischen zwingendem und dispositivem Recht. Anhaltspunkte dafür, anhand welcher Kriterien diese Unterscheidung erfolgt, ergeben sich – zumindest für das geschriebene Schiedsverfahrensrecht – aus der Begründung des Gesetzesentwurfs zu § 1042 Abs. 3 ZPO. Insoweit heißt es in der Begründung:

„*Bei letzteren [den zwingenden gesetzlichen Vorschriften] handelt es sich über die Vorschriften der Absätze 1*[432] *und 2*[433] *hinaus um diejenigen Bestimmungen, die ihrerseits*

432 § 1042 Abs. 1: „*Die Parteien sind gleich zu behandeln. Jeder Partei ist rechtliches Gehör zu gewähren.*"

433 § 1042 Abs. 2: "*Rechtsanwälte dürfen als Bevollmächtigte nicht ausgeschlossen werden.*"

> *weder ausdrücklich noch ihrem Sinn und Zweck nach unter dem Vorbehalt anderweitiger Parteivereinbarungen stehen.*"[434]

Daraus folgt zum einen, dass § 1042 Abs. 1 und Abs. 2 ZPO, namentlich das Gebot der Gleichbehandlung der Parteien (§ 1042 Abs. 1 S. 1 ZPO), der Anspruch auf rechtliches Gehör (§ 1042 Abs. 1 S. 2 ZPO) und das Verbot, Rechtsanwälte als Bevollmächtigte auszuschließen (§ 1042 Abs. 2 ZPO), eindeutig zwingendes Schiedsverfahrensrecht darstellen. Zum anderen werden in der Begründung die Kriterien genannt, nach denen sich der zwingende Charakter einer Norm des 10. Buches der ZPO ergibt. Zwingend sind folglich Vorschriften, die

1. ihrem Wortlaut nach nicht dispositiv sind und
2. deren Sinn und Zweck auf einen zwingenden Charakter hindeutet.

Vorschriften, bei denen sich der dispositive Charakter bereits aus dem Wortlaut ergibt, sind beispielsweise § 1034 Abs. 1 S. 1 ZPO („*Die Parteien* ***können***[435] *die Anzahl der Schiedsrichter vereinbaren*") oder § 1043 Abs. 2 ZPO („*Haben die Parteien nichts anderes vereinbart, so* ***kann***[436] *das Schiedsgericht ungeachtet des Absatzes 1 an jedem ihm geeignet erscheinenden Ort […] zusammentreten*"). Damit ist fraglich, ob im Sinne eines *argumentum e contrario* bei allen Vorschriften, deren Wortlaut nicht auf einen dispositiven Charakter hindeutet, automatisch von einem zwingenden Charakter auszugehen ist. Eine derartige Annahme würde aber voraussetzen, dass der Gesetzgeber bei allen Vorschriften im 10. Buch der ZPO schon im Wortlaut deutlich gemacht hätte, dass sie durch Parteivereinbarung abbedungen werden können. Das ist ausweislich der Gesetzesbegründung aber gerade nicht der Fall.[437] Für die große Mehrzahl der Vorschriften muss deshalb jeweils durch Auslegung ermittelt werden, ob sie nach dem Willen des Gesetzgebers zwingend zu beachten sind oder ob sie zur Disposition der Parteien stehen sollen.[438]

---

434 BT-Drs. 13/5274, 12.07.1996, S. 46, Einfügungen in eckiger Klammer wurden von der Verfasserin vorgenommen.

435 Hervorgehoben durch die Verfasserin.

436 Hervorgehoben durch die Verfasserin.

437 So auch: *Münch* im Münchener Kommentar zur ZPO, § 1042, Rn. 15; Spohnheimer, Gestaltungsfreiheit bei antezipiertem Legalanerkenntnis des Schiedsspruchs, S. 140.

438 *Münch* im Münchener Kommentar zur ZPO, Rn. 15 f.; Spohnheimer, Gestaltungsfreiheit bei antezipiertem Legalanerkenntnis des Schiedsspruchs, S. 139.

Die Geltung des Grundsatzes ne ultra petita ist im 10. Buch der ZPO nicht ausdrücklich vorgesehen. Er könnte also allenfalls ungeschriebenes (zwingendes oder dispositives) Schiedsverfahrensrecht darstellen.

### *b) Ungeschriebenes Recht als Schiedsverfahrensrecht im Sinne der ZPO*

Der Wortlaut von § 1042 ZPO spricht zunächst gegen die Annahme, dass es überhaupt ungeschriebenes Schiedsverfahrensrecht im Sinne der ZPO geben kann. Denn die Vorschrift verweist sowohl in § 1042 Abs. 3 ZPO für die zwingenden Vorschriften als auch in § 1042 Abs. 4 ZPO für die dispositiven Vorschriften auf die *„Vorschriften [Regelungen] dieses Buch[es]"*, was auf das Erfordernis einer ausdrücklichen Regelung hindeutet.

Außerdem spricht die Begründung des Gesetzesentwurfs zu § 1042 Abs. 3 ZPO gegen die Annahme, dass sich die Norm auch auf ungeschriebene Rechtssätze bezieht. Hierzu heißt es in der Begründung:

> *„Nach dieser Vorschrift können die Parteien die Verfahrensregeln vorbehaltlich der zwingenden **gesetzlichen Vorschriften** selbst bestimmen."*[439] (Hervorhebungen durch die Verfasserin)

In der Begründung wird sich folglich nur auf *„gesetzliche Vorschriften"* bezogen. Diese Formulierung könnte so ausgelegt werden, dass lediglich ausdrücklich und positiv **normiertes** Recht hiervon umfasst ist, was wiederum gegen die Annahme spräche, dass ungeschriebenes Recht eine zwingende Vorschrift im Sinne von § 1042 Abs. 3 ZPO darstellen kann.

Andererseits regelt das 10. Buch der ZPO den Ablauf eines Schiedsverfahrens lediglich äußerst lückenhaft. Insgesamt besteht das 10. Buch aus 41 Paragraphen. Nicht alle dieser 41 Paragraphen befassen sich mit dem Ablauf des Schiedsverfahrens. So enthält das 10. Buch neben Schiedsverfahrensrecht im engeren Sinne – also Vorschriften, die sich mit dem Fortgang eines konkreten Schiedsverfahrens befassen – auch Schiedsverfahrensrecht im weiteren Sinne. Letzteres sind beispielsweise diejenigen Vorschriften, die das Schiedsverfahren erst ermöglichen (§§ 1025, 1029 ZPO) oder in denen die Frage der Aufhebbarkeit oder Vollstreckbarkeit des Schiedsspruchs geregelt wird (§ 1059 ZPO sowie §§ 1060,1061 ZPO). Schiedsverfahrensrecht im engeren Sinne stellen lediglich ca. 24 Vorschriften dar (namentlich die §§§ 1034 bis 1058 ZPO).

439 BT-Drs. 13/5274, 12.07.1996, S. 46.

Aufgrund dieser geringen Regelungsdichte ist es evident, dass nicht alle Grundsätze und Prinzipien, die die Voraussetzungen für ein faires und rechtsstaatliches Verfahren sind, ausdrücklich im 10. Buch der ZPO geregelt sind. Deshalb ist es offensichtlich, dass es auch ungeschriebenes Schiedsverfahrensrecht geben muss, von dem die ZPO ausgeht. Diese Auffassung wird beispielsweise auch von *Münch* vertreten.[440]

### *c) Der Grundsatz ne ultra petita als zwingendes Schiedsverfahrensrecht*

#### *(1) Der Meinungsstand in der Literatur und Rechtsprechung*

In der Rechtsprechung und im Schrifttum wird sich im Zusammenhang mit dem Grundsatz ne ultra petita kaum mit der Differenzierung zwischen zwingenden und dispositiven Schiedsverfahrensrecht auseinandergesetzt. Als einer der wenigen Autoren, der sich hierzu geäußert haben, bezieht *Münch* zu dieser Frage Stellung.[441] Er ist der Ansicht, dass der Grundsatz ne ultra petita auch im Rahmen von Schiedsverfahren als prozessualer Mindeststandard angesehen werden kann. Insoweit führt er Folgendes aus:

> *„Ergänzend müssen die Schiedsrichter die wesentlichen Grundsätze einer geordneten Rechtspflege einhalten, dh prozessuale (Minimal-) Standards, welche „ermessensbegrenzend" wirken. Dazu rechnen etwa das Verbot ne ultra petita […]."*[442]

Entsprechend äußert sich das OLG Köln in einer Entscheidung aus dem Jahr 2011:

> *„Insofern handelt es sich zunächst um einen nach deutschem Recht erheblichen Verstoß, da der in § 308 Abs. 1 ZPO zum Ausdruck kommende Grundsatz „ne ultra petita" Bestandteil des grundlegenden zivilprozessualen Prinzips der Dispositionsmaxime ist, wonach die Entscheidungsbefugnis des Gerichts dem Umfang nach von den Parteien vorgegeben wird."*[443]

Dieser Auffassung schloß sich auch das OLG Frankfurt im Jahr 2014 an:

> *„[…] handelt es sich bei dem in § 308 Abs. 1 ZPO verankerten Rechtsgrundsatz um einen Bestandteil des grundlegenden zivilprozessualen Prinzips der Dispositionsmaxime, nach*

---

440 So auch *Münch* im Münchener Kommentar zur ZPO, § 1042, Rn. 17.

441 *Münch* im Münchener Kommentar zu ZPO, § 1042, Rn. 18.

442 *Münch* im Münchener Kommentar zu ZPO, § 1042, Rn. 18.

443 OLG Köln, Beschluss vom 28.06.2011 – 19 Sch 11/10 – openJur 2012, 80284, Rn. 70.

*der die Entscheidungsbefugnis des Gerichts dem Umfang nach von den Parteien vorgegeben wird (vgl. OLG Köln, a.a.O.).*"[444]

Ausdrücklich verneint wurde die Frage, ob der Grundsatz ne ultra petita als prozessualer Mindeststandard angesehen werden kann, von dem saarländischen Oberlandesgericht.[445] Das OLG führte im Zusammenhang mit der Vollstreckbarerklärung eines ausländischen Urteils aus, dass es sich bei dem in § 308 Abs. 1 ZPO zum Ausdruck kommenden Grundsatz ne ultra petita nicht zwingend um eine Vorschrift handelt, deren Einhaltung auf jeden Fall Voraussetzung eines rechtsstaatlichen Verfahrens ist, da auch das deutsche Recht Durchbrechungen – beispielsweise bei der Bemessung von Schmerzensgeld – kenne.[446]

Auch der BGH deutete in einer Entscheidung aus dem Jahr 1990 an, dass ein Verstoß gegen den Grundsatz ne ultra petita nicht zwingend einen Verstoß gegen den verfahrensrechtlichen ordre public darstellen würde und deshalb nicht zwingend zur Versagung der Vollstreckbarerklärung eines ausländischen Urteils führen würde.[447]

Das OLG Stuttgart vertrat in einer Entscheidung aus dem Jahr 2003 die Ansicht, dass ein etwaiger ultra petita Verstoß grundsätzlich nicht so schwer wiegen würde, dass er die Versagung der Vollstreckbarerklärung eines Schiedsspruchs rechtfertigen würde.[448]

Damit haben sowohl der BGH[449] als auch das saarländische OLG[450] die Frage, ob ein etwaiger ultra petita-Verstoß auch einen Verstoß gegen den verfahrensrechtlichen *ordre public* darstellt, verneint. Allerdings ist beachten, dass der Anwendungsbereich der *„zwingenden Vorschriften"* im Sinne von § 1042 Abs. 3 ZPO nicht identisch mit dem Anwendungsbereich des *ordre public* ist.

Der Begriff des *ordre public* wird beispielsweise in § 1059 Abs. 2 Nr. 2 b) ZPO verwendet, danach kann ein Schiedsspruch aufgehoben werden, wenn:

*„die Anerkennung oder Vollstreckung des Schiedsspruchs zu einem Ergebnis führt, das der öffentlichen Ordnung (ordre public) widerspricht."*

444 OLG Frankfurt, Beschluss vom 05.06.2014 – 26 Sch 1/14, S. 5, veröffentlicht in der Datenbank der DIS, abrufbar unter: http://www.disarb.org/de/47/datenbanken/rspr/olg-frankfurt-am-main-case-no-26-sch-1-14-date-2014-06-05-id1645.

445 Saarländisches OLG, Beschluss vom 12.01.2011 – 5 W 132/09 - 48 –, juris.

446 Saarländisches OLG, Beschluss vom 12.01.2011 – 5 W 132/09 - 48 –, juris, Tz. 114.

447 BGH, Beschluss vom 21.03.1990 – XII ZB 71/89 – NJW 1990, 2201.

448 OLG Stuttgart, Beschluss vom 14.10.2003 – 1 Sch 6/03 – BeckRS 2003, 18189, Rn. 198.

449 BGH, Beschluss vom 21.03.1990 – XII ZB 71/89 – NJW 1990, 2201.

450 Saarländisches OLG, Beschluss vom 12.01.2011 – 5 W 132/09 - 48 –, juris.

Der *ordre public* dient dem Schutz der bundesdeutschen Binnenordnung. In seinen Anwendungsbereich fallen deshalb solche Normen, die in einer die Grundlagen des staatlichen oder wirtschaftlichen Lebens berührenden, zentralen Frage wegen bestimmter staats- oder wirtschaftspolitischer Anschauungen oder elementarer Gerechtigkeitsvorstellungen ergangen sind.[451]

Über den *ordre public* wird nur ein Ausschnitt aus dem weiten Gebiet des zwingenden Rechts und der dahinter stehenden elementaren Rechtsprinzipien durchgesetzt, sodass nicht jede zwingende Norm auch Bestandteil des ordre public ist.[452] Diese in der Literatur geäußerte Auffassung steht auch im Einklang mit der Rechtsprechung.[453] So hat beispielsweise das OLG München im Jahr 2016 entschieden:

> *„Nicht einmal jeder Widerspruch der Entscheidung eines Schiedsgerichts zu* ***zwingenden Vorschriften*** *des deutschen Rechts stellt einen Verstoß gegen den ordre public dar. Vielmehr muss es sich um eine nicht abdingbare Norm handeln, die Ausdruck einer für die Rechtsordnung grundlegenden Wertentscheidung des Gesetzgebers ist (BGH WM 2009, 573; WM 2014, 1151; ZInsO 2016, 335).“*[454]

Diesem Zitat entsprechend wies auch bereits das OLG Karlsruhe in einer Entscheidung aus dem Jahr 2009 auf den Unterschied zwischen dem ordre public einerseits und den *„zwingenden Vorschriften des deutschen Rechts“* andererseits hin.[455]

Weder der BGH noch das saarländische OLG haben sich in den beiden vorgenannten Entscheidungen also mit der Frage auseinandergesetzt, ob der Grundsatz ne ultra petita zwingendes Schiedsverfahrensrecht im Sinne des § 1042 Abs. 3 ZPO darstellt. Sie haben lediglich festgestellt, dass der Grundsatz nicht in den wesentlich engeren Anwendungsbereich des *ordre public* fällt.

Insgesamt liefert damit weder die Literatur noch die Rechtsprechung eine eindeutige Antwort auf die Frage, ob der Grundsatz ne ultra petita zwingendes Schiedsverfahrensrecht darstellt oder nicht.

---

451 *Münch* im Münchener Kommentar zu ZPO, § 1059, Rn. 41.

452 *Geimer* in Zöller, Kommentar zur ZPO, § 1059, Rn. 55.

453 BGH, Beschluss vom 28.01.2014 – III ZB 40/13 – NZG 2014, 789(790), Rn. 8; OLG Schleswig, Beschluss vom 15.05.2009 – 16 Sch 1/09 – SchiedsVZ 2010, 276; BGH, Beschluss vom 30.10.2008 – III ZB 17/08 – NJW 2009, 1215, Rn. 5, m.w.N.

454 OLG München, Beschluss vom 04.07.2016 – 34 Sch 29/15 – SchiedsVZ 2017, 40(45), Rn. 51; So vorher auch schon OLG Karlsruhe, Beschluss vom 27.03.2009 – 10 Sch 8/08 – BeckRS 2011, 08009.

455 OLG Karlsruhe, Beschluss vom 27.03.2009 – 10 Sch 8/08 – BeckRS 2011,08009.

*(2) Hohe Anforderungen an zwingendes Schiedsverfahrensrecht*

Einer der Leitgedanke des Gesetzgebers bei der Novellierung des Schiedsverfahrensrechts war die Gewährung von Parteiautonomie bei der Verfahrensausgestaltung.[456] Diese Zielrichtung spiegelt sich auch in § 1042 ZPO wider, der grundsätzlich davon ausgeht, dass die Parteien den Ablauf des Schiedsverfahrens frei gestalten können. Diese Parteiautonomie unterliegt nur ausnahmsweise Beschränkungen durch zwingende Regelungen (siehe § 1042 Abs. 3 ZPO: „*vorbehaltlich*“).

Dem Willen des Gesetzgebers dürfte es entsprechen, in den Anwendungsbereich der zwingenden Regelungen im Sinne von § 1042 Abs. 3 ZPO lediglich diejenigen Regelungen aufzunehmen, die zwingend erforderlich sind, um einen prozessualen Mindeststandard und die Einhaltung wesentlicher Grundsätze einer geordneten Rechtspflege sicherzustellen. Grundsätzlich dürfte deshalb davon auszugehen sein, dass der Gesetzgeber im Rahmen der Novellierung des deutschen Schiedsverfahrensrechts möglichst wenige zwingende Vorgaben machen wollte.

Damit spricht das Gebot der Parteiautonomie grundsätzlich gegen eine Einbeziehung des Grundsatzes ne ultra petita in den Kreis der zwingenden Vorschriften. Denn wollte man den Grundsatz zu den zwingenden Vorschriften zählen, dann hätte das zur Folge, dass die Parteien über dessen Geltung nicht disponieren könnten. Demzufolge wäre beispielsweise eine Einigung der Parteien, wonach das Schiedsgericht ohne Rücksicht auf den gestellten Antrag eine Rechtsfolge zusprechen können soll, die es als billig und gerecht empfindet, unwirksam. Dieses Ergebnis wäre – jedenfalls in seiner Absolutheit – nicht sachgerecht, da nicht ersichtlich ist, weshalb eine derartige Parteivereinbarung per se gegen grundlegende Verfahrensprinzipien verstoßen sollte.

Bedenkt man, dass der Grundsatz ne ultra petita gerade Ausfluss der Dispositionsbefugnis der Parteien ist, dann mag es auf den ersten Blick merkwürdig anmuten, dass die Anwendbarkeit des Grundsatzes gerade zum Schutz der Parteiautonomie beschränkt wird. Es ist aber zu beachten, dass den Parteien durch diese Handhabung lediglich die Möglichkeit zuerkannt würde, sich der eigenen Dispositionsbefugnis zumindest teilweise zu entledigen. Denn insgesamt gilt: Wenn sich die Parteien darüber einig sind, zugunsten der Entscheidungsbefugnis des Schiedsgerichts auf ihre Dispositionsbefugnis zu verzichten, dann ist auch diese Entscheidung von der Dispositionsbefugnis der Parteien gedeckt.

---

456 BT-Drs. 13/5274, 12.07.1996, S. 46.

Deshalb stellt der Grundsatz ne ultra petita – zumindest in seiner Gesamtheit – kein zwingendes Schiedsverfahrensrecht dar.

*(3) Der Grundsatz ne ultra petita als zwingendes Recht, soweit er eine Ausprägung des Rechts auf rechtliches Gehör darstellt*

Der Grundsatz ne ultra petita könnte aber über einen zwingenden Kernbereich verfügen, sodass zumindest dieser Kernbereich zwingendes Schiedsverfahrensrecht darstellen würde. Aufgrund der bereits erläuterten Systematik von § 1042 ZPO wäre es erforderlich, dass dieser Kernbereich – sollte er zwingendes Recht im Sinne von § 1042 Abs. 3 ZPO darstellen – der Durchsetzung elementarer Prozessgrundrechte dienen und damit für ein faires und an rechtsstaatlichen Grundsätzen orientiertem Verfahren unabdingbar sein müsste.

Die elementarsten Prozessgrundrechte sind insbesondere das Gebot der Gleichbehandlung der Parteien und der Anspruch auf rechtliches Gehör. Sie qualifizieren das Schiedsverfahren als eine dem Verfahren vor den staatlichen Gerichten gleichwertige Rechtsschutzmöglichkeit,[457] weshalb ihre unabdingbare Geltung ausdrücklich in § 1042 Abs. 1 ZPO normiert wurde. Sie bilden damit quasi das Fundament eines rechtsstaatlichen Verfahrens, weshalb es Sinn macht, dass eine Vorschrift dann als „*zwingend*“ im Sinne von § 1042 Abs. 3 ZPO zu qualifizieren ist, wenn sie zumindest mittelbar auf einen dieser beiden Grundsätze zurückgeführt werden kann.

Der zwingende Kern des Grundsatzes ne ultra petita könnte Ausfluss des Rechts auf rechtliches Gehör sein. Er könnte dann betroffen sein, wenn das Schiedsgericht eine Überraschungsentscheidung trifft. Stützt das Schiedsgericht seine Entscheidung auf rechtliche oder tatsächliche Gesichtspunkte, die im Laufe des Verfahrens nicht diskutiert worden sind und auch sonst für die Parteien unvorhersehbar waren; oder spricht es eine Rechtsfolge zu, mit der die Parteien aufgrund des Verfahrensablaufs nicht rechnen konnten, dann ist davon auszugehen, dass die Parteien durch diese Entscheidung überrascht werden. Derartige Überraschungsentscheidungen verstoßen gegen rechtsstaatliche Grundsätze, weil nicht ausgeschlossen werden kann, dass die Partei, gegen die sie ergeht, weitergehende Ausführungen gemacht hätte, hätte sie mit der Entscheidung des Gerichts gerechnet.[458] Den Parteien wird damit die Möglichkeit zu weiterem Vortrag genommen, wodurch ihr Recht auf rechtliches Gehör verletzt wird.[459]

---

457 BT-Drs. 13/5274, 12.07.1996, S. 46.

458 Für staatliche Zivilprozesse, siehe oben im Abschnitt A. III. 2. b).

459 Für staatliche Zivilprozesse, siehe oben im Abschnitt A. III. 2. b).

Auch in der bereits angesprochenen Entscheidung des OLG Frankfurt ging das Gericht auf die Schnittstelle zwischen dem Grundsatz ne ultra petita und dem Recht auf rechtliches Gehör ein.[460] So führt das Gericht aus:

> *„Einem Verstoß gegen § 308 ZPO kommt zudem dann besonderes Gewicht zu, wenn er dazu führt, dass den Parteien zu einem abweichend von der Antragstellung zuerkannten Anspruch kein rechtliches Gehör gewährt wird […].“*

Schließlich wies auch das Schweizerische Bundesgericht in einer Entscheidung aus dem Jahr 1994 auf die Wechselwirkung zwischen dem Grundsatz ne ultra petita und dem Anspruch auf rechtliches Gehör hin:

> *„Die Regel 'ne eat judex ultra petita partium' garantiert einen speziellen Aspekt des rechtlichen Gehörs dergestalt, daß sie das Schiedsgericht daran hindert, in seinen Entscheid Ansprüche aufzunehmen, zu welchen die Parteien sich während des Verfahrens nicht haben äußern können.“*[461]

Diese Auffassung des Schweizerischen Bundesgerichts ist für die Verankerung des Grundsatzes ne ultra petita im Normengefüge des deutschen Schiedsverfahrensrechts zwar nicht ausschlaggebend, sie zeigt aber, dass die beschriebene Rechtsauffassung auch in anderen Rechtsordnungen Zustimmung findet.

Der Anspruch auf rechtliches Gehör in seiner Ausprägung als Verbot von Überraschungsentscheidungen wurde schon oben im Zusammenhang mit deutschen Zivilprozessen erläutert.[462] Später wird noch im Detail geprüft, nach welchen Kriterien der Verbot der Überraschungsentscheidung und damit auch der Inhalt des zwingenden Kernbereichs des Grundsatzes ne ultra petita in Schiedsverfahren zu bestimmen ist.[463]

### *(4) Zwischenergebnis*

Damit kann festgehalten werden, dass der Grundsatz ne ultra petita zwar nicht in seiner Gesamtheit zwingendes Schiedsverfahrensrecht darstellt, dass er aber durchaus über einen zwingenden Kern verfügt, der eine Ausprägung des Anspruchs auf rechtliches Gehör darstellt und deshalb von Schiedsgerichten im

---

460 OLG Frankfurt, Beschluss vom 05.06.2014 – 26 Sch 1/14.

461 Schweizerisches Bundesgericht, Entscheidung vom 30.12.1994 – 4P.115/1994 – RIW 1995, 587.

462 Siehe oben im Abschnitt A. III. 2.

463 Siehe dazu unten, im Abschnitt B. II. 13.

Rahmen von inländischen Schiedsverfahren zwingend zu beachten ist. Schiedsgerichte dürfen folglich keine Überraschungsentscheidungen treffen.[464]

### *d) Ne ultra petita als dispositives Recht*

Der Grundsatz ne ultra petita könnte in seiner Gesamtheit – also ungeachtet seines zwingenden Kernbereichs – ungeschriebenes dispositives Schiedsverfahrensrecht darstellen. Das hätte zur Folge, dass der Grundsatz in inländischen Schiedsverfahren lediglich dann **nicht** gelten würde, wenn die Parteien seine Anwendbarkeit abbedungen haben.

Die dispositiven Regelungen im 10. Buch der ZPO sind als eine Art Unterstützung für die Schiedsparteien zu verstehen. So soll die Organisation des Verfahrens dadurch erleichtert werden, dass nicht jeder Punkt von den Parteien gesondert geregelt werden muss.[465] Vor diesem Hintergrund ist es sinnvoll, allgemein anerkannte Verfahrensgrundsätze in den Kreis der dispositiven Vorschriften aufzunehmen, da das Verfahren durch sie vorhersehbarer und berechenbarer wird.[466] Fraglich ist, ob der Grundsatz ne ultra petita einen solchen allgemein anerkannten Verfahrensgrundsatz darstellt.

Dagegen könnte zunächst sprechen, dass der Kreis der ungeschriebenen dispositiven Vorschriften nicht zu umfangreich sein sollte, da es den Parteien obliegt, sich über das gesamte – auch ungeschriebene – dispositive Recht zu informieren und dieses nötigenfalls aktiv abzubedingen, sollten sie dessen Geltung nicht wünschen. Darüber hinaus sollte der Kreis des ungeschriebenen dispositiven Rechts auch aus Gründen der Rechtssicherheit möglichst klein gehalten werden, denn oft sind die Konturen des ungeschriebenen Rechts und die ihm zugrundeliegenden Grundvorstellungen unklar, bzw. unterschiedlich, sodass es folglich verschiedene Auslegungs- und Interpretationsmöglichkeiten gibt. Ungeschriebenes dispositives Recht muss sich folglich gerade dadurch auszeichnen, dass es grundlegende Wertvorstellungen verkörpert und deshalb unbestreitbar und ohne, dass dies ausdrücklich geregelt sein müsste, in einem fairen und an rechtsstaatlichen Grundsätzen orientierten Verfahren Anwendung findet.

Diese Voraussetzungen werden vom Grundsatz ne ultra petita nach der hier vertretenen Auffassung allerdings erfüllt. So ist die Geltung des Grundsatzes für

---

464 OLG Karlsruhe, Beschluss vom 27.03.2009 – 10 Sch 8/08 – BeckRS 2011, 08009; OLG München, Beschluss vom 05.10.2009 – 34 Sch 12/09 – BeckRs 2011, 08217; OLG München, Beschluss vom 04.07.2016 – 34 Sch 29/15 – SchiedsVZ 2017, 40(43), Rn. 17.

465 *Münch* im Münchener Kommentar zur ZPO, § 1042, Rn. 8.

466 BT-Drs. 13/5274, 12.07.1996, S. 22.

staatliche Zivilprozesse in einer Vielzahl römisch-germanisch geprägter Rechtsordnungen vorgesehen, so zum Beispiel in Artikel 58 der schweizerischen Zivilprozessordnung,[467] in § 405 der österreichischen Zivilprozessordnung[468] sowie in den Artikeln 5[469] des französischen *Code de procédure civile* und natürlich nicht zuletzt in § 308 Abs. 1 ZPO. Zudem geht er bis auf die Grundstrukturen des römischen Zivilproessrechts zurück und wurde – trotz teilweise anderer methodischer Einordnung – epochenübergreifend beibehalten.[470] Aufgrund seiner langen und rechtsordnungsübergreifenden Anerkennung, dürfte der Grundsatz deshalb auch in Schiedsverfahren als bekannt vorausgesetzt werden.

Schließlich ist seine Geltung auch in Schiedsverfahren angezeigt, weil er ein wichtiges Mittel zur Verwirklichung des Dispositionsgrundsatzes darstellt.[471] Rechtsschutz darf nämlich auch von einem Schiedsgericht nur insoweit gewährt werden, wie er von dem Rechtsschutzsuchenden auch verlangt wird. Dieses Gebot wird durch den Grundsatz ne ultra petita verwirklicht.

Folglich stellt der Grundsatz ne ultra petita – ungeachtet seines zwingenden Kernbereichs – dispositives Schiedsverfahrensrecht dar. Dieses Ergebnis dürfte auch der herrschenden Meinung in Rechtsprechung und Literatur entsprechen.[472]

### e) Fazit

Der Grundsatz ne ultra petita besitzt einen zwingenden Kern, der dann verletzt ist, wenn ein Schiedsgericht über den Antrag einer Partei hinweggeht und infolgedessen eine Überraschungsentscheidung erlässt. Als Ausfluss des Anspruchs auf rechtliches Gehör stellt dieser Kern des Grundsatzes ne ultra petita zwingendes Recht im Sinne von § 1042 Abs. 3 ZPO dar und kann deshalb auch von den Parteien nicht abbedungen werden.

---

467 Artikel 58 Abs.1: „*Das Gericht darf einer Partei nicht mehr und nichts anderes zusprechen, als sie*
*verlangt, und nicht weniger, als die Gegenpartei anerkannt hat.*"; Artikel 58 Abs. 2: „*Vorbehalten bleiben gesetzliche Bestimmungen, nach denen das Gericht nicht an die Parteianträge gebunden ist.*"

468 § 405: "*Das Gericht ist nicht befugt, einer Partei etwas zuzusprechen, was nicht beantragt ist. Dies gilt insbesondere von Früchten, Zinsen und anderen Nebenforderungen.*"

469 Artikel 5: "*Le juge doit se prononcer sur tout ce qui est demandé et seulement sur ce qui est demandé.*"

470 *Wiegand*, Iura novit curia vs. ne ultra petita, in FS-Kellerhals, S. 127(132).

471 Siehe hierzu oben im Abschnitt A. I. 1.

472 Siehe hierzu oben im Abschnitt B. II. 3.

Auch unabhängig von seinem zwingenden Kern, haben Schiedsrichter im Rahmen von inländischen Schiedsverfahren den Grundsatz ne ultra petita zu beachten. Die Parteien können seine Geltung – mit Ausnahme seines zwingenden Kernbereichs – allerdings abbedingen.

Durch die hier vorgeschlagene Lösung soll der Parteiautonomie folglich im doppelten Maße Rechnung getragen werden, denn dadurch wird den Parteien die Entscheidungsbefugnis darüber eingeräumt, ob sie auf einen Teil ihrer Dispositionsbefugnis, namentlich die Bindung des Schiedsgerichts an das Begehrte, verzichten möchten.

## 9. Die Anwendbarkeit von § 308 Abs. 1 ZPO in inländischen Schiedsverfahren

Nachdem vorstehend der Frage nachgegangen wurde, **ob** der Grundsatz ne ultra petita in Schiedsverfahren gilt, soll nun der Frage nach dem "**Wie**" der Geltung nachgegangen werden. Vereinzelt wird sich in der Rechtsprechung und in der Literatur mit der Frage beschäftigt, ob § 308 Abs. 1 ZPO in Schiedsverfahren analog anzuwenden ist.[473] Deshalb soll im Folgenden geprüft werden, inwieweit eine analoge Anwendung der Vorschrift in inländischen Schiedsverfahren in Betracht kommt (hierzu unter a)) und ein Überblick über den hierzu vertretenen Meinungsstand gegeben werden (hierzu unter b)).

### *a) Analoge Anwendung von § 308 Abs. 1 ZPO in inländischen Schiedsverfahren*

Eine analoge Anwendung von § 308 Abs. 1 ZPO in inländischen Schiedsverfahren würde einerseits eine planwidrige Regelungslücke im 10. Buch der ZPO und andererseits eine rechtliche Vergleichbarkeit des zu beurteilenden Sachverhalts mit dem geregelten Sachverhalt voraussetzen.[474] Von einer Vergleichbarkeit der Sachverhalte ist dann auszugehen, wenn angenommen werden kann, dass der

---

473 Reichsgericht, VII. Zivilsenat, Urteil vom 11.10.1935 – VII 74/35 – RGZ 149, 45(49); OLG Koblenz, Beschluss vom 06.10.2005 – 2 Sch 1/05 -, juris, Rn. 18; *Nagel*, Gedanken über die Beschleunigung des Schiedsverfahrens, in FS-Firsching, S. 191(206); OLG Köln, Beschluss vom 28.06.2011 – 19 Sch 11/10 – openJur 2012, 80284, Rn. 57; OLG Frankfurt, Beschluss vom 05.06.2014 – 26 Sch 1/14 –; veröffentlicht in der Datenbank der DIS, abrufbar unter: http://www.disarb.org/de/47/datenbanken/rspr/olg-frankfurt-am-main-case-no-26-sch-1-14-date-2014-06-05-id1645, S. 5.

474 BGH, Urteil vom 14.12.2006 – IX ZR 92/05 –, juris, Rn. 15; Canaris, Die Feststellung von Lücken im Gesetz, S. 37.

Gesetzgeber bei einer Interessenabwägung, bei der er sich von den gleichen Grundsätzen hätte leiten lassen wie bei dem Erlass der herangezogenen Gesetzesvorschrift, zu dem gleichen Abwägungsergebnis gekommen wäre.[475]

### *(1) Regelungslücke*

Will man nun die Frage beantworten, ob das 10. Buch der ZPO hinsichtlich der Geltung des Grundsatzes ne ultra petita eine Regelungslücke aufweist, lohnt es sich zunächst einen Blick auf die Rechtslage vor der Novellierung des Schiedsverfahrensrechts im Jahr 1997 zu werfen. Die Novellierung des Schiedsverfahrensrechts wurde durch das „Gesetz zur Neuregelung des Schiedsverfahrensrechts" vom 22.12.1997 vollzogen. Vor der Novellierung war der Ablauf eines inländischen Schiedsverfahrens in der ZPO kaum positiv normiert, die maßgeblichen Vorgaben fanden sich allein in der Generalklausel des § 1034 ZPO a.F.[476] Darin wurde dem schiedsrichterlichen Ermessen ein großer Freiraum für die Ausgestaltung und den Ablauf des Verfahrens eingeräumt. Begrenzt wurde dieses Ermessen lediglich durch den Vorbehalt der Parteivereinbarung und durch die insoweit einzig zwingende gesetzliche Vorgabe, die darin bestand, dass Rechtsanwälte nicht als Prozessbevollmächtigte zurückgewiesen werden durften (vgl. § 1034 Abs. 1 S.2 Halbs. 1 ZPO a.F.). Es bestand also insgesamt eine geringe Regelungsdichte.

Wie eingangs erwähnt, liegt eine Regelungslücke grundsätzlich dann vor, wenn das Gesetz unvollständig ist. Da eine etwaige Antragsbindung des Schiedsgerichts weder ausdrücklich ausgeschlossen noch angeordnet war, bestand nach der damaligen Rechtslage in dieser Hinsicht folglich eine Regelungslücke.

Auch im Zuge der Novellierung hat der Grundsatz ne ultra petita keine positive Normierung im deutschen Schiedsverfahrensrecht gefunden, weshalb immer noch von dem Bestehen einer Regelungslücke auszugehen ist.

---

475 BGH, Urteil vom 14.12.2006 – IX ZR 92/05 –, juris, Rn. 15, m.w.N.

476 § 1034 ZPO a.F. lautete wie folgt: „*(1) Bevor der Schiedsspruch erlassen wird, haben die Schiedsrichter die Parteien zu hören und das dem Streit zugrunde liegende Sachverhältnis zu ermitteln, soweit sie die Ermittlung für erforderlich halten. Rechtsanwälte dürfen als Prozeßbevollmächtigte nicht zurückgewiesen werden; entgegenstehende Vereinbarungen sind unwirksam. Personen, die nach § 157 von dem mündlichen Verhandeln vor Gericht ausgeschlossen sind, dürfen zurückgewiesen werden.*
*(2) Im übrigen wird das Verfahren, soweit nicht die Parteien eine Vereinbarung getroffen haben, von den Schiedsrichtern nach freiem Ermessen bestimmt.*"

#### *(2) Planwidrigkeit der Regelungslücke*

Fraglich ist aber, ob diese Regelungslücke planwidrig ist. Ob eine Regelungslücke planwidrig ist oder nicht bestimmt sich anhand der dem Gesetz zugrunde liegenden Regelungsabsicht, das heißt nach dem tatsächlichen oder mutmaßlichen Willen des Gesetzgebers.[477] Dabei ist der dem Gesetz zugrunde liegende Regelungsplan im Wege der historischen und teleologischen Auslegung zu erschließen und es ist zu fragen, ob das Gesetz, gemessen an seiner eigenen Regelungsabsicht, planwidrig unvollständig ist.[478]

Man könnte nun argumentieren, dass der Gesetzgeber im Rahmen der Novellierung des Schiedsverfahrensrechts durch die Einführung zwingender und dispositiver Regelungen etwaige planwidrige Gesetzeslücken geschlossen hat, sodass nicht geregelte Sachverhalte bewusst den Vereinbarungen der Parteien, bzw. dem schiedsgerichtlichen Ermessen überlassen worden sind. In diesem Fall wäre für eine analoge Anwendung von § 308 Abs. 1 ZPO in Schiedsverfahren kein Raum.

Oben wurde aber bereits geprüft und bejaht, dass der Grundsatz ne ultra petita auch in inländischen Schiedsverfahren Anwendung findet.[479] Dies dürfte aufgrund der langen und rechtsordnungsübergreifenden Anerkennung des Grundsatzes auch den Vorstellungen des deutschen Gesetzgebers entsprochen haben und entsprechen. Das Vorliegen einer planwidrigen Regelungslücke im Hinblick auf eine Geltung des Grundsatzes ne ultra petita kann deshalb grundsätzlich bejaht werden.

#### *(3) Rechtliche Vergleichbarkeit*

Für eine analoge Anwendung von § 308 Abs. 1 ZPO muss schließlich die Situation in Schiedsverfahren rechtlich mit der Situation in staatlichen Zivilprozessen vergleichbar sein.[480]

Für eine derartige rechtliche Vergleichbarkeit spricht, dass der Grundsatz der Parteiautonomie in beiden Verfahrensarten eine zentrale Rolle spielt. In nationalen Zivilprozessen kommt der Grundsatz der Parteiautonomie unter anderem durch § 308 Abs. 1 ZPO zum Ausdruck. Danach obliegen die Bestimmung und Konkretisierung des Streitprogramms den Parteien, beziehungsweise insbesondere dem Kläger, der diese Befugnis durch die Formulierung seines Antrags und

---

477 Canaris, Die Feststellung von Lücken im Gesetz, S. 37.

478 BGH, Urteil vom 13.11.2001 – X ZR 134/00 –, juris, Rn. 35.

479 Siehe oben im Abschnitt B. II. 8.

480 BGH, Urteil vom 14.12.2006 – IX ZR 92/05 –, juris, Rn. 15.

durch seinen Vortrag zu den anspruchsbegründenden Tatsachen ausübt. Wie vorstehend bereits ausgeführt, sind auch Schiedsgerichte bei ihrer Entscheidung an den Streitgegenstand des Schiedsverfahrens gebunden.[481] Auch in inländischen Schiedsverfahren gilt damit der Grundsatz ne ultra petita.

### (4) *Rückgriff auf die Auslegungs- und Anwendungspraxis zu § 308 Abs. 1 S. 1 ZPO in inländischen Schiedsverfahren*

Da der Grundsatz ne ultra petita ungeachtet einer analogen Anwendung von § 308 Abs. 1 ZPO ohnehin in Schiedsverfahren gilt, fragt sich, welchen Mehrwert eine analoge Anwendung der Vorschrift bringen würde. Ein Mehrwert könnte sich daraus ergeben, dass sich in Schiedsverfahren an der deutschen Auslegungs- und Anwendungspraxis zu § 308 Abs. 1 ZPO orientiert werden könnte.

Oben wurde bereits erläutert, dass sich die deutsche Auslegungs- und Anwendungspraxis zu § 308 Abs. 1 S. 1 ZPO nicht streng an dem Wortlaut der Vorschrift orientiert.[482] So stellt der Wortlaut von § 308 Abs. 1 S. 1 ZPO als Anknüpfungspunkt für die gerichtliche Bindung maßgeblich auf den Klageantrag ab.

Die Bindung an das „Beantragte" wird vom BGH als Bindung an den prozessualen Anspruch, also als Bindung an den Streitgegenstand, verstanden.[483] Wie oben bereits erläutert, setzt sich der Streitgegenstand aus dem gestellten Antrag und dem zur Begründung des Antrags vorgebrachten Lebenssachverhalt zusammen.[484] Deutschen Gerichten werden weitgehende Befugnisse bei der Auslegung des Klageantrags eingeräumt. Sie sind nicht streng an den Wortlaut des Antrags gebunden, sondern vielmehr dazu befugt, das tatsächliche Begehren des Klägers zu ermitteln. Diese deutsche Auslegungs- und Anwendungspraxis zu § 308 Abs. 1 ZPO kann auch unproblematisch auf inländische Schiedsverfahren übertragen werden.

Dabei sei auch noch einmal angemerkt, dass sich die deutsche Auslegungs- und Anwendungspraxis zu § 308 Abs. 1 ZPO im Wortlaut von § 88 WwGO widerspiegelt.[485] Während § 308 Abs. 1 S. 1 ZPO auf das Beantragte abstellt, stellt § 88 VwGO auf das Begehrte ab und hebt hervor, dass das (Verwaltungs-)Gericht gerade nicht an die konkrete Fassung der Anträge gebunden ist. Vielmehr hat

---

481 Siehe hierzu oben im Abschnitt B. II. 5.

482 Siehe oben im Abschnitt B. I. 3.

483 BGH, Urteil vom 03.04.2003, NJW 2003, 2317, 2318; ebenso: *Elzer* in Beck'scher Online-Kommentar zur ZPO, § 308, Rn. 10.

484 Siehe oben im Abschnitt B. I. 1. a).

485 Siehe oben im Abschnitt B. I. 6. a).

das Verwaltungsgericht das im Klageantrag und im gesamten Parteivorbingen zum Ausdruck kommende Rechtsschutzziel zu ermitteln und seiner Entscheidung zugrunde zu legen.[486]

### b) *Die in der Literatur und Rechtsprechung vertretenen Meinungen zur Anwendbarkeit von § 308 Abs.1 S. 1 ZPO in inländischen Schiedsverfahren*

Vor der Novellierung des 10. Buches der ZPO ging die wohl herrschende Meinung in der Rechtsprechung und in der Literatur von einer analogen Anwendung von § 308 Abs. 1 ZPO in inländischen Schiedsverfahren aus. So ging im Jahr 1953 beispielsweise schon das Reichsgericht davon aus:

> *„daß die Vorschrift des § 308 Abs. 1 ZPO […] auch für das schiedsrichterliche Verfahren gelte."*[487]

Ähnlich wie das Reichsgericht, äußerte sich *Nagel* im Jahr 1985 wie folgt:

> *„Insoweit gilt für das Schiedsgericht dasselbe, was für die staatlichen Gerichte gilt, es ist an § 308 ZPO gebunden."*[488]

Damit plädiert auch *Nagel* unverkennbar für eine analoge Anwendung von § 308 Abs. 1 ZPO in Schiedsverfahren.

Nach der Novellierung äußerten sich einige Stimmen zwar kritisch zu einer möglichen analogen Anwendung von § 308 Abs. 1 S. 1 ZPO im Rahmen von inländischen Schiedsverfahren,[489] im Grundsatz dürfte sich an der herrschenden Meinung aber nichts geändert haben.[490]

Kritisch äußert sich insbesondere *Schlosser*, der sich zwar nicht ausdrücklich gegen eine mögliche Anwendbarkeit von § 308 Abs. 1 ZPO in Schiedsverfahren ausspricht, der aber der Auffassung ist, dass im Rahmen des 10. Buches der ZPO eine analoge Anwendung von Vorschriften aus anderen Büchern der ZPO

---

486 *Schenke* in Kopp/Schenke, Kommentar zur VwGO, § 88, Rn. 3.

487 Reichsgericht, VII. Zivilsenat, Urteil vom 11.10.1935 – VII 74/35 – RGZ 149, 45(49).

488 *Nagel*, Gedanken über die Beschleunigung des Schiedsverfahrens, in FS-Firsching, S. 191(206).

489 *Münch* im Münchener Kommentar zur ZPO, § 1044, Rn. 23.

490 OLG München, Beschluss vom 09.01.2017 – 34 Sch 20/16 – juris, Rn. 51; OLG Köln, Beschluss vom 28.06.2011 – 19 Sch 11/10 – openJur 2012, 80284, Rn. 57; OLG Koblenz, Beschluss vom 06.10.2005 – 2 Sch 1/05 -, juris, Rn. 18; *Musielak* im Münchener Kommentar zur ZPO, § 308, Rn. 2.

generell unzulässig sei.[491] *Schlosser* stützt seine Auffassung auf den Wortlaut von § 1042 Abs. 3 und Abs. 4 ZPO, wonach sowohl die in Schiedsverfahren zwingend geltenden als auch die dispositiven Vorschriften gerade im 10. Buch der ZPO genannt sein müssten. Das trifft auf § 308 Abs. 1 S. 1 ZPO nicht zu.

Das OLG Frankfurt kommt in der bereits teilweise zitierten Entscheidung aus dem Jahr 2014 zu dem Ergebnis, dass § 308 ZPO in Schiedsverfahren zwar nicht direkt anwendbar sei, dass es sich bei dem in § 308 Abs. 1 ZPO verankerten Rechtsgrundsatz aber um einen Bestandteil des grundlegenden zivilprozessualen Prinzips der Dispositionsmaxime handeln würde, nach der die Entscheidungsbefugnis des Gerichts dem Umfang nach von den Parteien vorgegeben werde.[492]

*Musielak*[493] und *Münch*[494] gehen grundsätzlich von einer analogen Anwendung von § 308 Abs. 1 ZPO in Schiedsverfahren aus. Allerdings ist *Münch* der Auffassung, dass in Schiedsverfahren lediglich eine gelockerte Antragsbindung gelten würde.[495]

Schließlich gehen auch die Oberlandesgerichte Koblenz[496], Köln[497] und München[498] von einer analogen Anwendung von § 308 ZPO in Schiedsverfahren aus.

### c) *Fazit*

Der Grundsatz ne ultra petita gilt als dispositives Verfahrensrecht auch in inländischen Schiedsverfahren. Durch eine analoge Anwendung von § 308 Abs. 1 ZPO kann auch in inländischen Schiedsverfahren auf die Anwendungs- und Auslegungspraxis zu § 308 Abs. 1 ZPO zurückgegriffen werden. Der Rückgriff ist damit zwar nicht zwingend erforderlich, um den Regelungsgehalt der Vorschrift auch auf Schiedsverfahren zu übertragen, er ist aber sinnvoll, um auch den Rechtsanwendern in inländischen Schiedsverfahren eine einheitliche Orientierungshilfe an die Hand zu geben. Deshalb sollte auch in inländischen

491 *Schlosser* in Stein/Jonas, Kommentar zur ZPO, § 1042, Rn. 1.

492 OLG Frankfurt, Beschluss vom 05.06.2014 – 26 Sch 1/14, S. 5, veröffentlicht in der Datenbank der DIS, abrufbar unter: http://www.disarb.org/de/47/datenbanken/rspr/olg-frankfurt-am-main-case-no-26-sch-1-14-date-2014-06-05-id1645, S. 5.

493 *Musielak* im Münchener Kommentar zur ZPO, § 308, Rn. 2.

494 *Münch* im Münchener Kommentar zur ZPO, § 1042, Rn. 106.

495 *Münch* im Münchener Kommentar zur ZPO, § 1044, Rn. 23.

496 OLG Koblenz, Beschluss vom 06.10.2005 – 2 Sch 1/05 -, juris, Rn. 18.

497 OLG Köln, Beschluss vom 28.06.2011 – 19 Sch 11/10 – openJur 2012, 80284, Rn. 57.

498 OLG München, Beschluss vom 09.01.2017 – 34 Sch 20/16 – juris, Rn. 51.

Schiedsverfahren auf die Anwendungs- und Auslegungspraxis zu § 308 Abs. 1 ZPO zurückgegriffen werden.

## 10. Exkurs: Der Antrag auf Erlass einstweiliger Anordnungen als Ausnahme von der Geltung des Grundsatzes ne ultra petita in inländischen Schiedsverfahren

An dieser Stelle ist anzumerken, dass es auch im Rahmen von inländischen Schiedsverfahren einige Konstellationen gibt, in der der Grundsatz ne ultra petita nicht, bzw. allenfalls eingeschränkt gilt. Das ist der Fall, wenn eine Partei gemäß § 1041 ZPO den Erlass einer einstweiligen Verfügung beim Schiedsgericht beantragt. Anders als bei der Entscheidung über die Hauptsache, wird durch eine einstweilige Verfügung (nur) die Sicherung einer Rechtsposition bewirkt und nicht ihre endgültige Durchsetzung.[499] Das Schiedsgericht ordnet an, welche Maßnahmen zu ergreifen sind, um Gefährdungen für einen möglicherweise bestehenden Anspruch abzuwenden.

Gemäß § 1041 Abs. 1 S. 1 ZPO kann ein Schiedsgericht auf Antrag einer Partei vorläufige oder sichernde Maßnahmen anordnen, die es in Bezug auf den Streitgegenstand für erforderlich hält. Die Vorschrift lautet wie folgt:

> *„Haben die Parteien nichts anderes vereinbart, so kann das Schiedsgericht auf Antrag einer Partei vorläufige oder sichernde Maßnahmen anordnen, die es in Bezug auf den Streitgegenstand für erforderlich hält."*

Nach dem Wortlaut der Norm wird dem Schiedsgericht folglich in zweifacherweise Ermessen eingeräumt: Zum einen im Hinblick auf die Frage, ob das Schiedsgericht überhaupt eine vorläufige Maßnahme anordnet, zum anderen im Hinblick auf die Frage, welche konkrete Maßnahme es anordnet. Während § 1041 Abs. 1 S. 1 ZPO ausdrücklich klarstellt, dass die schiedsgerichtliche Entscheidung darüber, ob das Schiedsgericht überhaupt eine vorläufige Maßnahme erlässt, von einem entsprechenden Antrag einer Partei abhängt, stellt die Norm die Auswahl der entsprechenden Maßnahme gänzlich in das Ermessen des Schiedsgerichts.

Vor diesem Hintergrund scheint für eine Geltung des Grundsatzes ne ultra petita kein Raum zu sein, da die Entscheidungsbefugnis des Schiedsgerichts nach dem Wortlaut der Norm gerade nicht durch die Dispositionsbefugnis der Parteien beschränkt wird. Fraglich ist aber, ob das auch dann gilt, wenn der Antragsteller den Erlass einer konkreten Maßnahme zur Sicherung beantragt.

---

499 *Münch* im Münchener Kommentar zur ZPO, § 1041, Rn. 11 f.

Das wirft wiederum die Frage danach auf, welche Anforderungen ein Antrag auf Erlass einer einstweiligen Verfügung zu erfüllen hat.

### a) *Die Anforderungen an den Antrag auf Erlass einer einstweiligen Anordnung*

Das Schiedsgericht erlässt eine einstweilige Anordnung nicht ex officio, vielmehr ist hierfür ein entsprechender Antrag erforderlich.[500] Die ZPO enthält im 10. Buch allerdings keine Regelungen dazu, welche Anforderungen ein Antrag auf Erlass einer einstweiligen Anordnung in Schiedsverfahren erfüllen muss.

Für einstweilige Verfügungsverfahren vor deutschen Zivilgerichten geht die herrschende Meinung davon aus, dass keine konkreten Anträge zu stellen seien.[501] Folglich muss der Antragsteller, wenn er einen Antrag auf Erlass einer einstweiligen Anordnung stellt, keine konkrete Sicherungsmaßnahme benennen.[502] Es soll vielmehr ausreichen, wenn er lediglich sein Rechtsschutzziel angibt. Das Gericht könne die konkrete Anordnung dann gemäß § 938 Abs. 1 ZPO nach freiem Ermessen bestimmen.[503]

Da der Wortlaut von § 1041 Abs. 1 S. 1 ZPO an § 938 Abs. 1 ZPO angelehnt ist, kann auch für Schiedsverfahren auf die Auslegung zu § 938 Abs. 1 ZPO zurückgegriffen werden.[504] Somit muss auch in Schiedsverfahren der Antrag auf Erlass

---

500 *Münch* im Münchener Kommentar zur ZPO, § 1041, Rn. 7; *Schlosser* in Stein/Jonas Kommentar zur ZPO, § 1041, Rn. 21.

501 *Drescher* im Münchener Kommentar zur ZPO, § 938, Rn. 5; Kindl/Meller-Hannich/Wolf, Gesamtes Recht der Zwangsvollstreckung, § 935, Rn. 7; aA.: *Vollkommer* in Zöller, Kommentar zur ZPO, § 938, Rn.2; *Huber* in Musielak/Voit, Kommentar zur ZPO, § 938, Rn. 3 geht davon aus, dass grundsätzlich ein bestimmter Antrag zu stellen ist, dass die Anforderungen durch § 938 ZPO aber eingeschränkt werden.

502 BVerfG, Beschluss vom 31.03.1992 – 1 BvR 720/90 –, BVerfGE 86, 46-51, Rn. 14; *Drescher* im Münchener Kommentar zur ZPO, § 938, Rn. 5; Kindl/Meller-Hannich/Wolf, Gesamtes Recht der Zwangsvollstreckung, § 935, Rn. 7; *Vollkommer* in Zöller, Kommentar zur ZPO, § 938, Rn.2; *Huber* in Musielak/Voit, Kommentar zur ZPO, § 938, Rn. 3.

503 BVerfG, Beschluss vom 31.03.1992 – 1 BvR 720/90 –, BVerfGE 86, 46-51, Rn. 14; *Drescher* im Münchener Kommentar zur ZPO, § 938, Rn. 5; Kindl/Meller-Hannich/Wolf, Gesamtes Recht der Zwangsvollstreckung, § 935, Rn. 7; *Vollkommer* in Zöller, Kommentar zur ZPO, § 938, Rn.2; *Huber* in Musielak/Voit, Kommentar zur ZPO, § 938, Rn. 3.

504 *Münch* im Münchener Kommentar zur ZPO, § 1041, Rn. 23; *Schlosser* in Stein/Jonas Kommentar zur ZPO, § 1041, Rn. 21.

einer einstweilige Anordnung weder die Voraussetzungen des § 1044 ZPO noch die Voraussetzungen des § 1046 ZPO erfüllen.[505] Vielmehr genügt jedwede deutlich artikulierte Anregung, durch die das Ziel des Antragstellers – namentlich die Rechtsposition vor Gefährdungen zu schützen – zum Ausdruck kommt.[506] In dem Antrag kann die Auswahl der konkreten vorläufigen oder sichernden Maßnahme dem Schiedsgericht überlassen werden.[507] Überlässt der Antragsteller die Auswahl der konkreten vorläufigen oder sichernden Maßnahme dem Schiedsgericht, dann kann das Schiedsgericht durch seine Entscheidung schon denklogisch nicht gegen den Grundsatz ne ultra petita verstoßen.

### *b) Das (schieds-)gerichtliche Ermessen bei der Auswahl der zu treffenden Maßnahme*

Wie bereits erwähnt, räumen sowohl § 938 Abs. 1 ZPO als auch § 1041 ZPO dem Gericht Ermessen bei der Auswahl der konkreten einstweiligen Maßnahme ein. Hat der Antragsteller nun aber den Erlass einer konkreten Maßnahme zur Sicherung beantragt, dann ist fraglich, ob das (Schiedsgericht-)Gericht im Sinne des Grundsatzes ne ultra petita an diesen Antrag gebunden ist. Sowohl der Wortlaut von § 938 Abs. 1 ZPO („*Das Gericht bestimmt nach freiem Ermessen, welche Anordnungen zur Erreichung des Zweckes erforderlich sind.*") als auch der Wortlaut von § 1041 Abs. 1 S. 1 ZPO („*Haben die Parteien nichts anderes vereinbart, so kann das Schiedsgericht auf Antrag einer Partei vorläufige oder sichernde Maßnahmen anordnen, die es in Bezug auf den Streitgegenstand für erforderlich hält.*") sprechen zunächst gegen eine Bindung an den Antrag.

Nichtsdestotrotz vertrat das OLG Hamburg in einer Entscheidung aus dem Jahr 2004 die Auffassung, dass die Antragsbindung des Gerichts auch im Rahmen von einstweiligen Verfügungsverfahren zu beachten sei, sodass der dem Gericht durch 938 ZPO eröffnete Entscheidungsspielraum lediglich im Rahmen der gestellten Anträge bestehen würde.[508]

Zurückhaltender äußert sich hingegen *Huber*.[509] Er ist der Auffassung, dass im Anwendungsbereich von § 938 Abs. 1 ZPO zumindest die Natur der beantragten Sicherungsmaßnahme durch das Gericht nicht gänzlich abgeändert

505 So auch *Münch* im Münchener Kommentar zur ZPO, § 1041, Rn. 7.
506 *Münch* im Münchener Kommentar zur ZPO, § 1041, Rn. 7.
507 *Voit* in Musielak/Voit, Kommentar zur ZPO, § 1041, Rn. 2.
508 OLG Hamburg, Urteil vom 06.05. 2004 – 3 U 116/03 – NJW-RR 2005, 188.
509 *Huber* in Musielak/Voit, Kommentar zur ZPO, § 938, Rn. 5.

werden dürfe. So dürfe beispielsweise keine vorläufige Befriedigung erfolgen, wenn lediglich eine Sicherung beantragt worden ist.[510]

Demgegenüber vertrat das OLG Celle in einer Entscheidung aus dem Jahr 1986 die Ansicht, dass im Anwendungsbereich von § 938 ZPO die gerichtlich angeordnete Maßnahme im Endeffekt eine ganz andere als die beantragte Maßnahme sein könne.[511]

So sieht es grundsätzlich auch *Drescher*, der darauf verweist, dass die durch eine einstweilige Verfügung abzuwendenden Gefahren so mannigfaltig sein können, dass sich die Mittel zur Abwehr nicht im Voraus bestimmen ließen.[512] Deshalb ist er der Auffassung, dass das Gericht nicht nur Maßnahmen erlassen könne, die gegenüber dem Antrag ein Minus darstellten, sondern auch solche, die in die gleiche Richtung wie der Antrag gingen, aber streng genommen ein Aliud gegenüber der beantragten Maßnahme darstellten.[513] *Drescher* hebt hervor, dass das Gericht des einstweiligen Rechtsschutzes allein diejenigen inhaltlichen Grenzen zu beachten habe, die sich aus dem Zweck der Sicherung des Status quo unter Berücksichtigung der Interessen beider Parteien ergeben würden.[514]

Für inländische Schiedsverfahren kann grundsätzlich auf die vorstehenden Überlegungen zurückgegriffen werden.[515] Vor diesem Hintergrund verweist beispielsweise *Münch*[516] auf die Ausführungen von *Drescher*, wonach der Gesetzgeber in § 938 ZPO dem Gericht des einstweiligen Rechtsschutzes bewusst und umfassend die inhaltliche Konkretisierung der zu erlassenden Maßnahme zugewiesen habe und die unmittelbare Anwendung des § 308 ZPO damit ausgeschlossen sei.

Auch *Schlosser* ist grundsätzlich der Auffassung, dass in schiedsgerichtlichen Verfahren des einstweiligen Rechtsschutzes eine inhaltliche Bindung an die Parteianträge nicht bestehe.[517] Allerdings würde seiner Meinung nach dann etwas anderes gelten, wenn klar sei, dass der Antragsteller eine entsprechende Bindung tatsächlich wollen würde.[518]

---

510 *Huber* in Musielak/Voit, Kommentar zur ZPO, § 938, Rn. 5.
511 OLG Celle, Beschluss vom 12.06.1986 – 2 W 34/86 –, juris, Rn. 3.
512 *Drescher* im Münchener Kommentar zur ZPO, § 938, Rn. 6.
513 *Drescher* im Münchener Kommentar zur ZPO, § 938, Rn. 6.
514 *Drescher* im Münchener Kommentar zur ZPO, § 938, Rn. 6.
515 *Münch* im Münchener Kommentar zur ZPO, § 1041, Rn. 23.
516 *Münch* im Münchener Kommentar zur ZPO, § 1041, Rn. 23.
517 *Schlosser* in Stein/Jonas Kommentar zur ZPO, § 1041, Rn. 21.
518 *Schlosser* in Stein/Jonas Kommentar zur ZPO, § 1041, Rn. 21.

Nach der hier vertreten Auffassung gelten die Ausführungen von *Drescher*[519] im Zusammenhang mit § 938 ZPO auch für inländische Schiedsverfahren. Denn auch in Schiedsverfahren können die durch eine einstweilige Verfügung abzuwendenden Gefahren so mannigfaltig sein, dass sich die Mittel zur Abwehr nicht im Voraus bestimmen lassen. Die vom Schiedsgericht erlassenen Maßnahmen dürfen deshalb grundsätzlich auch ein Aliud gegenüber der beantragten Maßnahme darstellen. Gegen eine derartige Handhabung kann auch nicht das Argument ins Feld geführt werden, dass der Antragsgegner dann durch eine einstweilige Maßnahme überrascht und dadurch in seinem Recht auf rechtliches Gehör verletzt werden könnte. Denn Schiedsgerichte sind nach der zutreffenden herrschenden Meinung in bestimmten Fällen dazu befugt, einstweilige Maßnahmen auch ohne eine Anhörung des Antragsgegners treffen.[520] Dadurch unterliegt das Recht auf rechtliches Gehör in einstweiligen Verfügungsverfahren ohnehin bereits gewissen Einschränkungen.

#### *c) Fazit*

Zusammenfassend kann also festgehalten werden, dass der Antragsteller im Rahmen eines schiedsgerichtlichen einstweiligen Verfügungsverfahrens keine konkrete Sicherungsmaßnahme bezeichnen muss. Selbst wenn der Antragsteller aber eine konkrete Sicherungsmaßnahme bezeichnet, ist das Schiedsgericht an diese nicht gebunden. Folglich findet der Grundsatz ne ultra petita in einstweiligen Verfügungsverfahren grundsätzlich keine Anwendung.

### 11. Zum Vergleich: Ausgewählte Regelwerke zur Geltung des Grundsatzes ne ultra petita in internationalen Schiedsverfahren

Ähnlich wie das deutsche Schiedsverfahrensrecht, enthält auch das Schiedsverfahrensrecht der meisten Staaten sowie die Schiedsverfahrensordnungen der meisten internationalen Schiedsinstitutionen keine ausdrückliche Regelung in Bezug auf eine etwaige Geltung des Grundsatzes ne ultra petita in

---

519 *Drescher* im Münchener Kommentar zur ZPO, § 938, Rn. 6.

520 *Voit* in Musielak/Voit, Kommentar zur ZPO, § 1041, Rn.3; Schwab/Walter, Schiedsgerichtsbarkeit, Kapitel 17 a, Rn. 20; *Schlosser* in Stein/Jonas Kommentar zur ZPO, § 1041, Rn. 11; Bandel, einstweiliger Rechtsschutz im Schiedsverfahren, S. 97; aA.:*Gottwald/Adolphsen*, das neue deutsche Schiedsverfahrensrecht, DStR 1998, 1017(1020); *Münch* im Münchener Kommentar zur ZPO, § 1041, Rn. 25; *Schütze,* einstweiliger Rechtsschutz in Schiedsverfahren, BB 1998, 1650(1651).

Schiedsverfahren. Allerdings weisen einige Regelwerke diesbezüglich interessante Regelungen auf, die im Folgenden dargestellt werden.

### *a) Das französische Schiedsverfahrensrecht*

Im französischen *Code de procédure civil* ist die Geltung des Grundsatzes ne ultra petita für nationale Schiedsverfahren ausdrücklich vorgeschrieben. Ein nationales Schiedsverfahren liegt allerdings nur dann vor, wenn der Streitgegenstand des Verfahrens keine internationalen Bezüge aufweist.[521]

Die Geltung des Grundsatzes folgt aus einem Verweis innerhalb des *Code de procédure civil*. So verweist Art. 1464 Abs. 2 des *Code de procédure civile* für nationale Schiedsverfahren auf die Anwendbarkeit von Art. 5 des Gesetzes. Dabei lautet Art. 1464 Abs. 2 des *Code de procédure civile* wie folgt:

> *„Toutefois, sont toujours applicables les principes directeurs du procès énoncés aux articles **4 à 10**, au premier alinéa de l'article 11, aux deuxième et troisième alinéas de l'article 12 et aux articles 13 à 21, 23 et 23-1.“*

Frei übersetzt:

> *"Die in den Artikeln 4 bis 10, Artikel 11 Absatz 1, Artikel 12 Absätze 2 und 3 sowie in den Artikeln 13 bis 21, 23 und 23-1 dargelegten Leitprinzipien des Verfahrens sind jedoch weiterhin anwendbar."*

Art. 5 des *Code de procédure civile* legt fest, dass im Rahmen von nationalen Gerichtsverfahren der Grundsatz ne ultra petita Anwendung findet. Die Vorschrift lautet wie folgt:

> *„Le juge doit se prononcer sur tout ce qui est demandé **et seulement sur ce qui est demandé**.“* (Hervorgehoben durch die Verfasserin)

Frei übersetzt:

> *"Der Richter muss über alles entscheiden, was beantragt worden ist; **und nur über das, was beantragt worden ist**"* (Hervorgehoben durch die Verfasserin)

Folglich sind Schiedsgerichte in nationalen Schiedsverfahren an die Anträge der Parteien gebunden. Aus Art. 1464 Abs. 2 des *Code de procédure civile*: *„[…] toujours applicables […]“*(*„immer anwendbar“*) folgt zudem, dass es sich insoweit um zwingendes Schiedsverfahrensrecht handelt.

---

521 Umkehrschluss aus Art. 1504 *Code de procédure civile*, der bestimmt, wann ein internationales Schiedsverfahren vorliegt: *„Est international l'arbitrage qui met en cause des intérêts du commerce international.“*

### *b) Die Schiedsverfahrensordnung der DIS*

Wie im Abschnitt A. II. 2. bereits dargelegt, sah die Schiedsgerichtsordnung der DIS eine Antragsbindung von Schiedsgerichten bis zu ihrer Novellierung im März 2018 ausdrücklich vor. Dementsprechend hieß es in der alten Fassung von § 33 Abs. 2 der DIS-Schiedsgerichtsordnung:

> *„Das Schiedsgericht ist bei Erlass des Schiedsspruchs an die Anträge der Parteien gebunden."*

Dieser Passus ist in der aktuellen Fassung der DIS-Schiedsschiedsgerichtsordnung nicht mehr zu finden, weshalb fraglich ist, ob die DIS-Schiedsgerichtsordnung eine Antragsbindung weiterhin vorsieht.

Für den Wegfall der soeben zitierten Regelung könnte es zwei unterschiedliche Gründe geben: Entweder hielten es die Mitglieder der DIS-Reformkommission für klar und offensichtlich, dass der Grundsatz ne ultra petita auch nach der Novellierung der DIS-Schiedsgerichtsordnung noch fortgelten solle, sodass sie eine ausdrückliche Regelung in der neuen Schiedsgerichtsordnung für überflüssig hielten. Oder sie hielten die Geltung des Grundsatzes ne ultra petita gerade nicht mehr für zeitgemäß, sodass mit der Streichung der Regelung der Grundsatz ne ultra petita in DIS-Schiedsverfahren keine Anwendung mehr finden würde.

Für die zweite Alternative spricht, dass durch die Novellierung der DIS-Schiedsgerichtsordnung auch deren internationale Anerkennung gesteigert werden sollte.[522] Die Geltung des Grundsatzes ne ultra petita dürfte international allerdings nicht allgemein anerkannt sein. So sehen beispielsweise Rechtsordnungen, die durch das Common Law geprägt sind, in der Regel keine ausdrückliche Antragsbindung der Gerichte vor.[523] Darüber hinaus schließt beispielsweise Rule 54 c Satz 2 der USA Federal Rules of Civil Procedure für Zivilverfahren in den USA eine Antragsbindung ausdrücklich aus. Vor diesem Hintergrund würde eine starre Fortgeltung des Grundsatzes ne ultra petita dem mit der Novellierung verfolgten Ziel einer Internationalisierung der DIS-Schiedsgerichtsordnung wohl eher entgegenstehen, da Rechtsanwender aus dem Common Law mit einer ihnen weitestgehend unbekannten Regelung konfrontiert würden.

---

522 *Mazza/Menz* „Neuregelung in der 2018 DIS-Schiedsgerichtsordnung im Überblick, in SchiedsVZ Beilage zu Heft 1/2018, S. 39(43).

523 Cappelletti, International Encyclopedia of Comparative Law – Volume XVI – Civil Procedure, S. 18 f.

Allerdings ist die DIS-Schiedsgerichtsordnung maßgeblich durch das *civil law* und insbesondere durch deutsche Schiedstraditionen geprägt.[524] Sowohl in der deutschen Zivilprozessordnung als auch in vielen anderen römisch-germanisch geprägter Rechtsordnungen ist der Grundsatz ne ultra petita fest verankert.[525] Zudem gehen grundsätzlich auch die deutschen Kontrollgerichte[526] sowie die herrschende Meinung in der deutschsprachigen Literatur[527] von einer Geltung des Grundsatzes ne ultra petita in Schiedsverfahren aus.

Vor diesem Hintergrund ist es wahrscheinlicher, dass die Mitglieder der Reformkommission die Fortgeltung des Grundsatzes ne ultra petita für DIS-Schiedsverfahren auch nach der Novellierung der DIS-Schiedsgerichtsordnung für selbstverständlich hielten und dessen Anwendbarkeit nur aus diesem Grund nicht mehr ausdrücklich festgeschrieben haben.[528]

Im Lichte dessen ist es misslich, dass § 33 Abs. 2 der DIS-Schiedsgerichtsordnung a.F. ersatzlos weggefallen ist. Vielmehr hätte das Beibehalten der ursprünglichen Regelung für Rechtssicherheit gesorgt, ohne dass dadurch eine unverhältnismäßig große Regelungsdichte geschaffen worden wäre.

### c) *Die American Arbitration Association*

Wie oben bereits erläutert,[529] bietet die AAA verschiedene Schiedsverfahrensordnungen, die die Parteien ihrem jeweiligen Schiedsverfahren zugrunde legen

---

524 *Mazza*, Vorwort anlässlich der Veröffentlichung der 2018 DIS-Schiedsgerichtsordnung, in SchiedsVZ Beilage zu Heft 1/2018, S. 3(4).

525 Siehe hierzu oben im Abschnitt A. II. 2.

526 OLG Frankfurt, Beschluss vom 05.06.2014 – 26 Sch 1/14, S. 5, veröffentlicht in der Datenbank der DIS, abrufbar unter: http://www.disarb.org/de/47/datenbanken/rspr/olg-frankfurt-am-main-case-no-26-sch-1-14-date-2014-06-05-id1645; OLG Koblenz, Beschluss vom 06.10.2005 – 2 Sch 1/05 – juris, Rn.18; OLG Köln, Beschluss vom 28.06.2011 – 19 Sch 11/10 – openJur 2012, 80284, Rn. 57, 60, 70; OLG München, Beschluss vom 09.11.2015 – 34 Sch 27/14 – SchiedsVZ 2015, 303(306); OLG München, Beschluss vom 09 01.2017 – 34 Sch 20/16 – juris, Rn. 51.

527 So zum Beispiel: *Gerstenmaier*, Die (Un-)Bestimmtheit des Antrags im Schiedsverfahren, in FS-Schütze, S. 123 (127); *Münch* im Münchener Kommentar zur ZPO, § 1042, Rn. 18; Schwab/Walter, Schiedsgerichtsbarkeit, 24. Kapitel, Rn 15; *Voit* in Musielak/Voit, ZPO, § 1061 Rn. 16; *Nagel*, Gedanken über die Beschleunigung des Schiedsverfahrens, in FS-Firsching, S. 191 (206).

528 So auch *Theune* in Schütze, Institutionelle Schiedsgerichtsbarkeit, III. Kapitel: DIS-Schiedsgerichtsordnung, Art. 39, Rn. 11.

529 Siehe oben im Abschnitt B. II. 6. g).

können. Für inner-amerikanische Schiedsverfahren sind insbesondere die *Commercial Arbitration Rules* von Bedeutung. Vorgaben für den Inhalt der schiedsgerichtlichen Entscheidung enthält insbesondere Art. 47 a) der Commercial Arbitration Rules. In der Vorschrift heißt es wie folgt:

> *„The arbitrator may grant any remedy or relief that the arbitrator deems just and equitable and within the scope of the agreement of the parties, including, but not limited to, specific performance of a contract."*

Nach den *Commercial Arbitration Rules* können Schiedsgerichte die zuzusprechende Rechtsfolge folglich nach freiem Ermessen wählen. Sie sind dabei nicht an die Anträge der Parteien gebunden, sodass der Grundsatz ne ultra petita mithin keine Anwendung findet. In dieser Praxis spiegeln sich die bereits aufgezeigten Unterschiede zwischen der deutschen Schiedspraxis – die grundsätzlich von der Geltung des Grundsatzes ne ultra petita in Schiedsverfahren ausgeht – und der inner-amerikanischen Schiedspraxis – die den Schiedsgerichten weitreichende Befugnisse bei der Auswahl der zuzusprechenden Rechtsfolge zuerkennen – wider.

Es ist aber darauf hinzuweisen, dass insoweit ein Unterschied zwischen den *Commercial Arbitration Rules* der AAA und den *International Arbitration Rules* der AAA besteht. Während die *Commercial Arbitration Rules*, die nur für inner-amerikanische Schiedsverfahren Anwendung finden, in Art. 47 a) den ausdrücklichen Verweis darauf enthalten, dass Schiedsgerichte nicht an die Anträge der Parteien gebunden sind, enthalten die *International Arbitration Rules*, die auf internationale Schiedsverfahren Anwendung finden, keine entsprechende Vorschrift. Insoweit lassen die *International Arbitration Rules* der AAA folglich einen größeren Auslegungsspielraum zu, wenn es um die Frage der Antragsbindung geht.

## 12. Der Grundsatz iura novit curia und seine Anwendbarkeit in Schiedsverfahren

Der Grundsatz iura novit curia wurde bereits in der Einleitung erwähnt.[530] Nach diesem Grundsatz fällt die Rechtsermittlung und die Rechtsanwendung nicht in den Bereich der Verhandlungsmaxime, sondern steht allein dem Gericht zu.[531] Im Sinne des Grundsatzes ist es die Aufgabe des Gerichts, die entscheidungserheblichen Rechtsnormen selbst zu kennen, zu finden und anzuwenden. Das

---

530 Siehe oben im Abschnitt A. III. 3.

531 *Rauscher* im Münchener Kommentar zur ZPO, Einleitung, Rn. 344.

Gericht muss außerdem die mit den Rechtsvorschriften im Zusammenhang stehenden Anwendungs- und Auslegungsfragen selbst beantworten und den vorgetragenen Sachverhalt unter die entsprechenden Rechtsnormen subsumieren.[532]

Zwischen den Grundsätzen ne ultra petita und iura novit curia besteht ein gewisses Konfliktpotential, da durch den Grundsatz ne ultra petita gerade richterliche Entscheidungsmacht zugunsten der Parteiautonomie beschränkt werden soll,[533] wohingegen richterliche Entscheidungsmacht durch den Grundsatz iura novit curia gerade gestärkt wird.

Der Grundsatz iura novit curia gilt in deutschen Zivilprozessen hinsichtlich der Ermittlung und der Anwendung des nationalen Rechts uneingeschränkt.[534] Hinsichtlich der Ermittlung und der Anwendung von ausländischen Recht gilt er hingegen nur mit gewissen Einschränkungen, die sich aus § 293 ZPO ergeben.[535]

Fraglich ist, ob der Grundsatz iura novit cuira auch in Schiedsverfahren Anwendung findet und ob er insoweit die Geltung des Grundsatzes ne ultra petita beschränkt. Diesen Fragen wird im Folgenden nachgegangen. Dazu wird unter a) zunächst ein kursorischer Überblick darüber gegeben, inwieweit der Grundsatz iura novit curia im Rahmen der Zivilgerichtspraxis ausgewählter Staaten Anwendung findet. Gegebenenfalls lässt dieser Überblick Rückschlüsse darauf zu, ob und wie der Grundsatz in Schiedsverfahren Anwendung findet, bzw. Anwendung finden kann. Sodann wird unter b) geprüft, inwieweit der Grundsatz mit dem Wesen von Schiedsverfahren vereinbar ist. Anschließend wird unter c) der Meinungsstand in der Literatur und unter d) der Meinungsstand in der Rechtsprechung ausgewählter staatlicher Kontrollgerichte zur Geltung des Grundsatzes iura novit curia in Schiedsverfahren dargestellt. Schließlich wird unter e) Stellung dazu genommen, inwieweit die Anwendbarkeit des Grundsatzes ne ultra petita in Schiedsverfahren durch den Grundsatz iura novit curia beschränkt wird.

### *a) Der Grundsatz iura novit curia in der staatlichen Zivilgerichtspraxis*

Die Antwort auf die Frage, ob der Grundsatz iura noivt curia in einem staatlichen Zivilgerichtsverfahren Anwendung findet, hängt nicht zuletzt davon ab, ob es sich bei der jeweiligen Rechtsordnung um eine Rechtsordnung des *civil law*

---

532 , *Wiegand*, Iura novit curia vs. ne ultra petita, in FS-Kellerhals S. 127(131).

533 Siehe oben im Abschnitt A. II. 1.

534 Siehe oben im Abschnitt A. III. 3.

535 Siehe oben im Abschnitt A. III. 3.

oder des *common law* handelt. So ist der Grundsatz iura novit curia in den meisten *civil law* geprägten Rechtsordnungen zumindest für die Ermittlung und die Anwendung des nationalen Rechts maßgeblich,[536] während er in *common law* geprägten Rechtsordnungen grundsätzlich keine Rolle spielt.[537] Grund dafür ist, dass in Rechtsordnungen des *common law* überwiegend das *adversarial system* Anwendung findet, durch das dem Richter im Laufe eines Zivilprozesses lediglich eine passive Rolle zukommt.[538] Danach entscheidet der Richter nur auf Grundlage dessen, was ihm von den Parteien präsentiert wird, er ermittelt nicht selbst.[539] Im *common law* werden Rechtsfragen deshalb grundsätzlich wie Tatsachenfragen behandelt und es wird von den Parteien erwartete, dass sie hierzu umfänglich und abschließend vortragen.[540] Das Gericht hat Rechtsfragen deshalb nicht *ex officio* zu ermitteln und es hat das Recht auch nicht *ex officio* anzuwenden.[541] Vor diesem Hintergrund verbleibt für den Grundsatz iura novit curia allenfalls ein eingeschränkter Anwendungsbereich.

Für die vorliegende Untersuchung ist insbesondere die Frage interessant, inwieweit der Grundsatz iura novit curia in staatlichen Zivilgerichtsverfahren bei der Ermittlung und Anwendung von ausländischen Recht eine Rolle spielt. Denn wenn ein Gericht ausländisches Recht anwenden muss, dann dürfte es oft vor einer ähnlichen Aufgabe stehen, vor der auch ein Schiedsgericht während eines internationalen Schiedsverfahrens steht: In beiden Verfahren kann es nicht als selbstverständlich vorausgesetzt werden, dass das (Schieds-)Gericht im Detail mit dem anzuwendenden Recht vertraut ist. Deshalb können aus den nationalen Herangehensweisen im Umgang mit ausländischem Recht gegebenenfalls hilfreiche Rückschlüsse auf die Behandlung von Rechtsfragen in internationalen Schiedsverfahren gezogen werden.

---

536 *Alberti*, Iura novit curia in International Commercial Arbitration, in Kröll, Mistelis, Viscasillas, Rogers (Hrsg.), International Arbitration and International Commercial Law, S. 3.

537 Andrews, on Civil Processes - Volume 1: Court Proceedings, Rn. 29.55 ff.; *Häcker*, Das englische Common Law, JuS 2014, 872(873); weitergehende Ausführungen zur Unterscheidung zwischen civil law und common law im Hinblick auf den Grundsatz ne ultra petita bei: *Schwenzer*, Hybridisierung der Rechtsordnungen, S. 198 ff.

538 *Schwenzer*, Hybridisierung der Rechtsordnungen, S. 198.

539 *Waincymer*, International Arbitration and the Duty to know the Law, in Journal of International Arbitration 2011, S. 201(206); Kühne, Amicus Curiae, S. 86 m.w.N.

540 Andrews, on Civil Processes - Volume 1: Court Proceedings, Rn. 29.55 ff.; *Häcker*, Das englische Common Law, JuS 2014, 872(873).

541 Hübner, ausländisches Recht vor deutschen Gerichten, S. 77, m.w.N.

Die unterschiedlichen staatlichen Ansätze der verschiedenen Rechtsordnungen zum Umgang mit ausländischem Recht gehen teilweise weit auseinander. Dabei bestehen nicht nur die erwarteten Unterschiede zwischen den Herangehensweisen von *civil law* und *common law* geprägten Rechtsordnungen. Vielmehr bestehen auch signifikante Unterschiede innerhalb der jeweiligen Rechtsfamilie.[542]

### *(1) Die Handhabung in Deutschland*

Die deutsche ZPO bestimmt in § 293 ZPO wie deutsche Gerichte mit ausländischen Recht umzugehen haben. Die Vorschrift lautet wie folgt:

> *„Das in einem anderen Staat geltende Recht, die Gewohnheitsrechte und Statuten bedürfen des Beweises nur insofern, als sie dem Gericht unbekannt sind. Bei Ermittlung dieser Rechtsnormen ist das Gericht auf die von den Parteien beigebrachten Nachweise nicht beschränkt; es ist befugt, auch andere Erkenntnisquellen zu benutzen und zum Zwecke einer solchen Benutzung das Erforderliche anzuordnen."*

Auch ausländische Rechtssätze sind danach als Recht und nicht als Tatsachen zu behandeln.[543] Gerichte haben das ausländische Recht deshalb unter Ausschöpfung der ihnen zugänglichen Erkenntnisquellen zu ermitteln und auszulegen.[544] Ungeachtet dessen gilt der Grundsatz iura novit cuira aber für ausländisches Recht trotzdem nicht uneingeschränkt. Zwar bleibt der Kernbereich des Grundsatzes auch bei der Ermittlung und Anwendung des ausländischen Rechts unberührt,[545] die Parteien können aber in einem nicht unerheblichen Maße Einfluss auf die Rechtsermittlung des Gerichts nehmen, indem sie beispielsweise übereinstimmend zum Inhalt des anwendbaren Rechts vortragen, was dazu führt,

---

542 *Lörcher/Bauerschmidt*, Gilt der Grundsatz iura novit curia in internationalen Schiedsverfahren?, in FS-Elsing, S.317(326).

543 *Geimer* in Zöller, Kommentar zu ZPO, 32. Auflage 2018, § 293, Rn. 14; *Prütting* im Münchener Kommentar zur ZPO, § 293, Rn. 12; Trautmann, Europäisches Kollisionsrecht und ausländisches Recht im nationalen Zivilverfahren, S. 165; *Spickhoff*, Fremdes Recht vor inländischen Gerichten Rechts- oder Tatfrage?, ZZP 112(1999), S. 274; *Coester-Waltjen*, Die Parteien als Herren des Verfahrens und der Richter im deutschen Zivilprozeß, Jura 1998, 661(622).

544 BGH, Urteil vom 21.02.1992 – BGHZ 36, 348, Rn. 11; BGH Beschluss vom 30.04.2013 – VII ZB 22/12 – IBRRS 2013, 2310; weitere Rechtsprechungsnachweise bei: Trautmann, Europäisches Kollisionsrecht und ausländisches Recht im nationalen Zivilverfahren, S. 167, Fn. 985.

545 Siehe oben im Abschnitt A. III. 3.

dass die Richtigkeit des Vortrags vom Gericht vermutet wird.[546] Zudem sieht § 293 ZPO die Möglichkeit einer Beweiserhebung vor, in deren Rahmen die Parteien private Sachverständigengutachten als Beweismittel anbieten können.[547] Außerdem muss das Gericht den Parteien Erkenntnisse, die es durch interne Recherchen oder aus sonstigen Quellen gewonnen hat, vor der Entscheidung mitteilen und ihnen Gelegenheit zur Stellungnahme geben.[548] Zudem sind die Parteien aufgrund ihrer allgemeinen Prozessförderungspflicht gehalten, ihre Erkenntnisse über den Inhalt der relevanten ausländischen Rechtsnormen vorzutragen. So kann ihnen zum Beispiel gemäß § 273 Abs. 2 Nr. 5 i.V.m § 142 ZPO aufgegeben werden, ausländische Entscheidungen, auf die sie Bezug genommen haben, vorzulegen.[549]

*(2) Die Handhabung in der Schweiz*

Die schweizerische Herangehensweise zum Umgang mit ausländischem Recht ähnelt der deutschen. Für schweizerische Gerichte sieht Artikel 16 Abs. 1 S. 1 IPRG – ähnlich wie § 293 der deutschen ZPO – vor, dass die Gerichte zur umfassenden Prüfung und Anwendung des ausländischen Rechts berechtigt – aber auch verpflichtet – sind. Artikel 16 Abs. 1 S. 1 IPRG lautet wie folgt:

> *"Der Inhalt des anzuwendenden ausländischen Rechts ist von Amtes wegen festzustellen."*

Ausländische Rechtssätze sind vom Gericht danach wie Rechtsfragen und nicht wie Tatsachenfragen zu behandeln.[550]

In der schweizerischen Praxis nimmt ausländisches Recht allerdings eher eine Zwitterstellung zwischen Recht auf der einen und Tatsachen auf der anderen Seite ein. So ist es nach der Auffassung des Schweizerischen Bundesgerichts grundsätzlich Aufgabe der Parteien, maßgeblich an der Ermittlung des ausländischen Rechts mitzuwirken.[551] Das Schweizerische Bundesgericht sieht keinen

---

546 *Spickhoff*, Fremdes Recht vor inländischen Gerichten Rechts- oder Tatfrage?, ZZP 112 (1999), S. 273.

547 *Pfeiffer*, Methoden der Ermittlung ausländischen Rechts, FS-Leipold, S. 291.

548 *Bacher* in Beck'scher Online-Kommentar zur ZPO, § 293, Rn. 17.

549 OLG München Urteil vom 18.01.2008 – 10 U 4502/07 – BeckRS 2008, 2168.

550 So auch: Schweizerisches Bundesgericht, Urteil vom 03.03.1998 – BGE 124 I 49 (52 f.).; Schweizerisches Bundesgericht, Urteil vom 07.05.2002 – 128 III 346 (351); Schwenzer, Hybridisierung der Rechtsordnungen; S. 199.

551 Schweizerisches Bundesgericht, Urteil vom 03.03.1998 – BGE 124 I 49 (52 f).; Schweizerisches Bundesgericht, Urteil vom 29.08.2000 – BGE 126 III 492 (495); Schweizerisches Bundesgericht, Urteil vom 07.05.2002 – 128 III 346 (351); Schweizerisches Bundesgericht, Urteil vom 22.08.2014 – 5 A 10/2014 – E.2.4.

Widerspruch darin, ausländische Rechtssätze einerseits als Recht zu behandeln, andererseits aber die Ermittlung seines Inhalts mit der Erläuterung eines Tatsachenpunktes gleichzusetzen.[552] Diese Auffassung begründet das Schweizerische Bundesgericht damit, dass die ausländischen Regeln für das schweizerische Gericht gerade nicht als bekannt vorausgesetzt werden können.[553] Insoweit führt das Schweizerische Bundesgericht Folgendes aus:

> *„[…] il n'y a rien d'incohérent à considérer la norme étrangère comme une règle de droit tout en assimilant la recherche de son contenu à l'élucidation d'un point de fait. Le principe jura novit curia ne s'y oppose pas, car la règle étrangère n'appartient pas au système dont les normes doivent être connues, appliquées et concrétisées par les autorités chargées d'en assurer le fonctionnement […].“*[554]

Frei übersetzt:

> *"Es ist nicht inkonsistent, ausländische Rechtsnormen als Rechtsfragen zu behandeln, während die Ermittlung des Inhalts des Rechts der Ermittlung von Tatsachenfragen gleichzusetzen ist. Das Prinzip iura novit curia schließt dies nicht aus, da die ausländischen Rechtsnormen nicht Bestandteil desjenigen Rechtssystems sind, dessen Normen für die Gerichte bekannt sein, durch sie angewendet und ausgelegt werden müssen [...]"*

Damit bekräftigt das Bundesgericht, dass ausländisches Recht zwar grundsätzlich wie eine Rechtsfrage behandelt wird, dass die Ermittlung von Rechtsfragen aber in Anlehnung an die Ermittlung von Tatsachenfragen erfolgen könne.

### *(3) Die Handhabung in Großbritannien*

Wie zu erwarten war, weicht das englische Verfahrensrecht deutlich von der deutschen und der schweizerischen Herangehensweise zum Umgang mit ausländischem Recht ab. Die Ermittlung des ausländischen Rechts wird in Großbritannien als Tatsachenfrage behandelt, weshalb vor englischen Gerichten diejenige Partei, die ihr Begehren auf ausländisches Recht stützt, den Inhalt dieses Rechts darzulegen und zu beweisen hat.[555] Demzufolge ist der Grundsatz iura novit curia für die Ermittlung des ausländischen Rechts nicht von Relevanz, vielmehr gilt der Beibringungsgrundsatz auch für Rechtsfragen.[556]

---

552 Schweizerisches Bundesgericht, Urteil vom 03.03.1998 – BGE 124 I 49 (52 f.).

553 Schweizerisches Bundesgericht, Urteil vom 03.03.1998 – BGE 124 I 49 (52 f.).

554 Schweizerisches Bundesgericht, Urteil vom 03.03.1998 – BGE 124 I 49 (52 f.).

555 *Schwenzer*, Hybridisierung der Rechtsordnungen, S. 199; *Spickhoff*, Fremdes Recht vor inländischen Gerichten Rechts- oder Tatfrage?, ZZP 112(1999), S. 276.

556 *Spickhoff*, Fremdes Recht vor inländischen Gerichten Rechts- oder Tatfrage?, ZZP 112(1999), S. 276; *Heidinger/Hof*, Pleading and Proving Foreign Law – From a

### *(4) Die Handhabung in den USA*

Die amerikanische Herangehensweise könnte als ein Mittelweg zwischen der deutschen Herangehensweise auf der einen und der britischen Herangehensweise auf der anderen Seite verstanden werden. Grundsätzlich wird ausländisches Recht in den USA als Recht und nicht als Tatsache behandelt.[557] Für Zivilverfahren in den USA regelt Rule 44.1 der U.S. Federal Rules of Civil Procedure den Umgang mit ausländischem Recht. Die Vorschrift lautet wie folgt:

> *„Determining Foreign, Law: A party who intends to raise an issue about a foreign country's law must give notice by a pleading or other writing. In determining foreign law, the court may consider any relevant material or source, including testimony, whether or not submitted by a party or admissible under the Federal Rules of Evidence. The court's determination must be treated as a ruling on a question of law."*

Danach obliegt es zwar den Parteien, eine entsprechende ausländische Rechtsnorm in das Verfahren einzuführen.[558] Ist das aber einmal geschehen, dann wendet das Gericht diese Rechtsnorm an, ohne an die Auslegung und die Rechtsauffassung der Parteien gebunden zu sein.[559] Dementsprechend müssen amerikanische Gerichte beispielsweise einen zu einer Rechtsfrage erhobenen Beweis nicht beachten, wenn sie selbst eine abweichende Rechtsauffassung vertreten.[560] Folglich heißt es in der Begründung des Advisory Committee zu den Rules of Civil Procedure in Bezug auf Rule 44.1:

> *„[...] in determining this law the court is not limited by material presented by the parties; it may engage in its own research and consider any relevant material thus found. [...] There is no requirement that the court give formal notice to the parties of its intention to engage*

---

European Perspective, SchiedsVZ 2008, 174(177); *Cordero-Moss*, Is the arbitral Tribunal bound by the Parties' factual and legal pleadings?, in Stockholm international arbitration Review 2006:3, S. 16.

557 *Spickhoff*, Fremdes Recht vor inländischen Gerichten Rechts- oder Tatfrage?, ZZP 112(1999), S. 282.

558 Siehe hierzu auch: *Spickhoff*, Fremdes Recht vor inländischen Gerichten Rechts- oder Tatfrage?, ZZP 112(1999), S. 281.

559 *Alberti*, Iura novit curia in International Commercial Arbitration, in Kröll, Mistelis, Viscasillas, Rogers (Hrsg.), International Arbitration and International Commercial Law, S. 3(9) m.w.N.

560 United States District Court, District of Columbia, Entscheidung vom 25.03.2011, 772 F. Supp. 2d 218 - Estate of Botvin Ex Rel. Ellis v. Islamic Republic of Iran - abrufbar unter: https://www.leagle.com/decision/infdco20110328669.

*in its own research on an issue of foreign law which has been raised by them, or of its intention to raise and determine independently an issue not raised by them.*"[561]

Allerdings gelten diese Vorgaben nicht uneingeschränkt. So hat das Gericht die Parteien in der Regel darüber zu informieren, wenn es seine Entscheidung auf Erkenntnisse zu stützen gedenkt, die von dem bisherigen Parteivortrag abweichen oder wenn es seiner Entscheidung Rechtsauffassungen zugrunde legen will, die im Laufe des Verfahrens nicht diskutiert worden sind. Entsprechend heißt es in der Begründung des Advisory Committee weiter:

„*Ordinarily the court should inform the parties of material it has found diverging substantially from the material which they have presented; and in general the court should give the parties an opportunity to analyze and counter new points upon which it proposes to rely.*"[562]

### *(5) Die Handhabung in Frankreich*

In Frankreich wurde die Ermittlung ausländischen Rechts ursprünglich als Tatfrage angesehen.[563] Sie unterlag deshalb dem allgemeinen Taschenbeweissystem, sodass die Parteien das Recht vortragen und ihre Rechtsansichten beweisen mussten.[564]

Mittlerweile hat sich die französische Herangehensweise zum Umgang mit ausländischem Recht allerdings geändert.[565] Sie ähnelt jetzt der Herangehensweise in den USA. Auch in Frankreich ist es nun so, dass die Darlegungslast hinsichtlich des ausländischen Rechts grundsätzlich derjenigen Partei obliegt, die sich darauf beruft.[566] Demgegenüber obliegt die Anwendung und Auslegung des Rechts allein dem Gericht.[567] Etwas anderes gilt nur, wenn das

561 1966 Advisory Committee Notes, US Federal Rules of Civil Procedure, Rule 44.1, abrufbar unter: https://www.law.cornell.edu/rules/frcp/rule_44.1.

562 1966 Advisory Committee Notes, US Federal Rules of Civil Procedure, Rule 44.1, abrufbar unter: https://www.law.cornell.edu/rules/frcp/rule_44.1.

563 *Spickhoff*, Fremdes Recht vor inländischen Gerichten Rechts- oder Tatfrage?, ZZP 112(1999), S. 265(282).

564 *Spickhoff*, Fremdes Recht vor inländischen Gerichten Rechts- oder Tatfrage?, ZZP 112(1999), S. 265 (282).

565 *Spickhoff*, Fremdes Recht vor inländischen Gerichten Rechts- oder Tatfrage?, ZZP 112(1999), S. 265 (283), m.w.N in Fn. 122.

566 *Heidinger/Hof*, Pleading and Proving Foreign Law – From a European Perspective, SchiedsVZ 2008, 174(177).

567 *Alberti*, Iura novit curia in International Commercial Arbitration, in Kröll, Mistelis, Viscasillas, Rogers (Hrsg.), International Arbitration and International Commercial Law, S. 3(11) m.w.N.

anwendbare ausländische oder internationale Recht Rechtspositionen gewährt, deren Anwendung nicht zur Disposition der jeweiligen Partei steht. In diesem Fall hat das Gericht das Recht von Amts wegen, also *ex officio* zu ermitteln und anzuwenden.[568]

##### *(6) Fazit*

Anhand der vorstehend dargestellten Auswahl an untersuchten Rechtsordnungen wird deutlich, dass die internationale Praxis zur Geltung des Grundsatzes iura novit curia bei der Ermittlung und Anwendung des ausländischen Rechts nicht einheitlich ist. Rückschlüsse für einen möglichst einheitlichen Umgang mit dem Grundsatz in internationalen Schiedsverfahren lassen sich aufgrund dieser Vielfalt an unterschiedlichen Herangehensweisen deshalb nicht ziehen.

#### *b) Der Grundsatz iura novit curia im Lichte der Besonderheiten von Schiedsverfahren*

Im Folgenden wird der Frage nachgegangen, inwieweit der Grundsatz iura novit curia überhaupt dazu geeignet ist, in Schiedsverfahren Anwendung zu finden. Während der Wortlaut und der Sinn und Zweck des Grundsatzes eher gegen dessen Anwendbarkeit in Schiedsverfahren sprechen, spricht die schiedsgerichtliche Pflicht zur korrekten Rechtsanwendung sowie die Ermittlungsbefugnis von Schiedsgerichten grundsätzlich eher für seine Anwendbarkeit.

##### *(1) Der Wortlaut des Grundsatzes iura novit curia*

Der Grundsatz iura novit curia bedeutet übersetzt: „Das Gericht kennt das (anzuwendende) Recht." Während dieses Postulat für staatliche Richter bei der Anwendung des nationalen Rechts nahezu eine Selbstverständlichkeit darstellt, könnte es im Rahmen von Schiedsverfahren schon vom Ansatz her verfehlt sein. Denn es ist bei Weitem nicht selbstverständlich, dass die oder der Schiedsrichter das Recht, auf dessen Geltung sich die Parteien geeinigt haben, tatsächlich kennen. Vielmehr ist es so, dass die Schiedsrichter teilweise aus unterschiedlichen Rechtsordnungen stammen, sodass sie mit dem auf das jeweilige Schiedsverfahren anwendbare Recht gegebenenfalls noch nie Berührungspunkte hatten.

---

568 *Alberti*, Iura novit curia in International Commercial Arbitration, in Kröll, Mistelis, Viscasillas, Rogers (Hrsg.), International Arbitration and International Commercial Law, S. 3(10); *Lew*, Iura Novit Curia and Due Process, in Queen Mary University of London, School of Law Legal Studies Research Paper No. 72/2010, Rn. 17.

Außerdem muss bedacht werden, dass Schiedsgerichte in der Praxis nicht ausschließlich mit Juristen besetzt sind, sondern auch ganz oder zum Teil aus juristischen Laien bestehen können, bei denen eine Kenntnis des anwendbaren Rechts nicht vorausgesetzt werden kann.

Es ist also bei Weitem nicht selbstverständlich, dass Schiedsrichter das anwendbare Recht tatsächlich kennen, was gegen eine uneingeschränkte Anwendbarkeit des Grundsatzes iura novit curia im Rahmen von Schiedsverfahren spricht.

*(2) Der Sinn und Zweck des Grundsatzes iura novit curia*

Hinter dem Grundsatz iura novit curia steht die Überzeugung, dass das Recht von den Gerichten objektiv und korrekt angewendet wird.[569] Durch diese korrekte Anwendung des Rechts erfüllt der Richter nicht nur seine Pflicht zur Rechtsprechung gegenüber den Parteien eines konkreten Verfahrens, er erfüllt damit vielmehr gleichzeitig auch Aufgaben, die ihm als Instrument der staatlichen Rechtspflege zukommen.[570] Denn anders als ein Schiedsrichter ist beispielsweise ein deutscher staatlicher Richter an den Gleichheitssatz aus Artikel 3 Abs. 1 GG gebunden. Das Gericht ist im Sinne des Gleichheitssatzes dazu verpflichtet, das Gesetz auf gleichgelagerte Sachverhalte stets gleich anzuwenden. Er muss eine Norm folglich auf Personen, die sich in der gleichen Situation befinden, entweder gleichermaßen anwenden oder sie gleichermaßen nicht anwenden.[571] Folglich sind Gerichte nicht dazu berechtigt, eine Rechtsnorm in gleich gelagerten Fällen einmal auf eine Weise, ein anders Mal auf eine andere Weise und ein drittes Mal wiederum ganz anders auszulegen. Sie sind in der Regel an ihre frühere Auslegung gebunden.[572]

Die Erfüllung dieser gerichtlichen Aufgabe wird von der Geltung des Grundsatzes iura novit curia flankiert. Würde der Grundsatz nämlich nicht gelten, dann könnten die Parteien Einfluss auf die Rechtsermittlung und Rechtsanwendung

569 *Reinelt*, Haftung des Anwalts für Fehler des Gerichts – erneute Überspannung der Anwaltshaftung, jurisPR-BGHZivilR 03/2009 Anm. 1.

570 *Alberti*, Iura novit curia in International Commercial Arbitration, in Kröll, Mistelis, Viscasillas, Rogers (Hrsg.), International Arbitration and International Commercial Law, S. 3(13 f.); *Lörcher/Bauerschmidt*, Gilt der Grundsatz iura novit curia in internationalen Schiedsverfahren?, in FS-Elsing, S.317(334); *Jemielniak/Pfisterer*, Iura Novit Arbiter revisited: towards a harmonized approach?, in Uniform Law Review, 2015, Volume 20(1), 56 ff.

571 *Gusy*, Der Gleichheitssatz, NJW 1988, 2505(2511).

572 *Gusy*, Der Gleichheitssatz, NJW 1988, 2505(2511).

nehmen und das Gericht wäre nicht mehr dazu in der Lage, das Recht in verschiedenen Fällen gleich anwenden.

Im Gegensatz dazu spielen derartige Erwägungen in Schiedsverfahren keine Rolle. Das Schiedsgericht ist lediglich dazu verpflichtet, die Parteien des jeweiligen Schiedsverfahrens gleich zu behandeln. Eine darüberhinausgehende Pflicht zur Gleichbehandlung im Interesse der allgemeinen Rechtspflege besteht für Schiedsrichter, die einzig zur Entscheidung eines konkreten Rechtsstreits von den jeweiligen Parteien ernannt worden sind, gerade nicht.

Darüber hinaus wird mithilfe des Grundsatzes iura novit curia und durch die Verwirklichung des Gleichheitssatzes auch die Rechtssicherheit gefördert. Denn nur wenn davon ausgegangen werden kann, dass Gerichte das Recht stets korrekt und gleich anwenden, können Entscheidungen auch für unbeteiligte Dritte als Präjudiz und damit als Orientierungshilfe für zukünftiges Verhalten dienen. Durch den Grundsatz iura novit curia wird folglich dadurch Rechtssicherheit geschaffen, dass stets von einer Gleichbehandlung von gleichgelagerten Fällen ausgegangen werden kann. Auch dieser Gesichtspunkt spielt in Schiedsverfahren allenfalls eine untergeordnete Rolle.

*(3) Die Ermittlungsbefugnis des Schiedsgerichts*

Für die Geltung des Grundsatzes iura novit curia in Schiedsverfahren spricht hingegen, dass Schiedsgerichte nach der herrschenden Meinung schon hinsichtlich der Tatsachenermittlung freier sind als staatliche Gerichte. So gilt in Schiedsverfahren ein beschränkter Untersuchungsgrundsatz.[573] Die Geltung des beschränkten Untersuchungsgrundsatzes hat zur Folge, dass das Schiedsgericht einerseits nicht an Beweisanträge der Parteien gebunden ist, andererseits bei unvollständigem Parteivortrag den Sachverhalt nach seinem Ermessen

---

573 *Münch* im Münchener Kommentar zur ZPO, § 1042, Rn. 107 ff; Lachmann, Handbuch für die Schiedsgerichtspraxis, Rn. 1281 ff.; *Wais* in Schütze, Handbuch des Schiedsverfahrens, S. 173 f.; *Schlosser* in Stein/Jonas, Kommentar zur ZPO, § 1042, Rn. 9; *Sachs/Lörcher* in Böckstiegel/Kröll/Nacimiento (Hrsg.), Arbitration in Germany, The Model Law in Practice, § 1042, Rn. 33; *Hilger*, Zur Geltung des beschränkten Untersuchungsgrundsatzes im neuen Schiedsverfahrensrecht, Beilage zu BB 2000, Heft 37, S. 2 ff.; *Saenger* in Saenger, Kommentar zur ZPO, § 1042, Rn. 16; im Ergebnis auch *Voit* in Musielak, Kommentar zur ZPO, § 1042, Rn. 13, wenn auch nicht ausdrücklich so bezeichnet; im Ergebnis wohl auch *Schwab/Walter*, Schiedsgerichtsbarkeit, 15. Kapitel, Rn. 8; ebenfalls nicht ausdrücklich so bezeichnet, aber sachlich übereinstimmend *Geimer* in Zöller, Kommentar zur ZPO, § 1042, Rn. 30.

erforschen und dabei selbständig Beweise erheben und auf andere Erkenntnisquellen zurückgreifen kann.[574]

Ist das Schiedsgericht aber schon dazu befugt im Rahmen der Tatsachenermittlung eine aktive Rolle einzunehmen, dann sollte es im Sinne eines *argumentum a fortiori* erst recht dazu befugt sein, Rechtsfragen unabhängig vom Vortrag der Parteien zu beantworten und das Recht *ex officio* anzuwenden.

*(4) Die schiedsrichterliche Pflicht zur richtigen Rechtsanwendung*

Insbesondere für inländische Schiedsverfahren spricht noch ein weiteres Argument für die Geltung des Grundsatzes iura novit curia. So ist zu bedenken, dass die nationale Rechtsprechung teilweise durch Schiedsverfahren ersetzt wird.[575] Ein Schiedsspruch hat für die Parteien gemäß § 1055 ZPO die Wirkungen eines rechtskräftigen gerichtlichen Urteils, sodass er gemäß § 794 Abs. 1 Nr. 4a ZPO[576] - sofern er für vollstreckbar erklärt wurde - einen Vollstreckungstitel darstellt. Schiedsgerichtsbarkeit im Sinne der §§ 1025 ff. ZPO ist mithin Rechtsprechung im materiellen Sinne.[577]

Im Lichte dessen ist *Schlosser*[578] und *Geimer*[579] zuzustimmen, die davon ausgehen, dass der Staat Schiedsgerichtsbarkeit nur dulden dürfe, wenn er sie auch rechtsstaatlich in die Pflicht nimmt. Die originäre Pflicht eines Richters ist es, das Recht eigenständig und korrekt anzuwenden.[580] Diese Pflicht besteht nicht nur zum Schutz der allgemeinen Rechtspflege, sie besteht vielmehr auch gegenüber den Parteien eines konkreten Verfahrens. Die Pflicht zur korrekten Rechtsanwendung trifft auch Schiedsgerichte, da die Schiedsvereinbarung und die Rechtswahlklausel dahin auszulegen sind, dass die Parteien nur unter der Bedingung auf staatlichen Rechtsschutz verzichten, dass das Schiedsgericht das berufene Recht richtig anwendet.[581] Eine richtige Rechtsanwendung kann nur

---

574 Siehe oben im Abschnitt B. II. 5. b).

575 *Münch* im Münchener Kommentar zur ZPO, Vorbemerkung zu § 1025, Rn. 4.

576 § 794 Abs. 1 ZPO: „*Die Zwangsvollstreckung findet ferner statt: […] aus Entscheidungen, die Schiedssprüche für vollstreckbar erklären, sofern die Entscheidungen rechtskräftig oder für vorläufig vollstreckbar erklärt sind; […]*"

577 *Münch* im Münchener Kommentar zur ZPO, Vorbemerkung zu § 1025, Rn. 4.

578 *Schlosser* in Stein/Jonas, Kommentar zur ZPO, Anhang zu § 1061, Rn. 172.

579 *Geimer* in Zöller, Kommentar zur ZPO, Vorbemerkungen zu §§ 1025-1066, Rn. 4.

580 *Reinelt*, Haftung des Anwalts für Fehler des Gerichts – erneute Überspannung der Anwaltshaftung, jurisPR-BGH ZivilR 03/2009 Anm. 1

581 So auch: *Aden*, Verfahrensverstoß durch fehlerhafte Rechtsanwendung im Schiedsgerichtsverfahren DZWIR 2011, 400 (401 f.).

erreicht werden, wenn die Parteien keinen Einfluss darauf nehmen können, wie das Schiedsgericht über Rechtsfragen entscheidet. Das wird durch den Grundsatz iura novit curia sichergestellt.

#### *(5) Zwischenfazit*

Die bestehenden strukturellen Unterschiede zwischen Schiedsverfahren und staatlichen Zivilprozessen führen zwar dazu, dass der Grundsatz iura novit curia nicht gänzlich auf die Anwendbarkeit in Schiedsverfahren zugeschnitten ist, sie führen aber nicht dazu, dass die Geltung des Grundsatzes mit dem Wesen von Schiedsverfahren gänzlich unvereinbar wäre. So kann zwar einerseits nicht selbstverständlich davon ausgegangen werden, dass Schiedsgerichte das anwendbare Recht tatsächlich kennen, weshalb sie bei der Rechtsermittlung oft auf die Unterstützung der Parteien angewiesen sind. Andererseits gilt gerade für inländische Schiedsverfahren, dass Schiedsgerichtsbarkeit materielle Rechtsprechung darstellt. Folglich sollte zumindest für inländische Schiedsverfahren gelten, dass auch Schiedsgerichte bei der Rechtsanwendung frei sind.

### *c) Die Meinungen in der Literatur zur Geltung des Grundsatzes iura novit curia in internationalen Schiedsverfahren*

Das Meinungsspektrum zu der Frage nach der Geltung des Grundsatzes iura novit curia in internationalen Schiedsverfahren reicht von einer eher ablehnenden Haltung der International Law Association („**ILA**") bis hin zu Autoren, die sich prinzipiell für die Geltung des Grundsatzes aussprechen.

Die ILA kommt in einer Resolution aus dem Jahr 2008 zu dem Ergebnis, dass Schiedsgerichte grundsätzlich nicht dazu befugt seien über Rechtsfragen zu entscheiden, die nicht von den Parteien in den Rechtsstreit eingeführt worden sind. Derartige Rechtsfragen könnten nach der Auffassung der ILA nicht zur Grundlage des Schiedsspruchs gemacht werden. So heißt es in Recommendation 6 der ILA Resolution 6/2008:

> *„In general, and subject to Recommendation 13, arbitrators should not introduce legal issues – propositions of law that may bear on the outcome of the dispute – that the parties have not raised."*

Sobald eine Rechtsfrage aber durch eine Partei in das Verfahren eingeführt worden ist, sollen die Schiedsrichter nach der Auffassung der ILA dazu befugt sein, diese in das Verfahren eingeführten Rechtsfragen und Normen eigenständig anzuwenden. Sie müssen die Parteien aber über die hieraus gewonnenen

Erkenntnisse informieren. So heißt es hierzu in Recommendation 7 der besagten Resolution aus dem Jahr 2008:

> *"Arbitrators are not confined to the parties' submissions about the contents of applicable law. Subject to Recommendation 8, arbitrators may question the parties about legal issues the parties have raised and about their submissions and evidence on the contents of the applicable law, may review sources not invoked by the parties relating to those legal issues and may, in a transparent manner rely on their own knowledge as to the applicable law as it relates to those legal issues."*

Einen Ausnahmetatbestand zu Recommendation 6 der ILA Resolution 6/2008 enthält außerdem noch Recommendation 13 der ILA Resolution 6/2008 für Bestimmungen des *ordre public*. Gemäß Recommendation 13 der Resolution können Schiedsgerichte bestimmte Rechtsfragen eigenständig aufwerfen und behandeln, soweit es sich hierbei um Bestimmungen handelt, die dem *ordre public* angehören.[582]

Ähnlich restriktiv wie die ILA äußern sich *Poudret/Besson*, die der Ansicht sind, dass die Darlegung und der Beweis der für die Entscheidung erheblichen Rechtsfragen ausschließlich den Parteien obliegt.[583] Ihrer Ansicht nach kann eine eigenständige Ermittlung und Anwendung des Rechts durch das Schiedsgericht in Einzelfällen zu einer Verletzung des Anspruchs der Parteien auf rechtliches Gehör führen, weshalb Schiedsgerichte grundsätzlich zurückhaltender bei der eigenständigen Ermittlung und Anwendung des Rechts zu sein hätten, als staatliche Gerichte. So sei das Schiedsgericht – wenn es eine eigenständige Rechtsermittlung anstellt – dazu verpflichtet, die Parteien rechtzeitig über das Ergebnis dieser Rechtsermittlung zu informieren.[584]

Andere Autoren vertreten hingegen die Auffassung, dass den Parteien eines Schiedsverfahrens zwar die primäre Darlegungslast für den Inhalt des anwendbaren Rechts aufzuerlegen sei;[585] soweit das Schiedsgericht es für erforderlich

---

582 ILA Resolution 6/2008, Recommendation 13: „*In disputes implicating rules of public policy or other rules from which the parties may not derogate, arbitrators may be justified in taking measures appropriate to determine the applicability and contents of such rules, including by making independent research, raising with the parties new issues (whether legal or factual), and giving appropriate instructions or ordering appropriate measures insofar as they consider this necessary to abide by those rules or to protect against challenges to the award.*"

583 Poudret/Besson, Comparative Law of International Arbitration, S. 476.

584 Poudret/Besson, Comparative Law of International Arbitration, S. 741.

585 *Da Silveira/Lévy*, Transgression of the Arbitratiors' Authority, in Gaillard/Di Pietro (Hrsg.), Enforcement of Arbitration Agreements and International Arbitral Awards, S.317(343).

halte, könne es dann aber von sich aus weitere rechtliche Recherchen unternehmen. Das Schiedsgericht sei zu einer eigenständigen Rechtsermittlung aber nicht verpflichtet.[586] Die Vertreter dieser Auffassung sehen in der Rechtsermittlung damit also keine originäre Pflicht des Schiedsgerichts. Vielmehr sehen sie insoweit primär die Parteien in der Pflicht. Andererseits sprechen sie dem Schiedsgericht die Befugnis zur eigenständigen Rechtsermittlung zumindest nicht gänzlich ab.[587]

Andere Autoren[588] folgen zwar im Grundsatz der vorgenannten Herangehensweise, da sie auch von einer Befugnis des Schiedsgerichts zur eigenständigen Rechtsermittlung ausgehen, sie machen diese Ermittlungsbefugnis aber von bestimmten Bedingungen abhängig. Ihrer Meinung nach sei das Schiedsgericht – soweit es eigenständig rechtliche Ermittlungen anstellt – dazu verpflichtet, die Parteien hierüber zu informieren und die Ergebnisse mit ihnen zu diskutieren.[589] So lautet beispielsweise der Vorschlag von *Gabrielle Kaufmann-Kohler* für einen einheitlichen Umgang mit Rechtsfragen in der internationalen Schiedsgerichtspraxis wie folgt:

> *„The parties shall establish the contents of the law applicable to the merits. The arbitral tribunal shall have the power, but not the obligation, to conduct its own research to establish such contents. If it makes use of such power, the tribunal shall give the parties an opportunity to comment on the result of the tribunal's research."*[590]

In der deutschsprachigen Literatur wird teilweise die Auffassung vertreten, dass der Grundsatz iura novit curia in Schiedsverfahren in einem vergleichbaren Maße wie in staatlichen Zivilverfahren

---

586 *Lörcher/Bauerschmidt*, Gilt der Grundsatz iura novit curia in internationalen Schiedsverfahren?, in FS-Elsing, S.317(343).

587 *Lörcher/Bauerschmidt*, Gilt der Grundsatz iura novit curia in internationalen Schiedsverfahren?, in FS-Elsing, S.317(343).

588 *Lew*, Iura Novit Curia and Due Process, in Queen Mary University of London, School of Law Legal Studies Research Paper No. 72/2010, Tz. 67; Rubino-Sammartano, International Arbitration Law and Practice, S. 1154(28.15).

589 *Lew*, Iura Novit Curia and Due Process, in Queen Mary Universtiy of London, School of Law Legal Studies Research Paper No. 72/2010, Tz. 67; *Waincymer*, International Arbitration and the Duty to know the Law, in Journal of International Arbitration, 2011, S. 201 ff.; Rubino-Sammartano, International Arbitration Law and Practice, S. 1154(28.15).

590 *Kaufmann-Kohler*, The Governing Law: Fact or Law?, ASA Special Series No. 26(2006), p. 6.

gelte.[591] So plädiert beispielsweise *Geimer* für eine *ex officio* Pflicht des Schiedsgerichts zur Rechtsermittlung.[592] Seiner Ansicht nach müssten allerdings die einschränkenden Voraussetzungen des § 293 ZPO in Schiedsverfahren Anwendung finden.[593] Auch *Graisy* äußert die Auffassung, dass Schiedsgerichte dazu befugt sein sollten, *„über den Tellerrand des Parteivorbringens"* hinauszuschauen, um andere Rechtssätze zur Beurteilung des Sachverhalts heranzuziehen als jene, auf die sich die Parteien berufen.[594]

Nach der Auffassung von *Sachs/Lörcher* besteht für Schiedsgerichte keine generelle Erörterungspflicht, wenn sie beabsichtigen von dem Parteivortrag in rechtlicher Hinsicht abzuweichen.[595] *Sachs/Lörcher* vertreten vielmehr die Auffassung, dass Schiedsgerichte nicht dazu verpflichtet seien, den Parteien vorab ihre Rechtsauffassungen darzutun oder in ein Rechtsgespräch mit den Parteien einzutreten.[596]

#### d) Die Rechtsprechung der verschiedenen staatlichen Kontrollgerichte zur Geltung des Grundsatzes iura novit curia in Schiedsverfahren

Nachfolgend wird die Rechtsprechungspraxis ausgewählter staatlicher Kontrollgerichte zur Geltung des Grundsatzes iura novit curia in Schiedsverfahren analysiert. Betrachtet wird die Rechtsprechung in Frankreich (dazu (1)), in Großbritannien (dazu (2)), in den USA (dazu (3)), in Deutschland (dazu (4)), in der Schweiz (dazu (5)) und in Schweden (dazu (6)).

##### (1) Die Rechtsprechung in Frankreich

Französische Gerichte stehen der Anwendung des Grundsatzes iura novit curia in Schiedsverfahren eher kritisch gegenüber.[597] So entschied beispielsweise der

---

591 *Wiegand*, Iura novit curia vs. ne ultra petita, in FS-Kellerhals, S. 127(134): Seiner Ansicht nach können sich allerdings gewisse Einschränkungen aus der Schiedsabrede ergeben; *Münch* im Münchener Kommentar zur ZPO, § 1042, Rn. 39.

592 *Geimer* in Zöller, Kommentar zur ZPO, § 1051, Rn. 13 und § 293, Rn. 30.

593 *Geimer* in Zöller, Kommentar zur ZPO, § 1051, Rn. 13 und § 293, Rn. 30.

594 *Graisy*, Bestimmtheit von Feststellungsbegehren in österreichischen Schiedsverfahren, SchiedsVZ 2013, 201(206).

595 *Sachs/Lörcher*, in Böckstiegel/Kröll/Nacimiento (Hrsg.), Arbitration in Germany, The Model Law in Practice § 1042, Rn. 16.

596 *Sachs/Lörcher*, in Böckstiegel/Kröll/Nacimiento (Hrsg.), Arbitration in Germany, The Model Law in Practice § 1042, Rn. 16.

597 Fouchard/Gaillard/Goldman, On International Commercial Arbitration, S. 949.

Cour d'Appel de Paris im Jahr 2008, dass ein Schiedsgericht in nicht zulässiger Weise verfahren sei, weil es seine Entscheidung in einem Rechtsstreit, auf den ägyptisches Recht anwendbar war, auf Vorschriften des ägyptischen Zivilgesetzbuches gestützt hatte, obgleich sich im Laufe des Schiedsverfahrens keine der Parteien auf diese Vorschriften berufen hatte.[598] Das französische Kontrollgericht sah in diesem Vorgehen einen Verstoß gegen das „*principe de la contradiction*", weil das Schiedsgericht die aus seiner Sicht für die Entscheidung relevanten Vorschriften aus dem ägyptischen Zivilgesetzbuch nicht zuvor mit den Parteien erörtert hatte.[599]

In diesem Sinne entschied im Jahr 2009 auch der Cour de Cassation.[600] Das Gericht vertrat die Auffassung, dass ein Schiedsgericht seinen Schiedsspruch nicht auf andere rechtliche Erwägung als die Parteien stützen dürfe, wenn dieses Vorgehen nicht zuvor mit den Parteien diskutiert worden ist.[601] In diesem Fall hatte das Schiedsgericht seinen Schiedsspruch auf das nach dem österreichischen Recht anerkannte Modell des „Wegfalls der Geschäftsgrundlage" gestützt, obwohl dieses von keiner der Parteien in den Rechtsstreit eingeführt worden war.

In einer weiteren Entscheidung aus dem Jahr 2011 bestätigte ebenfalls der Cour de Cassation die Aufhebung eines Schiedsspruchs, weil das Schiedsgericht den beantragten Entschädigungsanspruch zwar zugesprochen hatte, ihn rechtlich aber nicht wie der Kläger als „*perte de gain*" (entgangener Gewinn), sondern als „*perte de chance*" (frei übersetzt: entgangene Gewinnmöglichkeit) qualifiziert hatte.[602] Nach der Auffassung des Cour de Cassation würde hierdurch das Fundament des Entschädigungsanspruchs geändert.

Schließlich hob der Cour d'Appel de Paris im Jahr 2016 einen Schiedsspruch auf, weil das Schiedsgericht den vom Kläger geltend gemachten Anspruch – soweit es ihn zusprach – rechtlich abweichend vom Vortrag des Klägers qualifiziert hatte.[603] Der Kläger hatte in der Hauptsache einen Schadensersatzanspruch geltend gemacht. Hierauf beantragte er Zinsen in Höhe von 6% seit Fälligkeit des Schadensersatzanspruches bis zum 30. Juni 2014. Das Schiedsgericht wies den Hauptsacheantrag in der begehrten Höhe ab, sprach aber den Zinsanspruch als eigenständigen Schadensersatzanspruch zu. Nach der Ansicht des französischen

598 Cour d'appel de Paris, Entscheidung vom 19.06.2008 – 06/17901.
599 Cour d'appel de Paris, Entscheidung vom 19.06.2008 – 06/17901.
600 Cour de Cassation Paris, Entscheidung vom 03.12.2009, Revue arbitrage 2010, S.105.
601 Cour de Cassation Paris, Entscheidung vom 03.12.2009, Revue arbitrage 2010, S.105.
602 Cour de Cassation, Entscheidung vom 29.06.2011, Revue de l'arbitrage 2011, 678 ff.
603 Court d'Appel des Paris, Entscheidung vom 15.03.2016 – 14/19164.

Kontrollgerichts hätte das Schiedsgericht die Parteien anhören müssen, bevor es seinem Schiedsspruch eine abweichende Rechtsauffassung zugrunde legt. In diesem Vorgehen sah es deshalb eine Verletzung des Prinzips „*de la contradiction*" und hob den Schiedsspruch auf.[604]

### *(2) Die Rechtsprechung in Großbritannien*

Mit Blick auf den Grundsatz iura novit curia besteht in Großbritannien die Besonderheit, dass der englische Arbitration Act von 1996 sinngemäß eine Regelung zur Reichweite Geltung des Grundsatzes in Schiedsverfahren enthält. Nach Section 34(2)(g) des Arbitration Act 1996 steht es grundsätzlich im Ermessen des Schiedsgerichts, ob und in welchem Umfang es Rechtsfragen eigenständig ermittelt. Section 34(1),(2)(g) Arbitration Act 1996 lautet wie folgt:

> *„(1) It shall be for the tribunal to decide all procedural and evidential matters, subject to the right of the parties to agree any matter.*
>
> *(2) […] (g) whether and to what extent the tribunal should itself take the initiative in ascertaining the facts* ***and the law****; […].*" (Hervorhebungen durch die Verfasserin)

Gänzlich frei bei der Rechtsermittlung und Rechtsanwendung ist das Schiedsgericht aber trotzdem nicht. Vielmehr folgt aus Section 33(1)(a) Arbitration Act 1996, dass das Schiedsgericht den Parteien die Möglichkeit geben muss, sich zu der Rechtsauffassung des Schiedsgerichts zu äußern. Die Vorschrift lautet wie folgt:

> *"(1) The tribunal shall*
>
> *(a) act fairly and impartially as between the parties,* ***giving each party a reasonable opportunity of putting his case*** *and dealing with that of his opponent, and […]" (Hervorhebungen durch die Verfasserin)*

Die britische Rechtsprechung bezeichnet den Grundsatz iura novit curia zwar nicht als solchen, im Ergebnis hatte sie sich aber schon mit der Frage nach der Geltung des Grundsatzes in Schiedsverfahren zu befassen. So sah der Commercial Court es in einer Entscheidung aus dem Jahr 2006 als unproblematisch an, dass ein Schiedsgericht eine entscheidungserhebliche Rechtsfrage abweichend vom Vortrag der Parteien gewürdigt hatte.[605] Nach der Auffassung des Commercial Courts hätten die Parteien die Möglichkeit gehabt, sich zu allen Aspekten zu äußern. Insoweit führte der Commercial Court Folgendes aus:

---

604 Court d'Appel des Paris, Entscheidung vom 15.03.2016 – 14/19164.
605 Britischer Commercial Court, Entscheidung vom 08.03.2006 – APP.L.R. 03/08.

*„I do not consider that the duty to act fairly required the tribunal to refer back to the parties its analysis of the material and the additional conclusion which it derived from the resolution of arguments as to the essential issues which were already squarely before it. In my judgment ABB had had a fair opportunity to address its arguments on all of the essential building blocks in the tribunal's conclusion."*[606]

Im Gegensatz dazu hob der Commercial Court im Jahr 2007 einen Schiedsspruch wegen eines Verstoßes gegen Section 33 Arbitration Act 1996 auf, weil das Schiedsgericht eine andere rechtliche Bewertung als die Parteien vorgenommen hatte.[607] In dem Fall ging es um einen Kaufvertrag für ein Schleppschiff. In einem sogenannten *„GL Certificate"* war unter anderem ausgewiesen, dass die Gesamtleistung des Schiffs 1265 kW betragen würde. Das Schiedsgericht qualifizierte diese Angaben so, dass in dem Zertifikat keine Aussage des Verkäufers über die tatsächliche Leistung des Schiffs enthalten gewesen sei, obgleich dieser Umstand zwischen den Parteien gar nicht streitig war. Vielmehr verteidigte sich der Verkäufer im Schiedsverfahren unter anderem damit, dass der Käufer nicht nachgewiesen habe, dass die Leistungsangabe von 1265 kW nicht korrekt sei.[608] Der britische Commercial Court kam zu dem Ergebnis, dass die Parteien aufgrund des Verfahrensverlaufs nicht damit rechnen konnten, dass die Frage nach der Aussagekraft des Zertifikats vom Schiedsgericht rechtlich anders als von den Parteien bewertet werden könnte. So führt der Commercial Court unter anderem aus:

*„I accept Mr Henton's submission that the circumstances of the present case made it all the more important that the tribunal raised the „no representation" point they were considering, and gave Buyers a fair opportunity to deal with it, [...]."*[609]

Der Commercial Court führte weiter aus, dass das Schiedsgericht den Parteien die Möglichkeit geben müsse sich zu allen Gesichtspunkten, auf die das Schiedsgericht seine Entscheidung zu stützen beabsichtigt, äußern zu können.[610] Da das Schiedsgericht den Parteien diese Möglichkeit nicht eingeräumt habe, habe es nach der Auffassung des Commercial Court gegen § 33 Abs. 1(a) Arbitration Act

606 Britischer Commercial Court, Entscheidung vom 08.03.2006 – APP.L.R. 03/08.
607 Britischer Commercial Court, Entscheidung vom 26.07.2007 – APP.L.R. 07/26.
608 Britischer Commercial Court, Entscheidung vom 26.07.2007 – APP.L.R. 07/26.
609 Britischer Commercial Court, Entscheidung vom 26.07.2007 – APP.L.R. 07/26 – Rn.24.
610 Britischer Commercial Court, Entscheidung vom 26.07.2007 – APP.L.R. 07/26 – Rn. 22 m.w.N.

verstoßen. Ähnlich argumentierte der britische Commercial Court auch in einer Entscheidung aus dem Jahr 2004.[611]

### *(3) Die Rechtsprechung in den USA*

U.S. amerikanische Kontrollgerichte äußerten sich bislang selten zu der Frage nach der Reichweite der schiedsgerichtlichen Befugnis zur eigenständigen Rechtsermittlung und Rechtsanwendung. Allerdings bezog der U.S. District Court for the Southern District of California im Rahmen eines Verfahrens zur Anerkennung eines Schiedsspruchs aus dem Jahr 1998 ausdrücklich zu dieser Frage Stellung.[612] Der Antragsgegner wandte gegen die Anerkennung des Schiedsspruchs unter anderem ein, dass:

> *„the Tribunal decided issues not submitted by the Parties and* ***issued a ruling based upon legal theories not contemplated by and/or asserted by the Parties****."*[613] (Hervorhebungen durch die Verfasserin)

Der District Court hielt es indes für unschädlich, dass das Schiedsgericht den Schiedsspruch auf andere als von den Parteien angeführte und diskutierte Rechtsgrundlagen gestützt hatte. Er führte insoweit aus:

> *„The ICC Award resolves the Parties' claims arising from these Contracts [the Service and Sales Contracts between Cubic and Iran] and the fact that the Award is not based on the same legal theories as stated in the pleadings cannot be a basis for refusing to confirm it."*

### *(4) Die Rechtsprechung in Deutschland*

Die deutsche Rechtsprechung geht insofern von einer Geltung des Grundsatzes iura novit curia in Schiedsverfahren aus, als dass Schiedsgerichte zur eigenständigen Rechtsermittlung und Rechtsanwendung zumindest befugt – aber nicht verpflichtet – sein sollen. In diesem Sinne entschied zum Beispiel das OLG München in einer Entscheidung aus dem Jahr 2009[614] und das OLG Hamburg in einer

---

611 Britischer Commercial Court, Entscheidung vom 14.12.2004 – APP.L.R. 12/14, Rn. 88.

612 U.S. District Court for the Southern District of California, Entscheidung vom 07.12.1998, 29 F. Supp. 2d 1168 (S.D. Cal. 1998) - Ministry of Defense and Support v. Cubic Defense Systems Inc. - abrufbar unter: https://www.leagle.com/decision/1998119729fsupp2d116811049.

613 U.S. District Court for the Southern District of California, Entscheidung vom 07.12.1998, 29 F. Supp. 2d 1168 (S.D. Cal. 1998) - Ministry of Defense and Support v. Cubic Defense Systems Inc. - abrufbar unter: https://www.leagle.com/decision/1998119729fsupp2d116811049.

614 OLG München, Beschluss vom 05.10.2009 – 34 Sch 12/09 – BeckRS 2011, 08217.

Entscheidung aus dem Jahr 2013.[615] Auch in der bereits angesprochenen Entscheidung des OLG Jena aus dem Jahr 2016 erachtete es das Gericht für zulässig, dass das Schiedsgericht den geltend gemachten Schadensersatzanspruch nicht als solchen, sondern als Entschädigungsanspruch qualifiziert hatte.[616]

Darüber hinaus bekräftigen deutsche Kontrollgerichte stets, dass die Parteien eines Schiedsverfahrens weder einen Anspruch darauf hätten, vorab die Rechtsauffassung des Schiedsgerichts kennen zu lernen, noch hätten sie einen Anspruch darauf, dass das Schiedsgericht ein Rechtsgespräch mit ihnen führt.[617] Auch darin kommt das Bekenntnis zum Ausdruck, dass Schiedsgerichte zur eigenständigen Rechtsermittlung und Rechtsanwendung befugt sind.

### *(5) Die Rechtsprechung in der Schweiz*

Eine große Aufmerksamkeit im Rahmen der Kontrolle von Schiedssprüchen genießt der Grundsatz iura novit curia in der Schweizerischen Rechtsprechung. Das Schweizerische Bundesgericht geht grundsätzlich davon aus, dass der Grundsatz iura novit curia in Schiedsverfahren Anwendung findet, weshalb es Schiedsgerichten sehr weitgehende Kompetenzen bei der Ermittlung und Anwendung des anzuwendenden Rechts zuspricht.[618] So seien Schiedsgerichte dazu befugt, ihre Entscheidungen auf rechtliche Bestimmungen zu stützen, die von keiner der Parteien vorgebracht worden sind.[619] Schiedsgerichte seien auch nicht an die rechtlichen Argumente, bzw. die rechtlichen Qualifikationen des Sachverhalts durch die Parteien gebunden.[620] Weiter führte das Schweizerische Bundesgericht in einer Entscheidung aus dem Jahr 2007 aus, dass im Anwendungsbereich des Grundsatzes iura novit curia, also im Rahmen der Rechtsermittlung und der Rechtsanwendung, kein Raum für eine Geltung des Grundsatzes ne ultra petita und damit kein Raum für eine Bindung an das Begehren der Parteien sei.[621]

---

615 OLG Hamburg, Beschluss vom 22.04.2013 – 6 Sch 21/12 – BeckRS 2015, 02549.

616 OLG Jena, Beschluss vom 25.04.2016 – 1 Sch 1/16 – BeckRS 2016, 118517, Rn. 22.

617 BGH, Urteil vom 12.07.1990 – III ZR 174/89 – NJW 1990, 3210(3211); OLG München, Beschluss vom 17. November 2016 – 34 SchH 13/16 –, juris, Rn. 36.

618 Schweizerisches Bundesgericht, Entscheidung vom 02.03.2001 – 4P.260/2000/rnd; Schweizerisches Bundesgericht, Entscheidung vom 15.02.2010 – 4A_464/2009.

619 Schweizerisches Bundesgericht, Entscheidung vom 10.10.2010 – 4A_10/2010.

620 Schweizerisches Bundesgericht, Entscheidung vom 19.04.1994, BGE 120 II 172; Schweizerisches Bundesgericht, Entscheidung vom 11.05.2006 – 4P.54/2006/ruo; Schweizerisches Bundesgericht, Entscheidung vom 07.01.2011 – 4A_440/2010.

621 Schweizerisches Bundesgericht, Entscheidung vom 21.09. 2007 – 4A_220 /ech.

Diese weitgehenden Befugnisse von Schiedsgerichten begründet das Schweizerische Bundesgericht damit, dass nur dann urteilsmäßige Klarheit über den Streitgegenstand zu gewinnen sei, wenn das Gericht eine behauptete Rechtsfolge unter sämtlichen rechtlichen Gesichtspunkten prüfe.[622] In diesem Sinne hat das Gericht beispielsweise entschieden, dass es gerade Ausfluss des in Schiedsverfahren geltenden Grundsatz iura novit curia sei, wenn ein Schiedsgericht einen Anspruch nicht wie beantragt auf die Erfüllung eines Garantievertrages stützt, sondern wenn es einen Schadensersatzanspruch zuspricht.[623]

Die Frage, ob Schiedsgerichte zur selbstständigen Rechtsermittlung nicht nur berechtigt, sondern auch verpflichtet sind, beantwortete das Schweizerische Bundesgericht bisher hingegen nicht eindeutig. Einerseits führte es in der gerade erörterten Entscheidung aus dem Jahr 2001 Folgendes aus:

> *„Nach dem Gesagten kann aus dem Grundsatz „iura novit curia" nicht nur die Berechtigung,* ***sondern sogar die Verpflichtung zur Prüfung sämtlicher Anspruchsgrundlagen*** *abgeleitet werden […]."*[624] (Hervorgehoben durch die Verfasserin)

Andererseits führte das Schweizerische Bundesgericht in einer Entscheidung aus dem Jahr 2005 aus, dass das Schiedsgericht Ermittlungstätigkeiten in Bezug auf Rechtsfragen auf die Parteien übertragen könne;[625] was wiederum gegen eine Ermittlungspflicht des Schiedsgerichts sprechen würde.

Insgesamt dürfte das Bundesgericht damit die Auffassung vertreten, dass grundsätzlich auch Schiedsgerichte *ex officio* zur Ermittlung und Anwendung des Rechts verpflichtet seien, dass sie diese Pflicht aber nicht in persona erfüllen müssten, sondern dass sie diese auch an die Parteien weiterdelegieren könnten.

### *(6) Die Rechtsprechung in Schweden*

Schließlich sei noch auf die schwedische Rechtsprechung zur Geltung des Grundsatzes iura novit curia in Schiedsverfahren hingewiesen. Der schwedische Court of Appeal erkennt die Geltung des Grundsatzes iura novit curia in Schiedsverfahren ausdrücklich an. Das Gericht führte hierzu in einer Entscheidung aus dem Jahr 2013 Folgendes aus:

> *„A concrete and legally relevant circumstance is an actual circumstance "in reality" upon which a party bases its case and that is directly relevant to the legal effect to which the party*

622 Schweizerisches Bundesgericht, Entscheidung vom 02.03.2001 – 4P.260/2000/rnd.
623 Schweizerisches Bundesgericht, Entscheidung vom 02.03.2001 – 4P.260/2000/rnd.
624 Schweizerisches Bundesgericht, Entscheidung vom 02.03.2001 – 4P.260/2000/rnd.
625 Schweizerisches Bundesgericht, Entscheidung vom 27.04.2005 – 4P.242/2004/bie.

*tied it. However, it does not include legal rules or legal arguments.* ***Typically, a court – as well as an arbitral tribunal – are entitled as well as obliged to apply these also without them being referenced under the principle of jura novit curia […].*** *Thus, an arbitral tribunal does not exceed its mandate by applying a certain legal provision despite the parties not having referenced it or by presenting legal arguments that differ from the manner in which they were presented by the parties in the arbitration proceedings."*[626] (Freie Übersetzung. Hervorhebungen durch die Verfasserin)

Nach der Auffassung des schwedischen Gerichts besteht für Schiedsgerichte mithin sowohl eine Befugnis als auch eine Pflicht zur eigenständigen Rechtsermittlung und Rechtsanwendung. Damit geht das Gericht von einer uneingeschränkten Geltung des Grundsatzes iura novit curia in Schiedsverfahren aus.

### *e) Zwischenergebnis*

Die in der internationalen Rechtsprechung und Literatur geäußerten Meinungen zur Geltung des Grundsatzes iura novit curia in Schiedsverfahren gehen teilweise weit auseinander. Sie reichen von einer sehr kritischen Haltung von französischen Gerichten, bis hin zu einer sehr freundlichen Rechtsprechung gegenüber dem Grundsatz iura novit curia durch Schweizerische und schwedische Gerichte.

Nach der hier vertretenen Auffassung sollte für die Geltung des Grundsatzes iura novit curia – zumindest für inländische Schiedsverfahren – Folgendes gelten: Grundsätzlich sind auch Schiedsgerichte zu einer über den Vortrag der Parteien hinausgehenden eigenständigen Rechtsermittlung und Rechtsanwendung befugt, eine generelle Verpflichtung hierzu besteht allerdings nicht. Vor diesem Hintergrund kann deshalb nur von einer eingeschränkten Geltung des Grundsatzes iura novit curia in Schiedsverfahren ausgegangen werden. Diese – wenn auch nur eingeschränkte – Geltung des Grundsatzes führt dazu, dass der Grundsatz ne ultra petita in Bezug auf Rechtsfragen keine Anwendung findet, da Schiedsgerichte grundsätzlich nicht an den Rechtsvortrag der Parteien gebunden sind.

Allerdings gelten die vorstehenden Ausführungen nur für den Regelfall. Sie gelten also dann, wenn die Parteien im Laufe des Schiedsverfahrens zwar Rechtsausführungen gemacht haben, wenn sie aber nicht zum Ausdruck gebracht haben, dass diese Rechtsausführungen für das Schiedsgericht bindend sein sollen. Mit dieser Sonderkonstellation wird sich im folgenden Abschnitt befasst.

---

626 Schwedischer Court of Appeal, Entscheidung vom 23.10.2013 – T4487-12, S. 20.

### f) Möglichkeiten zur Beschränkung des Grundsatzes iura novit curia

Den Besonderheiten von Schiedsverfahren ist es geschuldet, dass von der obigen Schlussfolgerung, wonach Schiedsgerichte grundsätzlich zur eigenständigen und vom Vortrag der Parteien unabhängigen Ermittlung und Anwendung des Rechts befugt sind, in bestimmten Fällen Ausnahmen zu machen sind. Möglich ist eine Beschränkung der schiedsrichterlichen Kompetenz sowohl durch eine übereinstimmende als auch durch eine einseitige Willensäußerung der Parteien.

#### (1) Die übereinstimmende Beschränkung der schiedsrichterlichen Kompetenz

Es dürfte der herrschenden Meinung entsprechen, dass die Parteien die schiedsgerichtliche Entscheidungsbefugnis in Bezug auf Rechtsfragen durch eine übereinstimmende Willensbetätigung in der Schiedsvereinbarung beschränken können.[627] Beispielsweise können sie sich darauf einigen, dass das Schiedsgericht lediglich zu einer Entscheidung über vertragliche Ansprüche befugt sein soll und dass es bei seiner Entscheidung folglich deliktische oder bereicherungsrechtliche Ansprüche außer Betracht zu lassen hat.

Auch das Schweizerische Bundesgericht geht bei einer entsprechenden Einigung der Parteien von einer Beschränkung der Entscheidungsbefugnis von Schiedsgerichten aus.[628] So führte das Bundesgericht in einer Entscheidung aus dem Jahr 2001 sinngemäß aus, dass für Schiedsgerichte eine Ausnahme vom Grundsatz iura novit curia dann gelte:

> „***wenn deren Rechtsanwendungszuständigkeit parteiautonom auf eine bestimmte Anspruchsgrundlage beschränkt wird,*** *was indessen nicht leichthin anzunehmen ist […]. Im vorliegenden Verfahren hat weder das Schiedsgericht eine derartige vertragliche Beschränkung festgestellt noch wird eine solche von der Beschwerdeführerin behauptet.*“[629] (Hervorhebungen durch die Verfasserin)

Von einer Beschränkung der schiedsgerichtlichen Entscheidungsbefugnis ist aber nur dann auszugehen, wenn die Parteien ihren diesbezüglichen Willen eindeutig zum Ausdruck gebracht haben.[630] Im Zweifel dürfte nicht von einer

---

627 *Münch* im Münchener Kommentar zur ZPO, § 1029, Rn. 110; Wolfgang Bosch, Rechtskraft und Rechtshängigkeit in Schiedsverfahren, S. 105; *Wiegand*, Iura novit curia vs. ne ultra peitita, in FS-Kellerhals, S. 127(134).

628 Schweizerischer Bundesgericht, Entscheidung vom 02.03.2001 – 4P.260/2000/rnd.

629 Schweizerischer Bundesgericht, Entscheidung vom 02.03.2001 – 4P.260/2000/rnd.

630 *Münch* im Münchener Kommentar zur ZPO, § 1029, Rn. 110.

Beschränkung, sondern vielmehr von einer umfassenden Entscheidungskompetenz des Schiedsgerichts auszugehen sein.[631]

### *(2) Die einseitige Beschränkung der schiedsgerichtlichen Kompetenz*

Neben der übereinstimmenden Beschränkung ist auch eine einseitige Beschränkung des Grundsatzes iura novit curia in Schiedsverfahren denkbar. So wird die Auffassung vertreten, dass der Schiedskläger durch die Fassung seines Klagebegehrens den Entscheidungsspielraum des Schiedsgerichts auf die Prüfung lediglich bestimmter Anspruchsgrundlagen beschränken könne.[632] Diese Auffassung vertrat auch der Österreichische Oberste Gerichtshof in einer Entscheidung aus dem Jahr 2014.[633] Das Gericht führte aus, dass eine derartige Beschränkung möglich sei, wenn sie vom Schiedskläger ausdrücklich und eindeutig formuliert wird.

Der Auffassung des Österreichischen Obersten Gerichtshof ist zuzustimmen. Es ist nicht ersichtlich, warum es dem Schiedskläger nicht gestattet sein sollte, das Prüfungsprogramm des Schiedsgerichts auf bestimmte Anspruchsgrundlagen oder auf bestimmte rechtliche Qualifikationen zu beschränken. Die Gründe für eine derartige Beschränkung können beispielsweise in einer Straffung des Verfahrensstoffes liegen. Das Bestehen einer Dispositionsbefugnis für Rechtsfragen führt auch nicht zu einem Nachteil für eine Partei oder zu einer Beeinträchtigung des Verfahrensablaufs. Insbesondere wäre es unerheblich, wenn der Schiedskläger nach Abschluss des ersten Verfahrens ein zweites Schiedsverfahren einleitet, um die im ersten Verfahren ausgeschlossenen Rechtsfragen zu klären. Die Angst vor einer drohenden Überlastung der Gerichte besteht bei Schiedsgerichten – anders als bei staatlichen Gerichten – nicht. Auch die Interessen des Schiedsbeklagten werden durch eine derartige Handhabung nicht beeinträchtigt. Denn soweit er an einer umfassenden Klärung der Rechtslage interessiert ist, steht es ihm frei, eine negative Feststellungswiderklage zu erheben, die sich mit den offenen Rechtsfragen befasst.

Hat der Schiedskläger eine entsprechende Beschränkung auf bestimmte Rechtsfragen vorgenommen und geht das Schiedsgericht in seiner Entscheidung über diese hinaus, dann ist in diesem Vorgehen ein ultra petita-Verstoß

631 OLG Frankfurt Beschluss vom 07.09.2009 – 26 Sch 13/09 – BeckRS 2011, 07075

632 *Lörcher/Bauerschmidt,* Gilt der Grundsatz iura novit curia in internationalen Schiedsverfahren?, in FS-Elsing, S.317(320 f.).

633 Österreichischer Oberster Gerichtshof, Entscheidung vom 10.10.2014 – 18OCg2/14i – Fundstelle: RZ 2015,41, EÜ13, Ziffer 2.3.

zu sehen.[634] Dementsprechend nahm das Schweizerische Bundesgericht im Jahr 1992 einen ultra petita-Verstoß eines Schiedsgerichts an, weil das Schiedsgericht den Schiedsbeklagten zur Zahlung von Schadensersatz wegen Vertragsverletzung verurteilt hatte, obwohl der Schiedskläger die Feststellung der Nichtigkeit des Vertrages und die Zahlung einer aus dieser Nichtigkeit resultierenden Geldsumme beantragt hatte.[635] Der Feststellungsantrag und der Zahlungsantrag waren dabei durch folgende Formulierung verbunden:

> *„et ceci étant fait.“*[636]

Nach der Auffassung des Schweizerischen Bundesgerichts habe der Schiedskläger durch die Formulierung des Antrags die Entscheidungsbefugnis des Schiedsgerichts in rechtlicher Hinsicht auf die Feststellung der Nichtigkeit des Vertrages – und die daraus resultierenden Konsequenzen – beschränkt. Deshalb könne das Schiedsgericht nicht darüber entscheiden, welche Konsequenzen sich aus der Nicht-/Schlechterfüllung des vermeintlich bestehenden Vertrages ergeben würden.

### *g) Ergebnis*

Zusammenfassend kann festgehalten werden, dass Schiedsgerichte grundsätzlich zur eigenständigen Rechtsermittlung und Rechtsanwendung befugt sind. Etwas anderes gilt nur dann, wenn entweder die Parteien übereinstimmend zum Ausdruck bringen oder wenn der Schiedskläger einseitig zum Ausdruck bringt, dass das Schiedsgericht bei seiner Entscheidung auch in rechtlicher Hinsicht gebunden sein soll. In diesem Fall findet der Grundsatz ne ultra petita in Schiedsverfahren dann auch auf Rechtsfragen Anwendung.

Eine andere Handhabung wäre mit der Natur von Schiedsverfahren, in deren Zentrum die Parteiautonomie als leitendes Gebot während des gesamten Verfahrensverlaufs steht, unvereinbar. Insoweit besteht – entgegen der von *Wiegand*

---

634 *Da Silveira/Lévy*, Transgression of the Arbitratiors‘ Authority, in Gaillard/Di Pietro (Hrsg.), Enforcement of Arbitration Agreements and International Arbitral Awards, S. 654 f. m.w.N.

635 Unveröffentlichte Entscheidung des Schweizerischen Bundesgerichts vom 30.04.1992, zusammengefasst von *Perret*, Les conclusions et leur cause juridique au regard de la règle ne eat judex ultra petita partium, in Dominicé (Hrsg.), Études de droit international en l’honneur de Pierre Lalive, S. 596(597 ff.).

636 Frei übersetzt: „und das führt dazu“.

vertretenen Auffassung[637] – doch ein gewisses Spannungsverhältnis zwischen den Grundsätzen ne ultra petita und iura novit curia.

Eine Beschränkung des schiedsgerichtlichen Prüfungsprogramms, muss allerdings ausdrücklich und eindeutig erfolgen, da in der Regel nicht davon ausgegangen werden kann, dass eine derartige Beschränkung tatsächlich gewollt ist.

## 13. Der Anspruch auf rechtliches Gehör und das Verbot von Überraschungsentscheidungen in Schiedsverfahren

Der Anspruch auf rechtliches Gehör hat schon an verschiedenen Stellen in dieser Arbeit eine Rolle gespielt, was dem Umstand geschuldet ist, dass er für einen fairen und willkürfreien Verfahrensablauf von herausragender Bedeutung ist. Für Verfahren vor deutschen Gerichten wird der Anspruch auf rechtliches Gehör durch Artikel 103 Abs. 1 Grundgesetz („**GG**") verfassungsrechtlich verbürgt. Demgemäß soll der Einzelne vor dem Erlass einer Entscheidung, die seine Rechte betrifft, die Gelegenheit zur Äußerung erhalten, um Einfluss auf das Verfahren und dessen Ergebnis nehmen zu können.[638]

Die deutsche Rechtsprechung hat für den Zivilprozess verschiedene Fallgruppen identifiziert, bei deren Vorliegen eine Verletzung des Gehörsanspruchs besteht. Eine dieser Fallgruppen wird als „Informationspflicht" des Gerichts bezeichnet.[639] Danach muss das Gericht den Parteien den aus seiner Sicht wesentlichen Verfahrensstoff mitteilen, damit sie von ihrem Recht Gebrauch machen können, sich sowohl zu dem der Entscheidung zugrunde liegenden Sachverhalt, als auch zur Rechtslage umfänglich zu äußern.[640]

Nach der Auffassung des Bundesverfassungsgerichts setzt eine dem verfassungsrechtlichen Anspruch genügende Gewährung rechtlichen Gehörs voraus, dass der Verfahrensbeteiligte bei Anwendung der von ihm zu verlangenden Sorgfalt zu erkennen vermag, auf welche Gesichtspunkte es für die Entscheidung ankommen kann.[641] Nach der Auffassung des Bundesverfassungsgerichts könne es deshalb im Ergebnis der Verhinderung eines Vortrags zur Rechtslage gleichkommen, wenn das Gericht ohne vorherigen Hinweis auf einen rechtlichen

---

637 *Wiegand*, Iura novit curia vs. ne ultra petita, in FS-Kellerhals, S. 127(134 f).

638 BVerfG, Beschluss vom 25.10.2001 – 1 BvR 1079/96 – NJW 2002, 1334.

639 *Rauscher* im Münchener Kommentar zur ZPO, Einleitung, Rn. 244 f.; *Bacher* im Beck'-schen Online-Kommentar zur ZPO, § 321 a, Rn. 37.

640 BVerfG, Beschluss vom 19.05.1992 – 1 BvR 986/91 – DtZ 1992, 327(328).

641 BVerfG, Beschluss vom 12.06.2003 – 1 BvR 2285/02 – NJW 2003, 2524; BGH, Beschluss vom 13.01. 2011 – VII ZR 22/10 – NJW-RR 2011, 487.

Gesichtspunkt abstellt, mit dem auch ein gewissenhafter und kundiger Prozessbeteiligter selbst unter Berücksichtigung der Vielfalt vertretbarer Rechtsauffassungen nicht zu rechnen braucht.[642]

In Schiedsverfahren stellt sich nach dem Erlass eines Schiedsspruchs nicht selten die Frage, ob das Schiedsgericht gegen den Grundsatz ne ultra petita verstoßen hat, weil es bei seiner Entscheidung auf rechtliche Aspekte abgestellt hat, die von keiner der Parteien in den Rechtsstreit eingeführt worden waren. Bei einem derartigen Vorgehen könnten die Schiedsparteien durch die Entscheidung des Schiedsgerichts überrascht werden, worin nicht nur eine Verletzung des Grundsatzes ne ultra petita, sondern auch eine Verletzung des Rechts auf rechtliches Gehör gesehen werden kann.

Im Folgenden wird zunächst dargestellt, wie der Anspruch auf rechtliches Gehör in Schiedsverfahren gewährleistet wird (dazu unter a)). Anschließend wird geprüft, in welchem Umfang das Verbot, überraschende Entscheidungen zu erlassen, in Schiedsverfahren gilt (dazu unter b)).

### *a) Der Anspruch auf rechtliches Gehör in Schiedsverfahren*

Auch die Parteien eines Schiedsverfahrens haben Anspruch auf die Gewährung rechtlichen Gehörs. Für inländische Schiedsverfahren folgt dieser Anspruch aus § 1042 Abs. 1 S. 2 ZPO:

> *„Jeder Partei ist rechtliches Gehör zu gewähren.“*

Auch außerhalb von Deutschland besteht grundsätzlich Einigkeit darüber, dass rechtliches Gehör auch im Rahmen von Schiedsverfahren zu gewähren ist.[643]

#### *(1) Der Anspruch auf rechtliches Gehör in inländischen Schiedsverfahren*

In Deutschland hat der BGH den Anspruch auf rechtliches Gehör schon im Jahr 1982 als *„einen der Grundpfeiler des heutigen Schiedsgerichtsverfahrens“* bezeichnet.[644] Allerdings besteht in der Lehre Uneinigkeit darüber, ob der in inländischen Schiedsverfahren bestehende Gehörsanspruch auch verfassungsrechtlich verankert ist, ob er also unmittelbar aus Artikel 103 Abs. 1 GG folgt, oder ob wegen des Wortlauts von Artikel 1 Abs. 3 GG (*„Die nachfolgenden Grundrechte binden Gesetzgebung, vollziehende Gewalt und Rechtsprechung als unmittelbar geltendes Recht“*) nur

642 BVerfG, Beschluss vom 19.05.92 – 1 BvR 986/91 – DtZ 1992, 327(328).
643 Born, International Commercial Arbitration Volume II, S. 2155, 2157.
644 BGH, Urteil vom 11.11.1982 – III ZR 77/81 – NJW 1983, 867.

die Staatsgewalt und nicht etwa private Schiedsgerichte an die Grundrechte und grundrechtsgleichen Rechte wie Artikel 103 Abs. 1 GG gebunden sind.[645]

Für eine Bindung auch von Schiedsgerichten an Artikel 103 Abs. 1 GG spricht sich beispielsweise *Schlosser* aus.[646] Für diese Ansicht spricht, dass Schiedsgerichte Rechtsprechung im materiellen Sinn ausüben und deshalb grundsätzlich unter den verfassungsrechtlichen Begriff der Rechtsprechung subsumiert werden können. Auch der BGH geht in ständiger Rechtsprechung von einer Bindung von Schiedsgerichten an Artikel 103 Abs. 1 GG aus.[647] Dieser Auffassung schließt sich beispielsweise auch *Lachmann* an.[648]

Den Vertretern der Gegenauffassung[649] ist insoweit zuzustimmen, als dass zumindest keine unmittelbare Bindung von Schiedsgerichten an Artikel 103 Abs. 1 GG bestehen kann, da andernfalls im Wege der Verfassungsbeschwerde gemäß Artikel 93 Abs. 1 Nr. 4 a GG mit der Begründung einer Gehörsverletzung gegen einen Schiedsspruch vorgegangen werden könnte. Nichtsdestotrotz dürfte ein auch verfassungsrechtlich verankerter Anspruch auf rechtliches Gehör aber jedenfalls mittelbar über das Rechtsstaatsgebot des Artikel 20 Abs. 3 GG bestehen, denn der Staat darf Privatgerichtsbarkeit nur bei Gewährleistung rechtsstaatlicher Verfahren zulassen.[650] Diese mittelbare Bindung an Artikel 103 Abs. 1 GG zeigt sich schließlich darin, dass eine Verletzung des Rechts auf rechtliches Gehör, wie es in Artikel 103 Abs. 1 GG verbürgt ist, zugleich einen Verstoß gegen den inländischen (verfahrensrechtlichen) ordre public darstellt und einen Schiedsspruch folglich gemäß § 1059 Abs. 2 Nr. 2 b) ZPO[651] aufhebbar macht.[652]

---

645 Siehe zur Diskussion im Einzelnen: Spohnheimer, Gestaltungsfreiheit bei antezipiertem Legalanerkenntnis des Schiedsspruchs, S. 167 ff.

646 *Schlosser* in Stein/Jonas, Kommentar zur ZPO, Anhang zu § 1061, Rn. 172.

647 BGH Urteil vom 11.11.1982 – III ZR 77/81 – NJW, 1983, 867; BGH, Beschluss vom 16.12.2015 – I ZB 109/14 – BeckRS 2016, 2020, Rn. 10.

648 Lachmann, Handbuch für die Schiedsgerichtspraxis, Rn. 1295.

649 *Schmidt-Aßmann* in Maunz/Dürig, Kommentar zum Grundgesetz, Art. 103 Abs. 1 Rn. 50; *Schulze-Fielitz* in Dreier, Kommentar zum Grundgesetz, Artikel 103, Rn. 18.

650 *Geimer* in Zöller, Kommentar zur Zivilprozessordnung, § 1042 ZPO Rn. 5; *Wilske/Markert* im Beck'schen Online-Kommentar ZPO, § 1042, Rn. 7.

651 § 1059 Abs. 2 Nr. 2 b) ZPO lautet wie folgt: „*Abs. 2: Ein Schiedsspruch kann nur aufgehoben werden, […] 2. wenn das Gericht feststellt, dass […] b) die Anerkennung oder Vollstreckung des Schiedsspruchs zu einem Ergebnis führt, das der öffentlichen Ordnung (ordre public) widerspricht.*“

652 BGH, Beschluss vom 16.12.2015 – I ZB 109/14 – BeckRS 2016, 2020, Rn. 10; OLG Frankfurt, Beschluss vom 02.02.2017 – 26 Sch 3/16 – BeckRS 2017, 105025, Rn. 66.

Unabhängig davon, ob Schiedsgerichte unmittelbar an Artikel 103 Abs. 1 GG gebunden sind oder nicht, haben sie den Parteien gemäß § 1042 Abs. 1 S. 2 ZPO rechtliches Gehör zu gewähren. Die Gewährung rechtlichen Gehörs soll die Parteien eines Schiedsverfahrens davor schützen, dass sie durch eine Entscheidung beschwert werden, ohne ihre Argumente, durch welche die Entscheidung möglicherweise beeinflusst werden könnte, vorgebracht haben zu können.[653] Ferner ist es Ausfluss des Gehörsanspruchs, dass die Parteien als Ausfluss der Menschenwürde aktiven Einfluss auf die Verfahrensgestaltung nehmen können.[654] Der Anspruch auf rechtliches Gehör besteht in inländischen Schiedsverfahren im gleichen Maße, wie er auch den Parteien eines deutschen Zivilgerichtsverfahrens zusteht.[655] Er stellt zwingendes Recht dar und kann deshalb von den Parteien nicht abbedungen werden.

*(2) Der Anspruch auf rechtliches Gehör in der internationalen Schiedspraxis*

Ähnlich wie für inländische Schiedsverfahren in § 1042 Abs. 1 S. 2 ZPO, wurde das Recht auf rechtliches Gehör ausdrücklich in dem Schiedsverfahrensrecht verschiedener anderer Staaten und in den Schiedsverfahrensordnungen verschiedener Schiedsinstitutionen verankert. Im Folgenden werden einige Beispiele hierfür genannt.

So sieht beispielsweise Artikel 182 Abs. 3 des Schweizerischen IPRG Folgendes vor:

> *„Unabhängig vom gewählten Verfahren muss das Schiedsgericht in allen Fällen die Gleichbehandlung der Parteien* ***sowie ihren Anspruch auf rechtliches Gehör in einem kontradiktorischen Verfahren gewährleisten.*** *“* (Hervorhebungen durch die Verfasserin)

Ähnlich die Bestimmung in Section 33 Abs. 1 a) des englischen Arbitration Act von 1996:

> *„The tribunal shall (a) act fairly and impartially as between the parties,* ***giving each party a reasonable opportunity of putting his case*** *and dealing with that of his opponent, and […].“* (Hervorhebungen durch die Verfasserin)

Ein Äquivalent zum Anspruch auf rechtliches Gehör stellt in Frankreich das Prinzip „*de la contradiction*“ dar. Es ist für französische Zivilprozesse in den

653 *Münch* im Münchener Kommentar zur ZPO, § 1042, Rn. 34.
654 BGH, Urteil vom 19.09.1977 – VIII ZR 120/75 –, juris, Rn. 20.
655 OLG München, Beschluss vom 05.10.2009 – 34 Sch 12/09 – BeckRS 2011, 08217.

Artikeln 14 bis 17 des französischen *Code de procédure civile* („**CPC**") näher geregelt. So heißt es in Artikel 14 CPC:

> *„Nulle partie ne peut être jugée sans avoir été entendue ou appelée."*

Frei übersetzt:

> *"Keine Partei darf verurteilt werden, ohne zuvor gehört oder geladen worden zu sein."*

Artikel 16 CPC geht dann noch näher auf die Pflichten des Gerichts ein, die sich aus dem Prinzip ergeben:

> *„Le juge doit, en toutes circonstances, faire observer et observer lui-même le principe de la contradiction.*
>
> *Il ne peut retenir, dans sa décision, les moyens, les explications et les documents invoqués ou produits par les parties que si celles-ci ont été à même d'en débattre contradictoirement.*
>
> *Il ne peut fonder sa décision sur les moyens de droit qu'il a relevés d'office sans avoir au préalable invité les parties à présenter leurs observations."*

Frei übersetzt:

> *"Der Richter hat unter allen Umständen das Prinzip „de la contradiction" zu beachten.*
>
> *Er darf sich in seiner Entscheidung nicht auf Beweismittel, Erklärungen oder von den Parteien vorgelegte Dokumente stützen, wenn diese nicht im Verfahren diskutiert worden sind.*
>
> *Er darf seine Entscheidung nicht auf rechtliche Erwägungen stützen, ohne den Parteien zuvor die Gelegenheit zur Stellungnahme gegeben zu haben."*

Das Prinzip *„de la contradiction"* findet nach dem französischen Schiedsverfahrensrecht auch in Schiedsverfahren Anwendung,[656] denn Artikel 1464 Abs. 2 CPC verweist für Schiedsverfahren auf die Geltung von Artikel 14 CPC. Wird das Prinzip von einem Schiedsgericht missachtet, dann droht dem Schiedsspruch gemäß Artikel 1520 Nr. 4 CPC die Aufhebung.

Neben dem französischem kennt auch das Schweizerische Verfahrensrecht die Geltung dieses Prinzips. So heißt es in Art. 373 Abs. 4 Schweizerische ZPO:

> *„Das Schiedsgericht muss die Gleichbehandlung der Parteien und ihren Anspruch auf rechtliches Gehör gewährleisten und* ***ein kontradiktorisches Verfahren durchführen****."* (Hervorhebungen durch die Verfasserin)

Das Schweizerische Bundesgericht führt zu dem Prinzip *„de la contradiction"* aus:

---

656 Robert, L'Arbitrage - droit interne droit international privé, S. 213, Para. 247.

*„Quant au principe de contradiction, [...], il garantit à chaque partie la faculté de se déterminer sur les moyens de son adversaire, d'examiner et de discuter les preuves rapportées par lui et de les réfuter par ses propres preuves.“*[657]

Frei übersetzt:

*"Das Prinzip „de la contradiction“ räumt den Parteien die Möglichkeit ein, zum gegnerischen Vortrag Stellung zu nehmen; dessen Beweise zu untersuchen und zu diskutieren und diese mit eigenen Beweisen zu widerlegen."*

Damit kommt in dem Prinzip „*da la contradiction*“ teilweise das Recht der Parteien auf die Gewährung rechtlichen Gehörs zum Ausdruck.[658] Ein Schiedsgericht darf folglich nicht auf Erwägungen abstellen, zu denen die Parteien nicht Stellung nehmen konnten.[659]

Nicht nur die verschiedenen staatlichen Schiedsordnungen, auch die Schiedsordnungen vieler nationaler und internationaler Schiedsinstitutionen verweisen ausdrücklich auf die Pflicht des Schiedsgerichts, den Parteien rechtliches Gehör zu gewähren. So ist der Gehörsanspruch beispielsweise in Artikel 21 Abs. 1 S. 2 der DIS Regeln verankert. Außerdem sind Schiedsgerichte gemäß der UNCITRAL und der ICC Schiedsordnung dazu verpflichtet sicherzustellen, dass jede Partei „*a reasonable opportunity to present its case*" erhält.[660]

Schließlich weist auch *Gary Born* darauf hin, dass das Recht auf rechtliches Gehör in den Schiedsverfahrensordnungen der meisten Staaten ein in Schiedsverfahren zwingend zu beachtendes Grundprinzip darstellt. Hierzu führt er aus:

*"For example, as discussed in greater detail below, all developed states have mandatory requirements that the arbitrators afford the parties equal treatment and adequate opportunities to be heard. Article 182 of the Swiss Law on Private International Law is*

657 Schweizerisches Bundesgericht, Entscheidung vom 30.09.2003 – 4P.100/2003 – 130 II 35.

658 Schweizerisches Bundesgericht, Entscheidung vom 30.09.2003 – BGE 130 III 35(38); *Lörcher/Bauerschmidt*, Gilt der Grundsatz iura novit curia in internationalen Schiedsverfahren?, in FS-Elsing, S.317(326).

659 *Habegger* im Basler Kommentar zur Schweizerischen Zivilprozessordnung, Art. 373, Rn.58; näher hierzu: *Kessedjian*, Principe de la Contradiction et Arbitrage, in Revue de l'arbitrage 1995, 381 ff.; *Guinchard*, L'Arbitrage et le respect du principe du contradictoire, in Revue de l'arbitrage 1997, 185 ff.

660 Artikel 22 Abs. 4 Halbs. 2 ICC Rules: „*[...] ensure that each party has a reasonable opportunity to present its case.*"; Artikel 17 Abs. 1 UNCITRAL Rules: "*[...] at an appropriate stage of the proceedings each party is given a reasonable opportunity of presenting its case.*"

*representative, providing "[w]hatever procedure is chosen, the arbitral tribunal shall ensure equal treatment of the parties and the right of the parties to be heard in adversarial procedure." Other legislation is similar, as are judicial authorities and commentary in most developed jurisdictions. These basic procedural protections are generally regarded as mandatory, non-waivable safeguards, which may not be avoided through agreement on a foreign procedural law (or otherwise)."*[661]

### b) Das Verbot Überraschungsentscheidungen zu erlassen

An dieser Stelle ist nun der Bogen von dem Anspruch auf rechtliches Gehör zum Grundsatz ne ultra petita zu schlagen. Die beiden Institute weisen dann Überschneidungen auf, wenn ein Schiedsgericht eine Überraschungsentscheidung erlässt. Im Zusammenhang mit deutschen Zivilverfahren wurde oben bereits ausgeführt, dass das Verbot von Überraschungsentscheidungen eine Ausprägung des Anspruchs auf rechtliches Gehör darstellt.[662] Für nationale Zivilprozesse kommt dieses Verbot in § 139 Abs. 2 ZPO einfachgesetzlich zum Ausdruck. In der Vorschrift heißt es:

*„Auf einen Gesichtspunkt, den eine Partei erkennbar übersehen oder für unerheblich gehalten hat, darf das Gericht, soweit nicht nur eine Nebenforderung betroffen ist, seine Entscheidung nur stützen, wenn es darauf hingewiesen und Gelegenheit zur Äußerung dazu gegeben hat. Dasselbe gilt für einen Gesichtspunkt, den das Gericht anders beurteilt als beide Parteien."*

Eine entsprechende Vorschrift enthält das deutsche Schiedsverfahrensrecht zwar nicht, es ist aber allgemein – national und international – anerkannt, dass das Verbot Überraschungsentscheidungen zu erlassen auch im Rahmen von Schiedsverfahren gilt.[663] Nach der herrschenden Meinung in der Rechtsprechung und in der Literatur stellt ein Schiedsspruch eine Überraschungsentscheidung dar, wenn das Schiedsgericht – ohne vorherigen Hinweis – auf einen rechtlichen oder tatsächlichen Gesichtspunkt abstellt, mit dem auch ein gewissenhafter und kundiger Prozessbeteiligter nach dem bisherigen Prozessverlauf

---

661 Born, International Commercial Arbitration Volume II, S. 1609 f.

662 Siehe oben im Abschnitt A. III. 2.

663 *Sachs/Lörcher* in Böckstiegel/Kröll/Nacimiento (Hrsg.), Arbitration in Germany, The Model Law in Practice, § 1042, Rn. 16; *Wolff* in Wolff/Borris, New York Convention on the Recognition and Enforcement of Foreign Arbitral Awards – Commentary, Rn. 542; OLG Stuttgart, Urteil vom 06.12.2001 – 1 Sch 12/01; Schweizerisches Bundesgericht, Entscheidung vom 30.09.2003 – BGE 130 III 35(39); Österreichischer Oberster Gerichtshof, Entscheidung vom 24.04.2013 – 9Ob27/12d.

nicht zu rechnen brauchte.[664] Das OLG München führte hierzu in einer Entscheidung aus dem Jahr 2009 aus:

> *„Aus Art. 103 Abs. 1 GG ergibt sich, dass niemand in seinen Rechten durch gerichtliche Maßnahmen betroffen werden darf, ohne vorher Gelegenheit zur Äußerung gehabt zu haben. Der Anspruch auf rechtliches Gehör beinhaltet insbesondere, dass der Partei die Möglichkeit gegeben werden muss, sich zum Sachverhalt und zur Rechtslage zu äußern, dass andererseits das Gericht das Vorbringen der Partei auch zur Kenntnis nimmt. Der Verhinderung des Vortrags entspricht es, wenn das Gericht in seiner Entscheidung auf rechtliche Gesichtspunkte abstellt, mit denen auch ein gewissenhafter und prozesskundiger Beteiligter nicht zu rechnen braucht. Eine generelle Hinweispflicht, etwa zur Rechtsauffassung des Gerichts folgt aus Art. 103 Abs. 1 GG jedoch nicht (vgl. z. B. Zöller/Greger Vor § 128 ZPO Rn. 6, 6a und 6b m. w. N.). Inhalt und Umfang des Anspruchs sind im Schiedsverfahren wie im Verfahren vor (inner-) staatlichen Gerichten gleich (Zöller/Geimer § 1042 Rn. 5).“*[665]

Dieser Herangehensweise entspricht auch die Rechtsprechung des Schweizerischen Bundesgerichts.[666] Nach der Rechtsprechung des Bundesgerichts besteht eine Überraschungsentscheidung aus zwei Elementen: Zum einen dürfen sich die Parteien während des Schiedsverfahrens nicht auf den jeweiligen (überraschenden) Gesichtspunkt, der Grundlage der gerichtlichen Entscheidung geworden ist, gestützt haben. Zum anderen dürfen sie vernünftigerweise nicht mit der Relevanz dieses Gesichtspunktes für den Ausgang des Verfahrens gerechnet haben.[667]

Im Lichte dessen können die folgenden drei Fallgruppen gebildet werden, wenn ein Verstoß gegen den Grundsatz ne ultra petita mit einer Verletzung des Anspruchs auf rechtliches Gehör einhergeht, weil das Schiedsgericht eine Überraschungsentscheidung erlassen hat:

---

664 OLG Karlsruhe, Beschluss vom 27.03.2009 – 10 Sch 8/08 – BeckRS 2011, 08009; OLG München, Beschluss vom 05.10.2009 – 34 Sch 12/09 – BeckRs 2011, 08217; OLG München, Beschluss vom 04.07.2016 – 34 Sch 29/15 – SchiedsVZ 2017, 40(43), Rn. 17; Sinngemäß auch: *Von Selle* im Beck'schen Online-Kommentar zur ZPO, § 139, Rn. 35 f.; *Greger* in Zöller, Kommentar zur ZPO, § 139, Rn. 6.

665 OLG München, Beschluss vom 05.10.2009 – 34 Sch 12/09 – BeckRS 2011, 08217.

666 Schweizerisches Bundesgericht, Entscheidung vom 30.09.2003 – 4P.100/2003 – 130 II 35 – S. 36(39); Schweizerisches Bundesgericht, Entscheidung vom 07.09.2006 – 4P.134/2006/bie.

667 Schweizerisches Bundesgericht, Entscheidung vom 30.09.2003 – 4P.100/2003 – 130 II 35 – S. 36(39); Schweizerisches Bundesgericht, Entscheidung vom 07.09.2006 – 4P.134/2006/bie.

(1) wenn der Entscheidung des Schiedsgerichts Tatsachen zugrunde gelegt wurden, die nicht Gegenstand des Vortrags der Parteien waren,
(2) wenn das Schiedsgericht eine andere Rechtsfolge zuspricht, als beantragt wurde, oder
(3) wenn rechtliche Erwägungen zugrunde gelegt werden, die im Verfahren noch nicht erörtert worden sind, bzw. wenn das Schiedsgericht von einer bereits mitgeteilten Rechtsauffassung abzuweichen gedenkt.

Zumindest hinsichtlich der ersten beiden Fallgruppen scheint es auf der Hand zu liegen, dass Entscheidungen, die sich in eine dieser Fallgruppen einordnen lassen, potentiell auch einen Verstoß gegen den Grundsatz ne ultra petita darstellen. Für die dritte Fallgruppe drängt sich dieser Rückschluss nicht unmittelbar auf. Hier spielt insbesondere das Verhältnis zwischen den Grundsätzen iura novit curia und ne ultra petita eine Rolle. Dabei geht es um die Frage, ob ein Schiedsgericht – ohne in rechtlicher Hinsicht explizit durch den Klageantrag beschränkt worden zu sein – auf rechtliche Erwägungen abstellen darf, auf die sich keine der Parteien berufen hat.

Insoweit stellt das Verbot von Überraschungsentscheidungen eine Begrenzung des Grundsatzes iura novit curia dar. Es bewirkt nämlich, dass der Grundsatz zumindest dann keine Anwendung findet, wenn die Parteien durch das Ergebnis der selbstständigen schiedsrichterlichen Rechtsermittlung überrascht würden. Derartige Überraschungsentscheidungen stellen nicht nur eine Verletzung des rechtlichen Gehörs dar, sondern gehen gleichzeitig mit einem Verstoß gegen den Grundsatz ne ultra petita einher. Im Folgenden soll auf die oben genannten drei Fallgruppen näher eingegangen werden.

### *(1) Das Schiedsgericht stellt auf abweichende tatsächliche Gesichtspunkte ab*

Die erste denkbare Konstellation, die als Erscheinungsform der Überraschungsentscheidung angesehen werden kann, steht im Zusammenhang mit Tatsachenfragen. In diesen Fällen stützt das Schiedsgericht seine Entscheidung auf tatsächliche Gesichtspunkte, die nicht Gegenstand des Parteivortrags waren. Allerdings drängt sich bei einer derartigen Lage zunächst die Frage auf, wie das Schiedsgericht von einem tatsächlichen Gesichtspunkt, auf den es seine Entscheidung gestützt hat, den aber keine der Parteien vorgetragen hat, überhaupt Kenntnis erlangt haben sollte. Grundsätzlich wird der für die Entscheidung relevante Sachverhalt von den Parteien vorgetragen. Allerdings ist insoweit zu beachten, dass für die Sachverhaltsermittlung in Schiedsverfahren der beschränkte

Untersuchungsgrundsatz gilt.[668] Schiedsgerichte können deshalb in einem gewissen Maße bei der Sachverhaltsermittlung mitwirken.

Oben wurde schon ein Fall des Schweizerischen Bundesgerichts aus dem Jahr 2015 genannt.[669] In diesem Fall hatte das Bundesgericht es für zulässig erachtet, dass das Schiedsgericht seine Entscheidung auf Tatsachen gestützt hat, die nicht von den Parteien vorgetragen worden waren, sondern im Rahmen der Zeugenvernehmung durch das Schiedsgericht ermittelt worden sind.

Im Gegensatz dazu bejahte der britische Commercial Court in der oben bereits genannten Entscheidung aus dem Jahr 2007 eine Gehörsverletzung, weil das Schiedsgericht in tatsächlicher Hinsicht von dem Parteivortrag abgewichen ist.[670]

#### *(2) Das Schiedsgericht weicht von der beantragten Rechtsfolge ab*

Weicht das Schiedsgericht von der mit dem Antrag geforderten Rechtsfolge ab, indem es mehr oder etwas anderes zuspricht als beantragt, dann verstößt es damit unproblematisch gegen den Grundsatz ne ultra petita. In diesem Vorgehen haben verschiedene Gerichte beim Vorliegen bestimmter Voraussetzungen gleichzeitig einen Verstoß gegen das Recht auf rechtliches Gehör gesehen.[671] So hat etwa das OLG Köln im Jahr 2011 entschieden, dass sowohl ein ultra petita-Verstoß als auch eine Verletzung des Rechts auf rechtliches Gehör vorliegen würden, wenn ein Schiedsgericht zu dem Ergebnis kommt, dass mehrere Beklagte für eine Forderung als Gesamtschuldner haften, obwohl das nicht beantragt worden war.[672] Das OLG Köln begründete das Vorliegen einer Überraschungsentscheidung damit, dass das Schiedsgericht die Frage der gesamtschuldnerischen Verurteilung nicht mit den Parteien erörtert habe und dass die Schiedsbeklagten deshalb weder die Möglichkeit gehabt hätten, hierzu Stellung zu nehmen, noch hätten sie Gelegenheit dazu gehabt, sich anderweitig gegen eine derartige Verurteilung zur Wehr zu setzen. Damit habe das Schiedsgericht tatsächlichen Sachvortrag der Schiedsbeklagten unterbunden, den diese zumindest nach dem

---

668 Siehe oben im Abschnitt B. II. 5. b).

669 Schweizerisches Bundesgericht, Entscheidung vom 30.04.2015 – 4A_623/2014.

670 Britischer Commercial Court, Entscheidung vom 26.07.2007 – APP.L.R. 07/26.

671 OLG Köln, Beschluss vom 28.06.2011 – 19 Sch 11/10 – openJur 2012, 80284; OLG Frankfurt, Beschluss vom 05.06.2014 – 26 Sch 1/14, S. 5, veröffentlicht in der Datenbank der DIS, abrufbar unter: http://www.disarb.org/de/47/datenbanken/rspr/olg-frankfurt-am-main-case-no-26-sch-1-14-date-2014-06-05-id1645; Cour d'appel de Paris, Entscheidung vom 06.04.1995, Journal du Droit International, 1995, 971 ff.

672 OLG Köln, Beschluss vom 28.06.2011 – 19 Sch 11/10 – openJur 2012, 80284.

bisherigen Verfahrensverlauf aus eigener Sicht unter keinem Gesichtspunkt für notwendig zu erachten gehabt hätten.[673]

In einem anderen Fall aus dem Jahr 2014 hob das OLG Frankfurt einen Schiedsspruch auf, weil das Schiedsgericht die Schiedskläger auf die Widerklage des Schiedsbeklagten hin zur Übereignung von Aktien verurteilt hatte, obwohl der Schiedsbeklagte dies gar nicht widerklagend beantragt hatte. Vielmehr hatte er die Zahlung von Schadensersatz beantragt.[674] Für das OLG Frankfurt war es im Hinblick auf den Verstoß gegen den Grundsatz ne ultra petita unerheblich, dass die Schiedskläger mit ihrer Schiedsklage die Übereignung der Aktien als Bestandteil einer Zug-um-Zug Verurteilung inzident angeboten hatten. Das OLG führte weiter aus, dass einem Verstoß gegen § 308 Abs. 1 ZPO dann ein besonderes Gewicht zukomme:

> *„[...] wenn er dazu führt, dass den Parteien zu einem abweichend von der Antragstellung zuerkannten Anspruch kein rechtliches Gehör gewährt wird."*[675]

Da das Schiedsgericht das geplante Vorgehen, namentlich das Abweichen von den Anträgen, weder mit den Parteien erörtert hatte, noch sonst in irgendeiner Form darauf hingewiesen hatte, habe ein Verstoß gegen das rechtliche Gehör vorgelegen. Den Schiedsklägern sei durch diese Gehörsverletzung jegliche Äußerungs- bzw. Verteidigungsmöglichkeit gegen den von der Antragstellung abweichenden Schiedsspruch abgeschnitten worden.[676]

Auch außerhalb von Deutschland gibt es einige Beispielsfälle, in denen staatliche Gerichte die Entscheidungen von Schiedsgerichten aufgehoben haben, weil diese mehr oder etwas anderes als beantragt zugesprochen hatten, worin die staatlichen Gerichte eine unzulässige Überraschungsentscheidung sahen. So gab beispielsweise der Cour d'Appel de Paris einem Rechtsbehelf gegen einen Schiedsspruch statt, weil das Schiedsgericht den Schiedsklägern nicht nur die Hauptforderung, sondern hierauf zusätzlich Zinsen zugesprochen hatte, obwohl

---

673 OLG Köln, Beschluss vom 28.06.2011 – 19 Sch 11/10 – openJur 2012, 80284, Rn. 70.

674 OLG Frankfurt, Beschluss vom 05.06.2014 – 26 Sch 1/14, S. 5, veröffentlicht in der Datenbank der DIS, abrufbar unter: http://www.disarb.org/de/47/datenbanken/rspr/olg-frankfurt-am-main-case-no-26-sch-1-14-date-2014-06-05-id1645.

675 OLG Frankfurt, Beschluss vom 05.06.2014 – 26 Sch 1/14, S. 5, veröffentlicht in der Datenbank der DIS, abrufbar unter: http://www.disarb.org/de/47/datenbanken/rspr/olg-frankfurt-am-main-case-no-26-sch-1-14-date-2014-06-05-id1645.

676 OLG Frankfurt, Beschluss vom 05.06.2014 – 26 Sch 1/14, S. 5, veröffentlicht in der Datenbank der DIS, abrufbar unter: http://www.disarb.org/de/47/datenbanken/rspr/olg-frankfurt-am-main-case-no-26-sch-1-14-date-2014-06-05-id1645.

dies nicht beantragt worden war.[677] In diesem Zusammenhang führte der Cour d'Appel aus:

> „*Considérant que la mission de l'arbitre consiste à trancher le litige dans les limites fixées par les parties tant dans l'acte de mission que dans leurs mémoires;* ***que le principe de la contradiction suppose qu'aucun moyen de fait ou de droit ne soit soulevé d'office par le tribunal arbitral sans que les parties aient été invitées à le commenter*** *[…].*" (Hervorhebungen durch die Verfasserin)

Frei übersetzt:

> *"Die Aufgabe des Schiedsgericht besteht darin, die Rechtsstreitigkeit innerhalb der Grenzen zu entscheiden, die die Parteien mit ihrem Schiedsauftrag und mit ihren Anträgen gesetzt haben. Das Prinzip "de la contradiction" besagt, dass* ***keine Rechts- oder Tatsachenfrage vom Schiedsgericht entschieden werden darf, ohne dass die Parteien zuvor die Gelegenheit zur Stellungnahme erhalten haben.*** " (Hervorhebungen durch die Verfasserin)

Das französische Gericht sieht in dem Verstoß gegen die Antragsbindung folglich zugleich einen Verstoß gegen das Prinzip „*de la contradiction*", welches wiederum ein Äquivalent zum Anspruch auf rechtliches Gehör darstellt.[678] Das Schiedsgericht hatte in diesem Fall einen ultra petita-Verstoß begangen, indem es nicht beantragte Zinsen zugesprochen hatte. Dieser ultra petita-Verstoß stellt gleichzeitig eine Überraschungsentscheidung dar, weil die entscheidungserheblichen Gesichtspunkte weder in dem Parteivortrag angelegt waren, noch gab es für die Parteien Anzeichen dafür, dass das Schiedsgericht zusätzlich Zinsen auf die Hauptforderung zuerkennen würde.

Einen weiteren sehr anschaulichen Beispielfall, in dem eine Gehörsverletzung mit einem Verstoß gegen den Grundsatz ne ultra petita einher ging, stellt die Entscheidung des kanadischen Superior Court der Provinz Québec dar.[679] Der Entscheidung lag ein Schiedsspruch zugrunde, der einerseits eine Rechtsfolge angeordnet hat, die von keiner der Parteien beantragt worden war und der sich andererseits auf eine Rechtsgrundlage gestützt hat, die in diesem Zusammenhang von keiner der Parteien in Erwägung gezogen worden war. Gegenstand des Schiedsverfahrens waren Klage und Widerklage, die jeweils Ansprüche aus einem Joint-Venture-Vertrag zum Gegenstand hatten. Das Schiedsgericht

---

677 Cour d'appel de Paris, Entscheidung vom 06.04.1995, Journal du Droit International, 1995, 971 ff.

678 Siehe oben im Abschnitt B. II. 13. a) (2).

679 Superior Court Canada, Province of Québec, Entscheidung vom 08.12.2008 – Az.: 500-C5-015828-963.

kam zu dem Ergebnis, dass das Ziel des Vertrags nicht mehr erreicht werden könne und dass die bestehende vertragliche Verbindung der Parteien deshalb beendet werden müsse („*doctrine of frustration*“). Hinsichtlich der Gesellschaft, die Gegenstand des Joint-Venture war, ordnete das Schiedsgericht an, dass die Beklagte diese Gesellschaft zu den vom Schiedsgericht festgelegten Bedingungen von der Klägerin erwerben sollte („*Valuation and Buyout Remedy*“). Keiner dieser Anträge war von den Parteien gestellt worden. Das kanadische Gericht ging vor diesem Hintergrund davon aus, dass das Schiedsgericht eine Entscheidung getroffen hatte, zu der es nicht ermächtigt worden war und dass es dadurch das Recht der Parteien auf rechtliches Gehör verletzt habe.[680]

*(3) Das Schiedsgericht stellt auf abweichende rechtliche Gesichtspunkte ab*

Besonders häufig müssen sich staatliche Kontrollgerichte mit der Frage befassen, ob ein Schiedsgericht in unzulässiger Weise eine Überraschungsentscheidung erlassen hat, weil der Schiedsspruch auf rechtliche Erwägungen abstellt, die während des Verfahrens von keiner der Parteien vorgetragen und auch in keiner Weise mit ihnen erörtert worden sind. In diesem Zusammenhang spielt der Grundsatz iura novit curia eine entscheidende Rolle, der nach dem obigen Untersuchungsergebnis zumindest insoweit auch in Schiedsverfahren Anwendung findet, als das Schiedsgerichte grundsätzlich zur eigenständigen Rechtsermittlung und Rechtsanwendung befugt sind.[681] Es wurde auch bereits erläutert, dass der Grundsatz iura novit curia in Schiedsverfahren insoweit einer Beschränkung unterliegt, als dass den Parteien unter bestimmten Voraussetzungen eine Dispositionsbefugnis in Bezug auf Rechtsfragen zusteht.

Eine weitere Einschränkung erfährt der Grundsatz iura novit curia durch das Verbot Überraschungsentscheidungen zu erlassen.[682] Allerdings werden unterschiedliche Meinungen zu der Frage vertreten, anhand welcher Kriterien zu entscheiden ist, ob noch eine zulässige (auf den Grundsatz iura novit curia gestützte) Entscheidung des Schiedsgerichts vorliegt oder ob das Schiedsgericht eine unzulässige Überraschungsentscheidung erlassen hat. So empfahl beispielsweise die

---

680 Superior Court Canada, Province of Québec, Entscheidung vom 08.12.2008 - Az.: 500-05-015828-963.

681 Siehe oben im Abschnitt B. II. 12.

682 *Da Silveira/Lévy*, Transgression of the Arbitratiors‘ Authority, in Gaillard/Di Pietro (Hrsg.), Enforcement of Arbitration Agreements and International Arbitral Awards, S. 655.

International Law Association in ihrer Resolution aus dem Jahr 2008 zur Vermeidung von Überraschungsentscheidungen Folgendes:

> *"Before reaching their conclusions and rendering a decision or an award, arbitrators should give parties a reasonable opportunity to be heard on legal issues that may be relevant to the disposition of the case. They should not give decisions that might reasonably be expected to surprise the parties, or any of them,* ***or that are based on legal issues not raised by or with the parties.****"*[683] (Hervorgehoben durch die Verfasserin)

Diese Empfehlung spiegelt die deutsche Praxis indes nicht wider.[684] Vielmehr wird von deutschen Kontrollgerichten immer wieder hervorgehoben, dass die Parteien grundsätzlich weder einen Anspruch darauf haben, die Rechtsauffassung des Schiedsgerichts vorab kennenzulernen noch hätten sie einen Anspruch darauf, ein Rechtsgespräch mit dem Schiedsgericht zu führen.[685] Insoweit führte beispielsweise das OLG München zum Anspruch auf rechtliches Gehör Folgendes aus:

> *„Aus Art. 103 Abs. 1 GG ergibt sich, dass niemand in seinen Rechten durch gerichtliche Maßnahmen betroffen werden darf, ohne vorher Gelegenheit zur Äußerung gehabt zu haben. Der Anspruch auf rechtliches Gehör beinhaltet insbesondere, dass der Partei die Möglichkeit gegeben werden muss, sich zum Sachverhalt und zur Rechtslage zu äußern, dass andererseits das Gericht das Vorbringen der Partei auch zur Kenntnis nimmt.* ***Der Verhinderung des Vortrags entspricht es, wenn das Gericht in seiner Entscheidung auf rechtliche Gesichtspunkte abstellt, mit denen auch ein gewissenhafter und prozesskundiger Beteiligter nicht zu rechnen braucht.*** *Eine generelle Hinweispflicht, etwa zur Rechtauffassung des Gerichts folgt aus Art. 103 Abs. 1 GG jedoch nicht (vgl. z. B. Zöller/Greger Vor § 128 ZPO Rn. 6, 6a und 6b m. w. N.). Inhalt und Umfang des Anspruchs sind im Schiedsverfahren wie im Verfahren vor (inner-) staatlichen Gerichten gleich (Zöller/Geimer § 1042 Rn. 5).“*[686] *(Hervorhebungen durch die Verfasserin)*

Ähnlich äußerte sich das Schweizerische Bundesgericht in einer Entscheidung aus dem Jahr 2010, in der es Folgendes ausführte:

> *„As a rule, according to the saying jura novit curia, state courts or arbitral tribunals freely assess the legal significance of the facts and they may also decide on the basis of rules of law other than those relied upon by the parties."*[687]

---

683 ILA Resolution 6/2008, Recommendation 8.

684 Siehe oben im Abschnitt B. II. 12.

685 BGH, Urteil vom 12.07.1990 – III ZR 174/89 – NJW 1990, 3210(3211) m.w.N.; OLG München, Beschluss vom 09.11.2015 – 34 Sch 27/14 – SchiedsVZ 2015, 303(304).

686 OLG München, Beschluss vom 05.10.2009 – 34 Sch 12/09 – BeckRS 2011, 08217.

687 Schweizerisches Bundesgericht, Entscheidung vom 10.12.2010 – 4A_10/2010.

Eine Überraschungsentscheidung eines Schiedsgerichts liegt vor, wenn die Entscheidung des Schiedsgerichts für die Parteien nicht vorhersehbar war.[688] Zu der Frage, wann eine schiedsgerichtliche Entscheidung unvorhersehbar ist, führt das Schweizerische Bundesgericht in ständiger Rechtsprechung aus, dass in der Regel Zurückhaltung gegenüber einer vorschnellen Annahme der Unvorhersehbarkeit geboten sei.[689] Diese restriktive Handhabung sei zum einen dem Umstand geschuldet, dass die Parteien ihren Rechtsstreit gerade von diesem bestimmten Schiedsgericht und nicht von einem staatlichen Gericht entscheiden lassen wollten, andererseits solle dadurch verhindert werden, dass das Argument der überraschenden Rechtsanwendung dazu missbraucht würde, eine materielle Überprüfung des Schiedsspruchs zu erwirken.[690]

Um beurteilen zu können, ob eine Entscheidung für die Parteien vorhersehbar war, ist es sinnvoll noch einmal zwischen der eigenständigen Rechtsanwendung und der eigenständigen Rechtsermittlung durch das Schiedsgericht zu unterscheiden. Wendet das Schiedsgericht das von den Parteien vorgetragene Recht lediglich eigenständig an (hierzu sogleich unter (i)), dann sind den Parteien die rechtlichen Prämissen bekannt und das Schiedsgericht entscheidet (lediglich) über Subsumtions- und Auslegungsfragen. In dieser Situation ist es den Parteien zuzumuten, das Spektrum möglicher Subsumtions- und Auslegungsfragen zu überschauen und sich damit auseinanderzusetzen. Dagegen sind im Rahmen der Rechtsermittlung (hierzu unter(ii)) gewisse Einschränkungen des Grundsatzes iura novit curia und damit strengere Kriterien für die Vorhersehbarkeit angezeigt. Hier besteht in der Regel schlicht eine größere Fülle an möglichen Rechtssätzen und Rechtsgrundlagen, auf die das Schiedsgericht zur Entscheidung des Rechtsstreits zurückgreifen kann und mit deren Voraussetzungen sich die Parteien gegebenenfalls gar nicht auseinandergesetzt haben.

---

688 So auch: Schweizerisches Bundesgericht, Entscheidung vom 30.09.2003 – 4P.100/2003 – BGE 130 III 35(39); Schweizerisches Bundesgericht, Entscheidung vom 07.09.2006 – 4P.134/2006/bie; Schweizerisches Bundesgericht, Entscheidung vom 10.12.2010 – 4A_10/2010.

689 Schweizerisches Bundesgericht, Entscheidung vom 30.09.2003 – 4P.100/2003 – BGE 130 III 35(39); Schweizerisches Bundesgericht, Entscheidung vom 07.09.2006 – 4P.134/2006/bie; Schweizerisches Bundesgericht, Entscheidung vom 20.12.2010 – 4A_10/2010.

690 Schweizerisches Bundesgericht, Entscheidung vom 30.09.2003 – 4P.100/2003 – BGE 130 III 35(39); Schweizerisches Bundesgericht, Entscheidung vom 07.09.2006 – 4P.134/2006/bie; Schweizerisches Bundesgericht, Entscheidung vom 20.12.2010 – 4A_10/2010.

### *i. Die Rechtsanwendung*

Zu der Frage, ob Schiedsgerichte bei der Anwendung des von den Parteien vorgetragenen Rechts gänzlich frei sind, gibt es bislang noch wenig Rechtsprechung. Das Schweizerische Bundesgericht hat eine Verletzung des Rechts auf rechtliches Gehör in einer Entscheidung aus dem Jahr 2003 bejaht, weil sich die rechtliche Würdigung eines Schiedsgerichts auf eine Bestimmung des streitgegenständlichen Vertrages gestützt hatte, die von keiner der Parteien als maßgebend angesehen wurde.[691] In diesem Fall hatte das Schiedsgericht das Recht damit anders als die Parteien angewandt. Den Parteien waren die entscheidungserheblichen Vorschriften bekannt oder hätten zumindest bekannt sein müssen. Das Schiedsgericht hat diese Vorschriften (den Vertrag) anders als die Parteien ausgelegt, beziehungsweise angewandt.

Im Gegensatz dazu entschied das Schweizerische Bundesgericht in einer Entscheidung aus dem Jahr 2006, dass ein Schiedsgericht eine vertragliche Bestimmung abweichend von dem bisherigen Parteivortrag auslegen könne.[692]

Im ersten Fall ging es also um eine Bestimmung eines bekannten und streitgegenständlichen Vertrages, die im Verfahren noch nicht erörtert worden war; im zweiten Fall ging es um eine vertragliche Bestimmung, die bereits diskutiert worden war. Nach der hier vertretenen Auffassung besteht zwischen den beiden Konstellationen insoweit kein Unterschied, als dass es beide Male um die Frage der Rechtsanwendung ging. Die Anwendung des Rechts stellt das Herzstück (schieds-)richterlicher Tätigkeit dar, weshalb Schiedsgerichte zumindest im Rahmen der Rechtsanwendung frei und unabhängig von dem Vortrag der Parteien agieren können sollten. Deshalb ist dem Schiedsgericht - nach der hier vertretenen Auffassung - auch im erstgenannten Fall keine Verletzung des Gehörsanspruchs vorzuwerfen.

### *ii. Die Rechtsermittlung*

Schwieriger dürfte sich in der Praxis eine Antwort auf die Frage finden lassen, wann ein Schiedsgericht durch eine eigenständige Rechtsermittlung – also durch die eigenständige Ermittlung der aus Sicht des Schiedsgerichts einschlägigen Rechtsgrundlagen – eine Überraschungsentscheidung erlässt. Zu dieser Frage werden unterschiedliche Auffassungen vertreten.

---

691 Schweizerisches Bundesgericht, Entscheidung vom 30.09.2003 – 4P.100/2003 – 130 III 35.

692 Schweizerisches Bundesgericht, Entscheidung vom 07.09.2006 – 4P.134/2006/bie.

Teilweise wird die Meinung vertreten, dass eine schiedsgerichtliche Entscheidung, die auf einer von den Parteien nicht vorgetragenen Rechtsgrundlage beruht, zumindest dann als vorhersehbar anzusehen sei, wenn die vom Schiedsgericht gewählte Rechtsgrundlage einen allgemein gültigen Rechtssatz enthält.[693] In diesem Fall sei davon auszugehen, dass der Vortrag der Parteien diese Rechtsgrundlage konkludent mitumfasst habe.[694]

Im Gegensatz dazu gehen französische Gerichte generell davon aus, dass eine unzulässige Entscheidung vorliegt, wenn ein Schiedsgericht seine Entscheidung auf eine Rechtsgrundlage stützt, die von keiner der Parteien vorgetragen wurde.[695] Das hängt damit zusammen, das französische Gerichte der Geltung des Grundsatzes iura novit cuira in Schiedsverfahren prinzipiell kritisch gegenüberstehen, was oben bereits anhand dreier Beispielsfälle dargestellt wurde.[696] In diesen Fällen erachteten es die französischen Kontrollgerichte als unzulässig, dass das jeweilige Schiedsgericht seine Entscheidung auf Anspruchsgrundlagen gestützt hatte, die von keiner der Parteien in den Rechtsstreit eingeführt worden waren.[697]

Diese französische Praxis kann aber nicht auf inländische (deutsche) Schiedsverfahren übertragen werden. Wie oben im Abschnitt B. II. 12. bereits erläutert, entspricht es nämlich der herrschenden Meinung in der deutschen Rechtsprechung und Literatur, dass sich der Charakter des „Beantragten" unabhängig von der rechtlichen Begründung qualifiziert. In inländischen Schiedsverfahren obliegt die Rechtsermittlung grundsätzlich dem Schiedsgericht.[698] In diesem Sinne hielt es beispielsweise das OLG Jena für zulässig, dass das Schiedsgericht den geltend gemachten Anspruch abweichend von dem Antrag des Klägers nicht als Schadensersatz, sondern als Entschädigungsanspruch qualifiziert hatte.[699]

---

693 Fouchard/Gaillard/Goldman, On International Commercial Arbitration, S. 949.

694 Fouchard/Gaillard/Goldman, On International Commercial Arbitration, S. 949.

695 Cour d'appel de Paris, Entscheidung vom 19.06.2008 – 06/17901; Cour de Cassation Paris, Entscheidung vom 03.12.2009, Revue arbitrage 2010, S.105; Cour de Cassation, Urteil vom 29.06.2011, Revue de l'arbitrage 2011, 678 ff.

696 Siehe oben im Abschnitt B. II. 12. a) (5).

697 Siehe oben im Abschnitt B. II. 12. a) (5).

698 BGH, Urteil vom 12.07.1990 – III ZR 174/89 – NJW 1990, 3210(3211); OLG München, Beschluss vom 17.11.2016 – 34 SchH 13/16 –, juris, Rn. 36; OLG München, Beschluss vom 05.10.2009 – 34 Sch 12/09 – BeckRS 2011, 08217; OLG Hamburg, Beschluss vom 22.04.2013 – 6 Sch 21/12 – BeckRS 2015, 02549; OLG Jena, Beschluss vom 25.04.2016 – 1 Sch 1/16 – BeckRS 2016, 118517, Rn. 22.

699 OLG Jena, Beschluss vom 25.04.2016 – 1 Sch 1/16 – BeckRS 2016, 118517.

Auch das OLG München sah es nicht als unzulässige Überraschungsentscheidung an, dass ein Schiedsgericht seine Entscheidung auf eine Anspruchsgrundlage gestützt hatte, die keine der Parteien als maßgeblich erachtet hatte.[700] In dem Rechtsstreit ging es um die Berechnung der Kosten für eine Zahnarzt Praxis. Das Schiedsgericht hatte hierfür auf Gemeinschaftsrecht (§ 741 ff. BGB) zurückgegriffen, statt – wie für Bewertungsfragen in der Schiedsvereinbarung vorgegeben – ein Sachverständigengutachten einzuholen. Das OLG München erachtete dieses Vorgehen als zulässig und führt zur Begründung aus:

> *„Die Abrechnung nach Gemeinschaftsrecht erscheint nicht so fernliegend, als dass die Parteien nicht hätten damit rechnen müssen."*[701]

Nach der Rechtsprechung des Schweizerischen Bundesgerichts gelten ähnliche Maßstäbe, wie nach der deutschen Rechtsprechung. So entschied das Bundesgericht beispielsweise in einem Fall aus dem Jahr 2011, dass es keine unzulässige Überraschungsentscheidung darstellen würde, wenn ein Schiedsgericht den begehrten Anspruch nicht wie vom Kläger geltend gemacht als einen Erfüllungsanspruch aus dem zwischen den Parteien bestehenden Garantievertrag qualifiziert, sondern als einen Schadensersatzanspruch.[702] Das Bundesgericht sah in diesem Vorgehen weder einen Verstoß gegen den Grundsatz ne ultra petita noch eine Verletzung des Anspruchs auf rechtliches Gehör.[703]

Allerdings bejahte das Schweizerische Bundesgericht im Jahr 2009 das Vorliegen einer Überraschungsentscheidung, weil der zugrundeliegende Schiedsspruch auf eine Norm des Schweizerischen Arbeitsvermittlungsgesetzes abstellte, die während des Verfahrens nicht erörtert worden war.[704] In diesem Fall bestand allerdings die Besonderheit, dass weder die Parteien noch der Inhalt des Rechtsstreits einen Bezug zum Schweizerischen Recht aufwiesen, sodass die Parteien das Abstellen des Schiedsgerichts auf die besagte Norm unter keinen Umständen erwarten konnten. Auch in diesem Fall war in dem Vorgehen des Schiedsgerichts folglich eine Verletzung des Grundsatzes ne ultra petita zu sehen, weil das Schiedsgericht etwas anderes als beantragt zugesprochen hatte.

---

700 OLG München, Beschluss vom 05.10.2009 – 34 Sch 12/09 – BeckRS 2011, 08217.
701 OLG München, Beschluss vom 05.10.2009 – 34 Sch 12/09 – BeckRS 2011, 08217.
702 Schweizerischer Bundesgericht, Entscheidung vom 02.03.2001 – 4P.260/2000/rnd.
703 Schweizerischer Bundesgericht, Entscheidung vom 02.03.2001 – 4P.260/2000/rnd.
704 Schweizerisches Bundesgericht, Entscheidung vom 09.02.2009 – 4A_400/2008.

*iii. Zwischenergebnis*

Die internationale Praxis zeigt, dass es noch sehr unterschiedliche Auffassungen dazu gibt, wann die Entscheidung eines Schiedsgerichts, die auf abweichende rechtliche Gesichtspunkte abstellt als die Parteien, als eine unzulässige Überraschungsentscheidung zu qualifizieren ist. Nationale Gerichte, die dem Grundsatz iura novit curia eine große Bedeutung beimessen, sind hier eher großzügig und verneinen im Zweifelsfall, dass das Schiedsgericht eine Überraschungsentscheidung erlassen hat. Das entspricht grundsätzlich der deutschen Praxis.[705] Auf der anderen Seite stehen beispielsweise französische Gerichte, für die der Grundsatz iura novit curia allenfalls eine untergeordnete Rolle spielt.[706] Gemäß dem französischen Grundverständnis tritt der Grundsatz iura novit curia hinter das Prinzip *„de la contradiction"* zurück. Letzteres verhindert, dass Schiedsgerichte ihre Entscheidungen auf rechtliche Grundlagen stützen, die nicht mit den Parteien erörtert worden sind. Es verhindert damit den Erlass von Überraschungsentscheidungen.

Allerdings setzen sich die wenigsten Entscheidungen staatlicher Kontrollgerichte damit auseinander, ob mit dem behaupteten Verstoß gegen den Anspruch auf rechtliches Gehör auch ein ultra petita-Verstoß einhergeht. Das kann entweder daran liegen, dass die Gerichte den Grundsatz ne ultra petita in diesen Fällen nicht als verletzt ansehen, oder dran, dass ein etwaiger ultra petita-Verstoß von einem Verstoß gegen den Gehörsanspruch gänzlich konsumiert wird und neben diesem weder einen eigenen Anwendungsbereich hat noch abweichende oder weitergehende Rechtsfolgen nach sich zieht.

Ungeachtet dieser Überlegungen gibt es nach der hier vertretenen Auffassung einen zwingenden Kern des Grundsatzes ne ultra petita, der in dem Anspruch auf rechtliches Gehör aufgeht. Denn wenn das Schiedsgericht seine Entscheidung auf Gesichtspunkte stützt, auf die sich keine der Parteien gestützt hat, dann entspricht das grundsätzlich der Situation, in der das Schiedsgericht etwas zuspricht, was nicht beantragt worden ist. Hierin besteht folglich eine

705 BGH, Urteil vom 12.07.1990 – III ZR 174/89 – NJW 1990, 3210(3211); OLG München, Beschluss vom 17.11.2016 – 34 SchH 13/16 –, juris, Rn. 36; OLG München, Beschluss vom 05.10.2009 – 34 Sch 12/09 – BeckRS 2011, 08217; OLG Hamburg, Beschluss vom 22.04.2013 – 6 Sch 21/12 – BeckRS 2015, 02549; OLG Jena, Beschluss vom 25.04.2016 – 1 Sch 1/16 – BeckRS 2016, 118517, Rn. 22.

706 Cour d'appel de Paris, Entscheidung vom 19.06.2008 – 06/17901; Cour de Cassation Paris, Entscheidung vom 03.12.2009, Revue arbitrage 2010, S.105; Cour de Cassation, Entscheidung vom 29.06.2011, Revue de l'arbitrage 2011, 678 ff.

Schnittstelle zwischen dem Anspruch auf rechtliches Gehör und dem Grundsatz ne ultra petita. In diesem Sinne führt auch das Schweizerische Bundesgericht aus:

> „*La règle "ne eat judex ultra petita partium" garantit un aspect particulier du droit d'être entendu, dans la mesure où elle interdit au tribunal arbitral d'inclure dans sa sentence des prétentions (ou une partie d'entre elles) sur lesquelles les parties n'ont peut-être pas eu l'occasion de s'exprimer en fait* ***et en droit*** *(ATF 116 II 80 consid. 3a).*"[707] (Hervorgehoben durch die Verfasserin)

### c) *Ergebnis*

Die vorstehende Prüfung hat gezeigt, dass der Grundsatz ne ultra petita einen zwingenden Kern besitzt, der zum Tragen kommt, wenn durch den ultra petita-Verstoß derart eklatant in die Rechte der Parteien – insbesondere in die Rechte des Beklagten – eingegriffen wird, dass darin gleichzeitig eine Gehörsverletzung zu sehen ist. Das ist der Fall, wenn das Schiedsgericht eine Überraschungsentscheidung erlässt. Unzulässige Überraschungsentscheidungen können auf drei Weisen auftreten:

(1) wenn der Entscheidung des Schiedsgerichts <u>Tatsachen</u> zugrunde gelegt werden, die nicht Gegenstand des Vortrags der Parteien waren,
(2) wenn das Schiedsgericht eine andere <u>Rechtsfolge</u> zuspricht, als beantragt wurde oder
(3) Wenn <u>rechtliche Erwägungen</u> zugrunde gelegt werden, die im Verfahren noch nicht erörtert worden sind.

Voraussetzung aller drei Varianten ist noch, dass die Parteien vernünftigerweise nicht mit der Relevanz dieses Gesichtspunktes für den Ausgang des Verfahrens rechnen konnten. Liegt nach einer dieser drei Varianten eine unzulässige Überraschungsentscheidung vor, dann ist auch immer von einem ultra petita-Verstoß auszugehen.

Allerdings haben die oben unter Ziffer (1) erörterten Beispielfällen gezeigt, dass in der Praxis unzulässige Überraschungsentscheidungen, basierend auf der Berücksichtigung nicht vorgetragener tatsächlicher Gesichtspunkte, relativ selten vorkommen. Von größerer Relevanz sind die unter Ziffer (2) erörterten Fälle, in denen das Schiedsgericht eine Rechtsfolge zuerkennt, die von dem Kläger nicht beantragt worden war. In Bezug auf Rechtsfragen spielt der Grundsatz ne ultra petita wegen der Geltung des Grundsatzes iura novit curia prinzipiell keine

---

707 Schweizerisches Bundesgericht, Entscheidung vom 19.04.1994 – BGE 120 II 172(175).

Rolle. Doch auch hier können ultra petita-Verstöße in bestimmten Fällen zu Überraschungsentscheidungen führen. Das ist der Fall, wenn das Schiedsgericht im Rahmen seiner Rechtsermittlung derart eklatant von dem klägerischen Vortrag abgewichen ist, dass die Parteien mit der schiedsgerichtlichen Entscheidung vernünftigerweise nicht rechnen konnten. In diesem Fall ist von einem ultra petita-Verstoß auszugehen, weil der Kläger bei der Antragstellung diese unvorhersehbare Entscheidung des Schiedsgerichts nicht antizipieren konnte und sie damit auch nicht konkludent in seinen Vortrag aufgenommen haben kann.

## 14. Fazit

Nicht zuletzt wegen seiner jahrhundertelangen Tradition ist der Grundsatz ne ultra petita auch heute noch fester Bestandteil der kontinental-europäischen römisch-germanisch geprägter Rechtsordnungen. Er ist prinzipiell auch in inländischen (deutschen) Schiedsverfahren zu beachten. Dabei kann die deutsche Anwendungs- und Auslegungspraxis zu § 308 Abs. 1 ZPO herangezogen werden, obgleich vom Wortlaut her eher eine entsprechende Anwendung von § 88 VwGo angezeigt ist.[708] Dementsprechend sind Schiedsgerichte mit Sitz in Deutschland an den Streitgegenstand des jeweiligen Schiedsverfahrens gebunden. Der Streitgegenstand eines Schiedsverfahrens wird anhand des gestellten Antrags und der zur Begründung des Antrags vorgebrachten Klagegründe ermittelt.[709]

Schiedsgerichte besitzen weitreichende Befugnisse im Rahmen der Antragsauslegung. Deshalb kann nicht mehr von einer strikten Bindung an den tatsächlich gestellten Antrag gesprochen werden, denn von diesem kann das Schiedsgericht im Zweifel abweichen. Vielmehr ist das Schiedsgericht an das klägerische Begehren gebunden.[710] Eine derartige Handhabung ist mit dem Wortlaut des Grundsatzes auch vereinbar, da unter dem Begriff „petita" nicht zwingend das „Beantragte", sondern vielmehr auch das „Begehrte" verstanden werden kann. Bevor das Schiedsgericht durch seine Auslegung aber so weit geht, dass es den Antrag entgegen dessen klaren Wortlauts auslegt, sollte es die Parteien hierauf aufmerksam machen und durch entsprechende Hinweise auf eine sachdienliche Antragstellung hinwirken.

Der Grundsatz ne ultra petita gilt im Rahmen von inländischen Schiedsverfahren als dispositives Schiedsverfahrensrecht.[711] Unabhängig davon besitzt er

708 Siehe hierzu oben im Abschnitt B. I. 6. a).
709 Siehe hierzu oben im Abschnitt B. II. 5.
710 Siehe hierzu oben im Abschnitt B. II. 7.
711 Siehe hierzu oben im Abschnitt B. II. 8.

einen zwingenden Kern, der im Anspruch auf rechtliches Gehör aufgeht und der dann verletzt ist, wenn ein Schiedsgericht über den Antrag einer Partei hinweggeht und infolgedessen eine Überraschungsentscheidung erlässt. Eine derartige Überraschungsentscheidung kann auf drei Weisen vorliegen:[712] Im ersten Fall liegt eine Überraschungsentscheidung vor, wenn das Schiedsgericht seine Entscheidung auf Tatsachen stützt, die nicht Gegenstand des Parteivortrags waren. Im zweiten Fall liegt eine Überraschungsentscheidung vor, wenn das Schiedsgericht eine andere Rechtsfolge zuspricht, als beantragt wurde und im dritten Fall liegt eine Überraschungsentscheidung vor, wenn das Schiedsgericht seine Entscheidung auf eine Rechtsgrundlage stützt, die im Verfahren noch nicht erörtert wurde. Alle drei Varianten setzen voraus, dass die Parteien nicht damit rechnen konnten, dass der jeweilige Gesichtspunkt für die Entscheidung des Schiedsgerichts von Relevanz sein könnte.

## III. Der Umgang mit ultra petita-Verstößen im Rahmen von Rechtsbehelfen gegen den Schiedsspruch

In dem vorherigen Kapitel wurde festgestellt, dass der Grundsatz ne ultra petita in inländischen (deutschen) Schiedsverfahren in einem ähnlichen Umfang wie in deutschen Zivilprozessen Anwendung findet. In dem nun folgenden Kapitel wird der Frage nachgegangen, wie deutsche Kontrollgerichte mit Verstößen von Schiedsgerichten gegen den Grundsatz umgehen müssen. Dabei geht es nicht nur um die Wirksamkeit und die Vollstreckbarkeit von inländischen Schiedssprüchen, sondern auch um die Vollstreckbarkeit von ausländischen Schiedssprüchen in Deutschland.

Insbesondere bei inländischen Schiedssprüchen ist stets zu bedenken, dass Aufhebungs- und Vollstreckbarerklärungsverfahren keinen Instanzenzug darstellen, wie ihn die ZPO für nationale Zivilverfahren vorsieht. Deshalb können Schiedssprüche nicht im gleichen Maße wie Gerichtsurteile auf ihre Rechtmäßigkeit hin überprüft werden. Folglich sagt allein der Umstand, dass der Grundsatz ne ultra petita in Schiedsverfahren gilt, noch nicht zwingend auch etwas darüber aus, ob sich Verstöße eines Schiedsgerichts gegen diesen Grundsatz auf die Wirksamkeit, bzw. die Vollstreckbarkeit des Schiedsspruchs in Deutschland auswirken.

Bevor im Folgenden der Frage nachgegangen wird, wie deutsche Kontrollgerichte mit ultra petita-Verstoßen umgehen sollten, werden zunächst einige

---

712 Siehe hierzu oben im Abschnitt B. II. 13.

allgemeine Ausführungen zur Kontrolle von Schiedssprüchen durch deutsche Gerichte gemacht (dazu unter 1.). Sodann wird erörtert, inwieweit sich ein ultra petita-Verstoß auf die Vollstreckbarkeit eines ausländischen Schiedsspruchs in Deutschland auswirkt (dazu unter 2.) und wie er sich auf einen inländischen Schiedsspruch auswirkt (dazu unter 3.). Zum Abschluss werden noch einmal die Fallgruppen aufgezeigt, in denen deutsche (dazu unter 4.) und ausländische (dazu unter 5.) Kontrollgerichte ultra petita-Verstöße von Schiedsgerichten bejaht haben.

Diese Gliederung mag auf den ersten Blick systemfremd anmuten, da unter 2. zunächst die Vollstreckbarkeit von ausländischen Schiedssprüchen behandelt wird, bevor sich unter 3. mit inländischen Schiedssprüchen befasst wird, obwohl Letztere im Fokus der vorliegenden Untersuchung stehen. Die gewählte Gliederung ist aber deshalb sinnvoll, weil die unter 2. gewonnen Ergebnisse gleichzeitig die Grundlage für die Prüfung unter 3. darstellen. Dieser Zusammenhang besteht deshalb, weil sich die Vollstreckbarkeit von ausländischen Schiedssprüchen gemäß § 1061 Abs. 1 ZPO nach der New York Convention richtet. In Anlehnung an die New York Convention wurden wiederum die Aufhebungsgründe und die Gründe für die Versagung der Vollstreckbarerklärung im UNCITRAL-Modellgesetz formuliert, [713] welches wiederum als Vorbild für die Vorschriften in der ZPO zur Aufhebbarkeit von inländischen Schiedssprüchen, namentlich § 1059 Abs. 2 ZPO, gedient hat. Um die Gründe für die Aufhebung, bzw. für die Versagung der Vollstreckbarerklärung eines inländischen Schiedsspruchs analysieren zu können, ist es deshalb sinnvoll – wenn nicht sogar erforderlich – sich zuvor mit den korrespondierenden Gründen aus der New York Convention auseinanderzusetzten.

## 1. Allgemeines zur Kontrolle von Schiedssprüchen durch deutsche Kontrollgerichte

Für einen inländischen Schiedsspruch gibt es nur wenige Verfahrensverstöße, die zu einer Aufhebung des Schiedsspruchs führen können, bzw. die Grundlage dafür sein können, die Vollstreckbarerklärung des Schiedsspruchs zu versagen. Die Gründe sind abschließend in § 1059 Abs. 2 ZPO aufgeführt.[714]

---

713 BT-Drs. 13/5274, 12.07.1996, S. 58; *Hausmann*, Die Aufhebung von Schiedssprüchen nach neuem deutschen Schiedsverfahrensrecht, in FS-Stoll, S. 593(595).

714 Der BGH hat hiervon eine Ausnahme zugelassen und in analoger Anwendung von § 1059 Abs. 2 ZPO einen Aufhebungsgrund auch darin gesehen, das ein Schiedsspruch durch einen Verfahrensbetrug erschlichen wurde (siehe hierzu nur Lachmann, Handbuch für die Schiedsgerichtspraxis, Rn. 2342 ff. m.w.N). Derartige Konstellationen

Diese restriktive Handhabung ist darin begründet, dass staatliche Gerichte den Schiedsspruch nicht etwa wie eine zweite Instanz auf seine Richtigkeit hin überprüfen sollen. Vielmehr hat ein Schiedsspruch in Deutschland gemäß § 1055 ZPO die Wirkung eines rechtskräftigen Urteils. Seine Überprüfung dient nur dazu sicherzustellen, dass grundlegende Anforderungen an das Verfahren gewahrt worden sind, sodass staatliche Organe die Vollstreckung des Schiedsspruchs betreiben können, ohne dadurch selbst Rechtsverletzungen zu begehen. Daran anknüpfend führte beispielsweise das OLG München aus, dass es im Aufhebungsverfahren lediglich darauf ankomme:

> *„einen Missbrauch der der privaten Schiedsgerichtsbarkeit zugestandenen Rechtssprechungsbefugnis zu verhindern.“*[715]

Ähnliches gilt für die Gründe, die die Versagung der Vollstreckbarerklärung eines ausländischen Schiedsspruchs rechtfertigen. Sie sind abschließend in Art. 5 New York Convention aufgeführt. Auch hier sind die Vollstreckbarkeitsversagungsgründe restriktiv zu handhaben.[716]

In diesem Sinne heben auch die meisten anderen staatlichen Kontrollgerichte stets hervor, dass die Kontrolle eines Schiedsspruchs nur eingeschränkt möglich ist.[717] So führte beispielsweise der United States District Court, Southern District of New York im Jahr 2002 Folgendes aus:

---

sind für die vorliegende Untersuchung aber nicht relevant und sollen deshalb auch nicht weiter behandelt werden.

715 OLG München, Beschluss vom 14.12.2009 – 34 Sch 2/09 – veröffentlicht in der Datenbank der DIS, abrufbar unter: http://www.disarb.org/de/47/datenbanken/rspr/olg-m%c3%bcnchen-az-34-sch-2-09-datum-2009-12-14-id1053.

716 *Borris/Hennecke* in Wolff/Borris, New York Convention – Commentary, S. 330, Rn. 264; Van den Berg, The New York Arbitration Convention of 1958, S. 313; UNCITRAL Secretariat Guide on the Convention on the Recognition and Enforcement of Foreign Arbitral Awards (New York, 1958), abrufbar unter: http://newyorkconvention1958.org/index.php?lvl=cmspage&pageid=10&menu=623&opac_view=-1, Art. V, Rn. 8 (S. 126).

717 United States District Court, Southern District of New York, Entscheidung vom 28.03.2002, 01 Civ. 2668 (SHS) – Millicom International VN.V. v. Motorola, Inc. and others - abrufbar unter http://www.newyorkconvention.org/court+decisions/decisions+per+topic/us+401;Britischer Commercial Court, Entscheidung vom 26.07.2007 – APP.L.R. 07/26 – Rn.18; Schweizerisches Bundesgericht, Entscheidung vom 21.09.2007 – 4A_220/2007 /ech – Ziffer 4.

*„'Arbitration awards are subject to* ***very limited review****' in order that 'the twin goals of arbitration, namely, settling disputes efficiently and avoiding long and expensive litigation' are not undermined [m.w.N.]. […]*

*Sect. 10 of the FAA sets forth* ***the limited grounds*** *upon which an arbitration award may be vacated […]."*[718] (Hervorhebungen durch die Verfasserin)

Ähnlich äußerte sich der britische Commercial Court im Jahr 2007:

*„'[s.68] is really designed as a long stop, only available in extreme cases where the tribunal has gone so wrong in its conduct of the arbitration that justice calls out for it to be corrected'."*[719]

Schließlich hebt auch das Schweizerische Bundesgericht hervor, dass die in Art. 190 Abs. 2 IPRG genannten Aufhebungsgründe abschließend zu verstehen sind:

*„Le recours ne peut être formé que pour l'un des motifs énumérés de manière exhaustive à l'art. 190 al. 2 LDIP […]."*[720]

Frei übersetzt:

*"Die Beschwerde kann nur auf einen der in Art. 190 Abs. 2 IPRG abschließend aufgezählten Gründen gestützt werden."*

Ein ultra petita-Verstoß eines Schiedsgerichts führt in Deutschland nur dann zur Aufhebung eines inländischen Schiedsspruchs oder zur Versagung der Vollstreckbarerklärung eines in- oder ausländischen Schiedsspruchs, wenn er unter einen der in § 1059 Abs. 2 ZPO oder in Art. V New York Convention abschließend genannten Versagungsgründe subsumiert werden kann.

## 2. Die Folgen eines ultra petita-Verstoßes bei ausländischen Schiedssprüchen

Wie bereits erwähnt, richtet sich die Anerkennung und die Vollstreckung eines ausländischen Schiedsspruchs gemäß § 1061 ZPO nach der New York

---

718 United States District Court, Southern District of New York, Entscheidung vom 28.03.2002, 01 Civ. 2668 (SHS) – Millicom International VN.V. v. Motorola, Inc. and others - abrufbar unter http://www.newyorkconvention.org/court+decisions/decisions+per+topic/us+401.

719 Britischer Commercial Court, Entscheidung vom 26.07.2007 – APP.L.R. 07/26 – Rn.18.

720 Schweizerisches Bundesgericht, Entscheidung vom 21.09.2007 – 4A_220/2007 / ech – Ziffer 4.

Convention. Die New York Convention war das Ergebnis internationaler Bestrebungen, einheitliche Rahmenbedingungen für die internationale Schiedsgerichtsbarkeit zu schaffen, denn bis zum Beginn des 20. Jahrhunderts waren Regelungen zur Schiedsgerichtsbarkeit ausschließlich nationalgesetzlich ausgestaltet.[721] Im Bereich der internationalen Durchsetzbarkeit von Schiedssprüchen war das Genfer Abkommen zur Vollstreckung ausländischer Schiedssprüche von 1927 („**Genfer Abkommen**")[722] das Vorgängerabkommen zur New York Convention. Dieses trat durch das Inkrafttreten der New York Convention in dem Maße außer Kraft, in dem die New York Convention für die Mitgliedstaaten verbindlich geworden ist.[723]

Für die Anwendbarkeit der New York Convention kommt es nicht auf verbürgte Gegenseitigkeit an, sodass die New York Convention gemäß § 1061 ZPO für die Vollstreckbarerklärung ausländischer Schiedssprüche unabhängig von der Frage einschlägig ist, ob der Sitzstaat des Schiedsgerichts auch Vertragsstaat der New York Convention ist.[724]

Nach der New York Convention kann einem ausländischen Schiedsspruch in Deutschland die Vollstreckung versagt, wenn einer der in Art. V New York Convention geregelten Versagungsgründe vorliegt. Dabei folgt aus dem Wortlaut der Vorschrift, dass die in Art. V Abs. 1 New York Convention genannten Versagungsgründe nur auf Antrag einer Partei hin geprüft werden, wohingegen die in Art. V Abs. 2 New York Convention genannten Versagungsgründe durch das Kontrollgericht von Amts wegen zu prüfen sind. Art. V New York Convention lautet wie folgt:

> *„1. Recognition and enforcement of the award may be refused, at the request of the party against whom it is invoked, only if that party furnishes to the competent authority where the recognition and enforcement is sought, proof that:*

---

721 Steger, Die Präklusion von Versagungsgründen bei der Vollstreckung ausländischer Schiedssprüche, S. 85.

722 Abgedruckt im Deutschen Reichsgesetzblatt Teil II 1930, S. 1068; Näheres zum Genfer Abkommen siehe Greminger, Die Genfer Abkommen von 1923 und 1927 über die internationale private Schiedsgerichtsbarkeit.

723 Das folgt aus Art. 7 Abs. 2 New York Convention, der wie folgt lautet: „*Das Genfer Protokoll über die Schiedsklauseln von 1923 und das Genfer Abkommen zur Vollstreckung ausländischer Schiedssprüche von 1927 treten zwischen den Vertragsstaaten in dem Zeitpunkt und in dem Ausmaß außer Kraft, in dem dieses Übereinkommen für sie verbindlich wird.*"

724 *Münch* im Münchener Kommentar zur ZPO, § 1061, Rn. 15.

*(a) The parties to the agreement referred to in article II were, under the law applicable to them, under some incapacity, or the said agreement is not valid under the law to which the parties have subjected it or, failing any indication thereon, under the law of the country where the award was made; or*

*(b) The party against whom the award is invoked was not given proper notice of the appointment of the arbitrator or of the arbitration proceedings or* ***was otherwise unable to present his case****; or*

*(c)* ***The award deals with a difference not contemplated by or not falling within the terms of the submission to arbitration, or it contains decisions on matters beyond the scope of the submission to arbitration****, provided that, if the decisions on matters submitted to arbitration can be separated from those not so submitted, that part of the award which contains decisions on matters submitted to arbitration may be recognized and enforced; or*

*(d) The composition of the arbitral authority or* ***the arbitral procedure was not in accordance with the agreement of the parties, or, failing such agreement, was not in accordance with the law of the country where the arbitration took place****; or*

*(e) The award has not yet become binding on the parties, or has been set aside or suspended by a competent authority of the country in which, or under the law of which, that award was made.*

*2. Recognition and enforcement of an arbitral award may also be refused if the competent authority in the country where recognition and enforcement is sought finds that:*

*(a) The subject matter of the difference is not capable of settlement by arbitration under the law of that country; or*

*(b)* ***The recognition or enforcement of the award would be contrary to the public policy of that country.****"*

(Hervorhebungen durch die Verfasserin)

## a) Die verschiedenen Varianten von Art. V New York Convention

Für die vorliegende Untersuchung sind die im vorstehenden Zitat hervorgehobenen Varianten, namentlich Art. V Abs. 1 lit. b), lit. c) und lit. d) New York Convention, sowie Art. V Abs. 2 lit. b) New York Convention relevant, da ein ultra petita-Verstoß eines Schiedsgerichts potentiell in den Anwendungsbereich einer dieser Bestimmungen fallen kann. Im Folgenden wird geprüft, welche dieser Bestimmungen bei ultra petita-Verstößen tatsächlich einschlägig sind.

### (1) Art. V Abs. 1 lit. b) New York Convention

Gemäß § 1061 ZPO i.V.m. Art. V Abs. 1 lit. b) New York Convention kann einem Schiedsspruch in Deutschland die Vollstreckbarerklärung versagt werden, wenn das Schiedsgericht das Recht auf rechtliches Gehör einer Partei verletzt hat. Der Begriff „rechtliches Gehör" („*right to be heard*") wird in der Vorschrift zwar nicht ausdrücklich verwendet, er verbirgt sich aber unstreitig hinter dem Ausdruck „*or was otherwise unable to present his case*".[725]

### i. *Das maßgebliche Recht*

In der Literatur wird diskutiert, nach welchem Recht zu beurteilen ist, ob eine Gehörsverletzung im Sinne von Art. V Abs. 1 lit. b) New York Convention vorliegt.[726] Art. V Abs. 1 lit. b) New York Convention trifft dazu keine Aussage. Damit unterscheidet sich die Vorschrift von Art. V Abs. 1 lit. a) und lit. d) New York Convention, die für die Wirksamkeit der Schiedsvereinbarung (lit. a)) und für die Prüfung von Verfahrensverstößen (lit. d)) zumindest subsidiär auf das jeweils anwendbare Verfahrensrecht des Sitzstaates des Schiedsgerichts abstellen.[727] Die Vorschrift unterscheidet sich auch von Art. V Abs. 2 lit. b) New York Convention, der für ordre public-Verstöße auf das Recht des Vollstreckungsstaats abstellt.[728]

Vor diesem Hintergrund drängt sich die Vermutung auf, dass im Anwendungsbereich von Art. V Abs. 1 lit. b) New York Convention weder das Recht des Sitzstaates des Schiedsgerichts noch das Recht des Vollstreckungsstaates auschlaggebend sein soll.[729] Andernfalls hätte die Vorschrift im Sinne einer der vorgenannten Bestimmungen formuliert werden können. Sowohl die Systematik von Art. V New York Convention als auch der Sinn und Zweck der New York Convention, namentlich einheitliche Rahmenbedingungen für die internationale

---

725 *Voit* in Musielak/Voit, Kommentar zur ZPO, § 1061, Rn. 15; *Adolphsen* im Münchener Kommentar zur ZPO, Anhang zu § 1061, Art. V New York Convention, Rn. 26.

726 Siehe zum Diskussionsstand: *Scherer* in in Wolff/Borris (Hrsg.), New York Convention – commentary, Article V, Rn. 136 ff.; Schwab/Walter, Schiedsgerichtsbarkeit, 57. Kapitel, Rn. 8 ff.; Van den Berg, The New York Arbitration Convention of 1958, S. 298.

727 Art. 5 Abs. 1 lit. a) New York Convention lautet auszugsweise wie folgt: "*[…] the said agreement is not valid […]* ***under the law of the country where the award was made****; […]*"; Art. 5 Abs. 1 lit. d) New York Convention lautet auszugsweise wie folgt: „*[…] The composition of the arbitral authority or the arbitral procedure […] was not in accordance with* ***the law of the country where the arbitration took place****; […]*" (Hervorhebungen durch die Verfasserin)

728 „*[…] would be contrary to the public policy* ***of that country***." (Hervorhebungen durch die Verfasserin)

729 So wohl grundsätzlich auch: *Adolphsen* im Münchener Kommentar zur ZPO, Anhang zu § 1061, Art. 5 New York Convention, Rn. 27 ff.

Schiedsgerichtsbarkeit zu schaffe, legen es nahe, dass für die Anforderungen an das rechtliche Gehör im Sinne von Art. V Abs. 1 lit. b) New York Convention auf international geltende Standards abzustellen ist.

Einige Autoren sind indes der Auffassung, dass es im Anwendungsbereich von Art. V Abs. 1 lit. b) New York Convention maßgeblich auf das für das Schiedsverfahren anwendbare Schiedsverfahrensrecht ankommen würde.[730] Gegen diese Auffassung spricht allerdings, dass Gehörsverstöße als Verfahrensverstöße dann gänzlich in den Anwendungsbereich von Art. V Abs. 1 lit. d) New York Convention fallen würden. Für Art. V Abs. 1 lit. b) New York Convention bliebe mithin kein eigenständiger Anwendungsbereich mehr.[731] Darüber hinaus sollte das Verfahrensrecht des Sitzstaates nach der hier vertretenen Meinung nur dann Bedeutung im Rahmen des Vollstreckbarerklärungsverfahren haben, wenn die New York Convention dies ausdrücklich vorsieht. Grenzen für die Vollstreckbarkeit in dem jeweiligen Staat (hier Deutschland) sollten sich allenfalls aus dem nationalen Recht des Vollstreckungsstaates selbst ergeben.[732] Bei der Frage nach der Vollstreckbarkeit geht es nämlich nicht um die Frage, ob der jeweilige Schiedsspruch wirksam zustande gekommen ist oder nicht. Es geht vielmehr um die Frage, ob der Schiedsspruch gerade in Deutschland vollstreckt werden kann.

Vor diesem Hintergrund überzeugt auch die Auffassung von *Adolphsen* nicht gänzlich.[733] *Adolphsen* spricht sich zwar grundsätzlich für eine autonome Auslegung des Begriffs des rechtlichen Gehörs im Rahmen von Art. V Abs. 1 lit. b) New York Convention aus, er hält aber trotzdem einen Rückgriff auf das jeweils anzuwendende Schiedsverfahrensrecht des Sitzstaates für sachgerecht.[734]

Wie oben bereits dargelegt, sollte bei der Auslegung des Gehörsbegriffs im Rahmen von Art. V Abs. 1 lit. b) New York Convention nach der hier vertretenen Auffassung ein internationaler Standard gelten, der aber von den im Vollstreckungsstaat geltenden Mindeststandards – hier also von deutschen

730 So beispielsweise *Aden*, Gewährung rechtlichen Gehörs im Schiedsgerichtsverfahren in NJW 1993, 1964.

731 *Adolphsen* im Münchener Kommentar zur ZPO, Anhang zu § 1061, Art. V New York Convention, Rn. 29.

732 Deshalb stellt das Hanseatisches OLG Hamburg in seiner Entscheidung vom 27.07.1978 – 6 U 174/77 – YCA Vol. IV (1979), 266(267) im Rahmen von Art. 5 Abs. 1 lit. b) New York Convention auf das Recht des Vollstreckungsstaates ab.

733 *Adolphsen* im Münchener Kommentar zur ZPO, Anhang zu § 1061, Art. V New York Convention, Rn. 31.

734 *Adolphsen* im Münchener Kommentar zur ZPO, Anhang zu § 1061, Art. V New York Convention, Rn. 31.

Mindeststandards – geprägt ist. Es dürfte nämlich kaum zu vermeiden sein, dass die Bewertung und Auslegung eines nationalen Kontrollgerichts immer auch von den Vorstellungen und Vorgaben der jeweiligen nationalen Rechtsordnung beeinflusst sind.[735]

#### *ii. Das Verbot, Überraschungsentscheidungen zu erlassen, als Verletzung des Rechts auf rechtliches Gehör im Sinne von Art. V Abs. 1 lit. b) New York Convention*

Oben[736] wurde aufgezeigt, dass auch ultra petita-Verstöße in einigen Fällen zu einer Verletzung des Rechts auf rechtliches Gehör führen können. Das ist der Fall, wenn das Schiedsgericht so eklatant von den gestellten Anträgen abweicht, dass die Parteien mit einer derartigen Entscheidung des Schiedsgerichts nicht rechnen konnten und das Schiedsgericht mithin eine Überraschungsentscheidung getroffen hat. Überraschungsentscheidungen fallen folglich in den Anwendungsbereich von Art. V Abs. 1 b) New York Convention.[737] Soweit sie zu einer Überraschungsentscheidung führen, fallen deshalb auch ultra petita-Verstöße in den Anwendungsbereich von Art. V Abs. 1 b) New York Convention.

Entsprechend deutete auch das Thüringer Oberlandesgericht in seiner bereits zitierten Entscheidung aus dem Jahr 2016 an, dass ein ultra petita-Verstoß dann eine Gehörsverletzung nach Art. V Abs. 1 lit. b) New York Convention darstellen kann, wenn der Beklagte durch die Entscheidung des Schiedsgerichts überrascht wird und deshalb Verteidigungsmittel, die er hätte vorbringen können, nicht vorgebracht hat.[738]

Einem Schiedsspruch kann somit von einem deutschen Kontrollgericht die Vollstreckbarerklärung nach Art. V Abs. 1 lit. b) New York Convention versagt werden, wenn das Schiedsgericht so eklatant von den gestellten Anträgen abweicht, dass die Parteien mit einer derartigen Entscheidung nicht rechnen

---

735 Schwab/Walter, Schiedsgerichtsbarkeit, 57. Kapitel, Rn. 9: Hier wird zwar ein nationaler Gehörsbegriff zugrunde gelegt, was aber insgesamt zu einem ähnlichen Ergebnis führt; siehe zudem die Zusammenfassung bei Van den Berg, The New York Arbitration Convention of 1958, S. 298.

736 Siehe hierzu im Abschnitt B. II. 13. b).

737 So auch: Eberl, As Night Follows Day - Shakespeare und die schiedsrichterliche Kompetenz gemäß Art. V 1c des New York Convention vom 10. 6. 1958, SchiedsVZ 2003, 109(114); *Schlosser* in Stein/Jonas, Kommentar zur ZPO, Anhang zu § 1061, Rn. 202 ff.; *Wolff* in Wolff/Borris (Hrsg.), New York Convention – commentary, S. 423, Rn. 543.

738 Thüringer Oberlandesgericht, Beschluss vom 25.04.2016 – 1 Sch 1/16 – juris, Rn. 26 ff.

konnten und das Schiedsgericht mithin eine Überraschungsentscheidung erlassen hat. Einfache Verstöße gegen den Grundsatz ne ultra petita, die keine Überraschungsentscheidung darstellen, fallen hingegen nicht in den Anwendungsbereich von Art. V Abs. 1 lit. b) New York, da sie keine Verletzung des Rechts auf rechtliches Gehör darstellen.

*(2) Art. V Abs. 1 lit. c) New York Convention*

Es ist weiter zu erörtern, ob auch „einfache" Verstöße gegen den Grundsatz ne ultra petita, also Verstöße, die nicht zugleich eine Gehörsverletzung darstellen, in den Anwendungsbereich von Art. V New York Convention fallen. Dabei soll zunächst – ausgehend vom englischen Wortlaut – geprüft werden, ob Art. V Abs. 1 lit. c) 1. Halbsatz New York Convention in diesem Fall einschlägig ist. In der Vorschrift sind zwei Fälle geregelt, in denen das Schiedsgericht seine Befugnisse überschreitet. Zum einen überschreitet das Schiedsgericht seine Befugnis, wenn es über eine Streitigkeit entscheidet, die nicht von der „*submission to arbitration*" umfasst ist, zum anderen überschreitet es seine Befugnis, wenn seine Entscheidung Gegenstände betrifft, die über den Umfang der „*submission to arbitration*" hinausgehen. Der erste Fall stellt also eine qualitative, der zweite eine quantitative Überschreitung dar.

Nicht ganz eindeutig ist allerdings wie in diesem Zusammenhang der Begriff „*submission to arbitration*" zu verstehen ist. Zunächst dürfte unstreitig sein, dass der Begriff „*submission to arbitration*" die zwischen den Parteien geschlossene Schiedsvereinbarung umfasst.[739] Fraglich ist aber, ob unter diese Begrifflichkeit auch der Fall zu subsumieren ist, in dem das Schiedsgericht etwas zuspricht, was nicht beantragt worden ist.

---

739 Van den Berg, The New York Arbitration Convention of 1958, S. 314 f.; UNCITRAL Secretariat Guide on the Convention on the Recognition and Enforcement of Foreign Arbitral Awards (New York, 1958), abrufbar unter: http://newyorkconvention1958.org/index.php?lvl=cmspage&pageid=10&menu=623&opac_view=-1, Article V(1)(c), Rn. 6 (S.174); *Port/Bowers/Davis* in Kronke (Hrsg.) Recognition and Enforcement of Foreign Arbitral Awards, S. 265; Schwab/Walter, Schiedsgerichtsbarkeit, 57. Kapitel, Rn. 4.

### *i. Die englische Fassung von Art. V Abs. 1 lit c.) New York Convention spricht dafür, auch ultra petita-Verstöße unter diese Vorschrift zu subsumieren*

Einige Autoren vertreten die Auffassung, dass auch ein Hinausgehen über den konkreten Klageantrag sowie die Gewährung eines aliuds, also Verstöße gegen den Grundsatz ne ultra petita, von Artikel V Abs. 1 (c) New York Convention erfasst seien.[740] Sie bezeichnen diese Verstöße als eine Überschreitung des schiedsgerichtlichen Mandats („*arbitrator's mandate*").[741] Als Begründung wird angeführt, dass Artikel V Abs. 1 (c) New York Convention statt des Begriffs „*submission to arbitration*" den Begriff „*arbitration agreement*" hätte verwenden können, wenn unter diese Vorschrift nur Verstöße gegen die Schiedsvereinbarung zu subsumieren wären.[742] So sei auch in Artikel V Abs. 1 (a) New York Convention verfahren worden, indem auf Artikel II New York Convention und die darin enthaltene Definition der Schiedsvereinbarung Bezug genommen wurde. So heißt es in der englischen Fassung von Art. II Abs. 2 New York Convention:

> *„The term "agreement in writing" shall include an arbitral clause in a contract or an arbitration agreement, signed by the parties or contained in an exchange of letters or telegrams."*

Damit verwendet die englische Fassung von Art. II der New York Convention zur Beschreibung der Schiedsvereinbarung gerade nicht der Ausdruck „*submission to arbitration*". Ausgehend von der englischen Fassung spricht also die Systematik der Convention dafür, dass unter dem Begriff „*submission to arbitration*" mehr als nur die Schiedsvereinbarung gemeint ist und damit auch ultra petita-Verstöße von Art. V Abs. 1 (c) New York Convention umfasst sein können. Denn würde sich Artikel V Abs. 1 (c) New York Convention nur auf die Schiedsvereinbarung und nicht auch auf einen konkreten Antrag beziehen, dann hätten die Autoren wie in Art. V Abs. 1(a) New York Convention verfahren können und

---

740 Van den Berg, The New York Arbitration Convention of 1958, S. 315; Lew/Mistelis/Kröll, Comparative International Commercial Arbitration, S.714; *Da Silveira/Lévy*, Transgression of the Arbitratiors' Authority, in Gaillard/Di Pietro (Hrsg.), Enforcement of Arbitration Agreements and International Arbitral Awards, S. 649 ff.; Schwab/Walter, Schiedsgerichtsbarkeit, 57. Kapitel, Rn. 4; *Borris/Hennecke* in Wolff/Borris (Hrsg.), New York Convention – commentary, S. 324, Rn. 245; *Schlosser* in Stein/Jonas, Kommentar zur ZPO, Anhang zu § 1061, Rn. 202.

741 Van den Berg, The New York Arbitration Convention of 1958, S. 315; *Da Silveira/Lévy*, Transgression of the Arbitratiors' Authority in Gaillard/Di Pietro (Hrsg.), Enforcement of Arbitration Agreements and International Arbitral Awards, S. 649 ff.

742 Van den Berg, The New York Arbitration Convention of 1958, S. 315.

auf Art. II New York Convention Bezug nehmen können. Das haben sie offensichtlich nicht getan.

### *ii. Die französische Fassung von Art. V Abs. 1 lit c) New York Convention spricht dagegen, auch ultra petita-Verstöße unter diese Vorschrift zu subsumieren*

Ein ganz anderes Bild ergibt sich allerdings, wenn man von der französischen Fassung der New York Convention ausgeht, die gemäß Artikel XVI New York Convention in gleicher Weise wie die englische Fassung authentisch ist. In der französischen Fassung von Art. V Abs. 1 lit. c) New York Convention heißt es:

> *„Que la sentence porte sur un différend non visé dans le compromis ou n'entrant pas dans les prévisions de la clause compromissoire, ou qu'elle contient des décisions qui dépassent les termes du compromis ou de la clause compromissoire; […].“*

Der französische Text stellt also maßgeblich auf zwei mögliche Vereinbarungen ab: zum einen auf den *„clause compromissiore“* zum anderen auf den *„compromis“*. Beide Begriffe werden in Artikel 1442 des französischen *Code de procédure civile* definiert. Der entscheidende Unterschied besteht darin, dass sich der *„clause compromissoire“* auf zukünftige/potentielle Streitigkeiten bezieht, wohingegen im Fall des *„compromis“* bereits eine konkrete Streitigkeit vorliegt. Nach der Auffassung von *Schlosser* entspricht der *„compromis“* damit den aus der ICC-Schiedsgerichtsordnung bereits bekannten *Terms of Reference.*[743] Dem ist indes nicht zuzustimmen. Der *„compromis“* ähnelt vielmehr der in § 1029 Abs. 2 ZPO definierten Schiedsabrede, auf die sich die Parteien in der Regel auch erst nach der Entstehung einer konkreten Streitigkeit einigen, die aber noch nicht ausreichend für die Bestimmung des Streitgegenstands ist. Anders als bei den Terms of Reference, in denen die angekündigten Anträge und die in Streit stehenden Sachverhalte bereits aufgelistet werden, muss ein *„compromis“* das alles noch nicht enthalten. Dafür spricht auch, dass die Terms of Reference in der französischen Übersetzung von Art. 23 der ICC Rules als *„Acte de mission“* bezeichnet werden.[744]

Das anhand der englischen Fassung entwickelte Argument greift unter Zugrundelegung der französischen Fassung folglich nicht, da Art. V Abs. 1 lit. c)

---

743 *Schlosser* in Stein/Jonas, Kommentar zur ZPO, Anhang § 1061, Rn. 259.

744 Die französische Fassung ist abrufbar auf der Website der ICC unter: https://cdn.iccwbo.org/content/uploads/sites/3/2017/02/ICC-2017-Arbitration-and-2014-Mediation-Rules-french-version.pdf.pdf.

New York Convention in der französischen Fassung gerade die gleichen Begrifflichkeiten verwendet, auf die Art. II Abs. 2 New York Convention für die Definition der Schiedsvereinbarung rekurriert. Die französische Fassung von Art. II Abs. 2 New York Convention ist wie folgt formuliert:

> „*2. On entend par "convention écrite" une clause compromissoire insérée dans un contrat, ou* ***un compromis****, signés par les parties ou contenus dans un échange de lettres ou de télégrammes.*" (Hervorhebungen durch die Verfasserin)

Der Begriff „*compromis*" wird mithin sowohl in Artikel II Abs. 2 New York Convention als auch in Art. V Abs. 1 lit. c) New York Convention verwendet. Nach der Definition von Art. II Abs. 2 New York Convention stellt der „*compromis*" einen Unterfall der Schiedsvereinbarung dar. Damit entspricht der in der französischen Fassung verwendete Begriff des „*compromis*" dem in der deutschen – nicht authentischen – Fassung von Artikel II Abs. 2 New York Convention verwendeten Begriff der Schiedsabrede.[745] Folglich kann eine Parallele zwischen Art. II Abs. 2 New York Convention und § 1029 Abs. 2 ZPO hergestellt werden. Beide beziehen sich für die Definition der Schiedsvereinbarung einerseits auf die Schiedsklausel, andererseits auf die Schiedsabrede. Vor diesem Hintergrund ergibt sich aus der französischen Fassung von Art. V Abs. 1 lit. c) New York Convention, dass hiervon nur Verstöße gegen die Schiedsvereinbarung erfasst sind und dass ultra petita-Verstöße folglich nicht hierunter fallen.

### *iii. Kein eindeutiges Bild bei Zugrundelegung der spanischen, russischen und chinesischen Fassung von Art. V Abs.1 (c) New York Convention*

Neben der englischen und der französischen Fassung stellen auch die spanische, russische und chinesische Fassungen authentische Fassungen der New York Convention dar (Art. XVI Abs. 1 New York Convention). Doch auch hier ergibt es in Bezug auf Art. V Abs. 1 (c) New York Convention kein einheitliches Bild: Während die spanische und die russische Fassung von Art. V Abs. 1 (c) New York Convention der französischen Fassung nahestehen, ist die chinesische Fassung eher in Anlehnung an die englische Fassung formuliert.

---

745 Die deutsche Übersetzung lautet wie folgt: „*Unter einer "schriftlichen Vereinbarung" ist eine Schiedsklausel in einem Vertrag oder eine* ***Schiedsabrede*** *zu verstehen, sofern der Vertrag oder die Schiedsabrede von den Parteien unterzeichnet oder in Briefen oder Telegrammen enthalten ist, die sie gewechselt haben.*" (Hervorgehoben durch die Verfasserin)

In der spanischen Fassung von Art. V Abs. 1 (c) New York Convention ist von dem „*compromiso*" und von der „*cláusula compromisoria*" die Rede, was dem „*compromis*" und der „*clause compromissoire*" in der französischen Fassung entsprechen dürfte. Auch die russische Fassung ist ähnlich restriktiv formuliert und stellt als Bezugspunkt für die Bindungswirkung auf die Schiedsvereinbarung ab. Im Gegensatz dazu ist die chinesische Fassung von Art. V Abs. 1 (c) New York Convention eher weit formuliert und stellt – wie die englische Fassung – eher auf eine „submission to arbitration" ab.

Folglich hilft auch ein Rückriff auf die anderen authentischen Fassung von Art. V Abs. 1 (c) New York Convention nicht weiter, um den Widerspruch zwischen der englischen und der französischen Fassung der Vorschrift aufzulösen.

#### *iv. Argumente, die dagegensprechen, auch ultra petita-Verstöße unter Art. V Abs. 1 (c) New York Convention zu subsumieren*

Das Auslegungsergebnis, das sich ergibt, wenn man die französische Fassung der Vorschrift zugrunde legt, wird auch von der Systematik von Artikel V New York Convention bestätigt. So regelt Artikel V Abs. 1 (a) New York Convention den Fall, dass gar keine wirksame Schiedsvereinbarung vorliegt. Daran anknüpfend regelt Artikel V Abs. 1 (c) New York Convention den Fall, dass zwar eine wirksame Vereinbarung vorliegt, das Schiedsgericht aber über diese hinaus gegangen ist. Ultra petita-Verstöße beziehen sich auf ganz andere Fallgruppen und passen nach der Systematik deshalb nicht in den Anwendungsbereich von Art. V Abs. 1 (c) New York Convention.[746] Das Schiedsgericht kann einen ultra petita-Verstoß begehen, ohne die Schiedsvereinbarung zu verletzen und es kann andersherum die Schiedsvereinbarung verletzen, ohne über den Klageantrag hinauszugehen.

Schließlich ist zu bedenken, dass die Versagungsgründe in Artikel V New York Convention restriktiv auszulegen sind.[747] Eine weite Auslegung würde dem allgemeinen Grundsatz der Anerkennungs- und Vollstreckungsfreundlichkeit, den die New York Convention gerade fördern soll, widersprechen. Dieser Umstand spricht dagegen, den Anwendungsbereich von Artikel V Abs. 1 (c)

---

746 So auch Fouchard/Gaillard/Goldman, On International Commercial Arbitration, S. 988.

747 Van den Berg, The New York Arbitration Convention of 1958, S. 313; *Eberl*, As Night Follows Day – Shakespeare und die schiedsrichterliche Kompetenz gemäß Art. V1c des New York Convention vom 10.6.1958 – SchiedsVZ 2003, 109(114); Da Silveira/Lévy, Transgression of the Arbitratiors' Authority, in Gaillard/Di Pietro (Hrsg.), Enforcement of Arbitration Agreements and International Arbitral Awards, S. 641.

New York Convention weit auszulegen und auch ultra petita-Verstöße hierunter zu subsumieren.

#### *v. Zwischenergebnis*

Aufgrund der vorstehenden Argumente ist der Auffassung zuzustimmen, wonach Verstöße gegen den Grundsatz ne ultra petita nicht unter Art. V Abs. 1 lit c) New York Convention fallen.[748]

Allerdings gibt es einen Ausnahmefall von der hier vertretenen Auffassung: Haben die Parteien und das Schiedsgericht nach der Einleitung des Schiedsverfahrens nämlich Terms of Reference formuliert, wie sie zum Beispiel in Artikel 23 der ICC Rules vorgesehen sind,[749] dann können diese ToR eine in Art. V Abs. 1 lit. c) New York Convention aufgeführte „*submission to arbitration*" darstellen. Indem sich die Parteien auf die Formulierung der ToR einigen – in denen auch die Anträge und die dem Rechtsstreit zugrunde liegenden Tatsachen wiedergegeben werden – legen sie nämlich übereinstimmend das schiedsgerichtliche Prüfungsprogramm in tatsächlicher und rechtlicher Hinsicht fest.[750] Spricht ein Schiedsgericht mehr oder etwas anderes zu, als in den ToR vorgesehen, dann verstößt es gegen die „*submission to arbitration*" und verletzt gleichzeitig den Grundsatz ne ultra petita.

#### *(3) Art. V Abs. 1 lit. d) New York Convention*

Ein ultra petita-Verstoß eines Schiedsgerichts würde nach § 1061 ZPO i.V.m. Art. V Abs. 1 lit. d) New York Convention dann einen Grund für die Versagung der Vollstreckbarerklärung nach Art. V Abs. 1 lit. d) New York Conventiom darstellen, wenn sich die Parteien entweder auf die Geltung des Grundsatzes geeinigt haben („*the arbitral procedure was not in accordance with the agreement of the parties*"), oder wenn das Schiedsverfahrensrecht des Sitzstaates des

748 So auch: Fouchard/Gaillard/Goldman on International Commercial Arbitration, S. 987; *Eberl*, As Night Follows Day – Shakespeare und die schiedsrichterliche Kompetenz gemäß Art. V1c des New York Convention vom 10.6.1958 – SchiedsVZ 2003, 109(114); UNCITRAL Secretariat Guide on the Convention on the Recognition and Enforcement of Foreign Arbitral Awards (New York, 1958), September 2016, abrufbar unter: http://www.uncitral.org/uncitral/de/uncitral_texts/arbitration/NYConvention.html, Article V(1)(c), Rn. 8 ff. (S. 175); *Voit* in Musielak/Voit, Kommentar zur ZPO, § 1061, Rn. 16; Lachmann, Handbuch für die Schiedsgerichtspraxis, Rn. 2608.

749 Sie hierzu im Abschnitt B. II. 6. f).

750 So auch *Adolphsen* im Münchener Kommentar zur ZPO, Anhang zu § 1061, Art. 5 New York Convention, Rn. 42.

Schiedsverfahrens die Geltung des Grundsatzes vorsieht („*the arbitral procedure [...] was not in accordance with the law of the country where the arbitration took place*“).

In Bezug auf mögliche ultra petita-Verstöße dürfte allerdings der in Art. V Abs. 1 lit. d) New York Convention subsidiär geregelte Fall, wonach die Schiedsvereinbarung keine Bestimmung zu dieser Frage enthält, den Normalfall darstellen, da die Parteien eines Schiedsverfahrens hierzu in der Regel keine Vereinbarung treffen. Maßgeblich ist dann das jeweils anzuwendende Schiedsverfahrensrecht des Sitzstaates. Das deutsche Schiedsverfahrensrecht, das auf den Ablauf von inländischen Schiedsverfahren Anwendung findet, ist folglich außer Betracht zu lassen. Das deutsche Kontrollgericht muss vielmehr auf der Grundlage des jeweils anwendbaren ausländischen Rechts prüfen, ob das Schiedsgericht gegen den Grundsatz ne ultra petita verstoßen hat.

#### *i. Widerspruch zwischen Schiedsvereinbarung und anwendbarem Schiedsverfahrensrecht*

Sollte aber der Fall auftreten, dass das staatliche Schiedsverfahrensrecht die Geltung des Grundsatzes ne ultra petita vorsieht, die Parteien die Geltung des Grundsatzes ne ultra petita in der Schiedsvereinbarung aber ausgeschlossen haben, genießt die Schiedsvereinbarung ausweislich des Wortlauts von Art. V Abs. 1 lit. d) New York Convention grundsätzlich den Vorrang. Ein Ausschluss des Grundsatzes ne ultra petita kann in der Schiedsvereinbarung beispielsweise wie folgt formuliert sein:

> *„The Arbitrator may grant any remedy or relief which the Arbitrator deems just and equitable and within the scope of the agreement of the parties, including, but not limit to, specific performance of contract.“*[751]

Oder:

> *„[t]he arbitrators shall consider this Treaty an honourable engagement rather than merely a legal obligation; they are relieved of all judicial formalities and may abstain from following the strict rules of law.“*[752]

---

751 So etwa in der Schiedsvereinbarung, die Gegenstand des folgenden Rechtsstreits war: Supreme Court of California, Entscheidung vom 30.12.1994, 9 Cal.4th 362, 36 Cal.Rptr.2d 581; 885 P.2d 994 - Advanced Micro Devices, Inc. v. Intel Corporation - abrufbar unter: https://www.courtlistener.com/opinion/2613976/advanced-micro-devices-inc-v-intel-corp/.

752 So etwa in der Schiedsvereinbarung, die Gegenstand des folgenden Rechtsstreits war: United States Court of Appeals, Entscheidung vom 18.09.2003, 344 F3d 255 - Banco

Allerdings ist es umstritten, ob die Schiedsvereinbarung auch dann vorrangig ist, wenn ein Widerspruch zu zwingendem nationalen Schiedsverfahrensrecht besteht. Die herrschende Literaturmeinung[753] geht im Sinne des Wortlautes von Art. V Abs. 1 lit. d) New York Convention davon aus, dass die Regelungen in der Schiedsvereinbarung stets vorrangig gegenüber dem staatlichem Schiedsverfahrensrecht sind. Diese Auffassung steht auch im Einklang mit der Entstehungsgeschichte der New York Convention. Denn mit dem gewählten Wortlaut von Art. V Abs. 1 lit. d) New York Convention haben die Autoren bewusst eine Änderung gegenüber dem bis dahin zwischen den Mitgliedstaaten geltenden Genfer Abkommen zur Vollstreckung ausländischer Schiedssprüche von 1927 („**Genfer Abkommen**") gewählt. Artikel I des Genfer Abkommens lautet auszugsweise wie folgt:

*„[…]*

*To obtain such recognition or enforcement, it shall, further, be necessary:*

*[…]*

*(c) That the award has been made by the Arbitral Tribunal provided for in the submission to arbitration or constituted in the manner agreed upon by the parties **and** in conformity with the law governing the arbitration procedure; […]" (Hervorhebung durch die Verfasserin)*

Nach Artikel I lit. c) des Genfer Abkommens musste sich das Verfahren also sowohl im Rahmen des in der Schiedsvereinbarung Vereinbarten halten **als auch** im Einklang mit dem anwendbaren nationalen Schiedsverfahrensrecht sein. Im Gegensatz dazu weist Art. V Abs. 1 lit. d) New York Convention ausdrücklich auf das Stufenverhältnis zwischen der Schiedsvereinbarung einerseits und dem – nur subsidiär, bzw. ergänzend zu berücksichtigen – nationalen Schiedsverfahrensrecht andererseits hin. Durch diese Änderung wollten die Autoren der New York Convention die Bedeutung des jeweils anwendbaren nationalen

---

de Seguros del Estado v. Mutual Marine Office Inc. et al - abrufbar unter: https://openjurist.org/344/f3d/255/banco-de-seguros-del-estado-v-mutual-marine-office-inc.

753 UNCITRAL Secretariat Guide on the Convention on the Recognition and Enforcement of Foreign Arbitral Awards (New York, 1958), abrufbar unter: http://newyorkconvention1958.org/index.php?lvl=cmspage&pageid=10&menu=623&opac_view=-1, Article V(1)(d), Rn. 20 (S.194); Van den Berg, The New York Convention of 1958, S. 326 f.; *Schlosser* in Stein/Jonas Kommentar zur ZPO, Anhang § 1061, Rn. 291; Im Ergebnis wohl auch *Nagel/Gottwald* in Nagel/Gottwald, Internationales Zivilprozessrecht, § 18, Rn. 212.

Schiedsverfahrensrechts des Sitzstaates im Rahmen des Vollstreckungsverfahren im Vollstreckungsstaat minimieren.[754]

Demgegenüber argumentiert die Gegenmeinung, dass das zwingende Recht des Schiedsortes trotz einer entgegenstehenden Parteivereinbarung zu beachten sei, weil der Schiedsspruch bei einem Verstoß gegen dieses zwingende Recht in dem Heimatstaat aufgehoben werden könnte, was nach Art. V Abs. 1 lit. e) New York Convention zur Versagung der Anerkennung/Vollstreckung führen würde.[755] Dem ist aber entgegenzuhalten, dass sich aus Art. V Abs. 1 lit. e) New York Convention gerade ergibt, dass die Aufhebung des jeweiligen Schiedsspruchs dem Sitzstaat unterliegt. Nur wenn ein Aufhebungsverfahren im Sitzstaat wegen eines Verstoßes gegen zwingendes Recht tatsächlich stattgefunden hat, kann dem Schiedsspruch die Vollstreckbarerklärung im Vollstreckungsstaat versagt werden.

Allerdings dürfte die Diskussion darüber, ob die Schiedsvereinbarung auch gegenüber den zwingenden Regelungen des anwendbaren Schiedsverfahrensrechts den Vorrang genießt, mit Blick auf den Grundsatz ne ultra petita in der Praxis nahezu ohne Relevanz sein. Sie würde nur dann eine Rolle spiele, wenn die folgenden Voraussetzungen kumulativ vorliegen würden:

- wenn sich das Schiedsgericht nicht an die Anträge der Parteien gehalten hat,
- obwohl das anwendbare Schiedsverfahrensrecht des Sitzstaates die Beachtung des Grundsatzes ne ultra petita **zwingend** vorschreibt und
- die Parteien in der Schiedsvereinbarung von dieser zwingenden Bestimmung des Schiedsverfahrensrechts des Sitzstaates abgewichen sind, indem sie das Schiedsgericht ausdrücklich dazu ermächtigt haben, mehr oder etwas anderes als beantragt zuzusprechen.

Es dürfte so gut wie nie der Fall sein, dass der Grundsatz ne ultra petita in seiner Gesamtheit (also nicht nur sein Kernbereich) nach dem Schiedsverfahrensrecht des Sitzstaates zwingendes Recht darstellt. Soweit der Kernbereich betroffen ist, der zugleich eine Gehörsverletzung darstellt, wurde bereits erläutert, dass in jedem Fall der Anwendungsbereich von Art. V Abs. 1 lit. b) New York Convention eröffnet ist.[756] Zudem wird im Folgenden noch untersucht, ob derartige

---

754 Van den Berg, The New York Convention of 1958, S. 323.

755 *Adolphsen* im Münchener Kommentar zur ZPO, Anhang zu § 1061, Art. V New York Convention, Rn. 49.

756 Siehe hierzu oben im Abschnitt B. III. 2. a) (1).

Verstöße auch im Rahmen von Art. V Abs. 2 lit. b) New York Convention[757] zu beachten sind.

Insgesamt überzeugt es, dass ein ultra petita-Verstoß eines Schiedsgerichts zumindest dann nicht in den Anwendungsbereich von Art. V Abs. 1 lit. d) New York Convention fällt, wenn die Parteien die Anwendbarkeit des Grundsatzes in der Schiedsvereinbarung ausgeschlossen haben.

*ii. Wesentlicher Verfahrensfehler*

In der Literatur ist umstritten, ob grundsätzlich alle oder nur wesentliche Verfahrensfehler einen Grund für die Versagung der Vollstreckbarerklärung nach Art. V Abs. 1 lit. d) New York Convention darstellen.

Eine Mindermeinung geht davon aus, dass nur Verstöße gegen den ordre public Verfahrensfehler im Sinne von Art. V Abs. 1 lit. d) New York Convention darstellen würden.[758] Dieser Auffassung ist aber entgegenzuhalten, dass ordre public-Verstöße bereits in Art. V Abs. 2 lit. b) New York Convention behandelt werden.[759] Würden nur Verstöße gegen den ordre public Verfahrensfehler im Sinne von Art. V Abs. 1 lit. d) New York Convention darstellen, dann verbliebe für die Vorschrift neben Art. V Abs. 2 lit. b) New York Convention folglich kein eigener Anwendungsbereich mehr. Aus diesem Grund ist die vorgenannte Auffassung abzulehnen.

Auch die zutreffende herrschende Meinung geht davon aus, dass nicht alle, sondern nur wesentliche Verfahrensfehler einen Grund für die Versagung der Vollstreckbarerklärung nach Art. V Abs. 1 lit. d) New York Convention darstellt.[760] Die Wesentlichkeit eines Verfahrensfehlers sei dann zu bejahen, wenn er nach dem Schiedsverfahrensrecht des Sitzstaates einen Grund für die Aufhebung des Schiedsspruchs darstellen würde.[761]

Dieser Auffassung ist zuzustimmen. Es ist kein Grund dafür ersichtlich, warum ein nach dem Recht des Erlassstaates zu bewertender Verfahrensfehler, der im Erlassstaat nicht zur Aufhebung des Schiedsspruchs führen kann, einen

757 Siehe hierzu sogleich im Abschnitt B. III. 2. a) (4).

758 *Geimer* in Zöller, Kommentar zur ZPO, § 1061, Rn. 39 a; OLG Köln, Beschluss vom 23.04.2004 – 9 Sch 01/03 – SchiedsVZ 2005, 163, 165.

759 Siehe hierzu sogleich, im Abschnitt B. III. 2. a) (4).

760 *Adolphsen*, im Münchener Kommentar zur ZPO, Anhang zu § 1061, Art. 5 New York Convention, Rn. 53; Schwab/Walter, Schiedsgerichtsbarkeit, 57. Kapitel, Rn. 13.

761 So auch: *Adolphsen*, im Münchener Kommentar zur ZPO, Anhang zu § 1061, Art. 5 New York Convention, Rn. 53.

Grund für die Versagung der Vollstreckbarkeit in Deutschland garstellen sollte. In diesem Zusammenhang verweist *Adolphsen* richtigerweise darauf, dass auftretende Unbilligkeiten über Art. V Abs. 2 lit. b) New York Convention berücksichtigt werden können.[762]

Schließlich vertreten einige Autoren die Auffassung, dass grundsätzlich jede Bestimmung des Schiedsverfahrensrechts des Sitzstaates als verletzte Vorschrift in Betracht komme. Als einschränkendes Kriterium stellen diese Autoren folglich nicht auf die Wesentlichkeit des Verstoßes, sondern vielmehr darauf ab, ob sich die Verletzung auf das Ergebnis des Schiedsverfahrens ausgewirkt hat.[763] Gegen diese Auffassung spricht aber gerade das soeben angeführte Argument der herrschenden Meinung, wonach kein Grund dafür ersichtlich ist, warum ein nach dem Recht des Erlassstaates zu bewertender Verfahrensfehler, der im Erlassstaat nicht zur Aufhebung des Schiedsspruchs führen kann, einen Grund für die Versagung der Vollstreckbarkeit in Deutschland darstellen sollte.

#### *iii. Zwischenergebnis*

Folglich kann einem ausländischen Schiedsspruch in Deutschland die Vollstreckbarerklärung wegen eines ultra petita-Verstoßes nach § 1061 ZPO i.V.m Art. V Abs. 2 lit. d) New York Convention grundsätzlich nur dann versagt werden, wenn die Parteien die Geltung des Grundsatzes vereinbart haben. Wenn sie hierzu keine Vereinbarung getroffen haben kann die Vollstreckbarerklärung versagt werden, wenn ein Verstoß gegen den Grundsatz nach dem Schiedsverfahrensrecht des jeweiligen Sitzstaates einen wesentlichen Verfahrensfehler darstellt. Letzteres ist der Fall, wenn der Verstoß gegen den Grundsatz ne ultra petita den Schiedsspruch im Erlassstaat aufhebbar machen würde.

### *(4) Art. V Abs. 2 lit. b) New York Convention*

Schließlich ist noch zu prüfen, ob ein Schiedsspruch, der gegen den Grundsatz ne ultra petita verstößt, nach Art. V Abs. 2 lit. b) New York Convention aufzuheben ist. Nach dieser Vorschrift kann einem Schiedsspruch die Anerkennung und Vollstreckung versagt werden, wenn die Anerkennung oder Vollstreckung des Schiedsspruchs der öffentlichen Ordnung widersprechen würde.

---

762 *Adolphsen*, im Münchener Kommentar zur ZPO, Anhang zu § 1061, Art. 5 New York Convention, Rn. 53.

763 *Voit* in Musielak/Voit, Kommentar zur ZPO, § 1061, Rn. 17; Lachmann, Handbuch für die Schiedsgerichtspraxis, Rn. 2612, 2618 ff.

Durch diesen ordre public-Vorbehalt soll verhindert werden, dass in Deutschland Schiedssprüche vollstreckt werden, die derart von deutschen Grundprinzipien abweichen, dass sie nach der deutschen Rechtsordnung nicht als in einem geordneten rechtsstaatlichen Verfahren ergangen angesehen werden können.[764] Ein Verstoß gegen den ordre public kann einerseits in materiell-rechtlicher Hinsicht vorliegen, wenn die ausländische Entscheidung eine Rechtsfolge ausspricht, die tragenden Grundsätzen der deutschen Rechtsordnung zuwiderläuft. Er kann aber auch in Fällen zu bejahen sein, in denen die anzuerkennende Entscheidung in einer verfahrensrechtlich anstößigen Weise zu Stande gekommen ist.[765]

### i. *Die Unterscheidung zwischen inländischen und internationalen ordre public*

Die Rechtsprechung unterscheidet zwischen einem inländischen ordre public (ordre public interne) und einem internationalen ordre public (ordre public international). Letzterer soll bei der Vollstreckbarerklärung ausländischer Schiedssprüche alleiniger Prüfungsmaßstab sein.[766] Nach der Rechtsprechung sollen an den internationalen ordre public weniger strenge Anforderungen gestellt werden, als an den inländischen. Danach würde eine Vollstreckbarerklärung nur dann ausscheiden, wenn das schiedsgerichtliche Verfahren an einem Mangel leiden würde, der derart schwerwiegend ist, dass er die Grundlagen des staatlichen und wirtschaftlichen Lebens in Deutschland berührt.[767]

Diese Rechtssprechungspraxis entspricht internationalen Standards und wird beispielsweise von *Van den Berg* geteilt.[768] Auch einige deutsche Autoren haben sich der Auffassung der Rechtsprechung angeschlossen.[769] So ist beispielsweise

---

764 BGH, Urteil vom 15.05.1986 – III ZR 192/84 – NJW 1986, 3027(3028).

765 *Stadler* in Musielak/Voit, Kommentar zur ZPO, § 328, Rn. 25.

766 OLG Karlsruhe, Beschluss vom 04.01.2012 – 9 Sch 02/09 – SchiedsVZ 2012, 101(104); BGH, Urteil vom 18.01.1990 – III ZR 269/88 – NJW 1990, 2199 m.w.N.; OLG Hamburg, Urteil vom 03.04.1975 – 6 U 70/74 – MDR 11, 1975, 940; BGH Urteil vom 21.04.1998 – XI ZR 377-97 – NW 1998, 2358.

767 OLG Karlsruhe, Beschluss vom 04.01.2012 – 9 Sch 02/09 – SchiedsVZ 2012, 101(104); OLG Hamburg, Urteil vom 03.04.1975 – 6 U 70/74 – MDR 11, 1975, 940; BGH Urteil vom 21.04.1998 – XI ZR 377-97 – NW 1998, 2358.

768 Van den Berg, The New York Convention of 1958, S. 360 m.w.N.

769 *Schlosser* in Stein/Jonas Kommentar zur ZPO, Anhang § 1061, Rn. 317; *von Winterfeld*, Noch einmal: Der deutsche ordre public in der internationalen Schiedsgerichtsbarkeit; in NJW 1987, 3059 ff.

*Schlosser* der Auffassung, dass eine Unterscheidung zwischen ordre public interne und ordre public international deshalb sinnvoll sei, weil die öffentliche Ordnung in Deutschland umso weniger tangiert sei, je weniger Bezugspunkte der Streitfall zu Deutschland hat.[770]

Demgegenüber sieht die herrschende Meinung in der Literatur keinen Anlass für eine Unterscheidung zwischen einem ordre public interne und einem ordre public international.[771] Insoweit wird argumentiert, dass eine derartige Unterscheidung zumindest rein faktisch ohnehin keine Auswirkungen haben würde.[772] Eine Einteilung in diese beiden Formen des ordre public sei vielmehr nur dann erforderlich, wenn der Begriff des (inländischen) ordre public sehr weit gefasst wäre und alle zwingenden Normen des Staates beinhalten würde. Das sei in Deutschland aber gerade nicht der Fall. Vielmehr sei bereits der Begriff des ordre public intern sehr eng auszulegen, sodass nicht alle zwingenden Normen des deutschen Rechts in den Anwendungsbereich des internen ordre public fielen. Vor diesem Hintergrund kommt *Adolphsen* zu dem Ergebnis, dass eine Unterscheidung zwar aus Wertungsgesichtspunkten vertretbar sei, tatsächlich aber keinerlei Auswirkungen habe.[773]

*Schwab/Walter* weisen zutreffend darauf hin, dass es zumindest nicht sachgerecht sei, für eine Differenzierung zwischen dem ordre public interne und dem ordre public international auf die Einordnung als inländisches oder ausländisches Schiedsverfahren abzustellen.[774] Dem ist zuzustimmen, da sich der tatsächliche Auslandsbezug eines Schiedsverfahrens nicht unbedingt anhand des formalen Sitzes des Schiedsgerichts ergibt.

Schließlich hat auch der BGH in einer Entscheidung aus dem Jahr 2008 darauf hingewiesen, dass es zwischen dem ordre public interne und dem ordre public international allenfalls geringfügige Abweichungen gebe.[775]

---

770 *Schlosser* in Stein/Jonas Kommentar zur ZPO, Anhang § 1061, Rn. 317.

771 *Adolphsen*, im Münchener Kommentar zur ZPO, Anhang zu § 1061, Art. 5 New York Convention, Rn. 69; *Kornblum*, Das ‚Gebot überparteilicher Rechtspflege' und der deutsche schiedsrechtliche ordre public, NJW 1987, 1105; Schwab/Walter, Schiedsgerichtsbarkeit, 30. Kapitel, Rn. 21.

772 *Adolphsen*, im Münchener Kommentar zur ZPO, Anhang zu § 1061, Art. 5 New York Convention, Rn. 69; *Kornblum*, Das ‚Gebot überparteilicher Rechtspflege' und der deutsche schiedsrechtliche ordre public, NJW 1987, 1105; Schwab/Walter, Schiedsgerichtsbarkeit, 30. Kapitel, Rn. 21.

773 *Adolphsen*, im Münchener Kommentar zur ZPO, Anhang zu § 1061, Art. 5 New York Convention, Rn. 69.

774 Schwab/Walter, Schiedsgerichtsbarkeit, 30. Kapitel, Rn. 21.

775 BGH, Beschluss vom 30.10.2008 – IIII ZB 17/08 – NJW 2009, 1215(1216), Rn. 5.

### ii. *Lediglich schwerwiegende Verfahrensverstöße stellen ordre public-Verstöße dar*

Nach der hier vertretenen Auffassung ist eine Unterscheidung zwischen ordre public interne und dem ordre public international schon deshalb nicht erforderlich, weil ohnehin nur äußerst schwerwiegende Verfahrensverstöße einen ordre public-Verstoß darstellen. Wie bereits erwähnt, dient der *ordre public* dem Schutz der bundesdeutschen Binnenordnung. In seinen Anwendungsbereich fallen deshalb solche Normen, die in einer die Grundlagen des staatlichen oder wirtschaftlichen Lebens berührenden, zentralen Frage wegen bestimmter staats- oder wirtschaftspolitischer Anschauungen oder elementarer Gerechtigkeitsvorstellungen ergangen sind.[776]

Auch aus der Entstehungsgeschichte der New York Convention folgt, dass nur schwerwiegende Verfahrensverstöße einen Verstoß gegen den ordre public im Sinne von Art. V Abs. 2 lit. b) New York Convention darstellen. So enthielt die Vorgängervorschrift, Artikel I lit. e) des Genfer Abkommens, noch einen weiter gefassten ordre public Vorbehalt. Entsprechend lautete Artikel I des Genfer Abkommens s wie folgt:

> „*[…]*
>
> *To obtain such recognition or enforcement, it shall, further, be necessary:*
>
> *[…]*
>
> *(e) That the recognition or enforcement of the award is not* ***contrary to the public policy or to the principles of the law*** *of the country in which it is sought to be relied upon." (Hervorhebungen durch die Verfasserin)*

Demgegenüber enthält Art. V Abs. 2 lit. b) New York Convention keinen entsprechenden Verweis auf die „*principles of law*", obgleich beim Entwurf der New York Convention der Vorschlag gemacht worden war, einen entsprechenden Passus aufzunehmen.[777] Die Zurückweisung dieses Vorschlags wird so ausgelegt, dass unter den ordre public Vorbehalt der New York Convention nur

776 *Münch* im Münchener Kommentar zu ZPO, § 1059, Rn. 41.

777 United nations Conference on International Commericial Arbitration, Summary Record of the Seventeenth Meeting, UN DOC E/CONF.26/SR.17 (12.09.1958), S. 15 f., abrufbar unter: https://documents-dds-ny.un.org/doc/UNDOC/GEN/N58/156/30/PDF/N5815630.pdf?OpenElement.

fundamentale Verstöße fallen sollen und dass folglich nicht jede einfache Verletzung von nationalen Rechtsvorschriften einen ordre public-Verstoß darstellt.[778]

Fraglich ist, ob Verstöße gegen den Grundsatz ne ultra petita als derart schwerwiegende Verfahrensverstöße zu qualifizieren sind, dass sie als ordre public-Verstoß angesehen werden können. Davon gehen einige Autoren, wie beispielsweise *Van den Berg*,[779] aus.

Dieser Auffassung dürfte zumindest in ihrer Absolutheit indes nicht zuzustimmen sein. Vielmehr scheint es sachgerecht, eine Differenzierung zwischen einfachen und schwerwiegenden ultra petita-Verstößen vorzunehmen. Oben wurde bereits ausgeführt, dass der Grundsatz ne ultra petita einen zwingenden Kern besitzt, der dann verletzt ist, wenn ein Schiedsgericht über den Antrag einer Partei hinweggeht und infolgedessen eine Überraschungsentscheidung erlässt.[780] Als Ausfluss des Anspruchs auf rechtliches Gehör stellt dieser Kern des Grundsatzes ne ultra petita zwingendes Recht im Sinne von § 1042 Abs. 3 ZPO dar und eine Verletzung dieses zwingenden Kerns würde einen schwerwiegenden Verfahrensverstoß darstellen. „Einfache" ultra petita-Verstöße stellen nach der hier vertretenen Auffassung hingegen keinen schwerwiegenden Verfahrensfehler dar. Die obige Untersuchung hat ergeben, dass „einfache" Verstöße gegen den Grundsatz ne ultra petita nicht einmal zwingendes Schiedsverfahrensrecht im Sinne von § 1042 Abs. 3 ZPO darstellen, da die Parteien die Geltung des Grundsatzes insoweit durch eine entsprechende Einigung abbedingen können.[781] Vor diesem Hintergrund ist nicht davon auszugehen, dass „einfache" Verstöße gegen den Grundsatz ne ultra petita derart von deutschen Grundprinzipien abweichen, dass sie nach der deutschen Rechtsordnung nicht als in einem geordneten rechtsstaatlichen Verfahren ergangen angesehen werden können. Diese Auffassung dürfte grundsätzlich im Einklang mit der deutschen Rechtssprechungspraxis stehen.[782]

---

778 *Otto/Elwan* in Kronke (Hrsg.), Recognition and Enforcement of Foreign Arbitral Awards, S. 365.

779 Van den Berg, The New York Convention of 1958, S. 265.

780 Siehe oben im Abschnitt B. II. 13. b).

781 Siehe oben im Abschnitt B. II. 8.

782 BGH, Urteil vom 15.05.1986 – III ZR 192/84 – NJW 1986, 3027(3028); OLG Stuttgart, Beschluss vom 14.10.2003 – 1 Sch 16/02 – juris, Rn. 152; OLG Saarbrücken, Urteil vom 30.05.2011 – 4 Sch 03/10 – SchiedsVZ 2012, 47, 50.

### *iii. Beispiele aus der deutschen Rechtsprechungspraxis*

Der BGH hatte in einem Fall aus dem Jahr 1990 darüber zu entscheiden, ob ein Urteil eines italienischen Gerichts in Deutschland für vollstreckbar zu erklären ist, obwohl das italienische Gericht der Klägerin einen Anspruch zugesprochen hatte (Scheidungsgeld), den sie nicht geltend gemacht hatte.[783] Die Vorinstanz war zu dem Ergebnis gekommen, dass das italienische Urteil wegen eines Verstoßes gegen die Antragsbindung nicht für vollstreckbar erklärt werden könne. Der BGH sah dies anders. Er prüfte, ob das Vorgehen des italienischen Gerichts unvereinbar mit dem ordre public gewesen ist und führte insoweit aus:

> *„Der Vorbehalt des ordre public in Art. 27 Nr. 1 EuGVÜ greift nur in Ausnahmefällen ein (vgl. etwa Jenard-Bericht, abgedr. in Bülow-Böckstiegel, unter B I 1 a, S. 66). Die Vollstreckbarerklärung kann insbesondere nicht schon deshalb versagt werden, weil die ausländische Entscheidung in einem Verfahren erlassen worden ist, das von zwingenden Vorschriften des deutschen Prozeßrechts abweicht. Ein Versagungsgrund ist vielmehr nur dann gegeben, wenn das Urteil des ausländischen Gerichts aufgrund eines Verfahrens ergangen ist, das von den Grundprinzipien des deutschen Verfahrensrechts in einem solchen Maße abweicht, daß es nicht als in einem geordneten, rechtsstaatlichen Verfahren ergangen angesehen werden kann (vgl. Kropholler, Art. 27 Rdnr. 9; zu bilateralen Abkommen vgl. auch BGHZ 48, 327 (333) = NJW 1968, 354 = LM § 328 ZPO Nr. 18; BGH, NJW 1978, 1114 (1115) = LM Deutsch-britisches Vollstrk. Abk. v. 14. 7. 1960 Nr. 3).“*

Diese Voraussetzungen sah der BGH im vorliegenden Fall nicht als erfüllt an, was er wie folgt begründete:

> *„Der Grundsatz rechtlichen Gehörs kann im Rahmen des Art. 27 Nr. 1 EuGVÜ nur unter Berücksichtigung des Systems und der Struktur des ausländischen Verfahrensrechts gewährleistet werden. Entsprechend den Regeln, die für bilaterale Abkommen gelten (vgl. dazu die oben zu b angeführen Entscheidungen des BGH), ist dabei lediglich auf die Grundwerte abzustellen, die durch Art. 103 I GG geschützt werden. Dies ist zum einen das Prinzip der Rechtsstaatlichkeit, das grundsätzlich verbietet, eine Entscheidung zu treffen, bevor der Betroffene Gelegenheit hatte, sich zu äußern. Zum anderen kann eine relevante Verletzung vorliegen, wenn einem Verfahrensbeteiligten nicht die Rolle eines Verfahrenssubjekts eingeräumt worden ist, das aktiv die Gestaltung des Verfahrens beeinflussen kann.* ***Die vom OLG angeführte Verletzung des Antragserfordernisses liegt offensichtlich nicht in diesem Bereich.*** *Der Ehemann hatte im Verlaufe des Verfahrens vor den italienischen Gerichten hinlänglich Gelegenheit, seine Rechte zu wahren.“* (Hervorhebungen durch die Verfasserin)

783 BGH, Beschluss vom 21.03.1990 – XII ZB 71/89 – NJW 1990, 2201.

Unter Bezugnahme auf die eben zitierte Entscheidung des BGH entschied auch das OLG Stuttgart, dass einem ausländischen Schiedsspruch nicht etwa deshalb die Vollstreckbarerklärung zu versagen sei, weil es gegen das Prinzip der Antragsbindung verstoßen habe. Hierin sei keine Verletzung des deutschen verfahrensrechtlichen ordre public zu sehen.[784]

Entsprechend äußerte sich auch das OLG Saarbrücken. Im Rahmen der Vollstreckbarerklärung eines französischen Urteils führte es im Jahr 2011 aus, dass nicht jede Abweichung von dem Grundsatz ne ultra petita einen Verstoß gegen den deutschen ordre public darstellen würde.[785] Zur Begründung führt das OLG aus, dass die Beachtung von § 308 Abs. 1 ZPO keine zwingende Voraussetzung eines rechtsstaatlichen Verfahrens sei.

#### *iv. Die Auffassung des Schweizerischen Bundesgerichts*

Die vorstehend zitierte deutsche Rechtsprechungspraxis steht auch im Einklang mit der Rechtsprechung des Schweizer Bundesgerichts. Im Rahmen der Vollstreckung ausländischer Urteile hat sich das Bundesgericht in zwei Fällen ausdrücklich zu der Frage geäußert, ob ein ausländisches Urteil gegen den schweizerischen ordre public verstößt, wenn das Urteil auf einem Verstoß gegen den Grundsatz ne ultra petita beruht.

In einer Entscheidung aus dem Jahr 2004[786] hat das Bundesgericht ausdrücklich festgestellt, dass ein ultra petita-Verstoß keinen Verstoß gegen den schweizerischen ordre public darstellen würde und deshalb auch nicht die Grundlage dafür bilden könne, dass einem ausländischen Urteil die Vollstreckbarkeit versagt wird:

> *„En effet, même si le tribunal avait statué ultra petita, cela ne signifierait pas encore que l'exequatur ne pourrait être accordé parce que le jugement violerait l'ordre public suisse."*

Frei übersetzt:

> *"Selbst wenn das Schiedsgericht gegen den Grundsatz ne ultra petita verstoßen hat, hieße das nicht, dass der Schiedsspruch wegen eines ordre public-Verstoßes nicht vollstreckt werden kann."*

Etwas differenzierter äußerte sich das Bundesgericht dann allerdings im Jahr 2010. Auch in diesem Fall ging es um die Vollstreckbarerklärung eines ausländischen

---

784 OLG Stuttgart, Beschluss vom 14.10.2003 – 1 Sch 16/02, 1 Sch 6/03 – juris, Rn. 152.

785 OLG Saarbrücken, Beschluss vom 12.01.2011 – 5 W 132/09 – 48,5 W 132/09 – juris, Rn. 114.

786 Schweizerisches Bundesgericht, Entscheidung vom 23.01.2004 – 5P.390/2003 /frs.

Urteils. Das Bundesgericht hob zunächst hervor, dass der Anspruch auf rechtliches Gehör zu den fundamentalen Verfahrensgrundsätzen im Sinne des ordre public gehöre und dass der Grundsatz ne ultra petita einen besondere Teilaspekt dieses Gehörsanspruchs ausmachen würde.[787] Daran anknüpfend stellt das Bundesgericht dann aber fest, dass nicht jegliche Abweichung vom Grundsatz ne ultra petita als unvereinbar mit dem schweizerischen ordre public bezeichnet werden könne, sondern nur eine solche, die nach den konkreten Umständen des Falles betrachtet einer schwerwiegenden Verletzung des Gehörsanspruchs gleichkomme.[788]

#### v. *Zwischenergebnis*

Es kann festgehalten werden, dass „einfache“ Verstöße gegen den Grundsatz ne ultra petita keine schwerwiegenden Verstöße gegen das schiedsgerichtliche Verfahren und damit auch keine Verstöße gegen den ordre public darstellen. Führt ein Verstoß gegen den Grundsatz ne ultra petita aber gleichzeitig zu einer Verletzung des Rechts auf rechtliches Gehör, dann ist in dieser Gehörsverletzung ein schwerwiegender Verfahrensverstoß und folglich ein Verstoß gegen den ordre public im Sinne von Art. V Abs. 2 lit. b) New York Convention zu sehen.

Eine derartige Handhabung stellt auch nicht etwa eine unnötige Doppelung dar, weil ultra petita-Verstöße in Gestalt von Überraschungsentscheidungen sowohl eine Verletzung des Rechts auf rechtliches Gehör im Sinne von Art. V Abs. 1 b) New York Convention als auch einen Verstoß gegen den ordre public im Sinne von Art. V Abs. 2 b) New York Convention darstellen. Verstöße gegen Art. V Abs. 1 b) New York Convention werden nämlich nur auf Antrag geprüft, während ordre public-Verstöße von Amts wegen zu prüfen sind.

### b) *Ultra petita-Verstöße und Präklusion im Vollstreckbarerklärungsverfahren*

Aus den vorstehenden Ausführungen folgt, dass prinzipiell die Versagungsgründe des Art. V Abs. 1 lit. b), des Art. V Abs. 1 lit. c)[789], des Art. V Abs. 1 lit. d) und des Art. V Abs. 2 lit. b) New York Convention einschlägig sein können,

787 Schweizerisches Bundesgericht, Entscheidung vom 21.06.2010 – 4A_142/2010, Rn. 3.3 und Rn. 3.4.

788 Schweizerisches Bundesgericht, Entscheidung vom 21.06.2010 – 4A_142/2010, Rn. 3.4.

789 Soweit sich die Parteien auf Terms of Reference geeinigt haben, siehe dazu oben, im Abschnitt B. III. 2. a) (2).

wenn ein Schiedsgericht gegen den Grundsatz ne ultra petita verstoßen hat. Im Folgenden wird der Frage nachgegangen, ob – und wenn ja, unter welchen Voraussetzungen – eine Schiedspartei damit präkludiert sein kann, sich im Rahmen des Vollstreckbarerklärungsverfahren in Deutschland auf einen der genannten Versagungsgründe zu berufen. In der deutschen Rechtsprechung und Literatur ist es äußerst umstritten, ob und inwieweit die Versagungsgründe der New York Convention einer Präklusion unterliegen.[790]

Auf den ersten Blick spricht wenig für eine Präklusion der Versagungsgründe, da weder § 1061 ZPO noch die New York Convention eine entsprechende Präklusionswirkungswirkung vorsehen. Gegen die Möglichkeit einer Präklusion der Versagungsgründe spricht außerdem, dass die Verhandlungsteilnehmer im Rahmen der Diskussionen über den Entwurf der New York Convention eine mögliche Aufnahme von Präklusionsinstituten in das Vertragswerk zwar in Erwägung gezogen,[791] sich im Endeffekt aber gegen diese Möglichkeit entschieden haben. Im Gegensatz dazu spricht insbesondere die Zielrichtung der New York Convention für die Möglichkeit einer Präklusion der Vollstreckungsversagungsgründe.[792] Das Ziel der New York Convention ist es nämlich unter anderem, die Anerkennung und Vollstreckung von Schiedssprüchen zu erleichtern.[793] Präklusionsinstitute wären folglich im Sinne des vollstreckungsfreundlichen Charakters der New York Convention.

Präklusionswirkungen können an verschiedene Tatbestände anknüpfen, die nachfolgend im Einzelnen dargestellt werden.

### *(1) Präklusion eines Versagungsgrundes wegen rügeloser Verhandlung*

Zum einen kann Präklusion unmittelbar im Schiedsverfahren auftreten. Das ist der Fall, wenn sich die Schiedspartei, die sich später auf den Vollstreckungsversagungsgrund berufen möchte, trotz des Vorliegens des Versagungsgrundes

---

790 Zum Meinungsstand: Steger, Die Präklusion von Versagungsgründen bei der Vollstreckung ausländischer Schiedssprüche – eine Untersuchung im Rahmen des New York Übereinkommens, 2015.

791 Steger, Die Präklusion von Versagungsgründen bei der Vollstreckung ausländischer Schiedssprüche, S. 90 ff., m.w.N.

792 *Kröll*, Die Präklusion von Versagungsgründen bei der Vollstreckbarerklärung ausländischer Schiedssprüche, IPRax 2007, 430(431).

793 *Kröll*, Die Präklusion von Versagungsgründen bei der Vollstreckbarerklärung ausländischer Schiedssprüche, IPRax 2007, 430(431).

rügelos auf das Schiedsverfahren eingelassen hat.[794] Diese Erscheinungsform ist für ultra petita-Verstöße grundsätzlich irrelevant, da ein ultra petita-Verstoß naturgemäß erst nach dem Erlass des Schiedsspruchs und damit auch erst nach Beendigung des Schiedsverfahrens auftreten kann. Auf diese Erscheinungsform der Präklusion soll deshalb im Folgenden nicht weiter eingegangen werden.

*(2) Präklusion des Versagungsgrundes mangels fristgerechtem Aufhebungsantrag im Sitzstaat*

Äußerst umstritten ist die Frage, ob eine Präklusion eintritt, wenn wegen des in Rede stehenden Versagungsgrundes kein Aufhebungsverfahren am Schiedsort durchgeführt worden und die Frist für ein derartiges Verfahren bereits abgelaufen ist. Für diese Fallgruppe kann eine mögliche Präklusion dogmatisch auf verschiedene Weisen begründet werden:

*i. Die Fortgeltung der auf § 1044 Abs. 2 Nr. 1 ZPO a.F. gestützten Präklusionsrechtsprechung*

Der BGH ging in der Vergangenheit teilweise von einer möglichen Präklusion der Versagungsgründe aus. Vor der Novellierung des deutschen Schiedsverfahrensrechts im Jahr 1998 stützte er einen Großteil seiner sogenannten „Präklusionsrechtsprechung“ auf die Formulierung von § 1044 Abs. 2 Nr. 1 ZPO a.F.[795] Danach war ein Antrag auf Vollstreckbarerklärung eines ausländischen Schiedsspruchs abzulehnen, wenn der Schiedsspruch rechtsunwirksam war. Maßgeblich zur Ermittlung der Rechtsunwirksamkeit war dabei grundsätzlich das für das Schiedsverfahren geltende Recht. Vor diesem Hintergrund hatte der BGH in ständiger Rechtsprechung vertreten, dass zumindest der Einwand einer fehlenden oder nicht wirksamen Schiedsvereinbarung, soweit er im Ausland mit einem fristgebundenen Rechtsbehelf hätte geltend gemacht werden können, aber nicht geltend gemacht worden ist, im inländischen Verfahren der Vollstreckbarerklärung nicht mehr vorgebracht werden könne, denn in diesem Fall sei der Schiedsspruch nach dem ausländischen Recht als wirksam zu behandeln.[796]

794 OLG München, Beschluss vom 12.01.2015 – 34 Sch 17/13 – BeckRS 2015, 100156, Rn. 25, m.w.N.

795 BGH, Urteil vom 26.06.1969 – VII ZR 32/67 – juris; BGH, Urteil vom 07.01.1971 – VII ZR 160/69 – juris.

796 Vergleiche die Ausführungen in der Entscheidung des BGH vom 16.12.2010 – III ZB 100/09 – BGHZ 188,1, Rn. 5.

Dabei ist anzumerken, dass die auf § 1044 Abs. 2 Nr. 1 ZPO a.F. gestützte Präklusionsrechtsprechung nicht für Verletzungen des rechtlichen Gehörs oder für ordre public-Verstöße gelten konnte.[797] Verstöße gegen den ordre public waren in § 1044 Abs. 2 Nr. 2 ZPO a.F. und Gehörsverletzungen waren in § 1044 Abs. 2 Nr. 4 ZPO a.F. selbstständig geregelt. In Bezug auf diese Verstöße stellte § 1044 ZPO a.F. nicht auf die Wirksamkeit des Schiedsspruchs ab. Deshalb konnte die damalige Präklusionsrechtsprechung des BGH nicht für ultra petita-Verstöße in der Gestalt von Überraschungsentscheidungen gelten.

Seit der Novellierung des Schiedsverfahrensrechts im Jahr 1998 sind die Gründe für die Versagung der Vollstreckbarerklärung eines ausländischen Schiedsspruchs nicht mehr in § 1044 ZPO geregelt. Die Anerkennung und Vollstreckung ausländischer Schiedssprüche richtet sich nun aufgrund der Verweisung in § 1061 Abs. 1 ZPO nach der New York Convention. Fraglich ist, ob sich durch die Novellierung des Schiedsverfahrensrechts etwas an der zu § 1044 Abs. 2 Nr. 1 ZPO a.F. entwickelten Dogmatik geändert hat.

Der BGH hatte sich im Jahr 2010 im Zusammenhang mit einer vermeintlich unwirksamen Schiedsvereinbarung mit dieser Frage zu befassen.[798] Dabei hat er seine auf § 1044 Abs. 2 Nr. 1 ZPO a.F. gestützte Rechtsprechung insoweit aufgegeben, als dass der Einwand, es läge keine (gültige) Schiedsvereinbarung vor, im Vollstreckbarerklärungsverfahren nicht unter Hinweis auf eine unterlassene Geltendmachung befristeter Rechtsbehelfe im Ausland zurückgewiesen werden könne.[799] Der BGH begründete das Abweichen von seiner bisherigen Präklusionsrechtsprechung damit, dass weder § 1061 ZPO noch Art. V New York Convention einen Vorbehalt der Geltendmachung ausländischer Rechtsbehelfe gegen einen Schiedsspruch vorsehen würden und dass der Einwand deshalb auch nicht aus diesem Grund zurückgewiesen werden könne.[800]

Im Ergebnis ist der Auffassung des BGH zuzustimmen, seine Argumentation überzeugt aber nur teilweise, denn auch § 1044 Abs. 2 Nr. 1 ZPO a.F. hat keinen ausdrücklichen Vorbehalt der Geltendmachung ausländischer Rechtsbehelfe gegen einen Schiedsspruch vorgesehen. Der Unterschied besteht aber darin – und insoweit ist dem BGH zuzustimmen –dass § 1044 Abs. 2 Nr. 1 ZPO a.F. auf die **Wirksamkeit des Schiedsspruchs** abgestellt hat. Die Wirksamkeit

797 *Kröll*, Die Präklusion von Versagungsgründen bei der Vollstreckbarerklärung ausländischer Schiedssprüche, IPRax 2007, 430(433).

798 BGH, Beschluss vom16.12.2010 – III ZB 100/09 – BGHZ 188,1, Rn.9.

799 BGH, Beschluss vom16.12.2010 – III ZB 100/09 – BGHZ 188,1, Rn.10.

800 BGH, Beschluss vom16.12.2010 – III ZB 100/09 – BGHZ 188,1, Rn. 10.

des Schiedsspruchs hängt davon ab, ob (nach dem ausländischen Recht) noch Rechtsbehelfe gegen ihn eingelegt werden können, oder eben nicht. Demgegenüber stellt Art. V Abs. 1 lit. a) New York Convention[801] auf die **Gültigkeit der Schiedsvereinbarung** ab. Danach richtet sich die Gültigkeit der Schiedsvereinbarung – soweit die Parteien nichts Abweichendes bestimmt haben – nach dem Recht des Sitzstaates. War die Schiedsvereinbarung aber von Anfang an ungültig, ändert daran auch der Umstand nichts, dass die unterlegene Partei die Frist für die Anfechtung des Schiedsspruchs im Sitzstaat verstreichen lassen hat.[802] Deshalb ist der Auffassung des BGH, wonach die zu § 1044 Abs. 2 Nr. 1 ZPO a.F. entwickelte Präklusionsrechtsprechung im Lichte der Novellierung des Schiedsverfahrensrechts zumindest nicht mit der gleichen Begründung wie zuvor aufrechterhalten werden kann, im Ergebnis zuzustimmen.

*ii. Entsprechende Anwendung von § 1060 Abs. 2 S. 3 ZPO*

Gegebenenfalls könnte eine Präklusion durch eine entsprechende Anwendung von § 1060 Abs. 2 S. 3 ZPO erreicht werden. Für die Vollstreckbarerklärung inländischer Schiedssprüche sieht § 1060 Abs. 2 S. 3 ZPO i.V.m § 1059 Abs. 3 S. 1 ZPO vor, dass der Vollstreckungsgegner mit der Geltendmachung von Versagungsgründen präkludiert ist, wenn er diese nicht innerhalb von drei Monaten ab Empfang des Schiedsspruchs geltend gemacht hat. Dabei ist allerdings anzumerken, dass § 1060 Abs. 2 S. 3 ZPO eine Präklusion nur für die in § 1059 Abs. 2 Nr. 1 ZPO aufgezählten Versagungsgründe statuiert. Ordre public-Verstöße sind hingegen in § 1059 Abs. 2 Nr. 2 ZPO geregelt. Für sie gilt die Verweisung in § 1060 Abs. 2 S. 3 ZPO folglich offensichtlich nicht.

Ausgehend von dem in Art. VII Abs. 1 New York Convention enthaltenen Meistbegünstigungsgrundsatzes, der die Anwendung von im Vergleich zur New York Convention anerkennungsfreundlicheren Vorschriften des nationalen Rechts erlaubt, kann man argumentieren, dass die in § 1060 Abs. 2 S. 3 ZPO enthaltenen Präklusionsvorschrift entsprechend auch für das Vollstreckbarerklärungsverfahren von ausländischen Schiedssprüchen gilt. Für eine analoge

801 Sowie Art. 5 Abs. 1 lit. d) New York Convention.

802 Obwohl sich der BGH zu dieser Frage noch nicht geäußert hat, dürfte das Gleiche für den Versagungsgrund des Art. 5 Abs. 1 lit. d) New York Convention gelten. Auch hier stellt die New York Convention nicht darauf ab, ob der Schiedsspruch wegen eines Verfahrensverstoßes wirksam ist, sondern allein darauf, ob die Bildung des Schiedsgerichts oder das schiedsgerichtliche Verfahren der Parteivereinbarung oder (subsidiär) dem Verfahrensrecht des Sitzstaates entsprochen hat.

Anwendung von § 1060 Abs. 2 S. 3 ZPO plädieren beispielsweise das OLG Karlsruhe[803] und das KG Berlin[804]. Sie berufen sich darauf, dass der deutsche Gesetzgeber mit § 1059 ZPO einerseits und der Einbeziehung der New York Convention durch § 1061 ZPO andererseits parallele Regelungen getroffen habe und dass es im Sinne einer einheitlichen Beurteilung sei, auch die entsprechenden Präklusionsregelungen parallel laufen zu lassen.

Der BGH hat einer entsprechenden Anwendung von § 1060 Abs. 2 S. 3 ZPO auf ausländische Schiedssprüche in seiner Entscheidung aus dem Jahr 2010 eine Absage erteilt. Er hat argumentiert, dass das in § 1059 ZPO geregelte Rechtsbehelfsverfahren auf ausländische Schiedssprüche nicht angewendet werden könne, da die Entscheidung, ob und unter welchen Voraussetzungen ein im Ausland ergangener Schiedsspruch aufgehoben und ob ein entsprechendes Rechtsmittel unbefristet oder nur innerhalb einer bestimmten Frist bei Gericht eingereicht werden könne, nicht in die Zuständigkeit des deutschen Gesetzgebers falle. Da § 1059 ZPO nicht für ausländische Schiedssprüche gelten könne, würde auch die Möglichkeit der Anknüpfung an die Präklusionsregelung in § 1060 Abs. 2 S. 3 ZPO entfallen.[805]

Gegen diese Argumentation wendet sich *Wolff*.[806] Er argumentiert, dass der Sinn und Zweck von § 1060 Abs. 2 S. 3 ZPO auch für ausländische Schiedssprüche tragen würde, denn andernfalls könnte das mit der Frist für den Aufhebungsantrag verfolgte Ziel, schnell und endgültig Klarheit über die Bestandskraft des Schiedsspruchs zu schaffen, nicht erreicht werden. Nichtsdestotrotz ist *Wolff* der Auffassung, dass eine Präklusion nur dann in Betracht komme, wenn das ausländische Recht einen vergleichbaren Rechtsschutz gewähren würde, wenn also eine ausreichend lange Antragsfrist vorgesehen und ein rechtsstaatliches Verfahren sicherstellt sei. Die Konsequenz aus diesem Vorgehen wäre allerdings, dass die Entscheidung darüber, ob die Antragsfrist ausreichend lang ist und ob ein rechtsstaatliches Verfahren im Ausland sichergestellt ist, dem deutschen Gericht obliegen würde. Da es sich hierbei um auslegungsbedürftige Rechtsbegriffe handelt, würde eine entsprechende Anwendung von § 1060 Abs. 2 S. 3 ZPO eher zur Rechtsunsicherheit beitragen, als dass es dazu beitragen würde, einen effektiven Rechtsschutz zu gewährleisten und dem Interesse an Rechtssicherheit gerecht zu werden.

---

803 OLG Karlsruhe, Beschluss vom 27.03.2006 – 9 Sch 2/05 – SchiedsVZ 2006, 335(336).
804 KG Berlin, Beschluss vom 17.04.2008 – 20 Sch 2/08 – juris, Rn. 22.
805 BGH, Beschluss vom 16.12.2010 – III ZB 100/09 – BGHZ 188,1, Rn. 16.
806 *Wolff*, LMK 2011, 318374.

### *iii. Entsprechende Anwendung von § 1027 ZPO*

*Kühn* ist der Auffassung, dass sich eine Präklusion aus dem Wortlaut des § 1027 ZPO herleiten ließe.[807] Die Vorschrift lautet wie folgt:

> *„Ist einer Bestimmung dieses Buches, von der die Parteien abweichen können, oder einem vereinbarten Erfordernis des schiedsrichterlichen Verfahrens nicht entsprochen worden, so kann eine Partei, die den Mangel nicht unverzüglich oder innerhalb einer dafür vorgesehenen Frist rügt, diesen später nicht mehr geltend machen. Dies gilt nicht, wenn der Partei der Mangel nicht bekannt war."*

§ 1027 ZPO gilt wegen des Verweises in § 1025 Abs. 1 ZPO grundsätzlich nur für inländische Schiedsverfahren. Die Norm sieht vor, dass ein Verstoß gegen dispositives Schiedsverfahrensrecht als geheilt anzusehen ist, wenn der Verstoß nicht unverzüglich oder in einer dafür vorgesehenen Frist gerügt wird. Die Rüge muss folglich noch im Schiedsverfahren selbst erhoben werden. § 1027 ZPO regelt also nicht den Fall, dass eine Rüge nicht zum Gegenstand eines Aufhebungsverfahrens gemacht worden ist. Dieser Fall ist für inländische Schiedssprüche speziell in § 1060 Abs. 2 S. 3 ZPO geregelt. Für eine doppelt analoge Anwendung von § 1027 ZPO auf den Fall, dass im Ausland kein Aufhebungsverfahren angestrebt worden ist, ist folglich kein Raum.

### *iv. Präklusion aufgrund der Anwendung von § 242 BGB*

Teilweise wird versucht eine Präklusionswirkung durch die Bezugnahme auf den Grundsatz von Treu und Glauben zu erreichen.[808] So hat beispielsweise das KG Berlin argumentiert, dass der Einwand der unzulässigen Rechtsausübung wegen widersprüchlichen Verhaltens (venire contra factum proprium) zu erheben sei, wenn es eine Partei unterlässt, ein Aufhebungsverfahren im Sitzstaat anzustrengen und später entsprechende Versagungsgründe im Vollstreckbarerklärungsverfahren in Deutschland geltend macht.[809]

Der BGH teilt diese Rechtsauffassung nicht. Er führte dazu in einer Entscheidung aus dem Jahr 2008 aus, dass nicht in jedem widersprüchlichen Verhalten ein Verstoß gegen den Grundsatz von Treu und Glauben gesehen werden könne.

---

807 *Kühn*, Aktuelle Fragen zur Anwendung der New Yorker Konvention von 1958 im Hinblick auf die Anerkennung und Vollstreckung ausländischer Schiedssprüche – Eine Betrachtung der deutschen Rechtsprechung, SchiedsVZ 2009, 53(59).

808 KG Berlin, Beschluss vom 10.08.2006 – 20 Sch 7/04 – SchiedsVZ 2007, 108(112); grundsätzlich zustimmend: Lachmann, Handbuch für die Schiedsgerichtspraxis, Rn. 2549.

809 KG Berlin, Beschluss vom 10.08.2006 – 20 Sch 7/04 – SchiedsVZ 2007, 108(112).

Widersprüchliches Verhalten sei nach deutschem Recht erst dann rechtsmissbräuchlich, wenn für den anderen Teil ein Vertrauenstatbestand geschaffen worden sei oder wenn andere besondere Umstände die Rechtsausübung als treuwidrig erscheinen lassen.[810] Der BGH führte in der Entscheidung weiter aus, dass es lediglich eine Obliegenheit der unterlegenen Partei darstellen würde, ein Aufhebungsverfahren im Sitzstaat anzustrengen. Ein Unterlassen führe deshalb lediglich dazu, dass sich diese Partei dann nicht mehr auf den Versagungsgrund des Art. V Abs. 1 lit. e) Alt. 2 New York Convention (Aufhebung des Schiedsspruchs im Sitzstaat) berufen könne. Es könne aber nicht ohne das Hinzutreten weiterer besonderer Umstände davon ausgegangen werden, dass die Partei zugleich darauf verzichten würde, im Vollstreckungsstaat die sonstigen Anerkennungsversagungsgründe des Art. V New York Convention geltend zu machen.[811]

#### (3) *Präklusion eines Versagungsgrundes nach durchgeführtem Aufhebungsverfahren*

Ein weiterer Anknüpfungspunkt für eine Präklusionswirkung wird teilweise dann gesehen, wenn wegen des in Rede stehenden Versagungsgrundes bereits ein Aufhebungsverfahren im Sitzstaat des Schiedsgerichts durchgeführt worden ist und im Zuge dieses Aufhebungsverfahrens das Vorliegen des besagten Versagungsgrundes verneint wurde.

*Voit* ist der Ansicht, dass Versagungsgründe, die ohne Erfolg in einem ausländischen Aufhebungsverfahren geltend gemacht worden sind, im Vollstreckbarerklärungsverfahren präkludiert seien.[812] Etwas anderes würde nur in extremen Fällen gelten, wenn das ausländische Gericht den Antragsteller völlig rechtlos stellen würde.[813] Auch *Harbst* plädiert dafür, die Bindungswirkung von ausländischen Anfechtungsverfahren in den Grenzen des § 328 ZPO – der die Versagungsgründe für die Anerkennung ausländischer Urteile aufzählt – grundsätzlich anzuerkennen.[814]

Nach der hier vertretenen Auffassung sollten Schiedsparteien im Rahmen des Vollstreckbarerklärungsverfahrens nicht automatisch mit der Geltendmachung

---

810 BGH, Beschluss vom 17.04.2008 – III ZB 97/06 – SchiedsVZ 2008, 196, Rn. 12, m.w.N.

811 BGH, Beschluss vom 17.04.2008 – III ZB 97/06 – SchiedsVZ 2008, 196, Rn. 15.

812 *Voit* in Musielak/Voit, Kommentar zur ZPO, § 1061, Rn. 20.

813 *Voit* in Musielak/Voit, Kommentar zur ZPO, § 1061, Rn. 20.

814 *Harbst*, Korruption und andere ordre public-Verstöße als Einwände im Schiedsverfahren – Inwieweit sind staatliche Gerichte an Sachverhaltsfeststellungen des Schiedsgerichts gebunden?, SchiedsVZ 2007, 22(30).

eines Verfahrensverstoßes präkludiert sein, nur weil das staatliche Gericht im Sitzstaat des Schiedsgerichts das Vorliegen eines Aufhebungsgrundes verneint hat. Durch eine derartige Handhabung könnte nicht sichergestellt werden, dass deutsche Standards, auf die es im Vollstreckbarerklärungsverfahren ankommt, gewahrt werden. Gerechtfertigt wäre eine Präklusion aufgrund der Feststellungen des staatlichen Gerichts im Rahmen eines Aufhebungsverfahrens allenfalls dann, wenn sichergestellt werden könnte, dass dem Vollstreckungsgegner durch das Aufhebungsverfahren ein gleichwertiger Rechtsschutz gewährt wurde, wie im deutschen Vollstreckbarerklärungsverfahren. Diese Frage müsste für jeden (Sitz-)Staat individuell beantwortet werden, sodass es jeweils einer Einzelfallprüfung bedürfte. Eine derartige Handhabung würde aber zu einer erheblichen Rechtsunsicherheit führen und ist folglich schon aus diesem Grund abzulehnen.

*(4) Analyse der Präklusionsrechtsprechung*

Die Frage einer möglichen Präklusion wird auch von den deutschen Kontrollgerichten kontrovers diskutiert. Ein einheitliches Bild lässt sich hier noch nicht erkennen.

*i. Ausgangspunkt: die Präklusionsrechtsprechung des BGH*

Oben wurde bereits erläutert, dass der BGH seine „Präklusionsrechtsprechung“ vor der Novellierung des deutschen Schiedsverfahrensrechts auf den Wortlaut von § 1044 Abs. 2 Nr. 1 ZPO a.F. gestützt hatte. Der BGH hatte in diesem Zusammenhang aber schon damals wiederholt klargestellt, dass diese Präklusionsrechtsprechung nur auf Sachverhalte Anwendung finden sollte, die von § 1044 Abs. 2 Nr. 1 ZPO a.F. erfasst wurden. Keine Anwendung sollte sie hingegen auf Sachverhalte finden, die unter § 1044 Abs. 2 Nr. 2 bis 4 ZPO a.F. fielen.[815] Diese Rechtsprechung galt damit nur für Verstöße, die nach dem Verfahrensrecht des Sitzstaates des Schiedsgerichts zu beurteilen waren. Danach galt die Präklusionsrechtsprechung weder für die Verletzung des Rechts auf rechtliches Gehör[816] noch für ordre public-Verstöße.[817] Letzteres begründete der BGH in einer Entscheidung aus dem Jahr 1995 damit, dass ein Verstoß gegen den ordre public nicht im Interesse einer Partei, sondern im Allgemeininteresse berücksichtigt

815 BGH, Beschluss vom 26.04.1990 – III ZR 56/89 – juris, Rn. 7; BGH, Urteil vom 14.05.1992 – III ZR 169/90 – NJW 1992, 2299.

816 BGH, Beschluss vom 26.04.1990 – III ZR 56/89 – juris, Rn. 7; BGH, Urteil vom 14.05.1992 – III ZR 169/90 – NJW 1992, 2299.

817 BGH, Beschluss vom 30.11.1995 – III ZR 165/94 – juris, Rn. 3.

würde und dass ein derartiger Verstoß deshalb nicht durch einen Verzicht auf die Geltendmachung in einem etwaigen Aufhebungsverfahren geheilt werden könne.[818]

### *ii. Besondere Konstellationen: die Befangenheitsrüge*

Dessen ungeachtet entschied der BGH sowohl vor als auch nach der Novellierung des deutschen Schiedsverfahrensrechts wiederholt, dass bei der Prüfung, ob die Anerkennung eines Schiedsspruchs einen Verstoß gegen den deutschen ordre public (§ 1044 Abs. 2 Nr. 2 ZPO a. F.) darstellt, auch die ausländischen Rechtsschutzmöglichkeiten zu berücksichtigen sei.[819] Dieser Rechtsprechung lag jeweils eine Befangenheitsrüge gegen einen oder mehrere Schiedsrichter zugrunde. Zur Begründung führt der BGH aus, dass kein ordre public-Verstoß vorliegen würde, wenn die Befangenheit im Sitzstaat des Schiedsgerichts vor einem staatlichen Gericht geltend gemacht hätte werden können. Vorausgesetzt, dass das ausländische Gericht nach den gleichen Grundsätzen entscheiden würde, die nach deutschem Recht für die Berücksichtigung der Befangenheit gelten würden.[820]

Damit ist die Rechtsprechung des BGH insoweit nicht gänzlich konsistent. In den Entscheidungen zur Befangenheitsrüge scheint der BGH zu argumentieren, dass erst gar kein ordre public-Verstoß vorliegen würde, wenn die Befangenheit nicht im Sitzstaat geltend gemacht worden ist. Er umgeht damit die Frage – die er im Jahr 1995 ausdrücklich mit „nein" beantwortet hat – ob die Geltendmachung eines etwaigen ordre public-Verstoßes präkludiert sein kann.

### *iii. Die BGH-Rechtsprechung nach der Novellierung des Schiedsverfahrensrechts*

Nach der Novellierung des deutschen Schiedsverfahrensrechts entschied der BGH im April 2008, dass grundsätzlich kein treuwidriges Verhalten vorliegen würde, wenn der Vollstreckungsgegner davon abgesehen hat, ein Aufhebungsverfahren im Sitzstaat durchzuführen.[821] Dadurch würde sich der Vollstreckungsgegner lediglich der Möglichkeit berauben eine Rüge nach Art. 5 Abs. 1

---

818 BGH, Beschluss vom 30.11.1995 – III ZR 165/94 – juris, Rn. 3.

819 BGH, Beschluss vom 12.07.1990 – III ZR 218/89 – juris, Rn. 2, 10; BGH, Urteil vom 01.02.2001 – III ZR 332/99 – juris, Rn. 21.

820 BGH, Beschluss vom 12.07.1990 – III ZR 218/89 – juris, Rn. 2, 10; BGH, Urteil vom 01.02.2001 – III ZR 332/99 – juris, Rn. 21.

821 BGH, Beschluss vom 17.04.2008 – III ZB 97/06 – NJW-RR 2008, 1083, Rn. 15.

lit. e) Alt. 2 New York Convention zu erheben. Nach dieser Vorschrift kann eine Partei im Vollstreckbarerklärungsverfahren einwenden, dass der für vollstreckbar zu erklärende Schiedsspruch im Sitzstaat aufgehoben oder in seinen Wirkungen einstweilen gehemmt worden ist.

Wie oben bereits erwähnt, stellte der BGH im Dezember 2010 außerdem klar, dass seine damalige Präklusionsrechtsprechung, die auf der Formulierung von § 1044 Abs. 2 Nr. 1 ZPO a.F. beruhte, aufgrund der Novellierung des deutschen Schiedsverfahrensrechts nicht mehr aufrecht erhalten werden könne.[822] Der BGH hatte sich in dieser Entscheidung mit dem Einwand der unwirksamen Schiedsvereinbarung auseinanderzusetzen.

### *iv. Die Präklusionsrechtsprechung verschiedener Oberlandesgerichte*

Die Rechtsauffassungen der verschiedenen Oberlandegerichten weichen zum Teil erheblich voneinander ab. So sprach sich beispielsweise das OLG Karlsruhe in mehreren Entscheidungen für eine generelle Präklusion von Anerkennungsverweigerungsgründen aus.[823] Nach der Auffassung des OLG Karlsruhe könne sowohl der Versagungsgrund der Gehörsverletzung[824] als auch ein ordre public-Verstoß[825] im Vollstreckbarerklärungsverfahren nur berücksichtigt werden, wenn eine zulässige und inhaltlich einschlägige Aufhebungsklage im Sitzstaat des Schiedsgerichts nicht verfristet ist. Auch das OLG Frankfurt spricht sich ganz generell für eine Präklusion von Vollstreckungsversagungsgründe für den Fall aus, dass die Möglichkeit einer Aufhebungsklage gegen den Schiedsspruch in dem Staat, in dem der Schiedsspruch ergangen ist, nicht wahrgenommen worden ist.[826] Zur Begründung führt das Gericht Folgendes aus:

> *„Es wäre unverständlich, dass eine Schiedspartei nur im Schiedsstaat selbst mit Einwendungen gegen den Schiedsspruch ausgeschlossen ist, während sie in jedem anderen, dem New York Convention beigetretenen Staat diese Einwendungen noch vorbringen könnte."*

---

822 BGH, Beschluss vom 16.12.2010 – III ZB 100/09 – BGHZ 188,1, Rn. 9.

823 OLG Karlsruhe, Beschluss vom 27.03.2006 – 9 Sch 2/05 – SchiedsVZ 2006, 335(336); OLG Karlsruhe, Beschluss vom 03.07.2006 – 9 Sch 1/06 – SchiedsVZ 2006, 281; OLG Karlsruhe, Beschluss vom 14.09.2007 – 9 Sch 2/07 – SchiedsVZ 2008, 47(48); OLG Karlsruhe, Beschluss vom 04.01.2012 – 9 Sch 02/09 – SchiedsVZ 2012, 101(103).

824 OLG Karlsruhe, Beschluss vom 27.03.2006 – 9 Sch 2/05 – SchiedsVZ 2006, 335(336).

825 OLG Karlsruhe, Beschluss vom 27.03.2006 – 9 Sch 2/05 – SchiedsVZ 2006, 335(336); OLG Karlsruhe, Beschluss vom 04.01.2012 – 9 Sch 02/09 – SchiedsVZ 2012, 101(103).

826 OLG Frankfurt, Beschluss vom 18.10.2007 – 26 Sch 01/07 – veröffentlicht in der Datenbank der DIS, abrufbar unter: http://www.disarb.org/de/47/datenbanken/rspr/olg-frankfurt-am-az-26-sch-01-07-datum-2007-10-18-id908.

In diesem Sinne entschied auch das KG Berlin im Jahr 2008, hinsichtlich des Versagungsgrundes der Verletzung des rechtlichen Gehörs.[827] Schließlich sprach sich das OLG Stuttgart bereits im Jahr 2003 für eine Präklusion von Versagungsgründen aus.[828] Diese Entscheidung ist deshalb von besonderer Bedeutung für die vorliegende Arbeit, weil das OLG Stuttgart ausdrücklich festgestellt hatte, dass der ultra petita-Einwand des Vollstreckungsgegners präkludiert sei, weil dieser Einwand nicht in einem Aufhebungsverfahren im Sitzstaat (in der Schweiz) geltend gemacht worden ist.[829]

Im Gegensatz dazu führte das Bayrische Oberste Landesgericht in einer Entscheidung aus dem Jahr 2001 aus, dass die in § 1044 Abs. 2 Nr. 2 bis 4 ZPO a.F. genannten Versagungsgründe – zu denen auch die Verletzung des Gehörsanspruch (Art. 5 Abs. 1 lit. b) New York Convention) gehört – ohnehin nicht von der ehemaligen Präklusionsrechtsprechung des BGH umfasst waren.[830] Darüber hinaus käme für diese Versagungsgründe eine Präklusion nach der aktuellen Gesetzeslage aber auch deshalb nicht in Betracht, weil die New York Convention keinen entsprechenden Rügeverlust vorsehe.[831] Im Jahr 2003 wies das Bayrische Oberste Landesgericht dann noch einmal ausdrücklich darauf hin, dass eine Präklusion für Verstöße gegen den ordre public nicht in Betracht komme.[832]

*(5) Stellungnahme*

Nach der hier vertretenen Auffassung tritt eine Präklusion des ultra petita-Einwands im Vollstreckbarerklärungsverfahren grundsätzlich nicht ein. Das gilt auch dann, wenn ein entsprechender Aufhebungsantrag im Sitzstaat bereits verfristet ist. Ein derartiges Präklusionsinstitut würde zwar die anerkennungsfreundliche Haltung der New York Convention flankieren, es ist aber weder in § 1061 ZPO noch in der New York Convention vorgesehen. Eine Präklusion kann auch dogmatisch nicht überzeugend begründet werden. Weder eine analoge Anwendung von § 1060 Abs. 2 S. 3 ZPO noch eine doppelt analoge Anwendung von § 1027 S. 1 ZPO oder ein Rückgriff auf § 242 BGB vermögen zu überzeugen.

Durch das Institut der Präklusion würde der Vollstreckungsgegner in seinen Verteidigungsmöglichkeiten gegen den Schiedsspruch beschnitten, obwohl eine

---

827 KG Berlin, Beschluss vom 17.04.2008 – 20 Sch 2/08 – juris, Rn. 22 f.
828 OLG Stuttgart, Beschluss vom 14.10.2003 – 1 Sch 16/02 – juris.
829 OLG Stuttgart, Beschluss vom 14.10.2003 – 1 Sch 16/02 – juris, Rn. 148.
830 BayObLG, Beschluss vom 16.03.2000 – 4Z Sch 50/99 – NJW-RR 2001, 431(432).
831 BayObLG, Beschluss vom 16.03.2000 – 4Z Sch 50/99 – NJW-RR 2001, 431(432).
832 BayObLG, Beschluss vom 20.11.2003 – 4Z Sch 17/03 – juris, Rn. 27 f.

derartige Rechtsverkürzung weder in der ZPO noch in der New York Convention vorgesehen ist. Gerechtfertigt wäre ein derartiger Eingriff in die Rechte des Vollstreckungsgegners allenfalls dann, wenn sichergestellt werden könnte, dass ihm durch das Aufhebungsverfahren im Sitzstaat gleichwertiger Rechtsschutz hätte gewährt werden können. Diese Frage wäre für jeden (Sitz-)Staat separat zu beantworten, sodass es jeweils einer Einzelfallprüfung bedürfte. Eine derartige Handhabung würde aber zu erheblicher Rechtsunsicherheit führen und ist folglich schon aus diesem Grund abzulehnen. Außerdem ist es dem Vollstreckungsgegner im Zweifel auch nicht zuzumuten, ein mitunter kostenintensives Aufhebungsverfahren im Ausland durchzuführen, obwohl wohlmöglich gar keine Vollstreckung des Schiedsspruchs in diesem Staat droht.

Vor allem scheidet eine Präklusion mangels Dispositionsbefugnis der Parteien aber für geltend gemachte ordre public-Verstöße aus. Das deutsche Kontrollgericht muss insoweit ohnehin von Amts wegen tätig werden, sodass eine Präklusion schon konzeptionell ausscheidet. Eine Präklusion für ordre public-Verstöße scheidet auch deshalb aus, weil ein ausländisches Gericht im Aufhebungsverfahren nicht prüfen würde, ob ein ordre public-Verstoß **nach deutschem Recht** vorliegt, sondern ob ein ordre public-Verstoß nach dem jeweiligen Recht des Sitzstaates vorliegt. Damit hätte das ausländische Aufhebungsverfahren schon einen anderen Streitgegenstand, als das deutsche Vollstreckbarerklärungsverfahren.

### c) *Ultra petita-Verstöße und das Kausalitätserfordernis im Vollstreckbarerklärungsverfahren*

Die herrschende Meinung geht davon aus, dass einem ausländischen Schiedsspruch die Vollstreckbarerklärung nur dann zu versagen ist, wenn sich der geltend gemachte Verstoß auch kausal auf den Schiedsspruch ausgewirkt hat.[833] Dieser Auffassung ist zuzustimmen, da Schiedssprüchen andernfalls aus rein formalen Gründen die Anerkennung und Vollstreckung versagt werden könnte. Kausalität ist bereits dann zu bejahen, wenn zumindest nicht auszuschließen ist, dass die Entscheidung des Schiedsgerichts auf dem jeweiligen Verstoß beruhen kann.[834]

---

833 BGH, Beschluss vom 15.01.2009 – III ZB 83/07 – SchiedsVZ 2009, 126, Rn. 7, m.w.N.

834 BGH, Beschluss vom 15.01.2009 – III ZB 83/07 – SchiedsVZ 2009, 126, Rn. 7; für ordre public-Verstöße: *Geimer* in Zöller, Kommentar zur ZPO, § 1061, Rn. 37; zur Gehörsverletzung: BGH, Urteil vom 08.10.1959 – VII ZR 87/58 – NJW 1959, 2213(2214); *Voit* in Musielak/Voit, Kommentar zur ZPO, § 1061, Rn. 15; *Adolphsen* im Münchener Kommentar zur ZPO, Anhang zu § 1061, Art. 5 New York Convention, Rn. 32.

Verstößt ein Schiedsgericht gegen den Grundsatz ne ultra petita, dann wirkt sich dieser Verstoß stets kausal auf den Schiedsspruch aus. Denn hätte das Schiedsgericht nicht gegen den Grundsatz verstoßen, dann hätte es einen anderen Schiedsspruch erlassen. Es hätte dem Antrag entweder stattgegeben, oder ihn ganz oder teilweise abgewiesen. Es hätte aber nicht mehr oder etwas anderes zugesprochen.

Stellt der Verstoß gegen den Grundsatz ne ultra petita eine Überraschungsentscheidung dar, weil das Schiedsgericht von den rechtlichen Erwägungen der Parteien abgewichen ist, dann gibt es einen anderen Anknüpfungspunkt für das Kausalitätserfordernis, nämlich das Unterlassen eines (erforderlichen) schiedsrichterlichen Hinweises. Dem liegt zugrunde, dass die Parteien durch einen Schiedsspruch nicht überrascht werden können, wenn sie mit der Entscheidung des Schiedsgerichts rechnen konnten. Erteilt das Schiedsgericht im Laufe des Verfahrens also einen entsprechenden richterlichen Hinweis, dann überrascht es die Parteien mit seiner späteren Entscheidung nicht. Bei Überraschungsentscheidungen stellt sich deshalb die Frage, ob auch das Unterlassen des konkreten Hinweises kausal für den Schiedsspruch war. Diese Frage ist nur dann zu bejahen, wenn anzunehmen ist, dass der Vollstreckungsgegner bei einem entsprechenden Hinweis weitergehende rechtliche oder tatsächliche Ausführungen gemacht hätte, die für die Entscheidung des Schiedsgerichts relevant gewesen wären.[835]

Dabei ist aber problematisch, dass die Entscheidung darüber, was **relevanter** neuer Tatsachen- oder Rechtsvortrag ist, grundsätzlich nicht dem deutschen Kontrollgericht obliegt. Zur Beantwortung dieser Frage müsste das Gericht nämlich eigene rechtliche Bewertungen vornehmen und Feststellungen in der Sache treffen. Dazu ist das deutsche Kontrollgericht grundsätzlich nicht befugt, weil es kein weiteres Erkenntnisverfahren durchführt.[836] Das deutsche Gericht stellt keine dem Schiedsverfahren nachgeschaltete weitere Instanz dar, die zu einer inhaltlichen Befassung mit dem Streitgegenstand berechtigt wäre. Der ausländische Schiedsspruch stellt vielmehr eine verbindliche Entscheidung dar, die keiner oberschieds- oder staatsgerichtlichen Überprüfung mehr unterliegt.[837]

Eine Lösung des Problems sieht nach der hier vertretenen Auffassung wie folgt aus: beruft sich der Schiedsbeklagte im Vollstreckbarerklärungsverfahren

835 Ähnlich argumentiert auch das OLG Jena: OLG Jena, Beschluss vom 25.04.2016 – 1 Sch 1/16 – juris, Rn.26.

836 *Münch* im Münchener Kommentar zur ZPO, §1059, Rn. 7.

837 *Münch* im Münchener Kommentar zur ZPO, § 1061, Rn. 10.

darauf, dass das Schiedsgericht gegen den Grundsatz ne ultra petita verstoßen und dabei eine Überraschungsentscheidung getroffen hat, dann hat er darzulegen, was er vorgetragen hätte, hätte er in Erwägung gezogen, dass das Schiedsgericht dazu geneigt ist, die getroffene Entscheidung zu treffen. Ist für das deutsche Kontrollgericht nicht offensichtlich und eindeutig auszuschließen, dass dieser Vortrag Einfluss auf die Entscheidung des Schiedsgerichts hätte haben können, dann ist davon auszugehen, dass der Verfahrensverstoß, also das Unterlassen der Hinweiserteilung, für die Entscheidung des Schiedsgerichts kausal war. Dem Schiedsspruch wäre die Vollstreckbarerklärung zu versagen. Nur wenn der Beklagte nicht darlegt, was er vorgetragen hätte oder wenn ohne eine inhaltliche Prüfung des im Vollstreckbarerklärungsverfahrens durch den Schiedsbeklagten dargelegten (potentiellen) neuen Vortrags offensichtlich und eindeutig ausgeschlossen werden kann, dass dieser Vortrag irgendeinen Einfluss auf die Entscheidung des Schiedsgerichts gehabt hätte, wäre der Schiedsspruch trotz des Verfahrensverstoßes für vollstreckbar zu erklären.

### *d) Kann der ultra petita-Verstoß durch die Betreibung der Vollstreckung des Schiedsspruchs nachträglich genehmigt werden?*

Betreibt der Schiedskläger die Vollstreckung eines Schiedsspruchs, dann bringt er zum Ausdruck, dass er mit dem Inhalt des Schiedsspruchs einverstanden ist. Betreibt ein Schiedskläger also die Vollstreckung eines Schiedsspruchs, der unter Verstoß gegen den Grundsatz ne ultra petita zustande gekommen ist, bringt der Schiedskläger zum Ausdruck, dass er mit dem Schiedsspruch trotz des Verstoßes einverstanden ist. Fraglich ist, ob der Schiedskläger den fehlerhaften Schiedsspruch damit nachträglich genehmigen kann.

Eine derartige Genehmigung würde allerdings voraussetzen, dass der Schiedskläger einseitig über den durch den Grundsatz ne ultra petita gewährten Schutz disponieren könnte. Diese Dispositionsbefugnis stünde dem Kläger nur dann zu, wenn durch den Grundsatz nur die Rechte des Klägers geschützt würden. Zwar ist richtig, dass der Grundsatz ne ultra petita Ausfluss der klägerischen Dispositionsmaxime ist. Oben[838] wurde aber bereits erläutert, dass der Schutzbereich des Grundsatzes zweidimensional ist: zum einen ist er Ausfluss der Dispositionsmaxime und schützt die Parteien (insbesondere den Kläger) vor gerichtlicher Willkür, andererseits schützt er den Beklagten vor einer überraschenden Entscheidung, die den Beklagten daran hindert, zu relevanten

838 Siehe hierzu oben im Abschnitt A. II. 1.

Rechts- oder Sachfragen vorzutragen. Allein dadurch, dass der Schiedskläger die Vollstreckung des Schiedsspruchs betreibt, kann es deshalb nicht zu einer Genehmigung eines ultra petita-Verstoßes kommen, weil der Kläger andernfalls über die Rechte des Beklagten disponieren würde.

Insoweit kann auch nicht auf die herrschende Rechtsprechung und Literaturmeinung zu § 308 Abs. 1 ZPO zurückgegriffen werden, wonach ein Verstoß gegen den Grundsatz ne ultra petita vom Kläger in der Berufungsinstanz genehmigt/geheilt werden kann.[839] Die herrschende Meinung in Literatur[840] und Rechtsprechung[841] sieht in der klägerischen Zueigenmachung der gegen § 308 Abs. 1 ZPO verstoßenden Urteilsformel eine zulässige Klageerweiterung in der Berufungsinstanz. Demgegenüber ist eine Klageerweiterung im Rahmen eines Vollstreckbarerklärungsverfahren nicht möglich, weil der ausländische Schiedsspruch eine verbindliche Entscheidung darstellt, die durch das deutsche Kontrollgericht nicht abgeändert werden kann, denn das deutsche Kontrollgericht stellt keine weitere Instanz im Erkenntnisverfahren dar.

Insoweit ist auch dem Saarländischen OLG nicht zuzustimmen, wenn es hinsichtlich der Vollstreckung eines ausländischen Urteils, das unter Verstoß gegen den Grundsatz ne ultra petita zustande gekommen ist, Folgendes ausführt:

> *„Auch im ausländischen Recht sind Ausnahmen [von dem Grundsatz ne ultra petita] denkbar. Hierfür spricht bereits, dass es dem Kläger unbenommen bleibt, entweder gleich einen höheren Antrag zustellen oder diesen im Wege einer Klageerweiterung oder einer neuen Klage geltend zu machen. Vorliegend hat die Antragstellerin jedenfalls spätestens durch den Antrag auf Vollstreckbarerklärung in voller Höhe zum Ausdruck gebracht, dass die Verurteilung jedenfalls nachträglich ihrem Willen entsprach.“*[842]

---

839 BGH, Urteil vom 16.11.2005 – VIII ZR 5/05 – NJW 2006, 1062, Rn. 11; BGH, Urteil vom 12.01.1994 – VIII ZR 165/92 – NJW 1994, 1060(1067); BGH, Urteil vom 06.10.1998 – XI ZR 313-97 – NJW 1999, 61(62); *Feskorn* in Zöller, Kommentar zur ZPO, § 308, Rn. 7; *Musielak* im Münchener Kommentar zur ZPO, § 308, Rn. 21; *Rensen* in Wieczorek/Schütze, Zivilprozeßordnung und Nebengesetze, § 308, Rn. 37.

840 *Feskorn* in Zöller, Kommentar zur ZPO, § 308, Rn. 7; *Musielak* im Münchener Kommentar zur ZPO, § 308, Rn. 21; *Rensen* in Wieczorek/Schütze, Zivilprozeßordnung und Nebengesetze, § 308, Rn. 37.

841 BGH, Urteil vom 16.11.2005 – VIII ZR 5/05 – NJW 2006, 1062, Rn. 11; BGH, Urteil vom 12.01.1994 – VIII ZR 165/92 – NJW 1994, 1060(1067); BGH, Urteil vom 06.10.1998 – XI ZR 313-97 – NJW 1999, 61(62).

842 Saarländisches Oberlandesgericht, Beschluss vom 12.01.2011 – 5 W 132/09 – 48, 5 W 132/09 – juris, Rn. 114.

Das OLG übersieht dabei, dass es im Vollstreckbarerklärungsverfahren gerade nicht mehr zu einer inhaltlichen Kontrolle des Schiedsspruchs kommt. Das Vollstreckbarerklärungsverfahren ist also nicht mit der Situation im Ausland zu vergleichen, in der eine Klageerweiterung oder eine neue Klage möglich ist.

### e) *Ultra petita-Verstöße und Ermessen im Vollstreckbarerklärungsverfahren*

Schließlich stellt sich die Frage, ob deutsche Kontrollgerichte dazu verpflichtet sind, einem Schiedsspruch die Vollstreckbarerklärung zu versagen, wenn einer der in Art. V New York Convention genannten Versagungsgrund vorliegt, oder ob ihnen insoweit ein Ermessensspielraum zusteht. Diese Frage drängt sich deshalb auf, weil es in der New York Convention sowohl in Art. V Abs. 1 als auch in Art. V Abs. 2 heißt, dass die Anerkennung und Vollstreckung eines Schiedsspruchs versagt werden darf, wenn einer der in dem jeweiligen Absatz genannten Gründe vorliegt. Ausgehend vom Wortlaut handelt es sich also um Ermessensvorschriften.

Nichtsdestotrotz geht die herrschende Meinung in der deutschen Literatur davon aus, dass der zuständigen Behörde, bzw. dem zuständigen Gericht, kein Ermessen zusteht, wenn die Tatbestandsvoraussetzungen eines der genannten Versagungsgründe erfüllt sind.[843] Vielmehr müsse die Anerkennung, bzw. Vollstreckung des Schiedsspruchs beim Vorliegen eines Versagungsgrundes versagt werden.[844] In diesem Sinne führt *Adolphsen*[845] aus, dass der Wortlaut des Gesetzes – *„darf versagt werden"* bzw. *„may be refused"* insoweit irrelevant sei und dass er nicht dahingehend zu deuten sei, dass der Behörde durch Art. V New York Convention ein Ermessensspielraum eingeräumt würde. Auch der nationale Gesetzgeber könne der Behörde oder dem Gericht kein Ermessensspielraum einräumen. Der Wortlaut sei vielmehr aus einer völkerrechtlichen Perspektive zu sehen. Danach wolle die New York Convention die Gründe für die Versagung

---

843 BT-Drs. 2/2160, 25.10.1960, S. 26; *Adolphsen* im Münchener Kommentar zur ZPO, Anhang zu § 1061, Art. 5 New York Convention, Rn. 4; *Münch* im Münchener Kommentar zur ZPO, § 1061, Rn. 18; Schwab/Walter, Schiedsgerichtsbarkeit, 56. Kapitel, Rn. 3; *Voit* in Musielak/Voit, Kommentar zur ZPO, § 1061, Rn. 28; OLG Düsseldorf, Beschluss vom 21.07.2004 – VI-Sch (Kart) 1/02, Sch (Kart) 1/02 – BeckRS 2004, 18458, Rn.23.

844 BT-Drs. 2/2160, 25.10.1960, S. 26.

845 *Adolphsen* im Münchener Kommentar zur ZPO, Anhang zu § 1061, Art. 5 New York Convention, Rn. 4.

beschränken und sie gerade nur in den in Art. V New York Convention genannten Fällen erlauben.[846]

Anders wird das von *Van den Berg* gesehen.[847] *Van den Berg* ist der Auffassung, dass es durchaus Fälle geben kann, in denen das zur Vollstreckung des ausländischen Schiedsspruch angerufene Gericht dazu berechtigt sei, den Schiedsspruch trotz des Vorliegens eines der in Art. V New York Convention genannten Versagungsgründe für vollstreckbar zu erklären.[848] Für die in Art. V Abs. 1 New York Convention genannten Gründe treffe das beispielsweise zu, wenn der Antragsgegner mit seinen Einwendungen gegen die Vollstreckbarerklärung präkludiert ist,[849] oder wenn das Vorliegen des Versagungsgrundes nicht kausal für die Entscheidung des Schiedsgerichts war.[850]

Oben wurde bereits erläutert, dass einem Schiedsspruch die Vollstreckbarerklärung nur dann zu versagen ist, wenn sich der jeweilige Verfahrensverstoß kausal auf den Schiedsspruch ausgewirkt hat.[851] Deshalb wird hier die Auffassung vertreten, dass Art. V New York Convention den Kontrollgerichten zwar kein freies, wohl aber ein pflichtgemäßes Ermessen einräumt. Anders formuliert: Liegt einer der in Art. V New York Convention genannten Versagungsgründe vor, hat sich der Versagungsgrund aber nicht kausal auf die Entscheidung des Schiedsgerichts ausgewirkt, dann ist der Schiedsspruch trotz des Vorliegens des Versagungsgrundes für vollstreckbar zu erklären. Folglich hat das Kontrollgericht im Rahmen einer pflichtgemäßen Ermessensausübung zu überprüfen, ob sich der Versagungsgrund kausal auf den Schiedsspruch ausgewirkt hat.

### *f) Ergebnis*

Zusammenfassend lässt sich festhalten, dass der Verstoß eines ausländischen Schiedsgerichts gegen den Grundsatz ne ultra petita einen Grund für die Versagung der Vollstreckung des Schiedsspruchs in Deutschland darstellen kann.

---

846 *Adolphsen* im Münchener Kommentar zur ZPO, Anhang zu § 1061, Art. 5 New York Convention, Rn. 4.
847 Van den Berg, The New York Convention of 1958, S. 265 f.
848 Van den Berg, The New York Convention of 1958, S. 265 f.
849 Van den Berg, The New York Convention of 1958, S. 265 f; *Kröll*, Die Präklusion von Versagungsgründen bei der Vollstreckbarerklärung ausländischer Schiedssprüche, IPRax 2007, 430(432).
850 Van den Berg, The New York Convention of 1958, S. 302.
851 Zum Kausalitätserfordernis siehe oben im Abschnitt B. III. 2. c).

So stellt ein ultra petita-Verstoß einen Versagungsgrund nach Art. V Abs. 1 lit. d) New York Convention dar, wenn entweder die Parteien die Beachtung dieses Grundsatzes vereinbart haben oder – sollten die Parteien diesbezüglich keine Einigung getroffen haben – wenn das jeweils anwendbaren Schiedsverfahrensrecht die Geltung des Grundsatzes vorsieht.[852] Haben die Parteien ihrem Schiedsverfahren ToR zugrunde gelegt und weicht das Schiedsgericht bei seiner Entscheidung von diesen ToR ab, dann kann zudem der Versagungsgrund des Art. V Abs. 1 lit. c) New York Convention einschlägig sein. Außerdem ist der Anwendungsbereich der Versagungsgründe des Art. V Abs. 1 lit. b) und Abs. 2 lit. b) New York Convention eröffnet, wenn das Schiedsgericht den Grundsatz ne ultra petita so eklatant verletzt, dass zugleich eine Überraschungsentscheidung vorliegt.[853]

Liegt einer der genannten Versagungsgründe vor, kann der ausländische Schiedsspruch in Deutschland nicht für vollstreckbar erklärt werden. Eine Ausnahme besteht nur dann, wenn das Schiedsgericht zwar eine Überraschungsentscheidung erlassen hat, aber der Vollstreckungsgegner nicht darzulegen vermag, was er vorgetragen hätte, hätte er mit der Entscheidung des Schiedsgericht gerechnet.[854] Würde das deutsche Kontrollgericht dem Schiedsspruch die Vollstreckbarerklärung in diesem Fall versagen, dann täte es dies aus rein formalen Gründen, was wiederum unvereinbar mit dem vollstreckungsfreundlichen Charakter der New York Convention und der ZPO wäre.

Darüber hinaus steht dem deutschen Kontrollgericht bei der Entscheidung über die Vollstreckbarerklärung kein Ermessen zu.[855] Zudem besteht nach der hier vertretenen Auffassung kein Anknüpfungspunkt dafür, dass der Vollstreckungsgegner mit der Geltendmachung eines Versagungsgrundes präkludiert sein könnte oder dass es durch die Betreibung der Vollstreckung des Schiedsspruchs zu einer nachträglichen Heilung eines ultra petita-Verstoßes kommen könnte.[856]

852 Siehe oben im Abschnitt B. III. 2. a) (3).
853 Siehe oben im Abschnitt B. III. 2. a) (1) und (4).
854 Siehe oben im Abschnitt B. III. 2. c).
855 Siehe oben im Abschnitt B. III. 2. e).
856 Siehe oben im Abschnitt B. III. 2. b).

## 3. Die Folgen eines ultra petita-Verstoßes bei inländischen Schiedssprüchen

Wie oben erläutert, findet der Grundsatz ne ultra petita in inländischen Schiedsverfahren als dispositives Schiedsverfahrensrecht Anwendung.[857] Darüber hinaus stellt sein Kernbereich, der Ausfluss des Rechts auf rechtliches Gehör ist, zwingendes Schiedsverfahrensrecht dar.[858] Fraglich ist, welche Folgen der Verstoß eines inländischen Schiedsspruchs gegen den Grundsatz hat.

### *a) Die in § 1059 Abs. 2 ZPO genannten Aufhebungsgründe*

Die Gründe, die eine Aufhebung eines inländischen Schiedsspruchs rechtfertigen, sind abschließend[859] in § 1059 Abs. 2 ZPO geregelt. Die Vorschrift lautet wie folgt:

*„Ein Schiedsspruch kann nur aufgehoben werden,*

*1. wenn der Antragsteller begründet geltend macht, dass*

*a) eine der Parteien, die eine Schiedsvereinbarung nach den §§ 1029, 1031 geschlossen haben, nach dem Recht, das für sie persönlich maßgebend ist, hierzu nicht fähig war, oder dass die Schiedsvereinbarung nach dem Recht, dem die Parteien sie unterstellt haben oder, falls die Parteien hierüber nichts bestimmt haben, nach deutschem Recht ungültig ist oder*

*b) er von der Bestellung eines Schiedsrichters oder von dem schiedsrichterlichen Verfahren nicht gehörig in Kenntnis gesetzt worden ist oder dass er aus einem anderen Grund seine Angriffs- oder Verteidigungsmittel nicht hat geltend machen können oder*

*c) der Schiedsspruch eine Streitigkeit betrifft, die in der Schiedsabrede nicht erwähnt ist oder nicht unter die Bestimmungen der Schiedsklausel fällt, oder dass er Entscheidungen enthält, welche die Grenzen der Schiedsvereinbarung überschreiten; kann jedoch der Teil des Schiedsspruchs, der sich auf Streitpunkte bezieht, die dem schiedsrichterlichen Verfahren unterworfen waren, von dem Teil, der Streitpunkte betrifft, die ihm nicht unterworfen waren, getrennt werden, so kann nur der letztgenannte Teil des Schiedsspruchs aufgehoben werden; oder*

*d) die Bildung des Schiedsgerichts oder das schiedsrichterliche Verfahren einer Bestimmung dieses Buches oder einer zulässigen Vereinbarung der Parteien nicht entsprochen hat und anzunehmen ist, dass sich dies auf den Schiedsspruch ausgewirkt hat; oder*

*2. wenn das Gericht feststellt, dass*

---

857 Siehe oben im Abschnitt B. II. 8.
858 Siehe oben im Abschnitt B. II. 8.
859 *Geimer* in Zöller, Kommentar zur Zivilprozessordnung, § 1059, Rn. 30.

*a) der Gegenstand des Streites nach deutschem Recht nicht schiedsfähig ist oder*

*b) die Anerkennung oder Vollstreckung des Schiedsspruchs zu einem Ergebnis führt, das der öffentlichen Ordnung (ordre public) widerspricht.“*

Diese Aufhebungsgründe sind auch im Rahmen der Vollstreckbarerklärung maßgeblich, da ein Antrag auf Vollstreckbarerklärung eines inländischen Schiedsspruchs gemäß § 1060 Abs. 2 S. 1 ZPO grundsätzlich dann abzulehnen ist, wenn einer der soeben genannten Aufhebungsgründe des § 1059 Abs. 2 ZPO vorliegt. § 1060 Abs. 2 S. 1 ZPO ist allerdings insoweit missverständlich formuliert, als dass die Vorschrift pauschal auf das Vorliegen eines Aufhebungsgrundes abstellt („*Der Antrag auf Vollstreckbarerklärung ist unter Aufhebung des Schiedsspruchs abzulehnen,* ***wenn einer der in § 1059 Abs. 2 bezeichneten Aufhebungsgründe vorliegt.***“[860])

Indes ist es nicht so, dass das deutsche Kontrollgericht im Rahmen des Vollstreckbarerklärungsverfahrens sämtliche in § 1059 ZPO genannten Aufhebungsgründe von Amts wegen prüft.[861] Die in § 1059 Abs. 2 **Nr.1** ZPO genannten Gründe müssen vielmehr auch im Vollstreckbarerklärungsverfahren von dem Antragsgegner geltend gemacht werden.[862] Nur die in § 1059 Abs. 2 **Nr. 2** ZPO genannten Gründe werden von Amts wegen geprüft.

Für die vorliegende Untersuchung stellt sich die Frage, ob ein ultra petita-Verstoß eines inländischen Schiedsgerichts als Aufhebungsgrund im Sinne von § 1059 Abs. 2 ZPO zu qualifizieren ist. In der Rechtsprechung deutscher Kontrollgerichte wurde bisher nicht im Detail diskutiert, unter welche Variante von § 1059 Abs. 2 ZPO ultra petita-Verstöße zu subsumieren sind. Es gibt hierzu aber verschiedene Herangehensweisen. So werden sie teilweise im Rahmen von § 1059 Abs. 2 Nr. 1 c) ZPO behandelt,[863] teilweise subsumieren Gerichte ultra

---

860 Hervorhebungen durch die Verfasserin.

861 BGH, Beschluss vom 15.07.1999 – III ZB 21–98 – NJW 1999, 2974(2975); *Voit* in Musielak/Voit, Kommentar zur ZPO, § 1060, Rn. 9; *Münch* im Münchener Kommentar zur ZPO, § 1060, Rn. 20; Schwab/Walter, Schiedsgerichtsbarkeit, 27. Kapitel, Rn. 8.

862 BGH, Beschluss vom 15.07.1999 – III ZB 21–98 – NJW 1999, 2974(2975); *Voit* in Musielak/Voit, Kommentar zur ZPO, § 1060, Rn. 9; *Münch* im Münchener Kommentar zur ZPO, § 1060, Rn. 20; Schwab/Walter, Schiedsgerichtsbarkeit, 27. Kapitel, Rn. 8.

863 OLG München, Beschluss vom 09.11.2015 – 34 Sch 27/14 – SchiedsVZ 2015, 303(306); OLG Koblenz, Urteil vom 29.07.2004 – 2 Sch 01/04 – veröffentlicht in der Datenbank der DIS, abrufbar unter: http://www.disarb.org/de/47/datenbanken/rspr/olg-koblenz-az-2-sch-01-04-datum-2004-07-29-id797.

petita-Verstöße auch unter § 1059 Abs. 2 Nr. 1 d) ZPO[864] (Verfahrensverstoß) oder unter § 1059 Abs. 2 Nr. 2 b) ZPO[865] (ordre public).

Die Aufhebungsgründe des § 1059 Abs. 2 ZPO wurden im Zuge der Novellierung des deutschen Schiedsverfahrensrechts nach dem Vorbild von Artikel 34 Abs. 2 des UNCITRAL-Modellgesetzes entworfen, der wiederum an den Wortlaut von Art. V New York Convention angelehnt ist. Deshalb können die vorstehenden Ausführungen zu Art. V New York Convention größtenteils für die nun folgende Prüfung fruchtbar gemacht werden.

### *(1) § 1059 Abs. 2 Nr. 1 b) ZPO*

Nach § 1059 Abs. 2 Nr. 1 b) ZPO kann ein Schiedsspruch aufgehoben werden, wenn der Antragsteller begründet geltend macht, dass

> *„er von der Bestellung eines Schiedsrichters oder von dem schiedsrichterlichen Verfahren nicht gehörig in Kenntnis gesetzt worden ist oder dass er aus einem anderen Grund* ***seine Angriffs- oder Verteidigungsmittel nicht hat geltend machen können****"* (Hervorhebungen durch die Verfasserin)

Diese Formulierung entspricht der deutschen (nicht amtlichen) Fassung von Art. V Abs. 1 lit. b) New York Convention.[866] Genauso wie Art. V Abs. 1 lit. b) New York Convention ist § 1059 Abs. 2 Nr. 1 b) ZPO Ausfluss des Anspruchs auf rechtliches Gehör.[867] Wie oben ausgeführt, können ultra petita-Verstöße dann eine Gehörsverletzung darstellen, wenn ein Schiedsgericht eine Überraschungsentscheidung erlässt.[868] In diesem Fall kann also ein inländischer Schiedsspruch nach § 1059 Abs. 2 Nr. 1 b) ZPO aufgehoben werden.

Umstritten ist die Frage, inwieweit sich die Gehörsverletzung kausal auf die Entscheidung des Schiedsgerichts ausgewirkt haben muss. Diese Frage hat sich

---

864 OLG Frankfurt, Beschluss vom 05.06.2014 – 26 Sch 1/14 – veröffentlicht in der Datenbank der DIS, abrufbar unter: http://www.disarb.org/de/47/datenbanken/rspr/olg-frankfurt-am-main-case-no-26-sch-1-14-date-2014-06-05-id1645; OLG Koblenz, Beschluss vom 06.10.2005 – 2 Sch 1/05 – juris, Rn. 18.

865 OLG Frankfurt, Beschluss vom 05.06.2014 – 26 Sch 1/14 – veröffentlicht in der Datenbank der DIS, abrufbar unter: http://www.disarb.org/de/47/datenbanken/rspr/olg-frankfurt-am-main-case-no-26-sch-1-14-date-2014-06-05-id1645; OLG Köln, Beschluss vom 28.06.2011 – 19 Sch 11/10 – openJur 2012, 80284, Rn. 57.

866 Siehe hierzu oben im Abschnitt B. III. 2.

867 *Münch* im Münchener Kommentar zur ZPO, § 1059, Rn. 22; *Kröll/Kraft* in Böckstiegel/Kröll/Nacimiento (Hrsg.), Arbitration in Germany, The Model Law in Practice, § 1059, R.63.

868 Siehe hierzu oben im Abschnitt B. II. 13. b).

grundsätzlich auch schon im Rahmen der Versagungsgründe des Art. V New York Convention gestellt.[869] Im Rahmen von § 1059 ZPO stellt sich die Frage aber vor einem anderen dogmatischen Hintergrund: Während Art. V New York Convention für keinen der Versagungsgründe ausdrücklich vorsieht, dass sich ein einschlägiger Versagungsgrund kausal auf den Schiedsspruch ausgewirkt haben muss, ist ein derartiges Kausalitätserfordernis in § 1059 ZPO ausdrücklich enthalten. Allerdings gilt dieses Kausalitätserfordernis seinem Wortlaut und der Systematik nach nur für den Aufhebungsgrund des § 1059 Abs. 2 Nr. 1 d) ZPO. So kann nach § 1059 Abs. 2 Nr. 1 d) ZPO ein Schiedsspruch aufgehoben werden, wenn der Antragsteller begründet geltend macht, dass:

> *„die Bildung des Schiedsgerichts oder das schiedsrichterliche Verfahren einer Bestimmung dieses Buches oder einer zulässigen Vereinbarung der Parteien nicht entsprochen hat* ***und anzunehmen ist, dass sich dies auf den Schiedsspruch ausgewirkt hat;*** *“* (Hervorhebungen durch die Verfasserin)

Nun kann man argumentieren, dass der ZPO Änderungsgesetzgeber – hätte er ein entsprechendes Kausalitätserfordernis auch im Rahmen von § 1059 Abs. 2 Nr. 1 b) ZPO normieren wollen – die Vorschrift entsprechend formulieren hätte können. Der Umstand, dass § 1059 Abs. 2 Nr. 1 d) ZPO als einziger Aufhebungsgrund des § 1059 ZPO ausdrücklich einen kausalen Zusammenhang zwischen dem Verfahrensverstoß und dem Inhalt des Schiedsspruchs fordert, spricht dafür, dass sich der Gesetzgeber bei den anderen Versagungsgründen, wie zum Beispiel bei § 1059 Abs. 2 Nr. 1 b), ZPO bewusst gegen ein Kausalitätserfordernis entschieden hat. Diese Auffassung wird beispielsweise von *Münch* vertreten.[870]

Diese Auffassung wird aber von der herrschenden Meinung zurecht nicht geteilt.[871] Ohne ein entsprechendes Kausalitätserfordernis könnte nämlich der Fall eintreten, dass ein Schiedsspruch aus rein formalen Gründen aufgehoben wird. Dieses Ergebnis wäre nicht mit dem schiedsfreundlichem Charakter der ZPO vereinbar.[872] Im ungünstigsten Fall hätte die Aufhebung eines Schiedsspruch aus rein formalen Gründen nämlich zur Folge, dass ein neues

---

869 Siehe hierzu oben im Abschnitt B. III. 2. c).

870 *Münch* im Münchener Kommentar zur ZPO, § 1059, Rn. 22.

871 *Voit* in Musielak/Voit, Kommentar zur ZPO, § 1059, Rn. 13; *Kröll/Kraft,* in Böckstiegel/Kröll/Nacimiento (Hrsg.), Arbitration in Germany, The Model Law in Practice, § 1059, Rn. 65; *Geimer* in Zöller, Kommentar zur ZPO, § 1059 ZPO Rn. 40.

872 Dieser schiedsfreundliche Charakter kommt beispielsweise durch die Beschreibung der „Zielsetzung“ und der „Lösung“ im Gesetzesentwurf des Schiedsverfahrensneuregelungsgesetzes zum Ausdruck: BT-Drs. 13/5274, 12.07.1996, S. 1.

kostenintensives Schiedsverfahren durchgeführt werden müsste, bei dem das Schiedsgericht in der Sache zu demselben Ergebnis kommen würde, zu dem schon das Schiedsgericht im ersten Verfahren gekommen ist.

Liegt ein ultra petita-Verstoß in Gestalt einer Überraschungsentscheidung vor, dann hat es das Schiedsgericht in der Regel versäumt, die Parteien durch einen richterlichen Hinweis auf entscheidungserhebliche Umstände hinzuweisen.[873] In diesem Fall obliegt es dem Antragsteller im Aufhebungsverfahren[874] darzulegen, was er konkret vorgebracht hätte, wenn er durch einen Hinweis des Schiedsgerichts darauf aufmerksam gemacht worden wäre, dass es abweichend von dem gestellten Antrag zu entscheiden beabsichtigt. Nur wenn der Antragsteller darzulegen vermag, dass er bei einem entsprechenden Hinweis weitergehende rechtliche oder tatsächliche Ausführungen gemacht hätte, die für die Entscheidung des Schiedsgerichts relevant gewesen wären, kann die Gehörsverletzung als kausal angesehen werden.[875]

Dabei ist aber problematisch, dass die Entscheidung darüber, was **relevanter** neuer Tatsachen- oder Rechtsvortrag ist, grundsätzlich nicht dem deutschen Kontrollgericht obliegt. Zur Beantwortung dieser Frage müsste das Gericht nämlich eigene rechtliche Bewertungen vornehmen und Feststellungen in der Sache treffen. Dazu ist das deutsche Kontrollgericht grundsätzlich nicht befugt, weil es kein weiteres Erkenntnisverfahren durchführt. Das deutsche Gericht stellt keine dem Schiedsverfahren nachgeschaltete weitere Instanz dar, die zu einer inhaltlichen Befassung mit dem Streitgegenstand berechtigt wäre. Der Schiedsspruch hat unter den Parteien gemäß § 1055 ZPO vielmehr die Wirkung eines rechtskräftigen Urteils.

Eine Lösung des Problems soll nach der hier vertretenen Auffassung wie folgt erfolgen: beruft sich der Schiedsbeklagte im Aufhebungsverfahren darauf, dass das Schiedsgericht gegen den Grundsatz ne ultra petita verstoßen und dabei eine Überraschungsentscheidung erlassen hat, dann hat er darzulegen, was er vorgetragen hätte, hätte er in Erwägung gezogen, dass das Schiedsgericht dazu geneigt ist eine derartige Entscheidung zu treffen. Ist für das deutsche Kontrollgericht nicht offensichtlich und eindeutig auszuschließen, dass dieser Vortrag Einfluss auf die Entscheidung des Schiedsgerichts gehabt haben hätte können, dann ist davon auszugehen, dass der Verfahrensverstoß, namentlich das Unterlassen der Hinweiserteilung, für die Entscheidung des Schiedsgerichts kausal gewesen ist.

---

873 Siehe hierzu im Abschnitt B. III. 2. c).

874 Bzw. dem Antragsgegner im Vollstreckbarerklärungsverfahren.

875 Siehe hierzu im Abschnitt B. III. 2. c).

Der Schiedsspruch wäre aufzuheben. Nur wenn der Beklagte nicht darzulegen vermag, was er vorgetragen hätte oder wenn ohne eine inhaltliche Prüfung des neuen Vortrags offensichtlich und eindeutig ausgeschlossen werden kann, dass dieser Vortrag irgendeinen Einfluss auf die Entscheidung des Schiedsgerichts gehabt hätte, müsste das deutsche Kontrollgericht von einer Aufhebung des Schiedsspruchs absehen, denn die Aufhebung eines Schiedsspruchs aus rein formalen Gründen wäre weder verhältnismäßig noch mit schiedsfreundlichen Charakter der ZPO vereinbar.

*(2) § 1059 Abs. 2 Nr. 1 c) ZPO*

Gemäß § 1059 Abs. 2 Nr. 1 c) ZPO kann ein (inländischer) Schiedsspruch aufgehoben werden, wenn:

> *„der Schiedsspruch eine Streitigkeit betrifft, die in der Schiedsabrede nicht erwähnt ist oder nicht unter die Bestimmungen der Schiedsklausel fällt, oder dass er Entscheidungen enthält, welche die Grenzen der Schiedsvereinbarung überschreiten; […]“*

Die Vorschrift hat denselben Wortlaut wie die deutsche Übersetzung von Art. V Abs. 1 lit. c) New York Convention. Sie wurde nach dem Vorbild von Art. 34 Abs. 2 (a)(iii) des UNCITRAL-Modellgesetzes entworfen, der Art. V Abs. 1 lit. c) New York Convention entspricht. Dabei bestehen zwischen der englischen und der französischen Fassung von Art. 34 Abs. 2 (a)(iii) des UNCITRAL-Modellgesetzes dieselben Unterschiede, die auch im Rahmen von Art. V Abs. 1 lit. c) New York Convention bestehen. Da der Wortlaut von § 1059 Abs. 2 Nr. 1 c) ZPO der französischen Fassung von Art. V Abs. 1 lit. c) New York Convention entspricht, spricht der Wortlaut der Vorschrift dagegen, ultra petita-Verstöße hier runter zu subsumieren.

*i. Das Wortlautargument*

§ 1059 Abs. 2 Nr. 1 c) ZPO verwendet die Begriffe „Schiedsabrede“, „Schiedsklausel“ und „Schiedsvereinbarung“. Wie oben bereits erörtert,[876] sind diese Begriffe in § 1029 ZPO legal definiert. Danach ist die Schiedsvereinbarung eine Vereinbarung der Parteien, alle oder einzelne Streitigkeiten, die zwischen ihnen in Bezug auf ein bestimmtes Rechtsverhältnis vertraglicher oder nichtvertraglicher Art entstanden sind oder künftig entstehen, der Entscheidung durch ein Schiedsgericht zu unterwerfen (§ 1029 Abs. 1 ZPO). Die Schiedsvereinbarung kann dabei in Form einer selbständigen Vereinbarung (Schiedsabrede) oder

876 Siehe hierzu oben im Abschnitt B. II. 5. a) (1).

in Form einer Klausel in einem Vertrag (Schiedsklausel) geschlossen werden (§ 1029 Abs. 2 ZPO). Daraus folgt, dass die Schiedsvereinbarung als Oberbegriff für die Schiedsabrede auf der einen und die Schiedsklausel auf der anderen Seite angesehen wird. Die beiden letzteren regeln dabei lediglich die Form, in der die Schiedsvereinbarung geschlossen wird. Bei der Unterscheidung zwischen Schiedsabrede und Schiedsklausel sieht das Gesetz lediglich auf die äußere Verbindung zwischen der Schiedsvereinbarung und dem materiellen Streitanlass. Bei der Schiedsabrede ist sie eher lose, sie wird in Form einer selbständigen Vereinbarung geschlossen.[877] Bei der Schiedsklausel ist die äußere Verbindung hingegen enger, die Schiedsvereinbarung ist bereits Bestandteil des Hauptvertrages, der später Anlass für die materiell-rechtliche Streitigkeit gibt.[878] Alle drei Begriffe stellen damit entscheidend auf jene Vereinbarung der Parteien ab, durch die das Schiedsgericht seine Legitimation von den Parteien erhält. Damit beinhaltet diese Vorschrift eine Überschreitung der schiedsgerichtlichen Zuständigkeit.

Eine Zuständigkeitsüberschreitung stellt grundsätzlich keinen Verstoß gegen den Grundsatz ne ultra petita dar. Der Grundsatz ne ultra petita stellt auf den Antrag, bzw. das Begehren ab. Dabei handelt es sich um eine einseitige Willensäußerung. Die Schiedsvereinbarung verkörpert hingegen den Willen bzw. die Übereinkunft beider Parteien. Durch die Bindung an das Begehren auf der einen und das Verbot der Zuständigkeitsüberschreitung auf der anderen Seite werden mithin unterschiedliche Rechtsgüter geschützt.

### *ii. Die in der Literatur vertretenen Meinungen*

In der Literatur ist man sich nicht einig, ob ultra petita-Verstöße einen Fall von § 1059 Abs. 2 Nr. 1 c) ZPO darstellen.[879] So ist beispielsweise *Schlosser* der Auffassung, dass sich der wirkliche Inhalt der Vorschrift aus der englischen Fassung von Artikel 34 Abs. 2 a) (iii) des Modellgesetzes ergeben würde.[880] Seiner Ansicht nach umfasse der im englischen Text gewählte Ausdruck *„submission"*

877 *Münch* in Münchener Kommentar zur ZPO, § 1029 ZPO, Rn. 9.

878 *Münch* in Münchener Kommentar zur ZPO, § 1029 ZPO, Rn. 9.

879 Bejahend: *Kröll/Kraft* in Böckstiegel/Kröll/Nacimiento (Hrsg.), Arbitration in Germany, The Model Law in Practice, § 1059, Rn. 67; *Hausmann*, Die Aufhebung von Schiedssprüchen nach neuem deutschen Schiedsverfahrensrecht, in FS-Stoll, S. 593(600); Schwab/Walter, Schiedsgerichtsbarkeit, 24 Kapitel, Rn. 15; Verneinend: Lachmann, Handbuch für die Schiedsgerichtspraxis, Rn. 2248;; *Voit* in Musielak/Voit, Kommentar zur ZPO, § 1059, Rn. 14; *Saenger* in Saenger, Kommentar zur ZPO, § 1059, Rn.11; *Münch* im Münchener Kommentar zur ZPO, § 1059, Rn. 18 f.

880 *Schlosser* in Stein/Jonas, Kommentar zur ZPO, Anhang § 1061, Rn. 260.

die konkrete Unterbreitung des Streitgegenstands an das Schiedsgericht, was fast immer durch den einseitigen Sachantrag des Klägers geschehe. Allein auf diesen könne es im Rahmen von Buchstabe c) sinnvollerweise ankommen.

Durch diese Auslegung erweitert *Schlosser* allerdings den Anwendungsbereich der Vorschrift entgegen ihres Wortlauts. Grundsätzlich sollten die Aufhebungsgründe jedoch restriktiv ausgelegt werden, weil Schiedsgerichtsbarkeit gegenüber der staatlichen Gerichtsbarkeit anerkannt und weitgehend verselbständigt ist. Deshalb ist die Kontrolle von Schiedssprüchen durch deutsche Gerichte nur in einem beschränkten Umfang möglich, sodass es im Aufhebungsverfahren lediglich darauf ankommt, einen Missbrauch der Rechtsprechungsbefugnis des Schiedsgerichts zu verhindern.[881]

### *iii. Fazit*

Mit den vorstehend dargelegten Argumenten ist deshalb der Auffassung zuzustimmen, nach der Verstöße gegen den Grundsatz ne ultra petita nicht in den Anwendungsbereich von § 1059 Abs. 2 Nr. 1 c) ZPO fallen.[882]

Jedoch gibt es – wie bereits im Zusammenhang mit Art. V Abs. 1 lit. c) New York Convention erläutert[883] – auch für inländische Schiedssprüche einen Ausnahmefall von der hier vertretenen Auffassung. Haben die Parteien und das Schiedsgericht nach der Einleitung des Schiedsverfahrens nämlich Terms of Reference formuliert, wie sie zum Beispiel in Artikel 23 der ICC Rules vorgesehen sind, dann können diese ToR eine Schiedsvereinbarung darstellen, in der gleichzeitig die wechselseitigen Anträge enthalten sind. Weicht das Schiedsgericht dann von den gestellten – und in den ToR enthaltenen – Anträgen ab, ist der Anwendungsbereich des § 1059 Abs. 2 Nr. 1 c) ZPO eröffnet.

### *(3) § 1059 Abs. 2 Nr. 1 d) ZPO*

Nach § 1059 Abs. 2 Nr. 1 d) ZPO kann ein Schiedsspruch aufgehoben werden, wenn:

> *„[…] das schiedsrichterliche Verfahren einer Bestimmung dieses Buches [des 10. Buches der ZPO]*[884] *oder einer zulässigen Vereinbarung der Parteien nicht entsprochen hat und anzunehmen ist, dass sich dies auf den Schiedsspruch ausgewirkt hat;“*

---

881 *Münch* im Münchener Kommentar zur ZPO, § 1059, Rn. 4.

882 Lachmann, Handbuch für die Schiedsgerichtspraxis, Rn. 2248; *Münch* im Münchener Kommentar zur ZPO, § 1059, Rn. 18 f.; *Voit* in Musielak/Voit, Kommentar zur ZPO, § 1059, Rn. 14; *Saenger* in Saenger, Kommentar zur ZPO, § 1059, Rn.11.

883 Siehe oben im Abschnitt B. III. 2. a) (2).

884 Einfügung in eckiger Klammer durch die Verfasserin.

Wie oben erläutert, stellt der Grundsatz ne ultra petita (ungeschriebenes) deutsches Schiedsverfahrensrecht dar.[885] Missachtet ein Schiedsgericht mit Sitz in Deutschland den Grundsatz, dann widerspricht das schiedsrichterliche Verfahren *„einer Bestimmung dieses Buches“* im Sinne von § 1059 Abs. 2 Nr. 1 d) ZPO.

§ 1059 Abs. 2 Nr. 1 d) ZPO weicht in seiner Formulierung in zwei Punkten von seinem Äquivalent aus der New York Convention, namentlich Art. V Abs. 1 lit. d) New York Convention, ab. Art. V Abs. 1 lit. d) New York Convention lautet wie folgt:

> *"[...] the arbitral procedure was not in accordance with the agreement of the parties, or, failing such agreement, was not in accordance with the law of the country where the arbitration took place;"*

Die beiden Vorschriften unterscheiden sich in ihrer Formulierung zum Verhältnis des staatlichen Schiedsverfahrensrecht zu etwaigen Parteivereinbarungen (dazu unter (1)), andererseits unterscheiden sie sich in ihren Formulierungen zu einem etwaigen Kausalitätserfordernis (dazu unter (2)).

### *i. Das Verhältnis des staatlichen Schiedsverfahrensrecht zu etwaigen Parteivereinbarungen*

Im Gegensatz zu § 1059 Abs. 2 Nr. 1 d) ZPO stellt Art. V Abs. 1 lit. d) New York Convention für den Ablauf des Schiedsverfahrens maßgeblich auf die Parteivereinbarung und nur subsidiär auf das Schiedsverfahrensrecht des jeweiligen Sitzstaates ab. Gemäß Art. V Abs. 1 lit. d) New York Convention genießt die Parteivereinbarung folglich auch Vorrang gegenüber möglicherweise entgegenstehenden zwingendem Schiedsverfahrensrecht des Sitzstaates. [886] Insoweit weicht § 1059 Abs. 2 Nr. 1 d) ZPO von Art. V Abs. 1 lit. d) New York Convention ab. Denn nach § 1059 Abs. 2 Nr. 1 d) ZPO genießt das zwingende deutsche Schiedsverfahrensrecht Vorrang gegenüber einer entgegenstehenden Parteivereinbarung.[887] Dies folgt noch deutlicher aus Art. 34 Abs. 2 (a)(iv) UNCITRAL-Modellgesetz, der als Vorbild für die Formulierung von § 1059 Abs. 2 Nr. 1 d) ZPO gedient hat. Art. 34 Abs. 2 (a)(iv) UNCITRAL-Modellgesetz lautet auszugweise wie folgt:

---

885 Siehe oben im Abschnitt B. II. 8.

886 Siehe oben im Abschnitt B. III. 2. a) (3).

887 *Münch* im Münchener Kommentar zur ZPO, § 1059, Rn. 31.

> *„[…] the arbitral procedure was not in accordance with the agreement of the parties, unless such agreement was in conflict with a provision of this Law from which the parties cannot derogate, or, failing such agreement, was not in accordance with this Law; […]"*

Art. 34 Abs. 2 (a)(iv) UNCITRAL-Modellgesetz stellt damit unmissverständlich klar, dass das zwingende Schiedsverfahrensrecht des Sitzstaates einer entgegenstehenden Parteivereinbarung vorgeht.

Für einen ultra petita-Verstoß bedeuten diese Ausführungen Folgendes: Da der Grundsatz dispositives Schiedsverfahrensrecht darstellt, ist er von Schiedsgerichten mit Sitz in Deutschland grundsätzlich zu beachten.[888] Die Nicht-Beachtung stellt deshalb einen Aufhebungsgrund nach § 1059 Abs. 2 Nr. 1 d) ZPO dar. Etwas anderes gilt dann, wenn die Parteien die Geltung des Grundsatzes durch eine Parteivereinbarung ausgeschlossen haben. Sie können die Geltung des Grundsatzes allerdings nur insoweit ausschließen, als dass nicht sein zwingender Kern betroffen ist,[889] sodass es immer einen Verfahrensverstoß gemäß § 1059 Abs. 2 Nr. 1 d) ZPO darstellt, wenn ein Schiedsgericht eine Überraschungsentscheidung erlässt.

### *ii. Das Kausalitätserfordernis*

In Bezug auf ein etwaiges Kausalitätserfordernis weist § 1059 Abs. 2 Nr. 1 d) ZPO einen weiteren Unterschied zu Art. V Abs. 1 lit. d) New York Convention auf, da § 1059 Abs. 2 Nr. 1 d) ZPO ausdrücklich darauf abstellt, dass sich der Verfahrensverstoß kausal auf den Schiedsspruch ausgewirkt haben muss. Nach den Ausführungen in der Gesetzesbegründung soll diese Voraussetzung verhindern, dass ein Schiedsspruch aus rein formalen Gründen aufgehoben wird.[890] Im Ergebnis unterscheidet sich § 1059 Abs. 2 Nr. 1 d) ZPO dadurch aber nicht von Art. V Abs. 1 lit. d) New York Convention, da einem Schiedsspruch auch nach der New York Convention die Vollstreckbarerklärung nur dann zu versagen ist, wenn sich der geltend gemachte Verstoß kausal auf den Schiedsspruch ausgewirkt hat.[891]

Nach der herrschenden Meinung sei Kausalität dann zu bejahen, wenn zumindest die Möglichkeit besteht, dass bei Einhaltung der Verfahrensregeln anders entschieden worden wäre.[892] Wie oben im Zusammenhang mit den

---

888 Siehe oben im Abschnitt B. II. 8.

889 Siehe oben im Abschnitt B. II. 8.

890 BT-Drs. 13/5274, 12.07.1996, S. 59.

891 BGH, Beschluss vom 15.01.2009 – III ZB 83/07 – SchiedsVZ 2009, 126, Rn. 7, m.w.N.

892 BGH, Beschluss vom 11.12.2014 – I ZB 23/14 – NJW-RR 2015, 1087, Rn. 10 m.w.N; Kreindler/Schäfer/Wolff, Schiedsgerichtsbarkeit: Kompendium für die Praxis,

Versagungsgründen des Art. V New York Convention bereits ausgeführt,[893] wirken sich ultra petita-Verstöße grundsätzlich immer kausal auf das Ergebnis des Schiedsspruchs aus, weil das Schiedsgericht anders entschieden hätte, hätte es nicht mehr oder etwas anderes als beantragt zugesprochen.

Hat ein Schiedsgericht eine unzulässige Überraschungsentscheidung erlassen, weil es von den rechtlichen Erwägungen der Parteien abgewichen ist, dann hat sich der Verfahrensverstoß **nur dann** kausal auf den Schiedsspruch ausgewirkt, wenn der Antragsteller im Aufhebungsverfahren darzulegen vermag, was er vorgetragen hätte, hätte er die Entscheidung des Schiedsgerichts antizipiert.[894] Hinzu kommen muss, dass es für das deutsche Kontrollgericht nicht offensichtlich und eindeutig ausgeschlossen sein darf, dass dieser Vortrag Einfluss auf die Entscheidung des Schiedsgerichts gehabt hätte, wäre er bereits im Schiedsverfahren vorgetragen worden. Die Ausführungen zur Kausalität bei § 1059 Abs. 2 Nr. 1 b) ZPO gelten insoweit entsprechend.[895]

#### *(4) § 1059 Abs. 2 Nr. 2 b) ZPO*

Gemäß § 1059 Abs. 2 Nr. 2 b) ZPO kann ein Schiedsspruch aufgehoben werden, wenn das Gericht feststellt, dass

> *„die Anerkennung[896] oder Vollstreckung des Schiedsspruchs zu einem Ergebnis führt, das der öffentlichen Ordnung (ordre public) widerspricht."*

Eine Verletzung des ordre public hat das deutsche Kontrollgericht von Amts wegen zu prüfen.[897] Prüfungsmaßstab ist die deutsche öffentliche Ordnung, bzw. der deutsche ordre public und nicht etwa der ordre public des Sitzstaates des Schiedsgerichts.[898] Die Parallelvorschrift zu § 1059 Abs. 2 Nr. 2 b) ZPO stellt Art. V Abs. 2 lit. b) New York Convention dar.[899] Der BGH geht in ständiger Rechtsprechung davon aus, dass allenfalls geringfügige Unterschiede zwischen dem inländischen ordre public, der im Rahmen von § 1059 Abs. 2 Nr. 2

---

Rn. 1100; *Schlosser* in Stein/Jonas, Kommentar zur ZPO, § 1059, Rn. 48; a.A.: *Geimer* in Zöller, Kommentar zur ZPO, § 1059 ZPO Rn. 44.

893 Siehe oben im Abschnitt B. III. 2. c).

894 Siehe oben im Abschnitt B. III. 2. c).

895 Siehe oben im Abschnitt B. III. 3. A) (1).

896 Die Formulierung ist missglückt, da ein inländischer – deutscher – Schiedsspruch in Deutschland gar keiner Anerkennung bedarf (§ 1060 Abs. 1 ZPO).

897 *Münch* im Münchener Kommentar zur ZPO, § 1059, Rn. 50.

898 BT-Drs. 13/5274, 12.07.1996, S. 59.

899 *Münch* im Münchener Kommentar zur ZPO, § 1059, Rn. 38.

b) ZPO zu beachten ist, und dem großzügigeren internationalen ordre public, der im Rahmen von Art. V Abs. 2 lit. b) New York Convention zu beachten ist, bestehen.[900]

### *i. Der Anwendungsbereich des ordre public*

Eine Verletzung des inländischen ordre public liegt nach dem BGH nur dann vor, wenn die Entscheidung des Schiedsgerichts zu einem Ergebnis führen würde,

> *„das mit wesentlichen Grundsätzen des deutschen Rechts offensichtlich unvereinbar ist, d.h. wenn der Schiedsspruch eine Norm verletzt, die die Grundlagen des staatlichen oder wirtschaftlichen Lebens regelt, oder wenn er zu deutschen Gerechtigkeitsvorstellungen in einem untragbaren Widerspruch steht; der Schiedsspruch muss mithin die elementaren Grundlagen der Rechtsordnung verletzen."*[901]

Wie oben bereits ausgeführt,[902] dient der *ordre public* dem Schutz der bundesdeutschen Binnenordnung. Dabei ist nicht jede zwingende Norm des deutschen Rechts auch Bestandteil des *ordre public*. Vielmehr wird über den *ordre public* nur ein Ausschnitt aus dem weiten Gebiet des zwingenden Rechts und den dahinterstehenden elementaren Rechtsprinzipien durchgesetzt.[903] In diesem Sinne hat beispielsweise das OLG München im Jahr 2016 entschieden:

> *„Nicht einmal jeder Widerspruch der Entscheidung eines Schiedsgerichts zu* ***zwingenden Vorschriften*** *des deutschen Rechts stellt einen Verstoß gegen den ordre public dar. Vielmehr muss es sich um eine nicht abdingbare Norm handeln, die Ausdruck einer für die Rechtsordnung grundlegenden Wertentscheidung des Gesetzgebers ist (BGH WM 2009, 573; WM 2014, 1151; ZInsO 2016, 335)."*[904]

Diesem Zitat entsprechend wies auch bereits das OLG Karlsruhe in einer Entscheidung aus dem Jahr 2009 auf den Unterschied zwischen dem ordre public einerseits und den „*zwingenden Vorschriften des deutschen Rechts*" hin.[905]

---

900 BGH, Beschluss vom 30.10.2008 – III ZB 17/08 – NJW 2009, 1215, Rn. 5, m.w.N.

901 BGH, Beschluss vom 30.10.2008 – III ZB 17/08 – NJW 2009, 1215, Rn. 5.

902 Siehe oben im Abschnitt B. II. 8.

903 BGH, Beschl. vom 28.01.2014 – III ZB 40/13 – NZG 2014, 789(790), Rn. 8; OLG Schleswig, Beschluss vom 15. 05.2009 – 16 Sch 1/09 – SchiedsVZ 2010, 276; BGH, Beschluss vom 30.10.2008 – III ZB 17/08 – NJW 2009, 1215, Rn. 5, m.w.N.; *Geimer* in Zöller, Kommentar zur ZPO, § 1059, Rn. 55.

904 OLG München, Beschluss vom 040.7.2016 – 34 Sch 29/15 – SchiedsVZ 2017, 40(45), Rn. 51; So vorher auch schon OLG Karlsruhe, Beschluss vom 27.03.2009 – 10 Sch 8/08 – BeckRS 2011, 08009.

905 OLG Karlsruhe, Beschluss vom 27.03.2009 – 10 Sch 8/08 – BeckRS 2011,08009.

*ii. Ordre public und ultra petita-Verstöße*

Oben wurde bereits ausgeführt, dass „einfache“ Verstöße gegen den Grundsatz ne ultra petita keine Verletzung des zwingenden Schiedsverfahrensrechts im Sinne von § 1042 Abs. 3 ZPO darstellen.[906] Folglich können sie im Sinne eines *Argumentum a fortiori* auch nicht in den Anwendungsbereich des ordre public-Vorbehalt fallen.

Allerdings wurde im Zusammenhang mit den Versagungsgründen des Art. V New York Convention ausgeführt, dass ein ultra petita-Verstoß dann einen Verstoß gegen den internationalen ordre public darstellen kann, wenn dieser Verstoß zugleich eine Verletzung des Rechts auf rechtliches Gehör darstellt.[907] Eine Verletzung des Rechts auf rechtliches Gehör liegt vor, wenn ein (Schieds-) Gericht eine Überraschungsentscheidung trifft.[908] Das gilt auch im Rahmen des inländischen ordre public.[909]

Entsprechend der obigen Ausführungen zu § 1059 Abs. 2 Nr. 1 b) ZPO[910] und zu § 1059 Abs. 2 Nr. 1 d) ZPO[911], muss sich der ordre public-Verstoß kausal auf den Schiedsspruch ausgewirkt haben, um eine Aufhebung des letzteren zu rechtfertigen.[912] Es muss zumindest die Möglichkeit bestehen, dass der Schiedsspruch ohne den Verstoß einen anderen Inhalt gehabt hätte. So wurde oben bereits ausgeführt, dass ohne ein entsprechendes Kausalitätserfordernis die Aufhebung eines Schiedsspruchs aus rein formalen möglich wäre, was mit der schiedsfreundlichen Grundhaltung der ZPO kaum vereinbar wäre.[913]

---

906 Siehe oben im Abschnitt B. II. 8.

907 Siehe oben im Abschnitt B. III. 2. a) (4).

908 Siehe oben im Abschnitt B. III. 2. a) (4).

909 OLG Frankfurt, Beschluss vom 05.06.2014 – 26 Sch 1/14, S. 5, veröffentlicht in der Datenbank der DIS, abrufbar unter: http://www.disarb.org/de/47/datenbanken/rspr/olg-frankfurt-am-main-case-no-26-sch-1-14-date-2014-06-05-id1645; OLG Köln, Beschluss vom 28.06.2011 – 19 Sch 11/10 – openJur 2012, 80284, Rn. 57; OLG Karlsruhe, Beschluss vom 27.03.2009 – 10 Sch 8/08 – BeckRS 2011, 08009; *Voit* in Musielak/Voit, Kommentar zur ZPO, § 1059 Rn. 26.

910 Siehe oben im Abschnitt B. III. 3. a) (1).

911 Siehe oben im Abschnitt B. III. 3. a) (3).

912 Schwab/Walter, Schiedsgerichtsbarkeit, 24. Kapitel, Rn. 35; *Voit* in Musielak/Voit, Kommentar zur ZPO, § 1059, Rn. 27; a.A.: *Münch* im Münchener zur ZPO, § 1059, Rn. 44.

913 Siehe oben im Abschnitt B. III. 3. a) (3) ii.

### b) Ultra petita-Verstöße in inländischen Schiedsverfahren im Lichte der Präklusionsregelungen des § 1059 Abs. 3 ZPO und des § 1060 Abs. 2 S. 2 u. S. 3 ZPO

Anders als im Zusammenhang mit ausländischen Schiedssprüchen, enthält die ZPO für die Aufhebung und Versagung der Vollstreckbarerklärung von inländischen Schiedssprüchen ausdrückliche Präklusionsregelungen. Sie sind für die Aufhebung in § 1059 Abs. 3 ZPO und für die Versagung der Vollstreckbarerklärung in § 1060 Abs. 2 S. 2 und S. 3 ZPO enthalten.

#### (1) Die Systematik der Präklusionsregelungen in Aufhebungs- und Vollstreckbarerklärungsverfahren

§ 1059 Abs. 3 ZPO enthält für die Aufhebung eines inländischen Schiedsspruchs die folgende Präklusionsvorschrift:

> *„Sofern die Parteien nichts anderes vereinbaren, muss der Aufhebungsantrag innerhalb einer Frist von drei Monaten bei Gericht eingereicht werden. Die Frist beginnt mit dem Tag, an dem der Antragsteller den Schiedsspruch empfangen hat. Ist ein Antrag nach § 1058 gestellt worden, verlängert sich die Frist um höchstens einen Monat nach Empfang der Entscheidung über diesen Antrag. Der Antrag auf Aufhebung des Schiedsspruchs kann nicht mehr gestellt werden, wenn der Schiedsspruch von einem deutschen Gericht für vollstreckbar erklärt worden ist."*

Diese Präklusionsregelung verfolgt den Zweck, dass nach einer angemessenen Zeit Klarheit über die Bestandskraft des Schiedsspruchs bestehen soll.[914] Die Frist für den Aufhebungsantrag gilt ausnahmslos, also auch für die von Amts wegen zu berücksichtigenden Aufhebungsgründe des § 1059 Abs. 2 Nr. 2 ZPO.[915]

Es ist auch nicht widersprüchlich oder unangemessen, dass für die Aufhebungsgründe des § 1059 Abs. 2 Nr. 2 ZPO, die grundsätzlich von Amts wegen zu berücksichtigen sind, Präklusionsregelungen gelten. Nach der Begründung des Gesetzgebers sei es unbedenklich, dass die Ausschlussfrist für sämtliche Aufhebungsgründe – also auch die Aufhebungsgründe des § 1059 Abs. 2 Nr. 2 ZPO – gelte, weil die Nichtaufhebbarkeit des Schiedsspruchs als solche für den Schuldner noch keine unmittelbaren Nachteile mit sich bringen würde. Unmittelbare Nachteile würde der Schuldner erst durch die Vollstreckung des Schiedsspruchs erleiden.[916] Die im Rahmen des Vollstreckbarerklärungsverfahrens zu

---

914 BT-Drs. 13/5274, 12.07.1996, S. 60.
915 BT-Drs. 13/5274, 12.07.1996, S. 60.
916 BT-Drs. 13/5274, 12.07.1996, S. 61.

berücksichtigende Präklusionsvorschrift des § 1060 Abs. 2 S. 2 und S. 3 ZPO flankiert, ergänzt und relativiert insoweit § 1059 Abs. 2 Nr. 2 ZPO.

§ 1060 Abs. 2 S. 2 und S. 3 ZPO lauten wie folgt:

> *„Aufhebungsgründe sind nicht zu berücksichtigen, soweit im Zeitpunkt der Zustellung des Antrags auf Vollstreckbarerklärung ein auf sie gestützter Aufhebungsantrag rechtskräftig abgewiesen ist. Aufhebungsgründe nach § 1059 Abs. 2 Nr. 1 sind auch dann nicht zu berücksichtigen, wenn die in § 1059 Abs. 3 bestimmten Fristen abgelaufen sind, ohne dass der Antragsgegner einen Antrag auf Aufhebung des Schiedsspruchs gestellt hat."*

Damit ergibt sich das folgende Gesamtbild: Für die Frage der Präklusion ist im Hinblick auf ein etwaiges Aufhebungsverfahren die Dreimonatsfrist des § 1059 Abs. 3 ZPO maßgeblich. Ist diese Frist verstrichen, kann der Schuldner nicht mehr die Aufhebung des Schiedsspruchs aus einem der in § 1059 Abs. 2 ZPO genannten Gründe verlangen. Außerdem kann die Aufhebung auch dann nicht mehr verlangt werden, wenn der Schiedsspruch noch vor Ablauf der Dreimonatsfrist von einem deutschen Gericht für vollstreckbar erklärt worden ist.

Auch für den Fall, dass sich der Schuldner gegen eine drohende Vollstreckbarerklärung zur Wehr setzen will, ist die Frist des § 1059 Abs. 3 ZPO von Relevanz: Die Aufhebungsgründe des § 1059 Abs. 2 Nr. 1 ZPO kann der Schuldner im Vollstreckbarerklärungsverfahren gemäß § 1060 Abs. 2 S. 3 ZPO nämlich nur solange einwenden, wie die Frist des § 1059 Abs. 3 ZPO nicht abgelaufen ist. Darüber hinaus ist keiner der Aufhebungsgründe – also sowohl die Aufhebungsgründe des § 1059 Abs. 2 Nr. 1 ZPO als auch die Aufhebungsgründe des § 1059 Abs. 2 Nr. 2 ZPO – im Vollstreckbarerklärungsverfahren zu berücksichtigen, soweit ein auf diesen Aufhebungsgrund gestützter Aufhebungsantrag bereits rechtskräftig abgewiesen ist.

### *(2) Präklusion von ultra petita-Verstößen*

Aus dem Gesagten ergeben sich die folgenden Auswirkungen für ultra petita-Verstöße: Verstößt ein Schiedsgericht gegen den Grundsatz ne ultra petita, dann kann ein Aufhebungsverfahren wegen dieses Verstoßes nur innerhalb der Dreimonatsfrist des § 1059 Abs. 3 ZPO eingeleitet werden. In diesem Zusammenhang spielt es keine Rolle, ob ein besonders schwerwiegender ultra petita-Verstoß vorliegt, der gleichzeitig eine Gehörsverletzung darstellt oder ob ein „einfacher" ultra petita-Verstoß vorliegt. Nach dem Ablauf der Frist kann der Schuldner mit keinem Aufhebungsgrund mehr gehört werden.

Etwas anders stellt sich die Situation im Rahmen des Vollstreckbarerklärungsverfahrens dar. Hier wäre ein ultra petita-Einwand in jedem Fall dann präkludiert, wenn im Zeitpunkt der Zustellung des Antrags auf Vollstreckbarerklärung ein auf diesen Einwand gestützter Aufhebungsantrag rechtskräftig abgewiesen worden ist (§ 1060 Abs. 2 S. 2 ZPO). Darüber hinaus würde Präklusion für „einfache" ultra petita-Verstöße eintreten, wenn die in § 1059 Abs. 3 ZPO bestimmte Frist abgelaufen ist, ohne dass ein Antrag auf Aufhebung des Schiedsspruchs gestellt worden ist (§ 1060 Abs. 2 S. 3 ZPO). Stellt der jeweilige ultra petita-Verstoß aber zugleich eine Überraschungsentscheidung und damit einen Verstoß gegen den ordre public dar, dann kommt zumindest eine Präklusion wegen eines möglichen Ablaufs der Dreimonatsfrist nicht in Betracht, da § 1060 Abs 2 S. 3 ZPO ausdrücklich nur die Aufhebungsgründe des § 1059 Abs. 2 Nr. 1 ZPO erfasst. Eine Präklusion für ultra petita-Verstöße, die gleichzeitig Gehörsverletzungen darstellen, könnte im Rahmen eines Vollstreckbarerklärungsverfahrens also nur eintreten, wenn wegen des Versagungsgrundes bereits ein Aufhebungsantrag rechtskräftig abgewiesen worden ist.

### *c) Kein freies Ermessen im Aufhebungs- oder Vollstreckbarerklärungsverfahren*

Ähnlich wie der Wortlaut von Art. V New York Convention („*Recognition and enforcement of the award **may be** refused, […]*"[917]) verleitet auch der Wortlaut von § 1059 ZPO zu der Annahme, dass dem deutschen Kontrollgericht bei der Entscheidung über die Aufhebung eines inländischen Schiedsspruchs ein Ermessensspielraum zusteht. So heißt es einleitend in § 1059 Abs. 2 ZPO:

> „*Ein Schiedsspruch **kann** nur aufgehoben werden, […]*" (Hervorhebung durch die Verfasserin)

Vor diesem Hintergrund ist *Geimer* der Auffassung, dass die Pflicht des Gerichts, den Schiedsspruch bei Vorliegen eines der in § 1059 Abs. 2 ZPO genannten Grundes aufzuheben, gewissen Einschränkungen unterliege, die sich wiederum aus dem Sinn und Zweck des § 1059 ZPO ergeben würden.[918] Seiner Meinung nach bestünde eine Aufhebungspflicht nur insoweit, als dass eine Kontrolle der Aktivitäten des Schiedsgerichtes verfassungsrechtlich geboten sei.[919]

§ 1059 Abs. 2 ZPO ist nicht wie eine typische Ermessensvorschrift formuliert. Durch die Wahl der Worte „*kann **nur***" kommt lediglich zum Ausdruck, dass eine Aufhebung nur in den engen Grenzen der ausdrücklich bezeichneten Aufhebungsgründe in Betracht kommt. Damit kommt aber nicht zum Ausdruck,

---

917 Hervorhebungen durch die Verfasserin.
918 *Geimer* in Zöller, Kommentar zur ZPO, § 1059, Rn.31.
919 *Geimer* in Zöller, Kommentar zur ZPO, § 1059, Rn.32.

dass das Gericht zur freien Ermessensausübung berechtigt ist, bzw. dass es eine wertende Entscheidung darüber treffen darf, ob es die Aufhebung eines Schiedsspruchs für angemessen oder vertretbar hält.[920]

Entgegen der Auffassung von *Geimer* eröffnet § 1059 Abs. 2 ZPO dem staatlichen Kontrollgericht deshalb kein freies Ermessen.[921] Vielmehr ist das Kontrollgericht dazu verpflichtet, einen Schiedsspruch aufzuheben, wenn die tatbestandlichen Voraussetzungen eines der in § 1059 Abs. 2 ZPO genannten Aufhebungsgrundes vorliegen. Etwas anderes gilt nur dann, wenn sich der Verfahrensverstoß nicht kausal auf den Schiedsspruch ausgewirkt hat oder wenn der Antragsteller mit der Geltendmachung des Verstoßes nach § 1059 Abs. 3 ZPO präkludiert ist.

Entsprechendes gilt auch im Rahmen des Vollstreckbarerklärungsverfahren. Hier folgt schon aus dem Wortlaut von § 1060 Abs. 2 S. 1 ZPO, dass dem staatlichen Kontrollgericht kein Ermessen zusteht („*Der Antrag auf Vollstreckbarerklärung **ist** unter Aufhebung des Schiedsspruchs **abzulehnen**, wenn […]*")[922]. Nichtsdestotrotz gilt auch hier, dass die Vollstreckbarerklärung nur dann zu versagen ist, wenn sich der Verfahrensverstoß kausal auf den Schiedsspruch ausgewirkt hat und wenn der Antragsgegner im Vollstreckbarerklärungsverfahren nicht mit seinen Einwendungen präkludiert ist.

### *d) Ergebnis*

Soweit ein Schiedsgericht nicht nur gegen den Grundsatz ne ultra petita verstößt, sondern zugleich auch eine Überraschungsentscheidung erlässt, gilt hinsichtlich der Aufhebungsgründe des § 1059 Abs. 2 Nr. 1 b) und des § 1059 Abs. 2 Nr. 2 b) ZPO spiegelbildlich das, was auch bei ihrem jeweiligen Äquivalent im Rahmen von Art. V New York Convention gegolten hat: So ist ein inländischer Schiedsspruch in diesem Fall sowohl nach § 1059 Abs. 2 Nr. 1 b) ZPO als auch nach § 1059 Abs. 2 Nr. 2 b) ZPO aufzuheben, bzw. nicht für vollstreckbar zu erklären.

Liegt hingegen lediglich ein „einfacher" ultra petita-Verstoß vor – also keine Überraschungsentscheidung - dann kommt als Aufhebungsgrund, bzw. als Grund für die Versagung der Vollstreckbarerklärung, grundsätzlich nur § 1059 Abs. 2 Nr. 1 d) ZPO in Betracht. Insoweit besteht ein entscheidender Unterschied zwischen der Kontrolle von ausländischen und inländischen Schiedssprüchen: Bei inländischen Schiedssprüchen kommt es für die Frage, ob ein

---

920 *Münch* im Münchener Kommentar zur ZPO, § 1059, Rn.5.

921 So auch: *Münch* im Münchener Kommentar zur ZPO, § 1059, Rn.5.

922 Hervorhebungen durch die Verfasserin.

ultra petita-Verstoß vorliegt gemäß § 1059 Abs. 2 Nr. 1 d) ZPO gerade maßgeblich auf das deutsche Schiedsverfahrensrecht an, während es bei ausländischen Schiedssprüchen gerade nicht auf das deutsche Schiedsverfahrensrecht ankommen kann. Nach dem deutschen Schiedsverfahrensrecht ist der Grundsatz ne ultra petita von Schiedsgerichten zu beachten, sodass seine Nicht-Beachtung dann einen Aufhebungsgrund nach § 1059 Abs. 2 Nr. 1 d) ZPO darstellt, wenn die Parteien seine Geltung in der Schiedsvereinbarung nicht ausgeschlossen haben. Im Rahmen von ausländischen Schiedssprüchen muss der Grundsatz ne ultra petita indes nicht zwingend zu beachten sein, da es im Rahmen von Art. V Abs. 1 lit. d) New York Convention maßgeblich auf das jeweils anwendbare nationale Schiedsverfahrensrecht ankommt. Ob ein ultra petita-Verstoß nach dem jeweils anwendbaren Recht des Sitzstaates einen Verfahrensverstoß darstellt, ist im Rahmen von Art. V Abs. 1 lit. d) New York Convention jeweils für den Einzelfall zu prüfen. Im Gegensatz dazu gilt für § 1059 Abs. 2 Nr. 1 d) ZPO, dass ein ultra petita-Verstoß einen Aufhebungsgrund darstellt, wenn die Parteien die Geltung des Grundsatzes nicht ausgeschlossen haben.

Im Gegensatz dazu fallen ultra petita-Verstöße grundsätzlich nicht in den Anwendungsbereich von § 1059 Abs. 2 Nr. 1 c) ZPO. Etwas anderes gilt nur dann, wenn die Parteien und das Schiedsgericht nach der Einleitung des Schiedsverfahrens ToR formuliert haben. Diese ToR können dann eine Schiedsvereinbarung im Sinne von § 1059 Abs. 2 Nr. 1 c) ZPO darstellen, die auch die wechselseitigen Anträge enthält. Auf diese Anträge kommt es im Rahmen des Grundsatzes ne ultra petita entscheidend an.

Liegt einer der genannten Aufhebungsgründe vor, dann ist der inländische Schiedsspruch aufzuheben, bzw. dann ist er nicht für vollstreckbar zu erklären. Von dieser Pflicht kann – und muss – das deutsche Kontrollgericht nur in zwei Ausnahmefällen abweichen: Der erste Ausnahmefall ist dann gegeben, wenn die vermeintlich beschwerte Partei mit ihrem Aufhebungsantrag, bzw. mit ihren Einwendungen gegen die Vollstreckbarerklärung präkludiert ist. Der zweite Ausnahmefall ist dann gegeben, wenn sich der Verfahrensverstoß des Schiedsgerichts nicht kausal auf den Schiedsspruch ausgewirkt hat. Würde das deutsche Kontrollgericht den Schiedsspruch in diesem Fall aufheben, bzw. ihm die Vollstreckbarerklärung versagen, dann wäre dies eine Versagung aus rein formalen Gründen, was wiederum unvereinbar mit dem schiedsfreundlichen Charakter der ZPO wäre.

### 4. Fallgruppen, in denen deutsche Kontrollgerichte ultra petita-Verstöße bejaht, bzw. verneint haben

Die Rechtsprechungspraxis deutscher Kontrollgerichte wird nun anhand der eingangs im Abschnitt A. IV. dargestellten Fallgruppen klassifiziert. Dabei kann schon vorweggenommen werden, dass deutsche Kontrollgerichte Schiedssprüche bisher nur in einer der genannten Fallgruppen (bzw. Unterkategorien) aufgehoben, bzw. ihnen die Vollstreckbarerklärung versagt haben. Nämlich dann, wenn das Schiedsgericht eine andere als die beantragte Rechtsfolge zuspricht.

#### *a) Das Schiedsgericht spricht eine andere als die beantragte Rechtsfolge zu*

Im Jahr 2014 ging das OLG Frankfurt am Main[923] davon aus, dass ein inländischer Schiedsspruch unter einem ultra petita-Verstoß leiden würde, weil das Schiedsgericht die Schiedsklägerin (auf die Widerklage der Schiedsbeklagten hin) zur Übereignung von Aktien verpflichtet hatte, obgleich dies nicht beantragt war. Vielmehr hatte die Schiedsbeklagte die Widerklage mit dem Ziel erhoben, die Schiedsklägerin zur Zahlung von Schadensersatz zu verpflichten. Das OLG Frankfurt kam zu dem Ergebnis, dass hierin eine unzulässige Aliud-Entscheidung und damit ein Verstoß gegen den Grundsatz ne ultra petita zu sehen sei. Das Gericht sah in diesem Fall § 1059 Abs.2 Nr. 2 lit. b) ZPO als verletzt an und ließ es deshalb dahinstehen, ob ein ultra petita-Verstoß auch unter § 1059 Abs. 2 Nr. 1 lit. d) ZPO zu subsumieren sei.[924]

Im Jahr 2011 versagte das OLG Köln[925] einem inländischen Schiedsspruch die Vollstreckbarerklärung wegen eines ultra petita-Verstoßes. Das Schiedsgericht hatte auf eine gesamtschuldnerische Haftung der Schiedsbeklagten zur Erteilung von Auskünften und zur Vorlage von Verträgen erkannt, obwohl die Verurteilungen der Schiedsbeklagten zu jeweils individuellen Haftungen beantragt worden war. Hierin sah das OLG Köln keine bloße quantitative Abweichung vom Schiedsklageantrag, sondern eine Aliud-Entscheidung, mit der das

---

923 OLG Frankfurt am Main, Beschluss vom 05.06.2014 – 26 Sch 1/14, veröffentlicht in der Datenbank der DIS, abrufbar unter: http://www.disarb.org/de/47/datenbanken/rspr/olg-frankfurt-am-main-case-no-26-sch-1-14-date-2014-06-05-id1645.

924 OLG Frankfurt am Main, Beschluss vom 05.06.2014 – 26 Sch 1/14, veröffentlicht in der Datenbank der DIS, abrufbar unter: http://www.disarb.org/de/47/datenbanken/rspr/olg-frankfurt-am-main-case-no-26-sch-1-14-date-2014-06-05-id1645.

925 OLG Köln, Beschluss vom 28.06.2011 – 19 Sch 11/10 – openJur 2012, 80284.

Schiedsgericht gegen § 308 Abs. 1 ZPO verstoßen habe, weshalb der Versagungsgrund des § 1059 Abs. 2 Nr. 2 lit. b) ZPO einschlägig sei. Das OLG führte zur Begründung aus, dass bei einer Verurteilung der Schiedsbeklagten ohne den Zusatz der gesamtschuldnerischen Verpflichtung – entsprechend des Schiedsklageantrags – alle Schiedsbeklagten die Auskunftserteilung gesondert und nur in Bezug auf die eigene Person schulden würden und die Schiedsklägerin von jedem Schiedsbeklagten die gesondert Auskunft fordern könne. Demgegenüber sei die Schiedsklägerin bei der erfolgten gesamtschuldnerischen Verpflichtung gemäß § 421 BGB nur einmal zum Erhalt der gesamten Leistung berechtigt. Folglich würden durch die Leistungserbringung einer der Schiedsbeklagten die übrigen Schiedsbeklagten ebenfalls von der Leistungspflicht befreit.[926]

Das OLG München[927] hob im Jahr 2007 einen inländischen Schiedsspruch auf, weil nach dem Tenor des Schiedsspruchs die Gesellschafter der beklagten Gesellschaft als Gesamtschuldner zur Leistung verurteilt worden waren, obwohl nach dem Antrag des Schiedsklägers nur die Gesellschaft selbst zur Leistung verpflichtet werden sollte. Die Vollstreckbarerklärung des Schiedsspruchs wurde mithin deshalb versagt, weil das nach dem Schiedsspruch haftende Vermögen, also das persönliche Vermögen der Gesellschafter, ein anderes sei, als die Sondermasse des Gesellschaftsvermögens, das nach dem gestellten Antrag gehaftet hätte. Damit habe das Schiedsgericht etwas zugesprochen, was nicht beantragt worden war. Interessant an diesem Fall ist, dass sich das OLG München in der Begründung seiner Entscheidung nicht maßgeblich auf einen etwaigen ultra petita-Verstoß gestützt hat. Es stellte vielmehr darauf ab, dass die Verurteilung der einzelnen Gesellschafter zur gesamten Hand deshalb gegen den ordre public und gegen das Gebot des rechtlichen Gehörs verstoße, weil die Gesellschafter dadurch zu einer Leistung verpflichtet würden, ohne zuvor am Verfahren beteiligt gewesen zu sein. Deshalb subsumierte das OLG München den Verfahrensverstoß unter § 1059 Abs. 2 lit. 2 b) ZPO.[928]

Schließlich entschied das OLG Koblenz[929] im Jahr 2005, dass ein Verstoß gegen den Grundsatz ne ultra petita und damit der Aufhebungsgrund des § 1059 As. 2 Nr. 1 lit. d) ZPO vorliege, wenn ein Schiedsgericht eine Billigkeits- anstelle einer Rechtsentscheidung trifft. Auch dieser Entscheidung lag ein inländischer Schiedsspruch zugrunde. In dem besagten Fall hatte das Schiedsgericht die

926 OLG Köln, Beschluss vom 28.06.2011 – 19 Sch 11/10 – openJur 2012, 80284.

927 OLG München, Beschluss vom 29.01.2007 – 34 Sch 23/06 – NJW 2007, 2129 f.

928 OLG München, Beschluss vom 29.01.2007 – 34 Sch 23/06 – NJW 2007, 2129 f.

929 OLG Koblenz, Beschluss vom 06.10.2005 – 2 Sch 1/05 – juris, Rn. 18.

Klage- und Widerklageforderungen miteinander verrechnet, obgleich die Parteien keine entsprechenden Anträge gestellt hatten. Nach der hier vertretenen Auffassung stellt ein derartiges Vorgehen des Schiedsgerichts indes keinen ultra petita-Verstoß dar. Es soll zwar nicht in Abrede gestellt werden, dass das Vorgehen des Schiedsgerichts unzulässig war, nichtsdestotrotz ist darin nach der hier vertretenen Meinung kein ultra petita-Verstoß zu sehen. Beantragt waren Zahlungen in einer Gesamthöhe von 22.653,01 €. Zugesprochen hat das Schiedsgericht 5.356,16 €. Damit hat das Schiedsgericht weder mehr noch etwas anderes als beantragt zugesprochen. Es hat lediglich weniger als beantragt zugesprochen, was keinen Verstoß gegen den Grundsatz ne ultra petita darstellt.[930]

### *b) Das Schiedsgericht nimmt eine andere rechtliche Würdigung als der Antragsteller vor*

Im Gegensatz zu den oben genannten Fällen verneinen deutsche Kontrollgerichte das Vorliegen einer ultra petita-Entscheidung, wenn ein Schiedsgericht die vorgebrachten Tatsachen abweichend vom Rechtsvortrag der Parteien würdigt.

Als Beispiel für diese Fallgruppe sei der bereits eingangs geschilderte Fall des Thüringer Oberlandesgerichts aus dem Jahr 2016 zu nennen.[931] In diesem Fall entschied das deutsche Kontrollgericht im Rahmen der Vollstreckbarerklärung eines ausländischen Schiedsspruchs, dass kein ultra petita-Verstoß vorliegen würde, wenn das Schiedsgericht der Schiedsklägerin einen Entschädigungsanspruch zuspricht, obwohl diese einen Anspruch auf Schadensersatz geltend gemacht hatte.

Zudem sei ein Fall des OLG Hamburg aus dem Jahr 2013 zu nennen.[932] In diesem Fall hatte das OLG Hamburg über die Vollstreckbarerklärung eines inländischen Schiedsspruchs zu entscheiden. Das Schiedsgericht hatte die Schiedsbeklagte zur Zahlung eines Geldbetrages verurteilt. Es hatte den Schiedsspruch darauf gestützt, dass dem Schiedskläger gegen die Schiedsbeklagte Gewinnanteile für bestimmte Jahre zustünden. Die Schiedsbeklagte wandte sich unter anderem mit dem Argument gegen die Vollstreckbarerklärung, dass der Schiedskläger mit seinem Antrag den Ausgleich seines Kapitalkontos geltend gemacht hatte und nicht etwa einen Anspruch auf Zahlung von Gewinnanteilen. Das OLG Hamburg sah in diesem Vorgehen des Schiedsgerichts indes keinen

---

930 OLG Koblenz, Beschluss vom 06.10.2005 – 2 Sch 1/05 – juris, Rn. 18.
931 Thüringer Oberlandesgericht, Beschluss vom 25.04.2016 – 1 Sch 1/16 – juris.
932 OLG Hamburg, Beschluss vom 22.04.2013 – 6 Sch 21/12 – BeckRS 2015, 02549.

Verstoß gegen den Grundsatz ne ultra petita. Es war vielmehr der Auffassung, dass der Antrag des Schiedsklägers im Lichte des tatsächlich Begehrten auszulegen sei, welches sich wiederum auf die Auszahlung der beantragten Geldsumme richten würde.[933]

### c) *Fazit*

Die dargestellte Handhabung deutscher Kontrollgerichte zum Umgang mit dem Grundsatz ne ultra petita zeigt einerseits, dass in der Praxis lediglich zwei der oben genannten Fallgruppen, bzw. Unterkategorien, eine Rolle spielen. Das ist zum einen die Gruppe von Fällen, in denen das Schiedsgericht die zugesprochene Rechtsfolge auf andere rechtliche Erwägungen stützt, als die Parteien. Zum anderen ist die Fallgruppe relevant, bei der das Schiedsgericht eine andere Rechtsfolge als die geltend gemachte zuspricht. Beim Vorliegen der ersten Fallgruppe verneinen deutsche Kontrollgerichte ultra petita-Verstöße grundsätzlich. Das entspricht dem obigen Ergebnis, wonach die rechtliche Qualifikation der vorgebrachten Tatsachen im Sinne des Grundsatzes iura novit curia prinzipiell dem Schiedsgericht obliegt. Lediglich dann, wenn ein Abweichen von der vorgebrachten rechtlichen Qualifikation zu einer Überraschungsentscheidung führen würde, läge ein ultra petita-Verstoß und zugleich eine Verletzung des Anspruchs auf rechtliches Gehör vor.

Weicht das Schiedsgericht hingegen von der geltend gemachten Rechtsfolge ab, dann sehen deutsche Kontrollgerichte in diesem Vorgehen grundsätzlich eine unzulässige Aliud-Entscheidung und damit einen Verstoß gegen den Grundsatz ne ultra petita, der den Schiedsspruch angreifbar macht.

Schließlich zeigt die Praxis deutscher Kontrollgericht auch, dass in der Vergangenheit lediglich inländische Schiedssprüche wegen eines Verstoßes gegen den Grundsatz ne ultra petita aufgehoben worden sind. Es ist kein Fall bekannt, in dem einem ausländischen Schiedsspruch wegen eines ultra petita-Verstoßes die Vollstreckbarkeit versagt worden ist, obgleich sich die jeweils unterlegenen Parteien nicht selten mit diesem Einwand gegen die Vollstreckung des Schiedsspruchs wehren. Insoweit scheinen deutsche Gerichte bei der Kontrolle ausländischer Schiedssprüche insgesamt einen strengeren Maßstab anzulegen, als bei der Kontrolle von inländischen Schiedssprüchen. Das ist nicht weiter verwunderlich. Denn obgleich sowohl inländische als auch ausländische Schiedssprüche von deutschen Kontrollgerichten nicht wie im Rahmen eines

933 OLG Hamburg, Beschluss vom 22.04.2013 – 6 Sch 21/12 – BeckRS 2015, 02549.

Rechtsmittelverfahrens auf ihre Rechtmäßigkeit hin untersucht werden dürfen, muss sich der Ablauf eines inländischen Schiedsverfahrens doch an einem deutschen Mindeststandard messen lassen. Im Gegensatz dazu weisen ausländische Schiedssprüche weniger Berührungspunkte zur deutschen Rechtsordnung auf, da für sie allenfalls das Schiedsverfahrensrecht des Sitzstaates maßgeblich ist. Verfahrensrechtliche Mindeststandards sind darüber hinaus nur unter strengen Voraussetzungen zu beachten.[934]

## 5. Die Fallgruppen möglicher ultra petita-Verstöße im internationalen Vergleich

Zum Vergleich soll nun ein kurzer Blick auf die schiedsrechtliche Rechtsprechungspraxis in Frankreich und in der Schweiz geworfen werden, um zu überprüfen, wie die Kontrollgerichte dieser beiden Staaten mit den oben gebildeten Fallgruppen umgehen.

Für diesen Vergleich wurde einerseits die französische Rechtssprechungspraxis ausgewählt, weil in Frankreich aufgrund der Geltung des *principe la contradiction* eine eher sprenge Antragsbindung von (Schieds-)Gerichten angenommen wird und einige Fallgruppen dadurch gegebenenfalls anders beurteilt werden, als es in Deutschland der Fall ist.

Andererseits wurde die Schweizerische Rechtsprechung ausgewählt, weil sich das Schweizerische Bundesgericht in der Vergangenheit verhältnismäßig häufig mit der Frage auseinanderzusetzen hatte, ob ein Schiedsgericht gegen den Grundsatz ne ultra petita verstoßen hat. Damit kann auf einen breiten Fundus an Entscheidungen zurückgegriffen werden.

### *a) Die Handhabung in Frankreich*

Französische Kontrollgerichte gehen grundsätzlich von einer eher strengen Antragsbindung von Schiedsgerichten aus.[935] Grund dafür ist, dass nach dem französische Grundverständnis die Dispositionsbefugnis der Parteien in

---

934 Siehe auch oben im Abschnitt B. III. 2. a) (4) wonach die deutsche Rechtsprechung zwischen einem inländischen und einem internationalen ordre public unterscheidet.

935 Siehe zum Beispiel: Cour d'Appel de Paris, Entscheidung vom 28.06.1988, Revue de l'arbitrage 1989, S. 328 ff.; Cour d'Appel de Paris, Entscheidung vom 06.04.1995, Journal du Droit International 1995, 971 ff.; Cour d'Appel de Paris, Entscheidung vom 30.06.2005, Revue de l'arbitrage 2006, S. 687 ff.; Cour de Cassation, Entscheidung vom 29.06.2011, Revue de l'arbitrage 2011, S. 679 ff.; Cour d'Appel de Paris, Entscheidung vom 11.07.1991, Revue de l'arbitrage 1991, S. 671 f.

Schiedsverfahren von herausragender Bedeutung ist.[936] Folglich hat sich der Ablauf des Schiedsverfahrens sowie der Inhalt der Entscheidung des Schiedsgerichts stets und strikt am Parteiwille zu orientieren.[937] Es überrascht deshalb nicht, dass französische Kontrollgerichte ultra petita-Verstöße häufiger bejahen. Sie haben in den folgenden Fallgruppen ultra petita-Verstöße durch Schiedsgerichte angenommen:

### *(1) Das Schiedsgericht spricht mehr zu als geltend gemacht worden ist*

Der Cour d'Appel de Paris nahm einen ultra petita-Verstoß an, weil ein Schiedsgericht einer Schiedsklägerin Zinsen ab einem früheren als dem beantragten Zeitpunkt zugesprochen hat.[938] Die Klägerin hatte Verzugszinsen ab Zustellung ihres Schriftsatzes, namentlich ab dem 22.06.1987, beantragt. Das Schiedsgericht sprach Zinsen nichtsdestotrotz bereits ab dem 30.04.1987 zu. Dieses Vorgehen hielt das französische Gericht für unzulässig.

In einem weiteren Fall, über den der Cour d'Appel de Paris zu entscheiden hatte, hatte das Schiedsgericht dem Schiedskläger Zinsen auf die Hauptforderung zugesprochen, obwohl dies nicht beantragt gewesen war.[939] Der Cour d'Appel de Paris sah hierin einen Verstoß gegen das *principe de la contradiction* und damit faktisch auch einem Verstoß gegen den Grundsatz ne ultra petita.[940]

Auch in einem Fall aus dem Jahr 2005 ging es um eine ähnliche Zinsproblematik wie im vorstehenden Fall. Der Cour d'Appel de Paris[941] versagte dem streitgegenständlichen Schiedsspruch die Vollstreckbarerklärung, weil das Schiedsgericht nicht beantragte Zinsen zugesprochen hatte. Diese Entscheidung ist insbesondere deshalb interessant, weil der Cour d'Appel de Paris in seiner Entscheidungsbegründung die Bedeutung der Dispositionsmaxime und der Antragsbindung in Schiedsverfahren hervorgehoben hat. Hierzu heißt es:

---

936 Cour d'Appel de Paris, Entscheidung vom 30.06.2005, Revue de l'arbitrage 2006, S. 687(690).

937 Cour d'Appel de Paris, Entscheidung vom 30.06.2005, Revue de l'arbitrage 2006, S. 687(690).

938 Cour d'Appel de Paris, Entscheidung vom 28.06.1988, Revue de l'arbitrage 1989, S. 328 ff.

939 Cour d'Appel de Paris, Entscheidung vom 06.04.1995, Journal du Droit International 1995.

940 Im Abschnitt B. II. 12. d) (1) wurden Ausführungen zum *pricipe de la contradiction* gemacht.

941 Cour d'Appel de Paris, Entscheidung vom 30.06.2005, Revue de l'arbitrage 2006, S. 687 ff.

*„[...] il y a en effet une différence entre l'exercice de la fonction de juger par un tribunal étatique et par un arbitre dont la juridiction a une origine conventionnelle et qui, à ce titre, doit s'efforcer de conserver à la procédure son caractère consensuel en s'informant auprès des parties sur les contours de sa mission qui résultent de leur volonté.“*[942]

Frei übersetzt:

*"In der Tat besteht ein Unterschied zwischen derFunktion eines staatlichen Richters und der eines Schiedsrichters, dessen Zuständigkeit eine vertragliche Grundlage hat und der sich deshalb darum bemühen muss, diesen Charakter des Verfahrens zu bewahren. Er muss den Umfang seiner Befugnisse mit den Parteien erörtern und sich an den Willen der Parteien halten."*

### *(2) Das Schiedsgericht stützt sich auf eine abweichende Rechtsgrundlage als der Kläger*

Ebenfalls gestützt auf eine Verletzung des Prinzips "*de la contradiction*" hob der französische Cour de Cassation[943] einen Schiedsspruch im Jahr 2011 auf. In diesem Fall hatte der Kläger den geltend gemachten Entschädigungsanspruch auf einen "*perte de gain*" gestützt, das Schiedsgericht sprach den Anspruch aber aus einem "*perte de chance*" zu. Nach der Auffassung des französischen Cour de Cassation würde dadurch das Fundament des Entschädigungsanspruchs geändert. Beim "*perte de gain*" würde Entschädigung für einen Gewinn geleistet, der mit Sicherheit eingetreten wäre, beim "*perte de chance*" bestehe hingegen nur eine gewisse Wahrscheinlichkeit dafür, dass der Gewinn erzielt worden wäre. In diesem Fall ging es mithin um die rechtliche Qualifikation des Beantragten und das französische Gericht vertrat die Auffassung, dass das Schiedsgericht an die (rechtliche) Qualifikation des Klägers gebunden sei.[944]

Im Jahr 2016 hob der Cour d'Appel de Paris einen Schiedsspruch auf, weil das Schiedsgericht den vom Kläger geltend gemachten Anspruch – soweit es ihn zusprach – rechtlich abweichend vom Vortrag des Klägers qualifizierte.[945] Der Kläger hatte in der Hauptsache einen Schadensersatzanspruch geltend gemacht. Hierauf beantragte er Zinsen in Höhe von 6% seit Fälligkeit des Schadensersatzanspruches bis zum 30. Juni 2014. Das Schiedsgericht wies den Hauptsacheantrag in der begehrten Höhe ab, sprach aber den Zinsanspruch als eigenständigen

942 Cour d'Appel de Paris, Entscheidung vom 30.06.2005, Revue de l'arbitrage 2006, S. 687(690).

943 Cour de Cassation, Entscheidung vom 29.06.2011, Revue de l'arbitrage 2011, S. 679 ff.

944 Cour de Cassation, Entscheidung vom 29.06.2011, Revue de l'arbitrage 2011, S. 679 ff.

945 Cour d'Appel des Paris, Entscheidung vom 15.03.2016 – 14/19164.

Schadensersatzanspruch zu. Nach der Ansicht des französischen Kontrollgerichts hätte das Schiedsgericht die Parteien anhören müssen, bevor es seinem Schiedsspruch eine abweichende Rechtsauffassung zugrunde legt. In diesem Vorgehen sah es deshalb eine Verletzung des Prinzips *„de la contradiction“* und hob den Schiedsspruch auf.[946]

Schließlich sei auf einen Fall aus dem Jahr 2018 hingewiesen, über den der französische Cour d'Appel de Paris zu entscheiden hatte.[947] In diesem Fall stützte das Schiedsgericht seine Entscheidung auf eine Bestimmung des streitgegenständlichen Vertrages, die von keiner der Parteien zur Begründung ihrer jeweiligen Ansprüche angeführt worden war und die im Laufe der Verhandlung auch nicht diskutiert worden war. In diesem Vorgehen sah das französische Kontrollgericht einen Verstoß gegen das Prinzip *„de la contradiction“* und versagte dem belgischen Schiedsspruch die Vollstreckung in Frankreich.[948]

### *(3) Das Schiedsgericht spricht eine andere Rechtsfolge als beantragt zu*

In einem Fall aus dem Jahr 1991 hatte das Schiedsgericht im Schiedsspruch festgestellt, dass ein zwischen den Parteien geschlossener Vertrag nichtig sei, obwohl diese Feststellung von keiner der Parteien beantragt worden war.[949] Der Schiedskläger hatte vielmehr beantragt, dass der Beklagten zur Zahlung von Schadensersatz wegen der Verletzung einer vertraglichen Pflicht verurteilt wird. Der Beklagte hat sich wiederum mit dem Einwand der Nichtigkeit der besagten Vertragsklausel verteidigt. Eine etwaige Nichtigkeit des gesamten Vertrages ist von den Parteien im Verlauf des Schiedsverfahrens allerdings nicht diskutiert worden. Der Cour d'Appel de Paris sah in diesem Vorgehen eine Verletzung des *„principe de la contradiction“*, da das Schiedsgericht über etwas entschieden habe, was nicht zum Streitgegenstand des Verfahrens geworden sei.[950]

### *(4) Fazit*

Der Unterschied zwischen der französischen und der deutschen Rechtssprechungspraxis besteht insbesondere darin, dass französische Kontrollgerichte

---

946 Cour d'Appel des Paris, Entscheidung vom 15.03.2016 – 14/19164.

947 Cour D'Appel de Paris, Entscheidung vom 13.02.2018 – 15/17137.

948 Cour D'Appel de Paris, Entscheidung vom 13.02.2018 – 15/17137.

949 Cour d'Appel de Paris, Entscheidung vom 11.07.1991, Revue de l'arbitrage 1991, S. 671 f.

950 Cour d'Appel de Paris, Entscheidung vom 11.07.1991, Revue de l'arbitrage 1991, S. 671 f.

von einer unzulässigen Entscheidung des Schiedsgerichts auch dann ausgehen, wenn dieses den geltend gemachten Anspruch abweichend vom Rechtsvortrag des Klägers qualifiziert. Französische Kontrollgerichte nehmen beim Vorliegen dieser Fallgruppe einen Verstoß gegen das Prinzip "*de la contradiction*" an, was wiederum einer Verletzung des Grundsatzes ne ultra petita gleichkommt.[951] Während nach der deutschen Rechtsprechung beim Vorliegen dieser Fallgruppe der Grundsatz iura novit curia prinzipiell den Vorrang vor dem Grundsatz ne ultra petita genießt.[952]

### *b) Die Handhabung in der Schweiz*

Besonders häufig hatte sich in der Vergangenheit das Schweizerische Bundesgericht mit der ultra petita-Problematik im Rahmen von Schiedsverfahren zu befassen. In der Mehrzahl der Fälle verneinte das Bundesgericht allerdings das Vorliegen eines ultra petita-Verstoßes.[953] Bejaht hat es einen ultra petita-Verstoß nur in einem Fall, in dem das Schiedsgericht dem Schiedskläger eine andere Rechtsfolge als geltend gemacht zugesprochen hatte (dazu (1)). Eine abweichende rechtliche Qualifikation der vorgetragenen Tatsachen stellt nach der Auffassung des Schweizerischen Bundesgerichts grundsätzlich keinen ultra petita-Verstoß dar (dazu (2)).

#### *(1) Zusprechen einer anderen Rechtsfolge als ultra petita-Verstoß*

Bejaht hatte das Schweizerische Bundesgericht einen ultra petita-Verstoß in einem Fall, in dem das Schiedsgericht einen Feststellungsantrag nicht nur abgewiesen hatte, sondern den Antragsteller zur Zahlung einer Geldsumme verurteilt hatte, obgleich dies vom Antragsgegner nicht beantragt worden war.[954]

#### *(2) Abweichende rechtliche Qualifikation der vorgetragenen Tatsachen*

In den meisten Fällen, in denen sich eine Partei mit einem ultra petita-Einwand gegen einen Schiedsspruch zur Wehr gesetzt hat, verneinte das Schweizerische Bundesgericht die Verletzung des Grundsatzes ne ultra petita mit der

951 Siehe zum Prinzip "*de la contradiction*" im Abschnitt B. II. 12. d) (1).

952 Siehe dazu oben im Abschnitt B. II. 12.

953 Siehe hierzu im Folgenden unter (2) und (3).

954 Schweizerisches Bundesgericht, Entscheidung vom 18.04.1992 – ATF 118 // 193, Rn. 2b (die in diesem Zusammenhang relevante Passage der Entscheidung wurde nicht veröffentlicht; auf diese Passage wird aber in der Entscheidung des Schweizerischen Bundesgerichts vom 19.04.1994 – BGE 120 II 172 – verwiesen).

Begründung, dass das jeweilige Schiedsgericht lediglich eine zulässige abweichende rechtliche Bewertung des geltend gemachten Anspruchs vorgenommen habe. Das Schweizerische Bundesgericht vertrat in diesen Fällen die Auffassung, dass das jeweilige Schiedsgericht nicht gegen den Grundsatz ne ultra petita verstoßen habe, sondern vielmehr zulässigerweise im Sinne des Grundsatzes iura novit curia verfahren sei.

So bestätigte das Bundesgericht beispielsweise im Jahr 2001 einen Schiedsspruch, welcher der Schiedsklägerin einen Schadensersatzanspruch zugestanden hatte, obwohl diese die Erfüllung eines Garantievertrages geltend gemacht hatte.[955] In diesem Vorgehen sah das Bundesgericht keinen Verstoß gegen den Grundsatz ne ultra petita, vielmehr habe das Schiedsgericht den geltend gemachten Anspruch lediglich rechtlich anders qualifiziert.[956]

Ebenso verneinte das Schweizerische Bundesgericht einen Verstoß gegen den Grundsatz ne ultra petita in einem Fall, in dem das Schiedsgericht den streitgegenständlichen Vertrag anders interpretiert, bzw. angewendet hatte, als es von den Parteien im Verfahren vorgetragen worden war.[957] Diese Interpretation des Vertrages hatte dazu geführt, dass das Schiedsgericht die vertraglichen Voraussetzungen für den widerklagend geltend gemachten Anspruchs auf Zahlung einer Prämie von kumulativen Voraussetzungen und nicht von alternativen Voraussetzungen abhängig gemacht hatte. Von letzterem gingen allerdings die Parteien aus.[958] Das Schweizerische Bundesgericht ging in der Entscheidung davon aus, dass die rechtliche Würdigung des Vertrages in den Aufgabenbereich des Schiedsgerichts fallen würde und dass deshalb kein Verstoß gegen den Grundsatz ne ultra petita vorliegen würde.

In diesem Sinne entschied das Schweizerische Bundesgericht auch in einem Fall, in dem das Schiedsgericht die gesellschaftsrechtlichen Beziehungen zwischen den am Rechtsstreit beteiligten Parteien sowie zwischen den Parteien und unbeteiligten Dritten, abweichend vom Vortrag der Parteien beurteilte.[959] Einen ultra petita-Verstoß sah das Gericht hierin nicht.

955 Schweizerisches Bundesgericht, Entscheidung vom 02.03.2001 – 4P.260/2000/rnd.
956 Schweizerisches Bundesgericht, Entscheidung vom 02.03.2001 – 4P.260/2000/rnd.
957 Schweizerisches Bundesgericht, Entscheidung vom 07.09.2006 – 4P.134/2006 /bie.
958 Schweizerisches Bundesgericht, Entscheidung vom 07.09.2006 – 4P.134/2006 /bie.
959 Schweizerisches Bundesgericht, Entscheidung vom 21.09.2007 – 4A_220/2007 /ech.

*(3) Fazit*

Ähnlich wie die deutschen Kontrollgerichte, bejaht auch das Schweizerische Bundesgericht einen Verstoß gegen den Grundsatz ne ultra petita eines Schiedsgerichts nur dann, wenn das Schiedsgericht eine andere Rechtsfolge als beantragt zuspricht. Fälle, in denen das Schiedsgericht den geltend gemachten Anspruch abweichend vom Rechtsvortrag des Klägers qualifiziert, stellen nach der Auffassung des Bundesgerichts hingegen keinen Verstoß gegen den Grundsatz ne ultra petita dar.

*c) Ergebnis*

Sowohl deutsche Kontrollgerichte als auch das Schweizerische Bundesgericht haben qualitative ultra petita-Verstöße von Schiedsgerichten bisher nur dann bejaht, wenn das Schiedsgericht eine andere Rechtsfolge als beantragt zugesprochen hat. Wegen der Geltung des Grundsatzes iura novit curia verneinen sowohl deutsche Kontrollgerichte als auch das Schweizerische Bundesgericht ultra petita-Verstöße generell in Fällen, in denen das Schiedsgericht den geltend gemachten Anspruch abweichend vom Rechtsvortrag des Klägers qualifiziert.[960] Andere Fallgruppen von ultra petita-Verstößen haben bislang weder in der deutschen noch in der Schweizerischen Rechtssprechungspraxis eine Rolle gespielt.

Die französische Herangehensweise weicht von den beiden Vorgenannten leicht ab. Aufgrund der Geltung des *principe de la contradiction* erlangt der Grundsatz ne ultra petita größere Bedeutung, da nach dem französischem Verständnis auch dann eine unzulässige schiedsrichterliche Entscheidung vorliegt, wenn das Schiedsgericht seine Entscheidung auf eine abweichende rechtliche Qualifikation als die Parteien stützt.

Im Vergleich zu dem Schweizerischen Bundesgericht und zu den französischen Kontrollgerichten, hatten sich deutsche Kontrollgerichte bislang verhältnismäßig selten mit der Frage zu befassen, ob Schiedsgerichte bei ihrer Entscheidung gegen den Grundsatz ne ultra petita verstoßen haben. Die Auseinandersetzungen mit dieser Fragestllung erfolgte in den Entscheidungen dann auch eher kursorisch und kann nicht als richtungsweisend bezeichnet werden. Eine erste gerichtliche Entscheidung, die sich intensiver mit der Geltung und der Reichweite des Grundsatzes ne ultra petita in Schiedsverfahren auseinandersetzt, steht folglich noch aus.

---

960 Etwas anderes gilt nur dann, wenn das Schiedsgericht eine Überraschungsentscheidung erlassen hat.

# C. Schluss

Handelsschiedsverfahren bestechen gleichermaßen durch ihre Internationalität sowie durch ihre Flexibilität. Dadurch stellen sie für die Akteure des internationalen Wirtschaftslebens oft ein ideales Mittel dar, um ihre handelsrechtlichen Streitigkeiten schnell und effektiv beizulegen. Die Kehrseite dieser Internationalität und Flexibilität ist allerdings, dass eine Vereinheitlichung von Verfahrensvorschriften nur schwer möglich ist. Dieses Spannungsverhältnis spiegelt sich auch in der internationalen Praxis zum Umgang mit dem Grundsatz ne ultra petita wider. Während eine Antragsbindung für US-amerikanische Gerichte beispielsweise nur eine untergeordnete Rolle spielt, gehen französische Kontrollgerichte von einer relativ strengen Bindung an die von den Parteien gestellten Anträge aus.

Deshalb können insbesondere dann, wenn an einem Schiedsverfahren Rechtsanwender aus verschiedenen Rechtsordnungen beteiligt sind, unterschiedliche Herangehensweisen zum Umgang mit dem Grundsatz ne ultra petita zu Missverständnissen und Irritationen führen, die dann entweder zu einem Aufhebungsverfahren oder dazu führen können, dass sich die unterlegene Partei gegen die Vollstreckung des Schiedsspruchs zur Wehr setzt. In beiden Fällen hat ein staatliches Gericht zu prüfen, ob ein ultra petita-Verstoß vorliegt und – wenn das der Fall sein sollte – welche Folgen dieser Verstoß für den Bestand, bzw. die Vollstreckbarkeit des Schiedsspruchs hat.

Um unliebsamen Aufhebungsverfahren vorzubeugen, um Vollstreckbarerklärungsverfahren nicht unnötig zu verkomplizieren und nicht zuletzt, um Rechtsunsicherheiten zu beseitigen, wurde in der vorstehenden Untersuchung aufgezeigt, wie in inländischen Schiedsverfahren ein möglichst einheitlicher Umgang mit dem Grundsatz ne ultra petita erreicht werden kann. Dabei lagen der Untersuchung zwei Leitfragen zugrunde: Einerseits galt es die Frage nach der Herleitung und dem eigentlichen Schutzbereich des Grundsatzes zu beantworten. Denn nur so kann ermittelt werden, welchen Sinn und Zweck der Grundsatz in Schiedsverfahren erfüllen kann (hierzu unter I.), andererseits galt es die Frage zu beantworten, worin überhaupt der Bezugspunkt für die schiedsgerichtliche Bindung gesehen werden kann. Es ging dabei also um die Frage, an welche Bestandteile des Parteivortrags das Schiedsgericht sinnvollerweise gebunden werden sollte (hierzu unter II.). Schließlich ging es um die Frage, unter welchen Versagungsgrund des Art. V New York Convention, bzw. unter welchen

Aufhebungsgrund des § 1059 Abs. 2 ZPO ultra petita-Verstöße zu subsumieren sind (hierzu unter III.).

## I. Die Herleitung und der Schutzbereich des Grundsatzes ne ultra petita

In der Einleitung wurde erläutert, dass nach der herrschenden Meinung die Dispositionsmaxime das Fundament des Grundsatzes ne ultra petita ist.[961] Dieser Auffassung ist indes nur teilweise zuzustimmen. Sie verkennt nämlich die praktischen Auswirkungen des Grundsatzes ne ultra petita, die allenfalls geringfügig zu der Verwirklichung der mit der Dispositionsmaxime verfolgten Ziele beitragen.

Die Dispositionsbefugnis soll insbesondere die Rechte des Klägers schützen. Sie ist Ausfluss einer liberalen Grundhaltung und soll gewährleisten, dass die richterliche Entscheidungsmacht zugunsten der Parteidisposition beschränkt wird. Allerdings liegt es in der Mehrzahl der Fälle gar nicht im Interesse des Klägers, sich auf eine Verletzung des Grundsatzes ne ultra petita zu berufen. Vielmehr ist es in der Regel der Kläger, dem ein vermeintlicher Verstoß des Schiedsgerichts gegen den Grundsatz entgegenkommt: Entweder wird ihm mehr zugesprochen als er beantragt hat, oder ihm wird etwas anderes als das Beantragte zugesprochen, weil er nach der Auffassung des Schiedsgerichts keinen Anspruch auf das Beantragte hat. Mit dem Einwand, dass ein Schiedsgericht gegen den Grundsatz ne ultra petita verstoßen hat, setzt sich in der Praxis deshalb der Beklagte, beziehungsweise der Widerbeklagte zur Wehr. Der Beklagte besitzt aber keine Dispositionsbefugnis über den gestellten Antrag. Vor diesem Hintergrund drängt sich die Frage auf, wie die Geltung des Grundsatzes ne ultra petita zur Verwirklichung der Dispositionsmaxime beitragen sollte.

Vielmehr ist zu beobachten, dass der Grundsatz häufig Berührungspunkte zu dem Anspruch auf rechtliches Gehör aufweist.[962] Insbesondere dann, wenn der Kernbereich des Grundsatzes betroffen ist, ist auch das Recht auf rechtliches Gehör verletzt. In diesem Fall trifft das Schiedsgericht eine Überraschungsentscheidung, indem es derart eklatant vom rechtlichen oder tatsächlichen

961 BGH, Urteil vom 26.09.2000 – VI ZR 279/99 – JuS 2001, 401(402); *Musielak*, Die Bindung des Gerichts an die Anträge der Parteien im Zivilprozeß, in FS-Schwab, S. 349; *Saenger* in Saenger, Kommentar zur ZPO, § 308, Rn. 1; *Elzer* im Beck'schen Online-Kommentar zur ZPO, § 308, Rn. 1, Melissinos, Die Bindung des Gerichts an die Parteianträge nach § 308 I ZPO, S. 97.

962 Siehe hierzu oben im Abschnitt B. II. 13.

Vorbringen oder vom gestellten Antrag des Klägers abweicht, dass auch ein kundiger und gewissenhafter Prozessbeteiligter mit der Entscheidung des Schiedsgerichts nicht rechnen konnte.[963]

Auch wenn der Grundsatz ne ultra petita ursprünglich dazu gedient haben sollte, richterliche Entscheidungsmacht zugunsten der Parteiautonomie zu beschränken, wird er jetzt vor allem genutzt, um die Rechte des Beklagten zu schützen. Durch den Grundsatz soll folglich sichergestellt werden, dass der Beklagte umfassend und abschließend über den entscheidungserheblichen Sachverhalt und die aus diesem Sachverhalt möglicherweise resultierenden Rechtsfolgen informiert ist. Deshalb sollte sich bei der Suche nach dem Sinn und Zweck des Grundsatzes weniger an der Frage orientiert werden, ob das Schiedsgericht durch seine Entscheidung in die Dispositionsbefugnis des Klägers eingegriffen hat, als vielmehr an der Frage, inwieweit der Beklagte mit der Entscheidung gerechnet hat oder zumindest hätte rechnen können.

## II. Der Anknüpfungspunkt für die schiedsgerichtliche Bindung

Die Antwort auf die Frage, woran das Schiedsgericht bei seiner Entscheidung gebunden ist, hängt wiederum von zwei Unterfragen ab: zum einen stellt sich die Frage, welche Bedeutung dem ausdrücklich gestellten Antrag für die Geltung des Grundsatzes ne ultra petita zukommt (hierzu unter 1.), zum anderen stellt sich die Frage, ob aufgrund des Grundsatzes ne ultra petita nur eine Bindung an die begehrte Rechtsfolge und die zu ihrer Begründung vorgebrachten Tatsachen besteht, oder ob durch den Grundsatz auch eine Bindung in rechtlicher Hinsicht bewirkt wird (hierzu unter 2.).

### 1. Die Bedeutung des ausdrücklich gestellten Antrags im Rahmen des Grundsatzes ne ultra petita

Der Grundsatz ne ultra petita sollte nicht im Sinne einer strengen Bindung an den Wortlaut des ausdrücklich gestellten Antrags, sondern viel mehr als eine Bindung an das Begehrte, verstanden werden.[964] Dabei kann sich für die Anwendung des Grundsatzes in inländischen Schiedsverfahren an der deutschen Anwendungspraxis zu § 308 Abs. 1 S. 1 ZPO orientiert werden. Denn obgleich der Wortlaut von § 308 Abs. 1 S. 1 ZPO als Anknüpfungspunkt für

963 Siehe hierzu oben im Abschnitt B. II. 13.

964 Siehe hierzu oben im Abschnitt B. II. 7.

die gerichtliche Bindung maßgeblich auf den Klageantrag abstellt, spielt dieser in der Praxis nur eine untergeordnete Rolle. Die Bindung an das „Beantragte" wird von der herrschenden Meinung vielmehr als Bindung an den prozessualen Anspruch, also als Bindung an den Streitgegenstand, verstanden.[965] Der Streitgegenstand setzt sich wiederum zusammen aus dem gestellten Antrag und dem zur Begründung des Antrags vorgebrachten Lebenssachverhalt. Im Rahmen der Ermittlung des Streitgegenstands werden den Gerichten weitgehende Befugnisse bei der Auslegung des Klageantrags eingeräumt. So sollen sie nicht streng an den Wortlaut des Antrags gebunden, sondern vielmehr dazu befugt sein, das tatsächliche Begehren des Klägers zu ermitteln.[966]

Vor diesem Hintergrund kann sich im Rahmen von inländischen Schiedsverfahren auch an dem Wortlaut von § 88 VwGO orientiert werden.[967] Denn während § 308 Abs. 1 S. 1 ZPO auf das Beantragte abstellt, stellt § 88 VwGO auf das Begehrte ab und hebt hervor, dass das (Verwaltungs-)Gericht gerade nicht an die konkrete Fassung der Anträge gebunden ist. Vielmehr hat das Verwaltungsgericht das im Klageantrag und im gesamten Parteivorbingen zum Ausdruck kommende Rechtsschutzziel zu ermitteln und seiner Entscheidung zugrunde zu legen.[968] Diese Vorgabe dürfte sinngemäß auch für deutsche Zivilgerichte und für Schiedsgerichte gelten.

Allerdings darf die Antragsauslegung nicht so weit gehen, dass das Schiedsgericht das tatsächliche Begehren nicht mehr nach subjektiven Maßstäben aus der Sicht des Klägers beurteilt, sondern dass es dieses vielmehr verobjektiviert, indem es die Sicht eines vernünftig und besonnen handelnden Dritten in der Position des Klägers einnimmt und sich fragt, was dieser Dritte vernünftigerweise beantragt hätte. Dann käme es nämlich nicht mehr darauf an, was (subjektiv) beantragt wurde, sondern vielmehr darauf, was eine durchschnittliche Person in der Lage des Klägers (objektiv) beantragt hätte. Um eine derartige Entwicklung zu verhindern, darf die gerichtliche Auslegung nur so weit gehen, wie sich aus dem bisherigen Verfahrensverlauf eindeutig ergibt, was das tatsächliche Begehren des Klägers ist. Nur so kann sichergestellt werden, dass die Stellung der Parteien als Herren über das Verfahren gewahrt bleibt.

Um die Stellung der Parteien als Herren über das Verfahren zu wahren, sollte der Ausgangspunkt einer jeden Antragsauslegung immer der tatsächlich

965 Siehe hierzu oben im Abschnitt B. I. 1.

966 Siehe hierzu oben im Abschnitt B. I. 3.

967 Siehe hierzu oben im Abschnitt B. I. 6. a).

968 *Schenke* in Kopp/Schenke, Kommentar zur VwGO, § 88, Rn. 3.

gestellte Antrag des Klägers bleiben. Deshalb sollte das Schiedsgericht, bevor es einen unklar formulierten Antrag eigenmächtig auslegt, durch einen richterlichen Hinweis auf die Unbestimmtheit des Antrags hinweisen oder eine aufklärende Rückfrage hierzu stellen. Eine Pflicht zur Hinweiserteilung besteht für Schiedsgerichte allerdings nicht.

## 2. Teilweise sind Schiedsgerichte auch an die Rechtsausführungen der Parteien gebunden

Neben dem Grundsatz ne ultra petita war für die vorstehende Untersuchung auch der Grundsatz iura novit curia von Relevanz. Nach dem Grundsatz iura novit curia bestimmt sich, inwieweit Schiedsgerichte zur eigenständigen Rechtsermittlung und Rechtsanwendung befugt sind. Nach der hier vertretenen Auffassung gilt der Grundsatz iura novit curia in Schiedsverfahren allenfalls eingeschränkt.[969] Dementsprechend sind Schiedsgerichte grundsätzlich zu einer über den Vortrag der Parteien hinausgehenden eigenständigen Rechtsermittlung und Rechtsanwendung befugt, sie sind hierzu aber nicht verpflichtet.

Eine weitere Einschränkung erfährt der Grundsatz iura novit curia aus Gründen der Parteiautonomie. Es wäre mit der Natur von Schiedsverfahren, in deren Zentrum die Parteiautonomie als kompetenzgebende Grundlage sowie als leitendes Gebot während des gesamten Verfahrens steht, unvereinbar, wenn dem Kläger eine Dispositionsbefugnis in rechtlicher Hinsicht gänzlich versagt würde. Will der Kläger das schiedsgerichtliche Prüfungsprogramm allerdings tatsächlich beschränken, dann muss er diesen Willen ausdrücklich und eindeutig zum Ausdruck bringen. In der Regel kann nicht ohne weiteres davon ausgegangen werden, dass eine derartige Beschränkung tatsächlich gewollt ist.[970]

Übt der Kläger diese Dispositionsbefugnis schließlich ausdrücklich und eindeutig aus, dann verstößt das Schiedsgericht gegen den Grundsatz ne ultra petita, wenn es sich nicht an diese Beschränkung hält.

Schließlich sind Schiedsgerichte insoweit an die Rechtsausführungen der Parteien gebunden, als dass sie nicht dazu befugt sind, dermaßen von den vorgebrachten Rechtsausführungen abzuweichen, dass die Parteien durch die gerichtliche Entscheidung überrascht werden. An dieser Stelle zeigt sich nun wieder die Schnittstelle zwischen dem Grundsatz ne ultra petita und dem Anspruch auf rechtliches Gehör, denn eine Gehörsverletzung und ein Verstoß

---

969 Siehe oben im Abschnitt B. II. 12.

970 Siehe hierzu oben im Abschnitt B. II. 12. f).

gegen den Grundsatz ne ultra petita liegt vor, wenn Schiedsgerichte Überraschungsentscheidungen erlassen. Überraschungsentscheidungen können auch in rechtlicher Hinsicht vorliegen, wenn das Schiedsgericht in besonders eklatanter Weise von den Rechtsausführungen der Parteien abweicht und die gerichtliche Entscheidung für die Parteien damit unvorhersehbar war.

## III. Mögliche einschlägige Aufhebungs- oder Vollstreckungsversagungsgründe

Der Verstoß eines Schiedsgerichts gegen den Grundsatz ne ultra petita kann verschiedene Folgen haben. Dabei kommt es zunächst entscheidend darauf an, ob es sich um einen inländischen oder um einen ausländischen Schiedsspruch handelt. Nur gegen einen inländischen Schiedsspruch kann ein deutsches Aufhebungsverfahren eingeleitet werden. Auch die Fragen, ob ein ultra petita-Verstoß vorliegt und – wenn ein Verstoß vorliegt – ob dieser Auswirkungen auf den Bestand oder die Vollstreckbarkeit des Schiedsspruchs hat, hängt von der Klassifizierung des Schiedsspruchs als inländisch oder ausländisch ab.

### 1. Ausländische Schiedssprüche

Verstößt ein ausländisches Schiedsgericht gegen den Grundsatz ne ultra petita, dann kann das einen Grund dafür darstellen, dass der Schiedsspruch in Deutschland nicht anerkannt wird und dass ihm in Deutschland die Vollstreckbarerklärung versagt wird. Abhängig von der Art und von der Intensität des ultra petita-Verstoßes sind hier verschiedenen Konstellationen denkbar.[971]

Ultra petita-Verstöße können in den Anwendungsbereich von Art. V Abs. 1 lit. d) New York Convention[972] fallen.[973] Das ist dann der Fall, wenn entweder die Parteien die Beachtung des Grundsatzes vereinbart haben oder – sollten die Parteien diesbezüglich keine Einigung getroffen haben – wenn das jeweils anwendbaren Schiedsverfahrensrecht die Geltung des Grundsatzes vorsieht.

---

971 Im Folgenden wird nur die hier vertretene Meinung dargestellt. Für eine ausführliche Darstellung der zu dieser Frage vertretenen Meinungen siehe oben im Abschnitt B. III. 2.

972 Die Vorschrift lautet wie folgt: „*The composition of the arbitral authority* ***or the arbitral procedure*** *was not in accordance with the agreement of the parties, or, failing such agreement,* ***was not in accordance with the law of the country where the arbitration took place;*** *[…].*" (Hervorhebungen durch die Verfasserin)

973 Siehe oben im Abschnitt B. III. 2. a) (3).

Neben Art. V Abs. 1 lit. d) New York Convention kann auch der Versagungsgrund des Art. V Abs. 1 lit. c) New York Convention[974] einschlägig sein. Das ist nach der hier vertretenen Auffassung aber nur dann der Fall, wenn die Parteien ihrem Schiedsverfahren ToR zugrunde gelegt haben und wenn das Schiedsgericht bei seiner Entscheidung von diesen ToR abweicht.[975] Außerdem sind die Anwendungsbereiche der Versagungsgründe des Art. V Abs. 1 lit. b) New York Convention (Verletzung des Rechts auf rechtliches Gehör) und Abs. 2 lit. b) New York Convention (Verstoß gegen den ordre public) eröffnet, wenn das Schiedsgericht den Grundsatz ne ultra petita so eklatant verletzt, dass zugleich eine Überraschungsentscheidung vorliegt.[976]

Liegt einer der genannten Versagungsgründe vor, dann kann der ausländische Schiedsspruch in Deutschland nicht für vollstreckbar erklärt werden. Eine Ausnahme besteht nur dann, wenn das Schiedsgericht zwar eine Überraschungsentscheidung erlassen hat, wenn aber der Vollstreckungsgegner nicht darzulegen vermag, was er vorgetragen hätte, hätte er mit der Entscheidung des Schiedsgerichts gerechnet. Würde das deutsche Kontrollgericht dem Schiedsspruch die Vollstreckbarerklärung in diesem Fall versagen, dann wäre dies eine Versagung aus rein formalen Gründen, was wiederum unvereinbar mit dem vollstreckungsfreundlichen Charakter der New York Convention und der ZPO wäre.[977]

Darüber hinaus steht dem deutschen Kontrollgericht bei der Entscheidung über die Vollstreckbarerklärung kein Ermessen zu.[978] Zudem besteht nach der hier vertretenen Auffassung kein Anknüpfungspunkt dafür, dass der Vollstreckungsgegner mit der Geltendmachung eines Versagungsgrundes präkludiert sein könnte oder dass es durch die Betreibung der Vollstreckung des Schiedsspruchs zu einer nachträglichen Heilung eines ultra petita-Verstoßes kommen könnte.[979]

974 Die Vorschrift lautet wie folgt: „*The award deals with a difference not contemplated by or not falling within the terms of the submission to arbitration, or it contains decisions on matters beyond the scope of the submission to arbitration, […].*"

975 Siehe oben im Abschnitt B. III. 2. a) (2).

976 Siehe oben im Abschnitt B. III. 2. a) (1) und (4).

977 Siehe oben im Abschnitt B. III. 2. c).

978 Siehe oben im Abschnitt B. III. 2. e).

979 Zur Präklusion: siehe oben im Abschnitt B. III. 2 b); zur Heilung: siehe oben im Abschnitt B. III. 2 d).

## 2. Inländische Schiedssprüche

Ultra petita-Verstöße von Schiedsgerichten können sich auch auf den Bestand, bzw. die Vollstreckbarkeit von inländischen Schiedssprüchen auswirken. Insoweit gelten ähnliche Maßstäbe wie für ausländische Schiedssprüche, allerdings gibt es auch einige Besonderheiten.[980]

Soweit ein Schiedsgericht nicht nur gegen den Grundsatz ne ultra petita verstoßen hat, sondern zugleich auch eine Überraschungsentscheidung erlassen hat, gilt hinsichtlich der Aufhebungsgründe des § 1059 Abs. 2 Nr. 1 b) ZPO (Verletzung des Rechts auf rechtliches Gehör) und des § 1059 Abs. 2 Nr. 2 b) ZPO (Verstoß gegen den ordre public) spiegelbildlich das, was auch bei ihrem jeweiligen Äquivalent im Rahmen von Art. V New York Convention gegolten hat: Ein inländischer Schiedsspruch ist in diesem Fall sowohl nach § 1059 Abs. 2 Nr. 1 b) ZPO als auch nach § 1059 Abs. 2 Nr. 2 b) ZPO aufzuheben, bzw. nicht für vollstreckbar zu erklären.

Liegt hingegen lediglich ein „einfacher" ultra petita-Verstoß – also keine Überraschungsentscheidung – vor, dann kommt als Aufhebungsgrund, bzw. als Grund für die Versagung der Vollstreckbarerklärung, grundsätzlich nur § 1059 Abs. 2 Nr. 1 d) ZPO in Betracht. Danach kann ein Schiedsspruch aufgehoben werden, wenn das schiedsrichterliche Verfahren einer Bestimmung des 10. Buches der ZPO oder einer zulässigen Vereinbarung der Parteien nicht entsprochen hat. Der Anknüpfungspunkt der Parteivereinbarung dürfte in Bezug auf ultra petita-Verstöße in der Praxis keine Rolle spielen. Es kommt also maßgeblich darauf ein, ob das schiedsgerichtliche Verfahren einer Bestimmung des 10. Buches der ZPO nicht entsprochen hat. Insoweit besteht nun offensichtlich ein entscheidender Unterschied zwischen der Kontrolle von ausländischen und inländischen Schiedssprüchen: Bei inländischen Schiedssprüchen kommt es für die Frage, ob ein ultra petita-Verstoß vorliegt gemäß § 1059 Abs. 2 Nr. 1 d) ZPO maßgeblich auf das deutsche Schiedsverfahrensrecht an, während es bei ausländischen Schiedssprüchen gerade nicht auf das deutsche Schiedsverfahrensrecht ankommen kann. Nach dem deutschen Schiedsverfahrensrecht ist der Grundsatz ne ultra petita von Schiedsgerichten zu beachten, sodass seine Nicht-Beachtung einen Aufhebungsgrund nach § 1059 Abs. 2 Nr. 1 d) ZPO darstellt.[981]

---

980 Auch insoweit wird im Folgenden nur die hier vertretene Meinung dargestellt. Für eine ausführliche Darstellung der zu dieser Frage vertretenen Meinungen siehe oben im Abschnitt B. III. 3.

981 Siehe hierzu oben im Abschnitt B. III. 3. a) (3).

Im Gegensatz dazu fallen ultra petita-Verstöße grundsätzlich nicht in den Anwendungsbereich von § 1059 Abs. 2 Nr. 1 c) ZPO. Etwas anderes gilt nur dann, wenn die Parteien und das Schiedsgericht nach der Einleitung des Schiedsverfahrens ToR formuliert haben. Diese ToR können dann eine Schiedsvereinbarung im Sinne von § 1059 Abs. 2 Nr. 1 c) ZPO darstellen, die auch die wechselseitigen Anträge enthält. Sie beinhalten damit auch das klägerische Begehren, auf das es bei der Prüfung eines ultra petita-Verstoßes maßgeblich ankommt.[982]

Liegt einer der genannten Aufhebungsgründe vor, dann ist der inländische Schiedsspruch aufzuheben, bzw. dann ist er nicht für vollstreckbar zu erklären. Von dieser Pflicht kann – und muss – das deutsche Kontrollgericht nur in zwei Ausnahmefällen abweichen: Der erste Ausnahmefall ist dann gegeben, wenn die vermeintlich beschwerte Partei mit ihrem Aufhebungsantrag, bzw. mit ihren Einwendungen gegen die Vollstreckbarerklärung präkludiert ist.[983] Der zweite Ausnahmefall ist dann gegeben, wenn sich der Verfahrensverstoß des Schiedsgerichts nicht kausal auf den Schiedsspruch ausgewirkt hat. Würde das deutsche Kontrollgericht den Schiedsspruch in diesem Fall aufheben, bzw. ihm die Vollstreckbarerklärung versagen, dann wäre dies eine Versagung aus rein formalen Gründen, was wiederum unvereinbar mit dem schiedsfreundlichen Charakter der ZPO wäre.[984]

## IV. Fazit

Die vorstehende Untersuchung hat gezeigt, dass die Antwort auf die Frage nach der Reichweite des Grundsatzes ne ultra petita in Schiedsverfahren vielschichtig ist. Einen weichenstellenden Faktor stellt dabei das auf das jeweilige Verfahren anwendbare staatliche Schiedsverfahrensrecht dar, wobei sich diese Arbeit im Kern mit dem deutschen Schiedsverfahrensrecht befasst hat, welches die Geltung des Grundsatzes ne ultra petita als dispositives Schiedsverfahrensrecht vorsieht. Darüber hinaus besitzt der Grundsatz einen unabdingbaren Kernbereich, der zwingendes deutsches Schiedsverfahrensrecht darstellt. Dieser Kernbereich ist betroffen, wenn ein Schiedsgericht ultra petita entscheidet und dabei derart

---

982 Siehe hierzu oben im Abschnitt B. III. 3. a) (2).

983 Wann Präklusion im Rahmen von Aufhebungsverfahren und im Rahmen von Vollstreckbarerklärungsverfahren im Einzelnen vorliegt wurde oben im Abschnitt B. III. 3. b) dargestellt.

984 Siehe hierzu oben im Abschnitt B. III. 3. c).

eklatant von dem bisherigen Prozessstoff abweicht, dass die Parteien mit der schiedsgerichtlichen Entscheidung nicht rechnen konnten.

Dieses deutsche Verständnis von der Reichweite und der Geltung des Grundsatzes kann aber nicht per se für andere Rechtsordnungen übernommen werden. Vielmehr gibt es zwischen den einzelnen Rechtsordnungen teilweise marginale, teilweise aber auch erhebliche Unterschiede im Umgang mit dem Grundsatz. Diese Unterschiede könnten langfristig auch Auswirkungen auf die deutsche Anwendungspraxis haben. Denn um das deutsche Schiedsverfahrensrecht für ausländische Rechtsanwender attraktiver zu machen, könnten in Zukunft zumindest einfache Verstöße von Schiedsgerichten gegen den Grundsatz ne ultra petita folgenlos bleiben und nicht mehr zu einer Aufhebung von Schiedssprüchen oder zur Versagung der Vollstreckbarerklärung führen würden.

Die Frage, ob die Geltung des Grundsatzes ne ultra petita in inländischen Schiedsverfahren weiterhin sinnvoll und erforderlich ist, hängt nicht zuletzt von der Frage ab, welche Funktion Schiedsgerichtsbarkeit auf Dauer erfüllen soll: soll sie dazu dienen, Rechtsstreitigkeiten einer schnellen, effektiven und wirtschaftlich zweckmäßigen Lösung zuzuführen oder soll sie Rechtsprechung nach nationalem Vorbild darstellen? Im ersten Fall wäre die Geltung des Grundsatzes überflüssig; eventuell sogar hinderlich. Im zweiten Fall wäre sie auf der Basis eines römisch-germanischen Grundverständnis – zweckmäßig, um den Parteien eine aktive Verfahrensteilnahme zu ermöglichen.

Es stellt sich also die Frage nach der generellen Funktion von Schiedsgerichten. Doch auch diese Frage ist nicht pauschal zu beantworten, da das Rollenverständnis eines konkreten Schiedsgerichts durch die individuellen Umstände geprägt ist. Dazu gehören beispielsweise der genaue Inhalt der Schiedsvereinbarung, der Inhalt einer eventuell zugrunde gelegten Schiedsgerichtsordnung sowie nicht zuletzt das Selbstverständnis des Schiedsgerichts. Schließlich dürfte es auch eine Rolle spielen, ob – und wenn ja, zu welchem Anteil – das jeweilige Schiedsgericht mit Nicht-Juristen besetzt ist.

Die Zukunft des Grundsatzes ne ultra petita dürfte aber zumindest insoweit gewiss sein, als dass sein zwingender Kern ein fundamentales Prozessgrundrecht darstellt und deshalb unabdingbar ist und bleibt. Selbst wenn der Grundsatz in Schiedsverfahren also langfristig an Bedeutung einbüßen sollte, bleibt es bei dem unumstößlichen Verbot, Überraschungsentscheidungen zu erlassen.

# Literaturverzeichnis


Aden, Menno: Gewährung rechtlichen Gehörs im Schiedsgerichtsverfahren, NJW 1993, S. 1964 f.

Aden, Menno: Internationale Handelsschiedsgerichtsbarkeit, 2. Auflage, München 2003

Aden, Menno: Verfahrensverstoß durch fehlerhafte Rechtsanwendung im Schiedsgerichtsverfahren DZWIR 2011, 400 ff.

Alberti, Christian P.: Iura novit curia in International Commercial Arbitration: How Much Justice Do You Want?, in: Kröll, Mistelis, Viscasillas, Rogers (Hrsg.), International Arbitration and International Commercial Law: Synergy, Convergence and Evolution, Alphen aan den Rijn 2011, S. 3 ff. (zitiert: *Alberti*, Iura novit curia in International Commercial Arbitration, in Kröll, Mistelis, Viscasillas, Rogers (Hrsg.), International Arbitration and International Commercial Law)

Andrews, Neil: On Civil Processes - Volume 1: Court Proceedings, Cambridge 2013

Ankermann, Ernst: Alternativkommentar zur Zivilprozeßordnung, Luchterhand 1987 (zitiert: Bearbeiter in AK-ZPO)

Bandel, Stefan: Einstweiliger Rechtsschutz im Schiedsverfahren: Zulässigkeit und Wirkungen schiedsrichterlicher und gerichtlicher einstweiliger Maßnahmen gemäß den Bestimmungen des SchiedsVfG, München 2000 (zitiert: Bandel, einstweiliger Rechtsschutz im Schiedsverfahren)

Baumgärtel, Gottfried: Zur Lehre vom Streitgegenstand, JuS 1974, S. 60 ff.

Beck'scher Onlinekommentar: Beck'scher Onlinekommentar zur ZPO, Vorwerk, Wolf (Hrsg.), 34. Auflage, 2019

Benke/Meissel: Juristenlatein – Lateinische Fachausdrücke und Redewendungen der Juristensprache – 3. Auflage, Wien 2009 (zitiert: Benke/Meissel, Juristenlatein)

3. Berger/Kellerhals: International and domestic arbitration in Switzerland, Auflage, Wien 2015

Beys, Kostas: Zum Problem des Streitgegenstandes im Zivilprozeß und den (gegebenenfalls national) zu ziehenden Folgerungen, insbesondere für die Rechtskraft, ZZP 105(1992), S. 145 ff. (zitiert: *Beys*, Problem des Streitgegenstandes im Zivilprozeß, ZZP 105(1992))

Blomeyer, Arwed: Zum Urteilsgegenstand im Leistungsprozess, in Rosenberg/Schwab (Hrsg.), Festschrift für Friedrich Lent zum 75. Geburtstag, München

1957, S. 43 ff. (zitiert: *Blomeyer*, Zum Urteilsgegenstand im Leistungsprozess, FS-Lent)

Blomeyer, Karl: Arrest und einstweilige Verfügung, ZZP 65, 52 ff.

Böckstiegel/Kröll/Nacimiento: Arbitration in Germany, The Model Law in Practice, 2. Auflage, Alphen aan den Rijn 2014 (zitiert: *Bearbeiter* in Böckstiegel/Kröll/Nacimiento (Hrsg.), Arbitration in Germany, The Model Law in Practice)

Böhm, Ulrike: Amerikanisches Zivilprozessrecht, Köln 2005

Born, Gary B.: International Commercial Arbitration in the United States – commentary and materials, Deventer 1994 (zitiert: Born, International Commercial Arbitration in the United States)

Born, Gary B.: International Commercial Arbitration – commentary and materials, 2. Auflage, New York 2001 (zitiert: Born, International Commercial Arbitration – commentary and materials)

Born, Gary B.: International Commercial Arbitration Volume II, 2. Auflage, Alphen aan den Rijn 2014

Born, Gary B.: International Commercial Arbitration Volume III, 2. Auflage, Alphen aan den Rijn 2014

Bosch, Wolfgang: Rechtskraft und Rechtshängigkeit im Schiedsverfahren, Tübingen 1991

Brand, Peter-Andreas: Grenzen zivilprozessualer Wahrheit und Gerechtigkeit – Disclosure- und Discovery-Elemente im deutschen Zivilverfahrensrecht, NJW 2017, 3558 ff. (zitiert: *Brand*, Grenzen zivilprozessualer Wahrheit und Gerechtigkeit, NJW 2017)

Brüggemann, Dieter: Judex statutor und judex investigator – Untersuchung zur Abgrenzung zwischen Richtermacht und Parteienfreiheit im gegenwärtigen deutschen Zivilprozeß, Bielefeld 1968 (zitiert: Brüggemann, Judex statutor und judex investigator)

Canaris, Claus-Wilhelm: Die Feststellung von Lücken im Gesetz – Eine methodologische Studie über Voraussetzungen und Grenzen der richterlichen Rechtsfortbildung praeter legem, 2. Auflage, Berlin 1983 (zitiert: Canaris, Die Feststellung von Lücken im Gesetz)

Cappelletti, Mauro: International Encyclopedia of Comparative Law – Volume XVI – Civil Procedure, Tübingen 2014

Coester-Waltjen, Dagmar: Die Parteien als Herren des Verfahrens und der Richter im deutschen Zivilprozeß, Jura 1998, 661 ff.

Cordero-Moss, Giuditta: Is the arbitral Tribunal bound by the Parties' factual and legal pleadings?, Stockholm international arbitration Review 2006:3, 1 ff.

Creifelds, Karl: Rechtswörterbuch, 22. Auflage, München 2017

Da Silveira/Lévy: Transgression of the Arbitratiors' Authority: Article V(1)(c) of the New York Convention, in Gaillard/Di Pietro (Hrsg.), Enforcement of Arbitration Agreements and International Arbitral Awards: The New York Convention in Practice, London 2008, S. 639 ff. (zitiert: *Da Silveira/Lévy*, Transgression of the Arbitratiors' Authority, in Gaillard/Di Pietro (Hrsg.), Enforcement of Arbitration Agreements and International Arbitral Awards)

Dimolitsa, Antonias: The equivocal power of the arbitrators to introduce ex officio new issues of law, ASA Bulletin 2009, S. 426 ff.

3. Dreier, Horst u.a.: Kommentar zum Grundgesetz, Auflage, Tübingen 2018

Eberl, Walter: As Night Follows Day – Shakespeare und die schiedsrichterliche Kompetenz gemäß Art. V1c des UNÜ vom 10.6.1958, SchiedsVZ 2003, 109 ff.

Fouchard/Gaillard/Goldman: On International Commercial Arbitration, Den Haag 1999

Gerstenmaier, Klaus-Albrecht: Die (Un-)Bestimmtheit des Antrags im Schiedsverfahren: Konsequenzen für den Schiedsspruch und seine Vollstreckung, in Geimer/Kaissis/Thümmel (Hrsg.), Festschrift für Rolf A. Schütze zum 80. Geburtstag, München 2014, S. 123 ff. (zitiert: *Gerstenmaier*, Die (Un-) Bestimmtheit des Antrags im Schiedsverfahren, in FS-Schütze)

Giraud, Paul: Le Devoir de l'Arbitre de se conformer à sa mission, Brüssel 2017

Müller-Chen/Widmer Lüchinger: Zürcher Kommentar zum IPRG, 3. Auflage, Zürich 2018 (zitiert: *Bearbeiter* im Zürcher Kommentar zum IPRG)

Glossner/Bredow/Bühler: Das Schiedsgericht in der Praxis, 3. Auflage, Heidelberg 1990

Gottwald/Adolphsen: Das neue deutsche Schiedsverfahrensrecht, DStR 1998, 1017 ff.

Graef, Ralph Oliver: Die Vorbereitung und Durchführung des Haupttermins im deutschen und englischen Zivilprozeß, in Zeitschrift für vergleichende Rechtswissenschaft, 95. Band, 1996, S. 92 ff.

Graisy, Johanna: Bestimmtheit von Feststellungsbegehren in österreichischen Schiedsverfahren, SchiedsVZ 2013, 201 ff.

Greminger, Hans-Walter: Die Genfer Abkommen von 1923 und 1927 über die internationale private Schiedsgerichtsbarkeit, Winterthur 1957

Guinchard, Serge: L'Arbitrage et le respect du principe du contradictoire, in Revue de l'arbitrage 1997, 185 ff.

Gusy, Christoph: Der Gleichheitssatz, NJW 1988, 2505 ff.

Häcker, Birke: Das englische Common Law – Eine Einführung, JuS 2014, 872 ff. (zitiert: *Häcker*, Das englische Common Law, JuS 2014)

Hanessian, Grant: ICDR Awards and Commentaries, New York 2012

Harbst, Ragnar: Korruption und andere ordre public-Verstöße als Einwände im Schiedsverfahren – Inwieweit sind staatliche Gerichte an Sachverhaltsfeststellungen des Schiedsgerichts gebunden?, SchiedsVZ 2007, 22 ff.

Häsemeyer, Ludwig: Parteivereinbarungen über präjudizielle Rechtsverhältnisse – zur Fragwürdigkeit der Parteidisposition als Urteilsgrundlage, ZZP 85, 207 ff.

Hausmann, Rainer: Die Aufhebung von Schiedssprüchen nach neuem deutschen Schiedsverfahrensrecht, in Hohloch/Frank/Schlechtriem (Hrsg.), Festschrift für Hans Stoll zum 75. Geburtstag, Tübingen 2001, S. 593 ff. (zitiert: *Hausmann*, Die Aufhebung von Schiedssprüchen nach neuem deutschen Schiedsverfahrensrecht in FS-Stoll)

Heidinger/Hof: Pleading and Proving Foreign Law – From a European Perspective, SchiedsVZ 2008, S. 174 ff.

Hilger, Norbert: Zur Geltung des beschränkten Untersuchungsgrundsatzes im neuen Schiedsverfahrensrecht, in Beilage zu BB 2000, Heft 37, S. 2 ff.

Holtzmann/Neuhaus: A Guide To The UNCITRAL Model law on International Commercial Arbitration, Deventer 1989

Hübner, Rudolf: Ausländisches Recht vor deutschen Gerichten – Grundlagen und europäische Perspektiven der Ermittlung ausländischen Rechts im gerichtlichen Verfahren, Tübingen 2014 (zitiert: Hübner, Ausländisches Recht vor deutschen Gerichten)

Jauernig, Othmar: Verhandlungsmaxime, Inquisitionsmaxime und Streitgegenstand, Tübingen, 1967

Jemielniak/Pfisterer: Iura Novit Arbiter revisited: towards a harmonized approach?, Uniform Law Review, 2015, Volume 20(1), S. 56 ff.

Kaufmann-Kohler, Gabrielle: The Governing Law: Fact or Law? – A Transnational rule on establishing its contents, in: Wirth (Hrsg.), Best Practices in International Arbitration, ASA Special Series No. 26(2006), S. 79 ff. (zitiert: *Kaufmann-Kohler*, The Governing Law: Fact or Law?, ASA Special Series No. 26(2006))

Kessedjian, Catherine: Principe de la Contradiction et Arbitrage, in Revue de l'arbitrage 1995, 381 ff.

Kindl/Meller-Hannich/Wolf: Gesamtes Recht der Zwangsvollstreckung, 3. Auflage, Baden-Baden 2015

Klette, Dieter: Die rechtliche Behandlung von Verstößen gegen das Verbot „ne ultra petita", ZZP 82, S. 93 ff.

Kornblum, Udo: Probleme der schiedsrichterlichen Unabhängigkeit, München 1968

Kornblum, Udo: Das Gebot überparteilicher Rechtspflege' und der deutsche schiedsrechtliche ordre public, NJW 1987, S. 1105 ff.

25. Kopp/Schenke: Kommentar zur VwGO, Auflage, München 2019

Kreindler/Schäfer/Wolff: Schiedsgerichtsbarkeit: Kompendium für die Praxis, Frankfurt 2006

Kröll, Stefan: Die Präklusion von Versagungsgründen bei der Vollstreckbarerklärung ausländischer Schiedssprüche, IPRax 2007, 430 ff.

Kronke, Herbert: Recognition and Enforcement of Foreign Arbitral Awards, a Global Commentary on the New York Convention, Austin 2010 (zitiert: Bearbeiter in Kronke (Hrsg.), Recognition and Enforcement of Foreign Arbitral Awards)

Kühn, Wolfgang: Aktuelle Fragen zur Anwendung der New Yorker Konvention von 1958 im Hinblick auf die Anerkennung und Vollstreckung ausländischer Schiedssprüche – Eine Betrachtung der deutschen Rechtsprechung, SchiedsVZ 2009, 53 ff.

Kühne, Ulrich: Amicus Curiae – Richterliche Informationsbeschaffung durch Beteiligung Dritter, Tübingen 2015 (zitiert: Kühne, Amicus Curiae)

Lachmann, Jens-Peter: Handbuch für die Schiedsgerichtspraxis, 3. Auflage, Köln 2008

Lalive/Poudret/Reymond: Le Droit de l'Arbitrage interne et international en Suisse, Lausanne 1989

Landolt, Hansjörg: Rechtsanwendung oder Billigkeitsentscheid durch den Schiedsrichter in der privaten internationalen Schiedsgerichtsbarkeit, Bern 1955

Lew/Mistelis/Kröll: Comparative international commercial arbitration, The Hague 2003

Lew, Julian: Iura Novit Curia and Due Process, in: Queen Mary University of London, School of Law Legal Studies Research Paper No. 72/2010

Lieberwirth, Rolf: Latein im Recht, 5. Auflage, Berlin 2007

Liebs, Detlef: Lateinische Rechtsregeln und Rechtssprichwörter, 7. Auflage, Darmstadt 2007 (zitiert: Liebs, Lateinische Rechtsregeln und Rechtssprichwörter)

Lionnet, Klaus: Die UNCITRAL-Schiedsgerichtsordnung aus der Sicht der Parteien, BB 27(1993), BB-Beilage Nr. 17, 9 ff.

Lionnet, Klaus: Parteiherrschaft im Schiedsgerichtsprozess bei der Beweisaufnahme, in: Plantey (Hrsg.), Festschrift für Ottoarndt Glossner zum 70.

Geburtstag, 1994, S. 209 ff. (zitiert: *Lionnet*, Parteiherrschaft im Schiedsgerichtsprozess bei der Beweisaufnahme, FS-Glossner)

Lionnet/Lionnet: Handbuch der nationalen und internationalen Schiedsgerichtsbarkeit, 3. Auflage, Stuttgart 2005

Littauer, Rudolf: Schiedsgerichtsbarkeit und materielles Recht, ZZP 55(1931), S. 1 ff.

Lörcher/Bauerschmidt: Gilt der Grundsatz iura novit curia in internationalen Schiedsverfahren?, in Ebke/Olzen/Sandrock (Hrsg.): Festschrift für Siegfried H. Elsing zum 65. Geburtstag, Frankfurt am Main 2015, S.317 ff. (zitiert: *Lörcher/Bauerschmidt*, Gilt der Grundsatz iura novit curia in internationalen Schiedsverfahren?, in FS-Elsing)

Lörcher/Lörcher: Organisation eines Ad-hoc-Schiedsverfahrens, SchiedsVZ 2005,179 ff.

Lüke/Schröder: Grundsätze des Verwaltungsprozesses, in JuS 1961, 41 ff.

87. Maunz/Dürig: Kommentar zum Grundgesetz, Auflage, München 2019

Mazza, Francesca: Vorwort anlässlich der Veröffentlichung der 2018 DIS-Schiedsgerichtsordnung, SchiedsVZ Beilage zu Heft 1/2018, S. 3 ff.

Mazza/Menz: Neuregelung in der 2018 DIS-Schiedsgerichtsordnung im Überblick, SchiedsVZ Beilage zu Heft 1/2018, S. 39 ff.

Melissinos, Gerassimos: Die Bindung des Gerichts an die Parteianträge nach § 308 I ZPO – ne eat iudex ultra petita partium, Berlin 1981 (zitiert: Melissinos, Die Bindung des Gerichts an die Parteianträge nach § 308 I ZPO)

Münchener Kommentar zur ZPO: Rauscher/Krüger (Hrsg.), Band 1 (§§ 1-354), 5. Auflage München 2016

Münchener Kommentar zur ZPO: Rauscher/Krüger (Hrsg.), Band 2 (§§ 355-945b), 5. Auflage München 2016

Münchener Kommentar zur ZPO: Rauscher/Krüger (Hrsg.), Band 3 (§§ 946-1117), 5. Auflage München 2017

Musielak, Hans-Joachim: Die Bindung des Gerichts an die Anträge der Parteien im Zivilprozeß, in Gottwald, Peter (Hrsg.), Festschrift für Karl Heinz Schwab zum 70. Geburtstag, München 1990, S. 349 ff. (zitiert: *Musielak*, Die Bindung des Gerichts an die Anträge der Parteien im Zivilprozeß, in FS-Schwab)

16. Musielak/Voit u.a.: Zivilprozessordnung: ZPO, Auflage München 2019

Nagel, Heinrich: Gedanken über die Beschleunigung des Schiedsverfahrens, in Henrich, Dieter (Hrsg.), Festschrift für Karl Firsching zum 70. Geburtstag, München 1985, S. 191 ff. (zitiert: *Nagel*, Gedanken über die Beschleunigung des Schiedsverfahrens, in FS-Firsching)

Nagel/Gottwald: Internationales Zivilprozessrecht, 7. Auflage, Köln 2013

Nedden/Herzberg: ICC-SchO, DIS-SchO: Praxiskommentar zu den Schiedsgerichtsordnungen, Köln 2014 (zitiert: *Bearbeiter* in Nedden/Herzberg, Praxiskommentar ICC-SchO/DIS-SchO)

Oberhammer/Berti: Schweizerische Zivilprozessordnung, 2. Auflage, Basel 2014 (zitiert: *Bearbeiter* in Oberhammer/Berti, Schweizerische Zivilprozessordnung)

Perret, François: Les conclusions et leur cause juridique au regard de la règle ne eat judex ultra petita partium, in Dominicé, Christian (Hrsg.), Études de droit international en l'honneur de Pierre Lalive, Basel 1993

70. Pfeiffer, Thomas: Methoden der Ermittlung ausländischen Rechts, in Stürner, Rolf u.a. (Hrsg.), Festschrift für Dieter Leipold zum Geburtstag, Tübingen 2009, S. 283 ff. (zitiert: *Pfeiffer*, Methoden der Ermittlung ausländischen Rechts, in FS-Leipold)

Pohl, Julia Christine: Doppelte Rechtshängigkeit in schiedsgerichtlichen Verfahren, Frankfurt am Main 2015

Pörnbacher/Bauer: Die Reform der Schiedsgerichtsordnung der ICC, in BB 2011, 2627 ff.

Posser/Wolff: VwGO Kommentar, 2. Auflage, München 2014

Poudret/Besson: Comparative Law of International Arbitration, 2. Auflage, London 2007

Prütting/Gehrlein/Ackermann: Kommentar zur ZPO, 11. Auflage, Köln 2019

Raeschke-Kessler, Hilmar: Der Vergleich im Schiedsverfahren – Anmerkung zu § 19 DIS-SchiedsO, in Plantey/Böckstiegel/Bredow [Hrsg.], Festschrift für Ottoarndt Glossner zum 70. Geburtstag, Heidelberg 1994, S. 255 ff. (zitiert: *Raeschke-Kessler*, Der Vergleich im Schiedsverfahren, in FS-Glossner)

Raeschke-Kessler Hilmar: Gesellschaftsrechtliche Schieds-verfahren und das Recht der EU SchiedsVZ 2003, 145 ff.

Reinelt, Ekkehart: Haftung des Anwalts für Fehler des Gerichts – erneute Überspannung der Anwaltshaftung, in jurisPR-BGHZivilR 5/2014 Anm. 1

Robert, Jean: L'Arbitrage – droit interne droit international privé, 6. Auflage, Dalloz, 1993

Rosenberg/Schwab/Gottwald: Zivilprozessrecht, 18. Auflage, München 2018

Rubino-Sammartano, Mauro: International Arbitration Law and Practice, 3. Auflage, New York 2014

Salomon, Claudia/Villiers, Samuel: The United States Federal Arbitration Act: a powerful tool for enforcing arbitration agreements and arbitral award in Lexis@PSL Arbitration, 14.07.2017 (zitiert: *Salomon/Villiers*, The United States Federal Arbitration Act)

8. Saenger, Ingo: Zivilprozessordnung, Auflage, Baden-Baden 2019

Schill, Stephan: Internationales Investitionsschutzrecht und Vergleichendes Öffentliches Recht: Grundlagen und Methode eines öffentlich-rechtlichen Leitbildes für die Investitionsschiedsgerichtsbarkeit, in ZaöRV 71 (2011), S. 247 ff. (zitiert: *Schill*, Internationales Investitionsschutzrecht und Vergleichendes Öffentliches Recht, in ZaöRV 71 (2011))

Schlegel/Voelzke: Juris Praxiskommentar SGG, 1. Auflage, Saarbrücken 2017

Schreiber, Klaus: Der Dispositionsgrundsatz im Zivilprozeß, in Jura 1988, 190 ff.

Schulze, Götz: Billigkeitsentscheidungen im internationalen Schiedsrecht auf der Grundlage von § 1051 Abs. 3 ZPO, in: Adolphsen/Schütze/Geimer (Hrsg.), Festschrift für Kaissis, München 2012, S. 875 ff. (zitiert: *Schulze*, Billigkeitsentscheidungen im internationalen Schiedsrecht, FS-Kaissis)

Schütze/Tscherning/Wais: Handbuch des Schiedsverfahrens – Praxis der deutschen und internationalen Schiedsgerichtsbarkeit, 2. Auflage, Berlin 1990 (zitiert: Bearbeiter in Schütze, Handbuch des Schiedsverfahrens)

Schütze, Rolf A.: Einstweiliger Rechtsschutz im Schiedsverfahren – Praxisgerechte Neuregelung oder juristischer Papiertiger?, BB 1998, 1650 ff. (zitiert: *Schütze,* Einstweiliger Rechtsschutz in Schiedsverfahren, BB 1998)

Schütze, Rolf A.: Institutionelle Schiedsgerichtsbarkeit, 3. Auflage, Köln 2018 (zitiert: *Bearbeiter* in Schütze, Institutionelle Schiedsgerichtsbarkeit)

Schwab, Karl Heinz: Der Streitgegenstand im Zivilprozess, Berlin, 1954

Schwab/Walter: Schiedsgerichtsbarkeit, 7. Auflage München 2005

Schwenzer, Ingeborg: Hybridisierung der Rechtsordnungen, in: Paulus/Dethloff/Giegerich u.a. (Hrsg.), Internationales, nationales und privates Recht: Hybridisierung der Rechtsordnungen? – Immunität, Heidelberg 2014 (zitiert: *Schwenzer*, Hybridisierung der Rechtsordnungen)

5. Sodan/Ziekow: Verwaltungsgerichtsordnung, Großkommentar, Auflage, Baden-Baden 2018

Spickhoff, Andreas: Fremdes Recht vor inländischen Gerichten Rechts- oder Tatfrage?, ZZP 112(1999), S 265 ff.

Spohnheimer, Frank: Gestaltungsfreiheit bei antezipiertem Legalanerkenntnis des Schiedsspruchs, Tübingen 2010

Spühler/Tenchio/Infanger: Basler Kommentar zur Schweizerischen Zivilprozessordnung, 3. Auflage, Basel 2017 (zitiert: *Bearbeiter* im Basler Kommentar zur Schweizerischen Zivilprozessordnung)

Stauder, Clemens: Die Billigkeitsentscheidung in der Handelsschiedsgerichtsbarkeit – Rechtliche und tatsächliche Probleme des § 1051 Abs. 3 ZPO, in

SchiedsVZ 2014, 287(288) (zitiert: Stauder, Die Billigkeitsentscheidung in der Handelsschiedsgerichtsbarkeit, SchiedsVZ 2014)

Steger, Christian: Die Präklusion von Versagungsgründen bei der Vollstreckung ausländischer Schiedssprüche – eine Untersuchung im Rahmen des New York Übereinkommens, Tübingen 2015 (zitiert: Steger, Die Präklusion von Versagungsgründen bei der Vollstreckung ausländischer Schiedssprüche)

23. Stein/Jonas: Kommentar zur ZPO, Auflage, Tübingen

Band 2, 2016, §§ 78 - 147,

Band 10, 2014, §§ 1025 - 1066

Sutter-Somm/Hansenböhler: Kommentar zur Schweizerischen Zivilprozessordnung, 3. Auflage, Zürich 2016 (zitiert: *Bearbeiter*, in Sutter-Somm/Hansenböhler/Levenberger, Kommentar zur Schweizerischen Zivilprozessordnung)

Tessmer, Hugo: Das Schiedsverfahren nach deutschem Recht Recht, Leipzig, 1915

Thomas/Putzo: Kommentar zur Zivilprozessordnung – mit Gerichtsverfassungsgesetz und den Einführungsgesetzen, 18. Auflage, München 1993

156. Tipke/Kruse: Abgabenordnung - Finanzgerichtsordnung, Aktualisierung, 2019

Trautmann, Clemens: Europäisches Kollisionsrecht und ausländisches Recht im nationalen Zivilverfahren, Tübingen 2011

Van den Berg, Albert: The New York Arbitration Convention of 1958 – Towards a uniform judicial interpretation, Deventer 1994 (zitiert: Van den Berg, The New York Arbitration Convention of 1958)

von Winterfeld, Achim: Noch einmal: Der deutsche ordre public in der internationalen Schiedsgerichtsbarkeit; NJW 1987, 3059 ff.

Waincymer, Jeff: International Arbitration and the Duty to know the Law, in Journal of International Arbitration, 2011, S. 201 ff.

Waldner, Wolfram: Der Anspruch auf rechtliches Gehör, Köln 1989

Wassermann, Rudolf: Der soziale Zivilprozess –zur Theorie und Praxis des Zivilprozesses im sozialen Rechtsstaat, Neuwied 1978. (zitiert: Wassermann, der soziale Zivilprozess)

Webster/Bühler: Handbook of ICC arbitration – commentary, precedents, materials, 4. Auflage, Edinburgh 2018 (zitiert: Webster/Bühler, Handbook of ICC arbitration)

3. Weigand, Frank-Bernd: Practitioner's Handbook On International Commercial Arbitration, Auflage, Oxford 2019

Wieczorek/Schütze: Zivilprozessordnung und Nebengesetze: Großkommentar. Band 5,1: §§ 300 – 329, 4. Auflage, Berlin 2015 (zitiert: *Bearbeiter* in Wieczorek/Schütze, Zivilprozessordnung und Nebengesetze)

Wiegand, Wolfgang: Iura novit curia vs. ne ultra petita – Die Anfechtbarkeit von Schiedsgerichtsurteilen im Lichte der jüngsten Rechtsprechung des Bundesgerichts, in Güngerich/Berger/Jametti Greiner [Hrsg.] Festschrift für Franz Kellerhals, Bern 2005, S. 127 ff. (zitiert: *Wiegand*, Iura novit curia vs. ne ultra petita, in FS-Kellerhals)

Winkler/Weinand: Anwendung des neuen deutschen Rechts auf internationale Wirtschaftsverträge, BB 1998, S. 597 ff.

Wirth, Markus: Rechtsbegehren in internationalen Schiedsverfahren – wie bestimmt müssen sie sein?, in Güngerich/Berger/Jametti Greiner [Hrsg.] Festschrift für Franz Kellerhals, Bern 2005, S. 145 ff. (zitiert: *Wirth*, Rechtsbegehren in internationalen Schiedsverfahren – wie bestimmt müssen sie sein?, in FS-Kellerhals)

Wolff, Reinmar: Anmerkung zu BGH: Keine Präklusion des Einwands einer fehlenden wirksamen Schiedsvereinbarung durch unterlassenes Einlegen eines fristgebundenen Rechtsbehelfs im Ursprungsland des Schiedsspruchs, in Lindenmaier-Möhring (Hrsg.), Kommentierte BGH-Rechtsprechung LMK 2011, 318374 (zitiert: *Wolff*, LMK 2011, 318374)

Wolff/Borris: New York Convention – Convention on the Recognition and Enforcement of Foreign Arbitral Awards of 10 June 1958 – commentary, München 2012 (zitiert: *Bearbeiter* in Wolff/Borris (Hrsg.), New York Convention – commentary)

Würthwein, Martin: Umfang und Grenzen des Parteieinflusses auf die Urteilsgrundlagen im Zivilprozess, Berlin 1977

Zöller, Richard: Kommentar zur ZPO, 32. Auflage, Saarbrücken 2018

**Schriftenreihe der August Maria Berges Stiftung für Arbitrales Recht**

Herausgegeben von Dr. Hubertus W. Labes

Band 1 August Maria Berges – Ausgewählte Schriften zum Schiedsrecht. Herausgegeben von der August Maria Berges Stiftung für Arbitrales Recht. 1998.

Band 2 Iris Koch: Außergerichtliche Streitbeilegung im japanischen Wirtschaftsverkehr unter besonderer Berücksichtigung der Schiedsgerichtsbarkeit. 2000.

Band 3 Hans-Claudius Scheef: Der einstweilige Rechtsschutz und die Stellung der Schiedsrichter bei dem Abschluß von Schiedsvergleichen nach dem deutschen und englischen Schiedsverfahrensrecht. Eine rechtsvergleichende Untersuchung. 2000.

Band 4 Dominik Lentz: Die internationale Wirtschaftsschiedsgerichtsbarkeit in der Russischen Föderation. Darstellung und Analyse anhand der Praxis des internationalen Handelsschiedsgerichts bei der Handels- und Industriekammer der Russischen Föderation. 2000.

Band 5 Torsten Lörcher: Neue Verfahren der internationalen Streiterledigung in Wirtschaftssachen. Verfahren vor dem Internationalen Seegerichtshof, WTO-Panelverfahren, ICSID- und WIPO-Schiedsverfahren. 2001.

Band 6 Julia Tief: Discovery und Informationspflichten der Parteien in der Internationalen Schiedsgerichtsbarkeit. Ein deutsch-amerikanischer Vergleich. 2000.

Band 7 Richard Happ: Schiedsverfahren zwischen Staaten und Investoren nach Artikel 26 Energiechartavertrag. Eine Studie zum Wandel der Streitbeilegung im Investitionsschutzrecht unter den Bedingungen einer globalen Weltwirtschaft. 2000.

Band 8 Jörn Schämann: Schiedsgerichte unter staatlicher Kontrolle. Das englische Recht und das UNCITRAL-Modellgesetz. 2001.

Band 9 Jana Dominique Jaeger: Die Umsetzung des UNCITRAL-Modellgesetzes über die internationale Handelsschiedsgerichtsbarkeit im Zuge der nationalen Reformen. 2001.

Band 10 Michael Kronenburg: Vollstreckung ausländischer Schiedssprüche in den USA. Die Rechtsprechung US-amerikanischer Gerichte. 2001.

Band 11 Jan-Michael Ahrens: Die subjektive Reichweite internationaler Schiedsvereinbarungen und ihre Erstreckung in der Unternehmensgruppe. 2001.

Band 12 Klaus Peter Berger: Arbitration Interactive. A Case Study for Students and Practitioners. 2002.

Band 13 Daniel Paul Simms: Das Recht der Schiedsgerichtsbarkeit in Irland. 2002.

Band 14 Johann von Pachelbel-Gehag: Das reformierte deutsche und schwedische Schiedsverfahrensrecht. Eine vergleichende Betrachtung unter Berücksichtigung des UNCITRAL-Modellgesetzes über die internationale Handelsschiedsgerichtsbarkeit. 2002.

Band 15 Volker Nienaber: Die Anerkennung und Vollstreckung im Sitzstaat aufgehobener Schiedssprüche. 2002.

Band 16 German Institution of Arbitration (ed.): Financial Capacity of the Parties. A Condition for the Validity of Arbitration Agreements? Based on a Conference organized by the German Institution of Arbitration (DIS) on November 29$^{th}$ 2002 in Berlin. 2004.

Band 17 Frank Martens. Wirkungen der Schiedsvereinbarung und des Schiedsverfahrens auf Dritte. 2005.

Band 18 Claudia Krapfl: Die Dokumentenvorlage im internationalen Schiedsverfahren. Ein deutsch-US-amerikanischer Vergleich. 2007.

Band 19 Michael Christ: Berichtigung, Auslegung und Ergänzung des Schiedsspruchs. Das schiedsgerichtliche Korrekturverfahren nach § 1058 ZPO. 2008.

Band 20 Carsten Schmidt: Prozessuale Meistbegünstigung im völkerrechtlichen Investitionsschutz. 2008.

Band 21 Philipp K. Wagner: Abstimmungsfragen zwischen Internationalem Insolvenzrecht und Internationaler Schiedsgerichtsbarkeit. Unter besonderer Berücksichtigung der Anerkennung grenzüberschreitender Insolvenzen durch Schiedsgerichte. 2008.

Band 22 Deutsche Institution für Schiedsgerichtsbarkeit e.V. (Hrsg.): Die neue ICC-Schiedsgerichtsordnung. 2012.

Band 23 Nils Christian Wighardt: Rückverweisung des Schiedsspruchs an das Schiedsgericht. Vorschläge zur Reform nach Art. 34 Abs. 4 UNCITRAL-Modellgesetz. 2013.

Band 24 Christoph Grenz: Der Faktor Zeit im Schiedsverfahren. 2013.

Band 25 Annekathrin Holzberger: Die materiellrechtliche und kollisionsrechtliche Einordnung des Schiedsrichtervertrages. 2015.

Band 26 Sven Hasenstab: Regulierung anwaltlicher Parteivertreter in internationalen Schiedsverfahren. Rechtlicher Rahmen für in- und ausländische Rechtsanwälte vor Schiedsgerichten mit Sitz in Deutschland. 2015.

Band 27 Max Wilhelm Oehm: Das Rechtshilfeverfahren in Beweissachen nach 28 U.S.C. § 1782 in der internationalen Handels- und Investitionsschutzschiedsgerichtsbarkeit. 2016.

Band 28 Mirko Widdascheck: Die UNCITRAL Arbitration Rules als *semi-institutionelle* Schiedsverfahrensregeln. 2016.

Band 29 Nicolas Gremminger: Haftung von Schiedsorganisationen. 2018.

Band 30 René Rosenau: Die öffentliche Hand als Partei in verwaltungs- und zivilrechtlichen Schiedsverfahren. 2018.

Band 31 Stephan Biehl: Eingriffsnormen und Schiedsvereinbarungen. 2019.

Band 32 Tim Brockmann: Die Schiedsrichterkündigung im deutschen und US-amerikanischen Recht. 2019.

Band 33 Ariam Jäger: Der Grundsatz ne ultra petita im deutschen Schiedsverfahrensrecht. 2022.

www.peterlang.com

www.ingramcontent.com/pod-product-compliance
Ingram Content Group UK Ltd.
Pitfield, Milton Keynes, MK11 3LW, UK
UKHW022103051026
15623UKWH00003B/651

9 783631 875995